OEUVRES
DE
VOLTAIRE.

TOME XI.

DE L'IMPRIMERIE DE FIRMIN DIDOT FRÈRES,
RUE JACOB, N° 24.

OEUVRES
DE
VOLTAIRE

AVEC

PRÉFACES, AVERTISSEMENTS,
NOTES, ETC.

PAR M. BEUCHOT.

TOME XI.
LA PUCELLE.

A PARIS,

CHEZ LEFÈVRE, LIBRAIRE,
RUE DE L'ÉPERON, N° 6.

FIRMIN DIDOT FRÈRES, LIBRAIRES,
RUE JACOB, N° 24.

M DCCC XXXII.

PRÉFACE

DU NOUVEL ÉDITEUR DES OEUVRES DE VOLTAIRE.

C'est d'après Voltaire lui-même [1] que les éditeurs de Kehl [2] disent que *la Pucelle* fut composée vers 1730. Ce n'est pas donner une époque bien précise, et l'on peut tout aussi bien dire que le poëme était au moins commencé en 1726, et même en 1725. Voltaire écrivait à Tressan, le 9 décembre 1736 : « Il y a dix ans que je re« fuse de laisser prendre copie d'une seule page du poëme « de *la Pucelle*. » Dix-neuf ans après il disait à d'Argental [3] que c'était « une vieille plaisanterie de trente ans. »

Dans une lettre à Formont, qu'on croit de juin 1734, il est honteux d'avoir tant avancé un ouvrage si frivole. C'était le moment où les *Lettres philosophiques* venaient d'être condamnées [4] ; et il ne manifestait aucune crainte des indiscrétions qui plus tard lui causèrent tant de chagrin. Cependant il n'y avait encore que huit chants de composés au commencement de 1735 [5] ; au milieu de la même année, le neuvième chant était fait [6].

Malgré ce qu'il dit dans sa lettre à Tressan, il avait communiqué très légèrement plusieurs chants à quelques amis et à de grands personnages. Lors des per-

---

[1] Voyez, page 7, la *Préface de dom Apuleius Risorius*.
[2] Voyez leur *Avertissement*, page 1.
[3] Lettre du 13 juin 1755.
[4] 10 juin 1734.
[5] Lettre à Cideville, du 6 février 1735.
[6] Lettre au même, 26 juin 1735.

sécutions dont il fut l'objet en 1736, pour la satire du *Mondain*, madame du Châtelet ne se borna pas à lui recommander plus de réserve et de prudence dans les communications des chants de *la Pucelle*, elle s'empara de tout ce que l'auteur avait en manuscrit, et ne voulut « pas s'en dessaisir [7]. » Voltaire se trouva ainsi hors d'état de donner copie de son poëme à Frédéric, alors prince royal. C'était le temps de toute la ferveur de l'amitié entre ces deux grands hommes.

Il n'y avait alors que dix chants de composés. On croit qu'un onzième le fut en 1738.

Frédéric était roi depuis trois ans lorsqu'il écrivit [8] à Voltaire qu'il était possesseur de six chants. Trois ans après, toujours retenu par madame du Châtelet, Voltaire [9] s'excusait auprès du monarque de n'avoir pu lui remettre tout ce qui était composé. Dans les premiers mois de son séjour à Berlin, en 1750, il satisfit enfin les desirs de Frédéric. La copie qu'il lui offrit était de la main de Tinois, son secrétaire, qui en fit en même temps une copie furtive pour le prince Henri [10], et fut congédié dès que son maître eut connaissance de cette infidélité.

S'il faut en croire Colini [11], un quatorzième chant fut composé à Potsdam en 1752; et le quinzième commencé en février 1753, au milieu des dégoûts dont l'auteur était abreuvé à la cour de Prusse. Lorsqu'il fut arrêté à la porte de Francfort, il tira d'un porte-feuille quelques papiers et les remit à Colini, en lui disant : « Cachez

---

[7] Lettre de Voltaire à Frédéric, du mois de juillet 1737.
[8] Le 8 septembre 1743.
[9] Lettre du 22 septembre 1746.
[10] Lettre à madame Denis, du 3 janvier 1751.
[11] *Mon séjour auprès de Voltaire*, pages 31 et 59.

« cela sur vous. » Colini les cacha dans le vêtement [12] qu'un auteur ingénieux a nommé le vêtement nécessaire. Lorsqu'il examina le précieux dépôt, il vit que c'était tout ce que Voltaire avait fait de son poëme.

En 1754, les copies étaient multipliées tellement, que Voltaire regardait l'impression comme inévitable, et comme « une bombe qui devait crever tôt ou tard pour « l'écraser [13]. » Ces inquiétudes étaient prématurées. Elles redoublèrent en 1755, et il prit le parti de faire écrire par madame Denis au lieutenant général de police à Paris, pour le prier de faire des recherches : elles n'aboutirent à rien, ainsi qu'on le voit par le rapport [14] de D'Hémery, inspecteur de police, en date du 19 juin 1755. Mal disposé contre Voltaire, D'Hémery croit que l'impression n'aura lieu que du consentement de l'auteur. Dans un second rapport [15], du 24 juillet, il signale la quantité de manuscrits qui sont à Paris dans les mains d'amis ou de connaissances de Voltaire; « entre autres « M. d'Argental, madame de Graffigny, le sieur Thieriot, « madame Denis, madame la comtesse de La Marck, « M. le duc de La Vallière, qui n'aura sûrement pas « manqué d'en donner une expédition à madame la « marquise. »

Cette marquise est madame de Pompadour, à qui Voltaire en avait adressé une copie à la fin de juin, ou au commencement de juillet [16]. Quant au duc de La Vallière, il lui en avait aussi adressé un manuscrit vers le même temps. Mais ce riche amateur avait très bien

[12] *Mon séjour auprès de Voltaire*, page 85.
[13] Lettre à d'Argental, du 8 septembre 1754.
[14] Manuscrit que je possède, et qui fait partie d'une collection qui va de 1750 à 1770 inclusivement.
[15] Id.
[16] Lettres à d'Argental, des 13 juin et 21 juillet 1755.

pu s'en procurer un auparavant; il en avait du moins marchandé un, dont on lui demandait cinquante louis [17].

C'est sur un manuscrit divisé en quinze chants que Darget avait fait à Vincennes, en mai 1755, une lecture de *la Pucelle* à quelques personnes [18]. Cependant la lettre à d'Argental, du 6 février 1755, parle d'un *dix-neuvième* chant, qui était entre les mains de mademoiselle du Thil, anciennement au service de madame du Châtelet. Ce dix-neuvième chant, sur lequel je reviendrai, était donc composé avant la mort de madame du Châtelet [19].

La police continuant ses recherches, soupçonna un abbé de La Chau, ancien habitué de l'hôpital, et brouillé avec l'archevêque, d'avoir vendu des copies manuscrites. De semblables soupçons s'élevaient contre le chevalier de La Morlière.

Au milieu de tous ces ennuis, Voltaire lui-même multipliait les copies. Ce n'était pas seulement à madame de Pompadour et au duc de La Vallière qu'il en envoyait; il en promettait une à Formont [20], tout en renouvelant ses plaintes sur leur multiplication [21]. En même temps il recommandait à madame de Fontaine de faire copier son poëme [22], et de se faire rembourser par son notaire Delaleu les frais de copie [23]. Il n'était pas étonnant que les manuscrits devinssent à bon mar-

---

[17] Voltaire dit *mille écus* dans ses lettres à Darget, du 13 juin; à madame de Fontaine, du 18 juin. Mais il y a exagération dans cette somme, et cette exagération est peut-être du duc de La Vallière.

[18] Lettre de Voltaire à Darget, du 23 mai; et de Darget à Voltaire, du 1er juin 1755.

[19] 10 septembre 1749.

[20] Lettre à Formont, du 13 juin 1755.

[21] Lettre à d'Argental, du 15 juin.

[22] Lettre à madame de Fontaine, du 2 juillet.

[23] Lettre du 6 septembre.

ché. On en avait offert à Ximenès pour cinq louis [24], et Colini dit qu'on en avait pour un louis [25].

Il est assez naturel de penser que les copies envoyées par Voltaire à madame de Pompadour, au duc de La Vallière, etc., étaient toutes conformes à l'ouvrage tel qu'il voulait l'avouer.

Palissot, qui alla aux Délices en octobre 1755, et qui s'est trouvé ainsi en position de voir ou d'apprendre bien des choses, dit que Voltaire « imagina d'employer « à Paris même un grand nombre de copistes occupés « jour et nuit à répandre dans le public des manuscrits « de *la Pucelle.* Tous ces manuscrits différaient les uns « des autres; tous étaient plus ou moins chargés de vers « détestables, ou de turpitudes révoltantes, que lui-même y « fesait insérer à dessein. L'empressement qu'on avait de « jouir de ce poëme, quelque défectueux qu'il pût être, « fesait acheter toutes ces copies. Chacun se flattait d'avoir « la meilleure... Il n'était guère de société qui n'eût son « manuscrit.

« Ce singulier moyen de défense, qu'on ne peut « guère reprocher à un vieillard menacé d'une persé- « cution si cruelle, lui paraissait un prétexte plausible « pour désavouer hautement un ouvrage qui semblait « être devenu l'objet des spéculations d'une foule de cor- « saires. »

Si des additions de vers grossiers, défectueux, bizarres, étaient nécessaires, il n'était pas moins important de faire des suppressions. Je possède quatre manuscrits du poëme de *la Pucelle:* j'en ai vu beaucoup d'autres, et je n'y ai pas trouvé les vers du chant second

---

[24] Lettre à d'Argental, du 22 juillet.
[25] *Mon séjour auprès de Voltaire*, page 145.

(voyez pages 38-39), qu'on appliquait à madame de Pompadour :

<blockquote>Telle plutôt cette heureuse grisette, etc.</blockquote>

Ces vers ne sont pas non plus dans les premières éditions, de 1755.

Il en est de même de l'hémistiche du chant quinzième sur Louis XV :

<blockquote>. . . . . qu'on méprise et qu'on aime.</blockquote>

On se demande si des éditeurs qui auraient fait de tels vers ne pouvaient pas ailleurs être aussi bien inspirés. Mais s'il leur était impossible de prendre la manière de Voltaire, il lui était très facile de faire des vers ridicules ou répréhensibles sous divers rapports.

Je suis d'autant plus porté à adopter l'opinion de Palissot, que des vers cités par Voltaire, et signalés par lui comme affreux [26], ne se trouvent dans aucune des éditions ni dans aucun des manuscrits que j'ai vus. Voltaire, que le fanatisme voulait arracher de son asile, sans lui en laisser aucun autre, devait tout employer pour faire échouer le projet de ses ennemis. Aussi écrivait-il à d'Argental [27] : « Il n'y a pas de parti que je ne prenne, « ni de dépense que je ne fasse très volontiers, pour sup- « primer ce qu'on fait courir sous mon nom avec tant « d'injustice. » Voltaire ne pouvait avoir l'idée d'anéantir tous les manuscrits. Il savait depuis long-temps qu'il existait « trop de copies de cette dangereuse plaisan- « terie [28]. » Il voulait donc parler du *singulier moyen de défense* révélé par Palissot.

---

[26] Lettres à d'Argental, du 28 juillet; à Richelieu, du 31 juillet; à Thieriot, du 10 septembre 1755 : voyez aussi page 336.
[27] 23 mai 1755.
[28] Lettre à d'Argental, du 8 septembre 1754.

Il est probable toutefois que quelques vers, omis ou estropiés par les copistes, ont été rétablis ou corrigés par les premiers éditeurs. Il est possible même qu'ils aient méchamment changé ou défiguré des vers ou des passages ; mais leur part ne me paraît pas facile à faire, et ne doit pas être bien grande.

Grasset, libraire de Lausanne, était venu, le 26 juillet 1755, offrir à Voltaire de racheter cinquante louis un manuscrit dont l'impression était commencée, et dont il montra une feuille manuscrite[29]. Mis en prison, Grasset avoua qu'il tenait cette feuille de Maubert[30]; ce capucin défroqué, interrogé à son tour, répondit qu'il l'avait reçue de Lausanne[31]. Les magistrats de Genève conseillèrent à Grasset « de vider la ville[32], » et déclarèrent à Maubert qu'on s'en prendrait à lui si *la Pucelle* était imprimée. Maubert et Grasset, sortis de Genève, n'avaient qu'à se moquer des magistrats.

A la fin d'octobre, Voltaire apprit que *la Pucelle* était imprimée[33]. L'édition que je crois la première est intitulée *La Pucelle d'Orléans, poëme divisé en quinze livres, par M. de V****, Louvain, 1755, in-12 de 161 pages, plus le faux titre, le titre, et une préface de deux pages. Sur le faux titre, on lit seulement : *La P.. d'O.., poëme divisé en quinze livres.* Le volume finit par trois lignes de points, et ces mots : *Cætera desunt.*

Dans sa lettre à l'académie française, de novembre 1755, Voltaire dit *l'édition faite à Francfort,* quoiqu'elle soit

---

[29] Lettres à d'Argental, 28 juillet; à Breules, le 29 juillet; au syndic de Genève, le 2 août; à Thieriot, le 4 août.

[30] Lettre à Darget, du 5 août.

[31] Lettre à Breules, du 5 août.

[32] Lettre à Polier de Bottens, du 5 août 1755.

[33] Lettres à d'Argental, du 29 octobre; à Thieriot, du 8 novembre 1755.

annoncée de Louvain ; il parle même de deux autres éditions exécutées, dit-il, en Hollande.

L'existence des réclames au bas de chaque page indique une impression faite hors de France. Je n'ai pas la témérité de contredire l'assertion de Voltaire sur Francfort; mais, en quelque lieu que cette édition ait été faite, je crois qu'on la doit au capucin Maubert. C'est à lui que Voltaire a toujours persisté à en faire honneur, si honneur y a ; c'est à lui seul qu'il s'attache dans une phrase ajoutée, en 1773, à une note de la *Préface de dom Apuleius Risorius*, et dans une note ajoutée, la même année, au chant XXI.

Les quinze chants de l'édition de 1755 sont aujourd'hui les I, II, III, IV, V, VI, VII, X, XI, XII, XIII, XIV, XV, XX et XXI (sauf variantes considérables pour ces deux derniers).

Il serait fastidieux pour la plupart des lecteurs, et plus difficile encore, de donner une liste complète des éditions de *la Pucelle*. Je ne parlerai donc que de quelques unes.

La Pucelle d'Orléans, poëme divisé en quinze livres, par M. de V***, Paris, 1756, petit in-12 de iv et 198 pages. Le frontispice est orné d'un portrait de Voltaire couronné de lauriers, avec cet exergue : *Père des poëtes*. Pour le texte, elle ne diffère pas de l'édition de 1755. Seulement le quinzième chant n'est point terminé par des points, et se trouve ainsi donné pour complet.

La Pucelle d'Orléans, poëme héroï-comique, nouvelle édition, sans faute et sans lacune, augmentée d'une épître du P. Grisbourdon à M. de Voltaire, et un jugement sur le poëme de la Pucelle à M. ***, avec une épigramme sur le même poëme, en dix-huit chants; Londres, 1756, in-32 de ij et 240 pages.

Les chants VIII et XI de 1755 forment, dans l'édition de 1756, les chants VIII et IX, XII et XIII. Le chant de *Corisandre* y est imprimé pour la première fois, toutefois avec les dix-neuf premiers vers du chant XV de 1755, qui sont aujourd'hui en tête du chant XXI. Le chant XVIII, dont un fragment de 155 vers formait le chant XV en 1755, est en entier dans l'édition de 1756, tel qu'on le lit aujourd'hui dans les variantes du chant XXI; et il y a 329 vers, quoique n'ayant qu'un prologue de 12 vers, au lieu des 34 premiers de l'édition de 1755. Cette édition est donc la première où le chant de l'âne soit complet. Ce chant devait être désavoué par l'auteur; mais ce désaveu, commandé par les circonstances, ne fait pas autorité pour tout le monde, quand on se rappelle que Voltaire, dans une lettre à d'Argental[34], parle du chant de l'âne, et craint qu'on ne l'imprime *tel que vous l'avez vu d'abord, et non tel que je l'ai corrigé depuis*. D'Argental était le seul qui eût eu copie de *ce malheureux chant... Le roi de Prusse n'a jamais eu ce maudit chant de l'âne de la première fournée*[35]; mais mademoiselle du Thil, qui avait été femme de chambre de madame du Châtelet, avait une copie de ce chant, que Voltaire lui-même appelle *intolérable*[36].

Il est évident que, dès 1749, et conséquemment bien long-temps avant que l'on pût supposer à des éditeurs l'intention de dénaturer *la Pucelle*, il existait un chant que réprouvait l'auteur après l'avoir composé. Lorsqu'il fut publié, les altérations faites par les éditeurs durent consister tout au plus en quelques interpolations et quelques inexactitudes.

[34] Du 7 novembre 1754.
[35] Id.
[36] Lettre à d'Argental, du 6 février 1755.

Outre le chant XIV (*Corisandre*) et le complément du dernier chant, cette édition de 1756 contient çà et là diverses augmentations. Elle est la première qui contienne les vers sur madame de Pompadour, et le fameux hémistiche sur Louis XV.

Cette édition mérite d'être distinguée entre toutes celles qui ont précédé celle de 1762, la première qu'ait avouée l'auteur.

Voltaire accusait d'abord La Beaumelle de l'avoir donnée [37]. Peu de temps après, c'était sur La Beaumelle et d'Arnaud que portaient ses soupçons [38]. Mais il ne tarda pas à reconnaître qu'on l'avait trompé, *du moins quant à d'Arnaud* [39]. Dalembert disait [40] qu'on attribuait l'édition à Maubert; et Voltaire, tout acharné qu'il était contre La Beaumelle, paraît s'être rendu à l'opinion de Dalembert, si l'on en juge d'après ce qu'il écrivait dans les deux notes qu'il ajouta en 1773, et dont j'ai parlé page VIII.

La Pucelle d'Orléans, poëme héroï-comique, par M. de Voltaire, Genève, 1757, deux volumes très petit in-8°, de 116 et 92 pages, avec titres gravés, et cette épigraphe :

Desinit in piscem mulier formosa superne.   HORAT.

Cette édition est divisée en vingt-quatre chants, mais n'est pas plus ample que l'édition in-32 de 1756. Les chants IV, VI, VIII, IX, X de 1755 ont été, chacun, mis en deux; le chant XI en trois; le chant XIX de

---

[37] Lettre à d'Argental, du 1er novembre 1756.
[38] Lettres à Thieriot, du 28 novembre; à Dalembert, du 29 novembre 1756.
[39] Lettre à Thieriot, du 19 décembre 1756.
[40] Lettre de Dalembert à Voltaire, du 13 décembre 1756.

1757 est celui de *Corisandre*, qui était le XIVe dans l'édition de 1756; enfin le chant XII de 1755 forme, en 1757, les chants XX et XXI.

La Pucelle d'Orléans, poëme héroï-comique en dix-huit chants, nouvelle édition sans faute et sans lacune, augmentée d'une épître du P. Grisbourdon à M. de Voltaire, et un jugement sur le poëme de la Pucelle à M.***, avec une épigramme sur le même poëme. A Londres, chez les héritiers des Elzévirs, Blaew et Vascosan, 1761, petit in-12 de 180 pages.

Cette édition, qui a pour épigraphe : *Non vultus, non color unus*, est une réimpression de l'édition in-32 de 1756. Elle présente toutefois une variante remarquable; le vers 43 du chant VI y est ainsi imprimé :

> Quel doux espoir, quelle flamme hardie.

Les autres éditions portent :

> Quel trait de flamme et quelle idée hardie.

La Pucelle d'Orléans, poëme héroï-comique en vingt-quatre chants, nouvelle édition avec de belles figures. A Londres, aux dépens de la Compagnie, 1761, petit in-8° de 224 pages.

La division en vingt-quatre chants est comme dans l'édition de 1757.

La Pucelle d'Orléans, poëme divisé en vingt chants, avec des notes; nouvelle édition corrigée, augmentée, et collationnée sur le manuscript de l'auteur; (Genève), 1762, in-8°, avec vingt figures qui ne sont pas toutes obscènes.

C'est la première édition avouée par l'auteur. Le chant de *Corisandre* n'en fait point partie; mais elle est augmentée de cinq chants entiers, de la *Préface de dom Apuleius Risorius*, de notes mises au bas des pages. Elle contient un grand nombre d'additions et corrections dans divers chants. Ceux qui ont été ajoutés sont les VIII, IX, XVI, XVII, XVIII [41] (aujourd'hui les VIII, IX, XVI, XVII et XIX). Le chant XX est une version presque entièrement nouvelle du chant XV de 1755, ou XVIII de 1756.

La Pucelle d'Orléans, poëme divisé en vingt chants, nouvelle édition augmentée de cinq chants nouveaux et de notes, collationnée sur le manuscript de l'auteur, enrichie de variantes, de belles figures, et de jolies vignettes. A Londres, aux dépens de la Compagnie, 1764, grand in-8° avec figures.

C'est une réimpression de l'édition de 1762; mais on a ajouté des variantes. Le chant de *Corisandre* est en forme de note au bas du chant XVII. C'est aussi au bas du chant XX qu'est le texte du chant XVIII de 1756. Les *cinq chants nouveaux* promis sur le titre sont ceux qui avaient été ajoutés en 1762. Les notes sont aussi celles de 1762. En tête de la *Préface de dom Apuleius Risorius* est une tête de Voltaire couronnée.

La Pucelle d'Orléans, poëme divisé en vingt chants, avec des notes; nouvelle édition corrigée, augmentée, et collationnée sur le manuscript de l'auteur. A Conculix, in-24 de 264 pages, avec vingt figures et un titre gravé. Sur ce titre gravé, qui n'a point de date, est un portrait de Voltaire, réduit d'après celui qui est en tête d'une édition du poëme de la *Loi naturelle*. Entre les pages 138 et 139, avant le XIe chant, sont un faux titre et

---

[41] Le dix-huitième chant de 1762 avait déjà été publié dans le *Journal encyclopédique* du 1er avril 1761, avec suppression de trois vers.

un titre imprimés qui portent *tome second*. L'adresse et la date qu'on lit sur ce titre sont : *Aux Délices*, 1765.

Le texte est celui de 1762, avec la préface et les notes. Il n'y a point de variantes.

Voltaire avait, en 1764, publié dans le volume intitulé *Contes de Guillaume Vadé*, un *Chant détaché d'un poëme épique*; c'était ce qu'il appelait *la Capilotade*, et ce qui forme aujourd'hui le XVIIIe chant. Il est assez singulier que ce chant n'ait pas été compris dans l'édition de 1765.

Il existe un si grand nombre d'éditions de *la Pucelle*, que je serais fort embarrassé de dire quelle est la première dans laquelle a été introduite *la Capilotade*; mais cela eut lieu du vivant de Voltaire. J'ai sous les yeux une édition de 1773, augmentée de quelques notes données sous le nom de M. de Morza, et qui la contient; et c'est ainsi que le poëme se trouve avoir XXI chants dans cette édition, et dans les éditions des Œuvres de l'auteur qui ont paru depuis. Dans l'édition in-4°, *la Pucelle* est au tome XX, daté de 1774; dans l'édition in-8°, encadrée, ou de 1775, elle est au tome XI.

Les éditions de Kehl, qui feront toujours époque dans l'histoire des éditions des Œuvres de Voltaire, furent augmentées d'un travail considérable des éditeurs, principalement sur les variantes. Ces éditions de Kehl sont, comme celle dont je viens de parler, en XXI chants. Voici la date de la publication de chacun d'eux. Les sept premiers ont vu le jour en 1755; les VIII et IX, en 1762; les X, XI, XII, XIII, XIV, et XV, en 1755; les XVI et XVII, en 1762; le XVIII, en 1764; le XIX, en 1762; le XX (sauf variantes), en 1755; le XXI, partie en 1755, partie en 1762.

Palissot ne pouvait que suivre cette division, consacrée par le temps et par l'auteur lui-même ; mais il restait quelque chose à faire au chant XV, et il l'a fait. Ayant aperçu « une omission bien étrange, à laquelle « Voltaire, dans les bouleversements qu'il fut obligé de « faire à son poëme, n'avait pas pris garde », il l'a réparée. Dans les premières éditions, l'argument de ce chant (alors le treizième) avait trois phrases, dont voici la dernière : *Ce qui arrive à la belle Agnès et à ses compagnons de voyage*. Dans l'édition de 1762, Voltaire supprima les vers concernant Agnès et ses compagnons, mais ne supprima pas la phrase de l'argument. Cette lacune dans le texte coupe absolument, comme l'observe Palissot, le fil des événements ; il était donc important de la rétablir. La restitution faite par Palissot date de 1792 ; mais Palissot ne s'en est pas tenu au texte des premières éditions.

En ne fesant pas les restitutions dans le texte, il faut du moins supprimer la phrase de l'argument. C'est ce que je fis en 1817, dans l'édition in-12 des *OEuvres de Voltaire*, dont j'ai publié les premiers volumes. Depuis lors on a cependant, en général, laissé subsister la phrase dans l'argument, et la lacune dans le texte.

M. L. Du Bois, qui, dans l'édition de Voltaire entreprise par M. Delangle en 1825, s'était chargé de *la Pucelle*, qu'il a publiée en 1826, a profité de la découverte de Palissot, mais a disposé à sa guise quelques passages.

L'*Épître du P. Grisbourdon à M. de Voltaire*, qui, comme on l'a vu, se trouve dans diverses éditions de *la Pucelle*, avait été imprimée séparément (1756), in-12 de 12 pages ; l'auteur est J.-B. de Junquières.

Ce qui, dans l'édition de 1756 de *la Pucelle*, et dans

quelques autres, est annoncé comme un *Jugement sur le poëme*, n'est autre chose que des *Vers sur le poëme de la Pucelle, à M. M****, *qui en avait envoyé une copie peu correcte*, et déjà imprimés séparément en quatre pages in-8°. Ces vers sont au nombre de 69. Dans l'édition de 1756, ils sont donnés comme adressés à *M****, *qui en a fait* (de la Pucelle) *deux éditions peu exactes*. Dans l'édition de 1761, ils sont adressés A M. D. L. B, *qui en a fait deux éditions peu exactes*. Par ces initiales on a voulu désigner Monsieur De La Beaumelle. La lettre M, qu'on lit sur l'édition originale, désignait Maubert.

Il parut en 1760 une *Épître de Belzébut à l'auteur de la Pucelle*, in-8° de huit pages. Dans un *Avertissement*, l'auteur dit que son *Épître* était composée et circulait manuscrite avant que la *Pucelle* fût imprimée : il réclame, en termes exprès, l'antériorité sur l'*Épître du P. Grisbourdon*.

Les *Mémoires secrets* connus sous le nom de Bachaumont, parlent, à la date du 15 février 1765, d'un « petit « auteur nommé Nougaret, qui avait formé le projet de « continuer la *Pucelle*, » et qui avait été mis à la Bastille pour avoir composé un roman ordurier, intitulé *la Capucinade*. Ce Nougaret, mort en 1823, est autre que Félix Nogaret, mort en 1831.

Je ne sais si l'ouvrage dont il est question dans les *Mémoires secrets* est celui qui fut imprimé vingt-six ans après sous le titre de : *Suite de la Pucelle d'Orléans en sept chants, poëme héroï-comique par M. de Voltaire, trouvée à la Bastille le* 14 *juillet* 1789 ; à Berlin, et se trouve à Paris chez Laurens junior, 1791, in-18 de IV et 102 pages, plus le titre.

Il n'y a rien à dire de cet ouvrage ; quelque peu d'étendue qu'il ait, je ne crois pas qu'il y ait dix personnes qui aient eu la patience de le lire en entier[42].

La même année parurent *les Pucelles d'Orléans, poëme en six chants*, in-8°, de 119 pages. Il en existe des exemplaires intitulés *les Victimes du despotisme épiscopal, ou les Pucelles d'Orléans, poëme en six chants;* et d'autres ayant pour titre: *Poëme sur les vexations exercées par trois évêques successifs d'Orléans, contre les religieuses de Saint-Charles*. On voit qu'il ne s'agit aucunement de Jeanne d'Arc, mais seulement de querelles ecclésiastiques. Les *victimes* sont des religieuses qui refusaient de signer le formulaire, et à qui les évêques refusaient pour cela les sacrements et autres accessoires. Aussi ce n'est point à Voltaire, mais à Pascal, que Robbé adresse une invocation dans le début de son poëme, dont l'intitulé m'obligeait de parler.

Un des plus grands reproches faits à Voltaire, et constamment répété, est d'avoir empêché à jamais le succès de tout poëme sur la Pucelle. La Harpe, à une époque où il n'était plus le champion de Voltaire, ne pensait pas que le règne de Charles VII pût fournir à l'épopée un sujet intéressant[43]. Le reproche dirigé contre Voltaire, et l'observation de La Harpe, n'ont point effrayé plusieurs auteurs de nos jours. Vienne le génie, et un grand changement dans le goût et le caractère français, l'on n'aurait plus rien à dire.

[42] Il existe un fragment de trente-six vers que l'on peut aussi considérer comme une suite ou addition à *la Pucelle*. Ce fragment, imprimé à un seul exemplaire, est intitulé *Chant XII : variante ou jouissance faite par Louis-François Prault, imprimeur-libraire*. L'exemplaire appartient aujourd'hui à M. Eckard, qui a bien voulu me permettre d'en prendre copie. Ce fragment n'est pas tout ce que le titre semble indiquer ; mais s'il n'est pas trop libre, il est trop plat pour être admis, même en note, dans une édition de *la Pucelle*.

[43] *Lycée ou Cours de littérature*, deuxième partie, livre I, chapitre I.

La Harpe, converti, se montre bien sévère envers le poëme sur Jeanne d'Arc. Il dit [44] « qu'il n'y a point « d'homme véritablement honnête qui ne rougisse en « prononçant le nom de cet ouvrage... Sous le rapport « de l'art, la *Pucelle* (qu'il nomme cependant lui-même) « est un monstre en épopée comme en morale. » La Harpe, en parlant ainsi, voulait effacer, et rappelait au contraire, ce qu'il avait écrit en 1780. «Oublions, disait-il « alors [45], quelques traits que lui-même a effacés; effa- « çons-en même d'autres, échappés à l'intempérance ex- « cusable d'un génie ardent... Ne jugeons pas dans toute « la sévérité de la raison ce qui a été composé dans des « accès de verve et de gaîté. Peignons, s'il le faut, au- « devant de ce poëme, où le talent a mérité tant d'éloges, « peignons l'Imagination à genoux, présentant le livre « aux Graces, qui le recevront en baissant les yeux, et « en marquant du doigt quelques pages à déchirer; et « après avoir obtenu pardon (car les Graces sont indul- « gentes), osons dire, en leur présence et de leur aveu, « que nous n'avons point dans notre langue d'ouvrage « semé de détails plus piquants et plus variés, où la plai- « santerie satirique ait plus de sel, où les peintures de la « volupté aient plus de séduction, où l'on ait mieux « saisi cet esprit original qui a été celui de l'Arioste, cet « esprit qui se joue si légèrement des objets qu'il trace, « qui mêle un trait de plaisanterie à une image terrible, « un trait de morale à une peinture grotesque, et con- « fond ensemble le rire et les larmes, la folie et la « raison. »

Parmi tous les écrits dont *la Pucelle* a été le sujet, on doit encore distinguer l'*Essai sur la* Pucelle *de Voltaire*,

---

[44] *Lycée*, troisième partie, chapitre 1, section 1.
[45] *Éloge de Voltaire*, première partie.

considérée comme poëme épique, par M. Eusèbe Salverte, qui a été imprimé dans les *Veillées des muses* [46].

Je tenais beaucoup à publier tous les volumes de l'édition des OEuvres de Voltaire ; mais j'ai craint de ne pouvoir donner à *la Pucelle* tous les soins que demandait encore ce poëme.

M. Ravenel, sous-bibliothécaire de la ville de Paris, a bien voulu se charger de ce travail. Je lui ai donc remis les notes que j'avais recueillies ou reçues. La partie la plus importante et la plus considérable de ce que j'ai remis à M. Ravenel consiste en un assez gros cahier que m'avait envoyé M. Thomas, et qui contient une très grande quantité de variantes, d'après les éditions de 1756, 1762, 1775, etc., etc., et d'après un manuscrit de la *Pucelle*, qui a appartenu à l'avocat général Seguier. Le dépouillement avait été fait avec une telle exactitude, qu'il restait très peu de chose à faire pour cet objet ; et je prie M. Thomas de recevoir mes remerciements.

En remettant à M. Ravenel toutes les notes que j'avais relativement à *la Pucelle,* je suis encore bien en arrière avec lui pour le grand nombre de celles qu'il m'a communiquées pour tous les autres volumes des OEuvres de Voltaire ; et, en signant de son nom les notes dont je lui ai remis les matériaux, mais dont la rédaction lui appartient, il n'a fait que suivre l'exemple que je lui ai donné, en mettant ma signature à des annotations que je tenais de lui. C'est un long échange qui a été tout à mon avantage.

La manière dont M. Ravenel s'est acquitté de sa besogne satisfera sans doute les lecteurs, mais ne m'a pas surpris. Je sais depuis long-temps quelle conscience il

---

[6] Numéro V, pages 66-95.

apporte à ses travaux; et je ne connais personne aujourd'hui mieux préparé et plus capable que lui pour publier une bonne édition des OEuvres de J.-J. Rousseau.

Je n'ai point revu son travail sur *la Pucelle*; mais je l'ai lu très attentivement sur le manuscrit, sans en passer une syllabe; et j'avoue que je n'aurais jamais fait autrement, si ce n'est dans les endroits où je n'aurais pas fait aussi bien. Par exemple, dans le chant XVII, vers 293, M. Ravenel a fait une très heureuse correction.

Lorsque, dans ce chant, où tous les personnages sont devenus fous, Charles prend Bonneau pour Agnès, il lui adresse ces tendres paroles :

> Ma chère Agnès, ma pudique maîtresse,
> Mon paradis, précis de tous les biens,
> Combien de fois, hélas! fus-tu perdue!
> A mes desirs te voilà donc rendue!
> Perle d'amour, je te vois, je te tiens.

Toutes les éditions depuis et compris 1762, où ce chant parut pour la première fois, jusqu'à ce jour, portent :

> Parle d'amour, je te vois, je te tiens.

Ce changement d'une seule lettre n'est-il pas indiqué par ce qui précède? Il avait échappé aux yeux de tous les éditeurs et de tous les lecteurs. C'est, au reste, la seule fois que le nouvel éditeur s'est permis une correction sans l'autorité d'une édition ou d'un manuscrit.

Dans la collation des éditions et manuscrits, il était impossible de ne pas trouver les variantes données par les éditeurs de Kehl, et celles qui ont été ajoutées par M. Louis Du Bois. Le travail de M. Thomas est de beaucoup plus complet que le leur. Cependant on a laissé aux éditeurs de Kehl et à M. Louis Du Bois ce que chacun d'eux avait donné le premier.

En quelques endroits M. Ravenel a préféré telle version à telle autre ; en d'autres il n'a pas craint d'admettre dans le texte des vers reniés par l'auteur et même par ses éditeurs, mais sur l'origine desquels on ne peut pas avoir de doutes. Toutefois, ceux que Voltaire n'avait faits que pour avoir motif de désavouer tout l'ouvrage ont été laissés dans les variantes. C'est à la fin du volume qu'ont été rejetées les variantes et imitations.

Les notes ont été mises au bas de chaque page, disposition qui est celle de l'édition de 1762, et qui est très commode pour le lecteur. Le plus grand soin a été apporté à distinguer les notes de Voltaire. Elles sont sans signature, et ont des lettrines. Les dates ajoutées à la fin de chacune d'elles indiquent l'année de leur publication.

Les chiffres arabes ont été employés pour les notes qui ne sont point de Voltaire.

Les notes signées K sont des éditeurs de Kehl. Les notes de M. Ravenel sont signées d'un R. Lorsque les unes ou les autres de ces notes sont à la suite d'une de Voltaire, elles en sont séparées par un —.

Les variantes que M. Du Bois a données le premier, et qui n'avaient point échappé à M. Thomas, sont sans aucune signature. Celles que M. Du Bois n'a point connues, et dont la majeure partie vient de M. Thomas, ainsi que le dit M. Ravenel, page 335, portent la signature de ce dernier.

Il était impossible que je restasse étranger à un volume sur le frontispice duquel se lit mon nom ; et voilà pourquoi j'en ai rédigé la préface.

BEUCHOT.

24 décembre 1832.

AVERTISSEMENT

DES ÉDITEURS DE L'ÉDITION DE KEHL[1].

Ce poëme est un des ouvrages de M. de Voltaire qui ont excité en même temps et le plus d'enthousiasme et les déclamations les plus violentes. Le jour où M. de Voltaire fut couronné au théâtre, les spectateurs qui l'accompagnèrent en foule jusqu'à sa maison criaient également autour de lui : « Vive *la Henriade !* vive *Mahomet !* vive *la Pucelle !* » Nous croyons donc qu'il ne sera pas inutile d'entrer dans quelques détails historiques sur ce poëme.

Il fut commencé vers l'an 1730; et, jusqu'à l'époque où M. de Voltaire vint s'établir aux environs de Genève, il ne fut connu que des amis de l'auteur, qui avaient des copies de quelques chants, et des sociétés où Thieriot en récitait des morceaux détachés.

Vers la fin de l'année 1755, il en parut une édition imprimée, que M. de Voltaire se hâta de désavouer, et il en avait le droit. Non seulement cette édition avait été faite sur un manuscrit volé à l'auteur ou à ses amis, mais elle contenait un grand nombre de vers que M. de Voltaire n'avait point faits, et quelques autres qu'il ne pouvait pas laisser subsister, parceque les circonstances auxquelles ces vers fesaient allusion étaient changées : nous en donnerons plusieurs preuves dans les notes qui sont jointes au poëme. La morale permet à un auteur de désavouer les brouillons d'un ouvrage qu'on lui vole, et qu'on publie dans l'intention de le perdre.

---

[1] Les onze premiers alinéa de cet Avertissement sont de Decroix; le reste est de Condorcet. R.

On attribue cette édition à La Beaumelle [1], et au capucin Maubert, réfugié en Hollande : cette entreprise devait leur rapporter de l'argent, et compromettre M. de Voltaire. Ils y trouvaient

Leur bien premièrement, et puis le mal d'autrui [2].

Un libraire, nommé Grasset, eut même l'impudence de proposer à M. de Voltaire de lui payer un de ces manuscrits volés, en le menaçant des dangers auxquels il s'exposerait s'il ne l'achetait pas ; et le célèbre anatomiste poëte Haller, zélé protestant, protégea Grasset contre M. de Voltaire [3].

Nous voyons, par la lettre de l'auteur à l'académie française, que nous avons jointe à la préface [4], que cette première édition fut faite à Francfort, sous le titre de Louvain. Il en parut, fort peu de temps après, deux éditions semblables en Hollande.

Les premiers éditeurs, irrités du désaveu de M. de Voltaire, consigné dans les papiers publics, réimprimèrent *la Pucelle* en 1756, y joignirent le désaveu pour s'en moquer, et plusieurs pièces satiriques contre l'auteur. En se décelant ainsi eux-mêmes, ils empêchèrent une grande partie du mal qu'ils voulaient lui faire.

En 1757, il parut à Londres une autre édition de ce poëme, conforme aux premières, et ornée de gravures d'aussi bon goût que les vers des éditeurs : les réimpressions se succédèrent rapidement, et *la Pucelle* fut imprimée à Paris, pour la première fois, en 1759.

Ce fut en 1762 seulement que M. de Voltaire publia une édition de son ouvrage, très différente de toutes les autres. Ce poëme fut réimprimé en 1774, dans l'édition in-4°, avec

---

[1] Cette opinion, que Voltaire lui-même partagea quelque temps, comme on peut le voir par sa correspondance de l'année 1756, paraît avoir été abandonnée par lui dès 1773 ; voyez la note *a* de la page 8. R.

[2] La Fontaine, liv. IX, fab. XVII, v. 13. R.

[3] Voyez, dans la *Correspondance* (13 février 1759), la lettre de Voltaire à Haller, et la réponse de ce dernier. R.

[4] On la trouve dans la *Correspondance*, au mois de novembre 1755. R.

quelques changements et des additions assez considérables. C'est d'après cette dernière édition, revue et corrigée encore sur d'anciens manuscrits, que nous donnons ici *la Pucelle*.

Plusieurs entrepreneurs de librairie, en imprimant ce poëme, ont eu soin de rassembler les variantes, ce qui nous a obligés de prendre le même parti dans cette édition. Cependant, comme parmi ces variantes il en est quelques unes qu'il est impossible de regretter, qui ne peuvent appartenir à M. de Voltaire, et qui ont été ajoutées par les éditeurs pour remplir les lacunes des morceaux que l'auteur n'avait pas achevés, nous avons cru pouvoir les supprimer, du moins en partie.

L'impossibilité d'anéantir ce qui a été imprimé tant de fois, et la nécessité de prouver aux lecteurs les interpolations des premiers éditeurs, sont les seuls motifs qui nous aient engagés à conserver un certain nombre de ces variantes.

Il nous reste maintenant à défendre *la Pucelle* contre les hommes graves qui pardonnent beaucoup moins à M. de Voltaire d'avoir ri aux dépens de Jeanne d'Arc, qu'à Pierre Cauchon, évêque de Beauvais, de l'avoir fait brûler vive.

Il nous paraît qu'il n'y a que deux espèces d'ouvrages qui puissent nuire aux mœurs : 1° ceux où l'on établirait que les hommes peuvent se permettre sans scrupule et sans honte les crimes relatifs aux mœurs, tels que le viol, le rapt, l'adultère, la séduction, ou des actions honteuses et dégoûtantes qui, sans être des crimes, avilissent ceux qui les commettent; 2° les ouvrages où l'on détaille certains raffinements de débauche, certaines bizarreries des imaginations libertines.

Ces ouvrages peuvent être pernicieux, parcequ'il est à craindre qu'ils ne rendent les jeunes gens qui les lisent avec avidité insensibles aux plaisirs honnêtes, à la douce et pure volupté qui naît de la nature.

Or il n'y a rien dans *la Pucelle* qui puisse mériter aucun de ces reproches. Les peintures voluptueuses des amours d'Agnès et de Dorothée peuvent amuser l'imagination, et non la corrompre. Les plaisanteries plus libres dont l'ouvrage est semé ne sont ni l'apologie des actions qu'elles peignent, ni une peinture de ces actions propre à égarer l'imagination.

Ce poëme est un ouvrage destiné à donner des leçons de raison et de sagesse, sous le voile de la volupté et de la folie. L'auteur peut y avoir blessé quelquefois le goût, et non la morale.

Nous ne prétendons pas donner ce poëme pour un catéchisme; mais il est du même genre que ces chansons épicuriennes, ces couplets de table, où l'on célèbre l'insouciance dans la conduite, les plaisirs d'une vie voluptueuse, et la douceur d'une société libre, animée par la gaîté d'un repas. A-t-on jamais accusé les auteurs de ces chansons de vouloir établir qu'il fallait négliger tous ses devoirs, passer sa vie dans les bras d'une femme ou autour d'une table? non, sans doute : ils ont voulu dire seulement qu'il y avait plus de raison, d'innocence et de bonheur dans une vie voluptueuse et douce, que dans une vie occupée d'intrigues, d'ambition, d'avidité, ou d'hypocrisie.

Cette espèce d'exagération, qui naît de l'enthousiasme, est nécessaire dans la poésie. Viendra-t-il un temps où l'on ne parlera que le langage exact et sévère de la raison? Mais ce temps est bien éloigné de nous, car il faudrait que tous les hommes pussent entendre ce langage. Pourquoi ne serait-il point permis d'en emprunter un autre pour parler à ceux qui n'entendent point celui-ci?

D'ailleurs, ce mélange de dévotion, de libertinage, et de férocité guerrière, peint dans *la Pucelle*, est l'image naïve des mœurs du temps [1].

---

[1] Un chanoine de Paris, zélé Bourguignon, rapporte en propres termes, dans ses *Annales*, que plusieurs de nos compilateurs d'histoires de France ont eu la bonté de copier; que, sous le règne de Charles VI, Dieu affligea la ville de Paris d'une toux générale, en punition de ce que les petits garçons chantaient dans les rues : « Votre... a la toux, commère; votre... a la « toux. » K. — Le *Journal de Paris sous les règnes de Charles VI et de Charles VII*, où se trouve, à la date du 17 février 1412, l'anecdote citée par Condorcet, « est attribué par aucuns à un curé de Paris et docteur en

Voilà, à ce qu'il nous semble, dans quel esprit les hommes sévères doivent lire *la Pucelle*, et nous espérons qu'ils seront moins prompts à la condamner.

Enfin, ce poëme n'eût-il servi qu'à empêcher un seul libertin de devenir superstitieux et intolérant dans sa vieillesse, il aurait fait plus de bien que toutes les plaisanteries ne feront jamais de mal. Lorsqu'en jetant un coup d'œil attentif sur le genre humain, on voit les droits des hommes, les devoirs sacrés de l'humanité, attaqués et violés impunément, l'esprit humain abruti par l'erreur, la rage du fanatisme et celle des conquêtes ou des rapines agiter sourdement tant d'hommes puissants, les fureurs de l'ambition et de l'avarice exerçant partout leurs ravages avec impunité, et qu'on entend un prédicateur tonner contre les erreurs de la volupté, il semble voir un médecin, appelé auprès d'un pestiféré, s'occuper gravement à le guérir d'un cor au pied.

Il ne sera peut-être pas inutile d'examiner ici pourquoi l'on attache tant d'importance à l'austérité des mœurs. 1° Dans les pays où les hommes sont féroces, et où il y a de mauvaises lois, l'amour ou le goût du plaisir produisent de grands désordres; et il a toujours été plus facile de faire des déclamations que de bonnes lois; 2° les vieillards, qui naturellement possèdent toute l'autorité, et dirigent les opinions, ne demandent pas mieux que de crier contre des fautes qui sont celles d'un autre âge; 3° la liberté des mœurs détruit le pouvoir des femmes, les empêche de l'étendre au-delà du terme de la beauté; 4° la plupart des hommes ne sont ni voleurs, ni calomniateurs, ni assassins. Il est donc très naturel que partout les prêtres aient voulu exagérer les fautes des mœurs. Il y a peu d'hommes qui en soient exempts; la plupart même mettent de l'amour-propre à en commettre, ou du moins à en avoir envie : de manière que tout homme à qui on a inspiré

« theologie, » dit D. Godefroy, *Histoire de Charles VI;* Paris, 1653, in-folio, page 497. C'est probablement cet ouvrage qu'avait en vue Condorcet, qui, sans doute, en parlait de mémoire. R.

des scrupules sur cet objet devient l'esclave du pouvoir sacerdotal.

Les prêtres peuvent laisser en repos la conscience des grands sur leurs crimes, et, en leur inspirant des remords sur leurs plaisirs, s'emparer d'eux, les gouverner, et faire d'un voluptueux un persécuteur ardent et barbare.

Ils n'ont que ce moyen de se rendre maîtres des femmes, qui, pour la plupart, n'ont à se reprocher que des fautes de ce genre. Ils assurent par là un moyen de gouverner despotiquement les esprits faibles, les imaginations ardentes, et surtout les vieillards, qui, en expiation des vieilles fautes qu'ils ne peuvent plus répéter, ne demandent pas mieux que de dépouiller leurs héritiers en faveur des prêtres.

Nous observerons, en cinquième lieu, que ces mêmes fautes sont précisément celles pour lesquelles on peut se rendre sévère en fesant moins de sacrifices. Il n'y a point de vertu qu'il soit si facile de pratiquer, ou de faire semblant de pratiquer, que la chasteté; il n'y en a point qui soit plus compatible avec l'absence de toute vertu réelle, et l'assemblage de tous les vices : en sorte que du moment où il est convenu d'y attacher une grande importance, tous les fripons sont sûrs d'obtenir à peu de frais la considération publique.

Aussi cherchez sur tout le globe un pays où, nous ne disons pas la pureté qui tient à la simplicité, mais l'austérité de mœurs soit en grand crédit, et vous serez sûr d'y trouver tous les vices et tous les crimes, même ceux que la débauche fait commettre.

PRÉFACE
DE DOM APULEIUS RISORIUS,
BÉNÉDICTIN.

Remercions la bonne ame par laquelle une *Pucelle* nous est venue. Ce poëme héroïque et moral fut composé vers l'an 1730, comme les doctes le savent, et comme il appert par plusieurs traits de cet ouvrage. Nous voyons dans une lettre de 1740 [1], imprimée dans le Recueil des opuscules d'un grand prince, sous le nom du *Philosophe de Sans-Souci*, qu'une princesse d'Allemagne, à laquelle on avait prêté le manuscrit, seulement pour le lire, fut si édifiée de la circonspection qui règne dans un sujet si scabreux, qu'elle passa un jour et une nuit à le faire copier, et à transcrire elle-même tous les endroits les plus moraux. C'est cette même copie qui nous est enfin parvenue. On a souvent imprimé des lambeaux de notre *Pucelle* [2], et les vrais amateurs de la saine littérature ont été bien scandalisés de la voir si horriblement défigurée [3]. Des

---

[1] Cette lettre est du 22 février 1747. « Vous avez, dit Frédéric, prêté « votre *Pucelle* à la duchesse de Wurtemberg; apprenez qu'elle l'a fait co- « pier pendant la nuit. » R.

[2] Voyez la Préface du nouvel Éditeur. R.

[3] Lorsque ces éditions parurent, M. de Voltaire crut devoir les désavouer par une lettre adressée à l'académie française. K. — Cette lettre, qui est de novembre 1755, et probablement du 14 de ce mois, se trouve dans la *Correspondance* de Voltaire, ainsi que la réponse de Duclos, au nom et comme secrétaire de l'académie. R.

éditeurs l'ont donnée en quinze chants, d'autres en seize, d'autres en dix-huit, d'autres en vingt-quatre, tantôt en coupant un chant en deux, tantôt en remplissant des lacunes par des vers que le cocher de Verthamon[1], sortant du cabaret pour aller en bonne fortune, aurait désavoués[a].

Voici donc Jeanne dans toute sa pureté. Nous craignons de faire un jugement téméraire en nommant l'auteur à qui on attribue ce poëme épique. Il suffit que les lecteurs puissent tirer quelque instruction de la morale cachée sous les allégories du poëme. Qu'importe de connaître l'auteur? il y a beaucoup d'ouvrages

---

[1] Il est assez fréquemment parlé, dans les ouvrages de Voltaire, de ce *cocher de Verthamon*, qui eut, dans son temps, quelque célébrité parmi le peuple, comme avant lui le *Savoyard* Philipot, immortalisé par Boileau. Il se nommait Estienne, et « fesait toutes les chansons du Pont-Neuf, » dit un manuscrit de l'époque. Il était mort en 1724. R.

[a] Dans les dernières éditions que des barbares ont faites de ce poëme, le lecteur est indigné de voir une multitude de vers tels que ceux-ci :

> Chandos, suant et soufflant comme un bœuf,
> Tâte du doigt si l'autre est une fille.
> « Au diable soit, dit-il, la sotte aiguille !
> Bientôt le diable emporte l'étui neuf.
> Il veut encor secouer sa guenille.
> ....
> Chacun avait son trot et son allure.

On y dit de saint Louis

> Qu'il eût mieux fait, certes, le pauvre sire,
> De se gaudir avec sa margoton...
> Onc ne tâta de bisques, d'ortolans, etc.

On y trouve Calvin du temps de Charles VII; tout est défiguré, tout est gâté par des absurdités sans nombre (1762). C'est un capucin défroqué, lequel a pris le nom de Maubert, qui est l'auteur de cette infamie, faite uniquement pour la canaille (1773). — Pour les vers de Chandos cités dans cette note, voyez les variantes du XIIIe chant; pour les autres, les variantes du Ve. R.

que les doctes et les sages lisent avec délices sans savoir qui les a faits, comme le *Pervigilium Veneris*, la satire sous le nom de *Pétrone*[1], et tant d'autres.

Ce qui nous console beaucoup, c'est qu'on trouvera dans notre *Pucelle* bien moins de choses hardies et libres que dans tous les grands hommes d'Italie qui ont écrit dans ce goût.

Verum enim vero, à commencer par le Pulci, nous serions bien fâchés que notre discret auteur eût approché des petites libertés que prend ce docteur florentin dans son *Morgante*. Ce Luigi Pulci, qui était un grave chanoine[2], composa son poëme, au milieu du quinzième siècle, pour la signora Lucrezia Tornabuoni, mère de Laurent de Médicis le Magnifique; et il est rapporté[3] qu'on chantait le *Morgante* à la table de cette dame. C'est le second poëme épique qu'ait eu l'Italie. Il y a eu de grandes disputes parmi

---

[1] Dans le chapitre XIV du *Pyrrhonisme de l'Histoire*, consacré à l'examen du poëme attribué au consul Pétrone, Voltaire s'est, avec raison, montré beaucoup plus sévère en fait de goût qu'il ne l'est ici. R.

[2] Ginguené (*Histoire littéraire d'Italie*, IV, 214) adopte cette opinion, que Voltaire lui-même a énoncée de nouveau (en 1767) dans la seconde de ses *Lettres à S. A. monseigneur le prince de* ***** *sur Rabelais*, etc. Les biographes nationaux prétendent, au contraire, que le Pulci était marié: « Si « sa certamente ch' egli viaggio per la Lombardia, e altrove, e che s'accaso « verso l'anno 1473, con Lucrezia di Uberto di Giovanni degli Albizzi, da « cui ebbe due figliuoli, Roberto e Jacopo. » *Elogio di Luigi Pulci, scritto dal sig. Giuseppe Pelli. Morgante Maggiore*; Milano, 1806, in-8, I, VII. R.

[3] Bernardo Tasso (*Lettere*; Padova, 1733-51, I, 147; II, 307), que Voltaire semble vouloir désigner ici, est la seule autorité sur laquelle s'appuie Crescimbeni, qui rapporte le même fait; mais un éditeur du Pulci fait remarquer que son récit n'a été mis en doute par personne. R.

les savants, pour savoir si c'est un ouvrage sérieux ou plaisant.

Ceux qui l'ont cru sérieux se fondent sur l'exorde de chaque chant, qui commence par des versets de l'Écriture. Voici, par exemple, l'exorde du premier chant :

> In principio era il Verbo appresso a Dio ;
> Ed era Iddio il Verbo, e 'l Verbo lui.
> Questo era il principio al parer mio, etc.

Si le premier chant commence par l'Évangile, le dernier finit par le *Salve regina ;* et cela peut justifier l'opinion de ceux qui ont cru que l'auteur avait écrit très sérieusement, puisque, dans ces temps-là, les pièces de théâtre qu'on jouait en Italie étaient tirées de la Passion et des Actes des saints.

Ceux qui ont regardé le *Morgante* comme un ouvrage badin n'ont considéré que quelques hardiesses trop fortes, auxquelles il s'abandonne.

Morgante demande à Margutte s'il est chrétien ou mahométan :

> E se egli crede in Cristo o in Maometto[1].
>
> Rispose allor Margutte : A dirtel tosto,
> Io non credo più al nero che al azzuro ;
> Ma nel cappone, o lesso o vuogli arrosto ;
> . . . .
> Ma sopra tutto nel buon vino ho fede ;
> E credo che sia salvo chi gli crede[2].

[1] On lit dans le Pulci (cant. xviii, st. 114) les trois suivants, qui renferment la même idée, ainsi que l'a observé M. Louis Du Bois :
> Dimmi più oltre, io non t'ho domandato,
> Se se' cristiano, o se se' sarasino,
> O se tu credi in Cristo o in Apollino.   R.

[2] Cant. xviii, st. 115. R.

> Or queste son tre virtù cardinale,
> La gola, e'l culo, e'l dado, come io t'ho detto[1].

Vous remarquerez, s'il vous plaît, que le Crescimbeni, qui ne fait nulle difficulté de ranger le Pulci parmi les vrais poëtes épiques, dit, pour l'excuser, qu'il était l'écrivain de son temps le plus modeste et le plus mesuré: « il piu modesto e moderato scrittore[2] ». Le fait est qu'il fut le précurseur du Boyardo et de l'Arioste. C'est par lui que les Roland, les Renaud, les Olivier, les Dudon, furent célèbres en Italie, et il est presque égal à l'Arioste pour la pureté de la langue.

On en a fait depuis peu une très belle édition *con licenza de' superiori*[3]. Ce n'est pas moi assurément qui l'ai faite; et si notre Pucelle parlait aussi impudemment que ce Margutte, fils d'un prêtre turc et d'une religieuse grecque, je me garderais bien de l'imprimer.

On ne trouvera pas non plus dans Jeanne les mêmes témérités que dans l'Arioste; on n'y verra point un saint Jean qui habite dans la lune, et qui dit:

> Gli scrittori amo, e fo il debito mio,
> Che al vostro mondo fui scrittore anche io.

---

[1] Ces deux vers ont, depuis long-temps, été remplacés par les suivants (cant. XVIII, st. 132) dans les éditions publiées en Italie:

> Or queste son le mie virtù morale
> La gola, e'l bere, e'l dado ch'io t'ho detto.   R.

[2] *Storia della volgar poesia*, vol. II, part. II, l. 3, n° 38, *de' commentaris*. R.

[3] La plus récente édition du *Morgante* était, en 1762, date de cette Préface, celle de Turin, 1754, deux volumes in-12. R.

PRÉFACE

....
E ben convenne ad mio lodato Cristo
Rendermi guiderdon di si gran sorte [1], etc.

Cela est gaillard ; et saint Jean prend là une licence qu'aucun saint de *la Pucelle* ne prendra jamais. Il semble que Jésus ne doive sa divinité qu'au premier chapitre de saint Jean, et que cet évangéliste l'ait flatté. Ce discours sent un peu son socinien. Notre auteur discret n'a garde de tomber dans un tel excès.

C'est encore pour nous un grand sujet d'édification, que notre modeste auteur n'ait imité aucun de nos anciens romans, dont le savant Huet, évêque d'Avranches, et le compilateur l'abbé Lenglet, ont fait l'histoire [2]. Qu'on se donne seulement le plaisir de lire *Lancelot du Lac*, au chapitre intitulé *Comment Lancelot coucha avec la royne, et comment le sire de Lagant la reprint* [3], on verra quelle est la pudeur de notre auteur, en comparaison de nos auteurs antiques.

Mais *quid dicam* de l'histoire merveilleuse de Gargantua, dédiée au cardinal de Tournon [4]? On sait que

---

[1] *Orlando furioso*, cant. XXXV, st. 28 et 29. R.

[2] On a de l'évêque d'Avranches un *Traité sur l'origine des romans*, publié pour la première fois en 1670, et souvent réimprimé ; et de l'abbé Lenglet du Fresnoy, sous le nom de Gordon de Percel, un traité *De l'usage des romans* ; Amsterdam, 1734, deux volumes in-12. R.

[3] Je n'ai trouvé dans *Lancelot du Lac* aucun chapitre ainsi intitulé. Celui où il est parlé du rendez-vous accordé à Lancelot par la reine n'offre rien de plus fort que certaines descriptions du poëme de *la Pucelle*. R.

[4] C'est au cardinal Odet de Châtillon, son protecteur, que Rabelais a dédié le livre quatrième de son singulier ouvrage, et non pas au cardinal de Tournon. Dans la première des *Lettres à S. A. monseigneur le prince de ***** sur Rabelais*, Voltaire a évité l'erreur de nom qu'il commet ici. R.

le chapitre des Torche-culs[1] est un des plus modestes de l'ouvrage.

Nous ne parlons point ici des modernes : nous dirons seulement que tous les vieux contes imaginés en Italie, et mis en vers par La Fontaine, sont encore moins moraux que notre *Pucelle*. Au reste, nous souhaitons à tous nos graves censeurs les sentiments délicats du beau Monrose ; à nos prudes, s'il y en a, la naïveté d'Agnès et la tendresse de Dorothée ; à nos guerriers, le bras de la robuste Jeanne ; à tous les jésuites, le caractère du bon confesseur Bonifoux ; à tous ceux qui tiennent une bonne maison, les attentions et le savoir-faire de Bonneau.

Nous croyons d'ailleurs ce petit livre un remède excellent contre les vapeurs qui affligent en ce temps-ci plusieurs dames et plusieurs abbés ; et quand nous n'aurions rendu que ce service au public, nous croirions n'avoir pas perdu notre temps.

---

[1] *Gargantua*, liv. I, chap. XIII. R.

LA PUCELLE
D'ORLÉANS.

CHANT PREMIER.

ARGUMENT.

Amours honnêtes de Charles VII et d'Agnès Sorel. Siége d'Orléans par les Anglais. Apparition de saint Denys, etc.

Je ne suis né pour célébrer les saints[a] :
Ma voix est faible, et même un peu profane.
Il faut pourtant vous chanter cette Jeanne
Qui fit, dit-on, des prodiges divins.
Elle affermit, de ses pucelles mains,
Des fleurs de lis la tige gallicane,
Sauva son roi de la rage anglicane,
Et le fit oindre au maître-autel de Reims.
Jeanne montra sous féminin visage,

---

[a] Plusieurs éditions portent :
   Vous m'ordonnez de célébrer des saints.

Cette leçon est correcte ; mais nous avons adopté l'autre, comme plus récréative. De plus, elle montre la grande modestie de l'auteur. Il avoue qu'il n'est pas digne de chanter une pucelle. Il donne en cela un démenti aux éditeurs qui, dans une de leurs éditions de ses OEuvres, lui ont attribué une ode *A sainte Geneviève*, dont assurément il n'est pas l'auteur. (1773). — L'ode *A sainte Geneviève* est incontestablement de Voltaire. R.

Sous le corset et sous le cotillon,
D'un vrai Roland le vigoureux courage.
J'aimerais mieux, le soir, pour mon usage,
Une beauté douce comme un mouton;
Mais Jeanne d'Arc eut un cœur de lion :
Vous le verrez, si lisez cet ouvrage.
Vous tremblerez de ses exploits nouveaux;
Et le plus grand de ses rares travaux
Fut de garder un an son pucelage.

O Chapelain^a, toi dont le violon,
De discordante et gothique mémoire,
Sous un archet maudit par Apollon,
D'un ton si dur a raclé son histoire;
Vieux Chapelain, pour l'honneur de ton art,
Tu voudrais bien me prêter ton génie :
Je n'en veux point; c'est pour Lamotte-Houdart^b,
Quand l'*Iliade* est par lui travestie.

---

[a] Tous les doctes savent qu'il y eut, du temps du cardinal de Richelieu, un Chapelain, auteur d'un fameux poëme de *la Pucelle*, dans lequel, à ce que dit Boileau,

Il fit de méchants vers douze fois douze cents.

Boileau ne savait pas que ce grand homme en fit douze fois vingt-quatre cents, mais que, par discrétion, il n'en fit imprimer que la moitié. La maison de Longueville, qui descendait du beau bâtard Dunois, fit à l'illustre Chapelain une pension de douze mille livres tournois. On pouvait mieux employer son argent (1762). — Le manuscrit du poëme de *la Pucelle*, composé de vingt-quatre chants, se trouve à la Bibliothèque royale. R.

[b] La Motte-Houdart, auteur d'une traduction en vers de *l'Iliade*, traduction très abrégée, et cependant très mal reçue. Fontenelle, dans l'éloge académique de La Motte, dit que c'est la faute de l'original (1762). — Fontenelle n'a point composé d'éloge de La Motte; mais en répondant, au nom de l'académie française, à l'évêque de Luçon, successeur de La Motte, il dit que *le défaut le plus essentiel* qui empêcha sa traduction de réussir, *et peut-être le seul; c'est d'être* l'Iliade. R.

Le bon roi Charle, au printemps de ses jours,
Au temps de Pâque, en la cité de Tours,
A certain bal (ce prince aimait la danse)
Avait trouvé, pour le bien de la France,
Une beauté nommée Agnès Sorel[a].
Jamais l'Amour ne forma rien de tel.
Imaginez de Flore la jeunesse,
La taille et l'air de la nymphe des bois,
Et de Vénus la grace enchanteresse,
Et de l'Amour le séduisant minois,
L'art d'Arachné, le doux chant des sirènes :
Elle avait tout ; elle aurait dans ses chaînes
Mis les héros, les sages, et les rois.
La voir, l'aimer, sentir l'ardeur naissante
Des doux desirs, et leur chaleur brûlante,
Lorgner Agnès, soupirer et trembler,
Perdre la voix en voulant lui parler,
Presser ses mains d'une main caressante,
Laisser briller sa flamme impatiente,
Montrer son trouble, en causer à son tour,

---

[a] Agnès Sorel, dame de Fromenteau, près de Tours. Le roi Charles VII lui donna le château de Beauté-sur-Marne, et on l'appela dame de Beauté. Elle eut deux enfants du roi son amant, quoiqu'il n'eût point de privautés avec elle, suivant les historiographes de Charles VII, gens qui disent toujours la vérité du vivant des rois. (1762). — Voltaire avait probablement en vue l'historien Jean Chartier, qui parle ainsi (*Histoire de Charles VII;* Paris, 1661, in-folio, page 191) des relations de Charles VII et de sa maitresse : « Quand le roy alloit voir les dames et damoiselles, mesmement
« en l'absence de la reyne, ou qu'icelle belle Agnès le venoit voir, il y avoit
« tousjours grande quantité de gens presens, qui oncques ne la virent tou-
« cher par le roy au-dessous du menton ; mais s'en retournoit, après les
« ebattemens licites et honestes faits comme à roy appartient, chacun en
« son logis par chacun soir, et pareillement ladite Agnès au sien. » R.

Lui plaire enfin, fut l'affaire d'un jour.
Princes et rois vont très vite en amour.
Agnès voulut, savante en l'art de plaire,
Couvrir le tout des voiles du mystère,
Voiles de gaze, et que les courtisans
Percent toujours de leurs yeux malfesants.
 Pour colorer comme on put cette affaire,
Le roi fit choix du conseiller Bonneau[a],
Confident sûr, et très bon Tourangeau :
Il eut l'emploi qui certes n'est pas mince,
Et qu'à la cour, où tout se peint en beau,
Nous appelons être l'ami du prince,
Mais qu'à la ville, et surtout en province,
Les gens grossiers ont nommé maq.......
Monsieur Bonneau, sur le bord de la Loire,
Était seigneur d'un fort joli château.
Agnès un soir s'y rendit en bateau,
Et le roi Charle y vint à la nuit noire.
On y soupa; Bonneau servit à boire;
Tout fut sans faste, et non pas sans apprêts.
Festins des dieux, vous n'êtes rien auprès!
Nos deux amants, pleins de trouble et de joie,
Ivres d'amour, à leurs desirs en proie,
Se renvoyaient des regards enchanteurs,
De leurs plaisirs brûlants avant-coureurs.
Les doux propos, libres sans indécence,
Aiguillonnaient leur vive impatience.

---

[a] Personnage feint. Quelques curieux prétendent que le discret auteur avait en vue certain gros valet de chambre d'un certain prince; mais nous ne sommes pas de cet avis, et notre remarque subsiste, *comme dit Dacier.* (1762).

Le prince en feu des yeux la dévorait;
Contes d'amour d'un air tendre il fesait,
Et du genou le genou lui serrait.
   Le souper fait, on eut une musique
Italienne, en genre chromatique[a];
On y mêla trois différentes voix
Aux violons, aux flûtes, aux hautbois.
Elles chantaient l'allégorique histoire
De ces héros qu'Amour avait domptés,
Et qui, pour plaire à de tendres beautés,
Avaient quitté les fureurs de la gloire.
Dans un réduit cette musique était,
Près de la chambre où le bon roi soupait.
La belle Agnès, discrète et retenue,
Entendait tout, et d'aucuns n'était vue.
   Déjà la lune est au haut de son cours:
Voilà minuit; c'est l'heure des amours.
Dans une alcôve artistement dorée,
Point trop obscuré, et point trop éclairée,
Entre deux draps que la Frise a tissus,
D'Agnès Sorel les charmes sont reçus.
Près de l'alcôve une porte est ouverte,
Que dame Alix, suivante très experte,
En s'en allant oublia de fermer.
O vous, amants, vous qui savez aimer,
Vous voyez bien l'extrême impatience
Dont pétillait notre bon roi de France!
Sur ses cheveux, en tresse retenus,
Parfums exquis sont déjà répandus.

---

[a] Le chromatique procède par plusieurs semi-tons consécutifs, ce qui produit une musique efféminée, très convenable à l'amour. (1762).

Il vient, il entre au lit de sa maîtresse;
Moment divin de joie et de tendresse!
Le cœur leur bat; l'amour et la pudeur
Au front d'Agnès font monter la rougeur.
La pudeur passe, et l'amour seul demeure.
Son tendre amant l'embrasse tout-à-l'heure.
Ses yeux ardents, éblouis, enchantés,
Avidement parcourent ses beautés.
Qui n'en serait en effet idolâtre?
 Sous un cou blanc qui fait honte à l'albâtre
Sont deux tétons séparés, faits au tour,
Allants, venants, arrondis par l'Amour;
Leur boutonnet a la couleur des roses.
Téton charmant, qui jamais ne reposés,
Vous invitiez les mains à vous presser,
L'œil à vous voir, la bouche à vous baiser.
Pour mes lecteurs tout plein de complaisance,
J'allais montrer à leurs yeux ébaudis
De ce beau corps les contours arrondis;
Mais la vertu qu'on nomme bienséance
Vient arrêter mes pinceaux trop hardis.
Tout est beauté, tout est charme dans elle.
La volupté, dont Agnès a sa part,
Lui donne encore une grace nouvelle;
Elle l'anime: amour est un grand fard,
Et le plaisir embellit toute belle.
 Trois mois entiers nos deux jeunes amants
Furent livrés à ces ravissements.
Du lit d'amour ils vont droit à la table.
Un déjeûner, restaurant délectable,
Rend à leurs sens leur première vigueur;

Puis, pour la chasse épris de même ardeur,
Ils vont tous deux, sur des chevaux d'Espagne,
Suivre cent chiens jappants dans la campagne.
A leur retour on les conduit aux bains.
Pâtes, parfums, odeurs de l'Arabie,
Qui font la peau douce, fraîche, et polie¹,
Sont prodigués sur eux à pleines mains.
 Le dîner vient; la délicate chère,
L'oiseau du Phase et le coq de bruyère,
De vingt ragoûts l'apprêt délicieux,
Charment le nez, le palais, et les yeux.
Du vin d'Aï la mousse pétillante,
Et du Tokai la liqueur jaunissante,
En chatouillant les fibres des cerveaux,
Y porte un feu qui s'exhale en bons mots
Aussi brillants que la liqueur légère
Qui monte et saute, et mousse au bord du verre :
L'ami Bonneau d'un gros rire applaudit
A son bon roi, qui montre de l'esprit.
Le dîner fait, on digère, on raisonne,
On conte, on rit, on médit du prochain,
On fait brailler des vers à maître Alain,
On fait venir des docteurs de Sorbonne,

---

¹ Dans une lettre au comte de Tressan (9 décembre 1736), Voltaire se plaint de ce que, dans les copies du *Mondain*, on ait écrit :

  Rendent sa peau douce, fraîche, et polie;

tandis qu'il fallait mettre :

  Rendent sa peau plus fraîche et plus polie.

En composant le vers de *la Pucelle* auquel cette note se rapporte, il n'aperçut pas, à ce qu'il paraît, le pléonasme que semblent offrir les mots *douce* et *polie*, et qui l'avait choqué dans le vers du *Mondain*. R.

Des perroquets, un singe, un arlequin.
Le soleil baisse; une troupe choisie
Avec le roi court à la comédie,
Et, sur la fin de ce fortuné jour,
Le couple heureux s'enivre encor d'amour.

   Plongés tous deux dans le sein des délices,
Ils paraissaient en goûter les prémices.
Toujours heureux et toujours plus ardents,
Point de soupçons, encor moins de querelles,
Nulle langueur; et l'Amour et le Temps
Auprès d'Agnès ont oublié leurs ailes.
Charles souvent disait entre ses bras,
En lui donnant des baisers tout de flamme :
« Ma chère Agnès, idole de mon ame,
Le monde entier ne vaut point vos appas.
Vaincre et régner, ce n'est rien que folie.
Mon parlement[a] me bannit aujourd'hui;
Au fier Anglais la France est asservie :
Ah! qu'il soit roi, mais qu'il me porte envie;
J'ai votre cœur, je suis plus roi que lui. »

   Un tel discours n'est pas trop héroïque;
Mais un héros, quand il tient dans un lit

---

[a] Le parlement de Paris fit ajourner trois fois à son de trompe le roi, alors dauphin, à la table de marbre, sur les conclusions de l'avocat du roi, Marigni (voyez les *Recherches de* Pasquier). (1762). — « Maistre Nicolas « Roulin, advocat de la douairière de Bourgongne, institue une accusation « à huis-ouvert contre Charles de Valois; et après luy, maistre Pierre de « Marigny, advocat du roy, conclud à ce qu'il fust proclamé à trois briefs « jours à la table de marbre du Palais, pour l'homicide par lui commis « en la personne du duc Jean. Ce qui est faict à son de trompe et cry pu- « blic; et, après tout l'ordre judiciaire à ce requis et observé, il est, par « arrest, declaré indigne de succeder à la couronne. » Pasquier, *Recherches de la France*, liv. VI, chap. IV. R.

Maîtresse honnête, et que l'amour le pique,
Peut s'oublier, et ne sait ce qu'il dit.

Comme il menait cette joyeuse vie,
Tel qu'un abbé dans sa grasse abbaye,
Le prince anglais [a], toujours plein de furie,
Toujours aux champs, toujours armé, botté,
Le pot en tête, et la dague au côté,
Lance en arrêt, la visière haussée,
Foulait aux pieds la France terrassée.
Il marche, il vole, il renverse en son cours
Les murs épais, les menaçantes tours,
Répand le sang, prend l'argent, taxe, pille,
Livre aux soldats et la mère et la fille,
Fait violer des couvents de nonnains,
Boit le muscat des pères bernardins,
Frappe en écus l'or qui couvre les saints,
Et, sans respect pour Jésus ni Marie,
De mainte église il fait mainte écurie :
Ainsi qu'on voit dans une bergerie
Des loups sanglants de carnage altérés,
Et sous leurs dents les troupeaux déchirés,
Tandis qu'au loin, couché dans la prairie,
Colin s'endort sur le sein d'Égérie,
Et que son chien près d'eux est occupé
A se saisir des restes du soupé.

Or, du plus haut du brillant apogée,
Séjour des saints, et fort loin de nos yeux,
Le bon Denys [b], prêcheur de nos aïeux,

---

[a] Ce prince anglais est le duc de Bedford, frère puîné de Henri V, roi d'Angleterre, couronné roi de France à Paris. (1762).

[b] Ce bon Denys n'est point Denys le prétendu aréopagite, mais un

Vit les malheurs de la France affligée,
L'état horrible où l'Anglais l'a plongée,
Paris aux fers, et le roi très chrétien
Baisant Agnès, et ne songeant à rien.
Ce bon Denys est patron de la France,
Ainsi que Mars fut le saint des Romains,
Ou bien Pallas chez les Athéniens.
Il faut pourtant en faire différence ;
Un saint vaut mieux que tous les dieux païens.
« Ah! par mon chef, dit-il, il n'est pas juste
De voir ainsi tomber l'empire auguste
Où de la foi j'ai planté l'étendard :
Trône des lis, tu cours trop de hasard ;
Sang des Valois, je ressens tes misères.
Ne souffrons pas que les superbes frères
De Henri cinq [a], sans droit et sans raison,

évêque de Paris. L'abbé Hilduin fut le premier qui écrivit que cet évêque, ayant été décapité, porta sa tête entre ses bras, de Paris jusqu'à l'abbaye qui porte son nom. On érigea ensuite des croix dans tous les endroits où ce saint s'était arrêté en chemin. Le cardinal de Polignac contant cette histoire à madame la marquise du ***, et ajoutant que Denys n'avait eu de peine à porter sa tête que jusqu'à la première station, cette dame lui répondit : « Je le crois bien ; il n'y a, dans de telles affaires, que le premier « pas qui coûte. » (1762). — Les éditeurs de Kehl ne se sont point trompés en imprimant en entier le nom de madame du Deffand (voyez *Correspondance*, lettre du 27 janvier 1764), mais j'ai cru devoir laisser la note telle qu'elle a paru du vivant de l'auteur.

C'est bien Hilduin, comme Voltaire le dit ici, et non pas Harduinus, comme il le dit dans le *Dictionnaire philosophique* (article DENYS), qui parla le premier (*Areopagitica*, Coloniæ, 1563, in-8°, folio 118) du singulier voyage de saint Denys. Le bon abbé, tout en convenant (folio 120) que le fait est étrange, n'y trouve cependant rien de difficile : « Quanquam « mirum sit, non tamen difficile. » R.

[a] Henri V, roi d'Angleterre, le plus grand homme de son temps, beau-frère de Charles VII, dont il avait épousé la sœur, était mort à Vincennes,

Chassent ainsi le fils de la maison.
J'ai, quoique saint, et Dieu me le pardonne,
Aversion pour la race bretonne :
Car, si j'en crois le livre des destins,
Un jour ces gens raisonneurs et mutins
Se gausseront des saintes décrétales,
Déchireront les romaines annales,
Et tous les ans le pape brûleront.
Vengeons de loin ce sacrilége affront :
Mes chers Français seront tous catholiques ;
Ces fiers Anglais seront tous hérétiques :
Frappons, chassons ces dogues britanniques :
Punissons-les, par quelque nouveau tour,
De tout le mal qu'ils doivent faire un jour. »

 Des Gallicans ainsi parlait l'apôtre,
De maudissons lardant sa patenôtre ;
Et cependant que tout seul il parlait,
Dans Orléans un conseil se tenait.
Par les Anglais cette ville bloquée,
Au roi de France allait être extorquée.
Quelques seigneurs et quelques conseillers,
Les uns pédants et les autres guerriers,
Sur divers tons déplorant leur misère,
Pour leur refrain disaient : « Que faut-il faire ? »
 Poton, La Hire, et le brave Dunois [a],

---

après avoir été reconnu roi de France à Paris ; son frère, le duc de Bedford, gouvernait la meilleure partie de la France au nom de son neveu Henri VI, reconnu aussi pour roi de France à Paris par le parlement, l'hôtel-de-ville, le châtelet, l'évêque, les corps de métiers, et la Sorbonne. (1773).

 [a] Poton de Saintrailles, La Hire, grands capitaines ; Jean de Dunois, fils naturel de Jean d'Orléans et de la comtesse d'Enghien ; Richemont, conné-

S'écriaient tous en se mordant les doigts :
« Allons, amis, mourons pour la patrie;
Mais aux Anglais vendons cher notre vie. »
Le Richemont criait tout haut : « Par Dieu,
Dans Orléans il faut mettre le feu ;
Et que l'Anglais, qui pense ici nous prendre,
N'ait rien de nous que fumée et que cendre. »
Pour La Trimouille, il disait: « C'est en vain
Que mes parents me firent Poitevin;
J'ai dans Milan laissé ma Dorothée ;
Pour Orléans, hélas! je l'ai quittée.
Je combattrai, mais je n'ai plus d'espoir :
Faut-il mourir, ô ciel! sans la revoir! »
Le président Louvet[a], grand personnage,
Au maintien grave, et qu'on eût pris pour sage,
Dit : « Je voudrais que préalablement
Nous fissions rendre arrêt de parlement
Contre l'Anglais, et qu'en ce cas énorme
Sur toute chose on procédât en forme. »
Louvet était un grand clerc; mais, hélas!
Il ignorait son triste et piteux cas:
S'il le savait, sa gravité prudente
Procéderait contre sa présidente.
Le grand Talbot, le chef des assiégeants,
Brûle pour elle, et règne sur ses sens :
Louvet l'ignore; et sa mâle éloquence
N'a pour objet que de venger la France.
Dans ce conseil de sages, de héros,

table de France, depuis duc de Bretagne; La Trimouille, d'une grande maison du Poitou. (1762).

[a] Le président Louvet, ministre d'état sous Charles VII. (1762).

On entendait les plus nobles propos ;
Le bien public, la vertu les inspire :
Surtout l'adroit et l'éloquent La Hire
Parla long-temps, et pourtant parla bien ;
Ils disaient d'or, et ne concluaient rien.

Comme ils parlaient, on vit par la fenêtre
Je ne sais quoi dans les airs apparaître.
Un beau fantôme au visage vermeil,
Sur un rayon détaché du soleil,
Des cieux ouverts fend la voûte profonde.
Odeur de saint se sentait à la ronde.
Le farfadet dessus son chef avait
A deux pendants une mitre pointue
D'or et d'argent, sur le sommet fendue ;
Sa dalmatique au gré des vents flottait,
Son front brillait d'une sainte auréole[a],
Son cou penché laissait voir son étole,
Sa main portait ce bâton pastoral
Qui fut jadis *lituus* augural[b].
A cet objet qu'on discernait fort mal,
Voilà d'abord monsieur de La Trimouille,

---

[a] Auréole, c'est la couronne de rayons que les saints ont toujours sur la tête. Elle paraît imitée de la couronne de laurier dont les feuilles divergentes semblaient environner de rayons la tête des héros ; ce qui a fait tirer à quelques uns l'étymologie d'auréole de *laurum*, *laureola* : d'autres la tirent d'*aurum*. Saint Bernard dit que cette couronne est d'or pour les vierges. « Coronam quam nostri majores aureolam vocant, idcirco nomi-« natam.... » — Cette note appartient, à la seconde phrase près, à l'édition de 1762, où elle s'appliquait au vers 307 du onzième chant. La rédaction actuelle a paru dans l'édition de Kehl : les éditeurs l'ont, avec raison, transposée à l'endroit du poëme où le mot auréole paraît pour la première fois. R.

[b] Le bâton des augures ressemblait parfaitement à une crosse. (1762).

Paillard dévot, qui prie et s'agenouille.
Le Richemont, qui porte un cœur de fer,
Blasphémateur, jureur impitoyable,
Haussant la voix, dit que c'était le diable
Qui leur venait du fin fond de l'enfer;
Que ce serait chose très agréable
Si l'on pouvait parler à Lucifer.
Maître Louvet s'en courut au plus vite
Chercher un pot tout rempli d'eau bénite.
Poton, La Hire, et Dunois, ébahis,
Ouvrent tous trois de grands yeux ébaubis.
Tous les valets sont couchés sur le ventre.
L'objet approche, et le saint fantôme entre
Tout doucement porté sur son rayon,
Puis donne à tous sa bénédiction.
Soudain chacun se signe et se prosterne.
 Il les relève avec un air paterne;
Puis il leur dit: « Ne faut vous effrayer;
Je suis Denys[a], et saint de mon métier.

[a] Ce Denys, patron de la France, est un saint de la façon des moines. Il ne vint jamais dans les Gaules. Voyez sa légende dans les *Questions sur l'Encyclopédie*, à l'article Denys : vous apprendrez qu'il fut d'abord créé évêque d'Athènes par saint Paul; qu'il alla rendre une visite à la vierge Marie, et la complimenta sur la mort de son fils; qu'ensuite il quitta l'évêché d'Athènes pour celui de Paris; qu'on le pendit, qu'il prêcha fort éloquemment du haut de sa potence; qu'on lui coupa la tête pour l'empêcher de parler; qu'il prit sa tête entre ses bras, qu'il la baisait en chemin, en allant à une lieue de Paris fonder une abbaye de son nom. (1773). — Cette note contient plusieurs inexactitudes : 1° l'article Denys du *Dictionnaire philosophique*, dans lequel ont été fondues les *Questions sur l'Encyclopédie*, est consacré à l'aréopagite, et non point à l'évêque de Paris, patron de la France; 2° dans cet article il n'est pas question de compliments faits à la Vierge sur la mort de son fils, non plus que des baisers donnés par Denys à sa tête qu'il tenait entre ses bras. R.

J'aime la Gaule, et l'ai catéchisée,
Et ma bonne ame est très scandalisée
De voir Charlot, mon filleul tant aimé,
Dont le pays en cendre est consumé,
Et qui s'amuse, au lieu de le défendre,
A deux tétons qu'il ne cesse de prendre.
J'ai résolu d'assister aujourd'hui
Les bons Français qui combattent pour lui.
Je veux finir leur peine et leur misère.
Tout mal, dit-on, guérit par son contraire.
Or si Charlot veut, pour une catin,
Perdre la France et l'honneur avec elle,
J'ai résolu, pour changer son destin,
De me servir des mains d'une pucelle.
Vous, si d'en-haut vous desirez les biens,
Si vos cœurs sont et français et chrétiens,
Si vous aimez le roi, l'état, l'Église,
Assistez-moi dans ma sainte entreprise;
Montrez le nid où nous devons chercher
Ce vrai phénix que je veux dénicher. »
 Ainsi parla le vénérable sire.
Quand il eut fait, chacun se prit à rire.
Le Richemont, né plaisant et moqueur,
Lui dit : « Ma foi, mon cher prédicateur,
Monsieur le saint, ce n'était pas la peine
D'abandonner le céleste domaine
Pour demander à ce peuple méchant
Ce beau joyau que vous estimez tant.
Quand il s'agit de sauver une ville,
Un pucelage est une arme inutile.
Pourquoi d'ailleurs le prendre en ce pays ?

Vous en avez tant dans le paradis!
Rome et Lorette ont cent fois moins de cierges
Que chez les saints il n'est là-haut de vierges.
Chez les Français, hélas! il n'en est plus.
Tous nos moutiers sont à sec là-dessus.
Nos francs-archers, nos officiers, nos princes,
Ont dès long-temps dégarni les provinces.
Ils ont tous fait, en dépit de vos saints,
Plus de bâtards encor que d'orphelins.
Monsieur Denys, pour finir nos querelles,
Cherchez ailleurs, s'il vous plaît, des pucelles. »
 Le saint rougit de ce discours brutal;
Puis aussitôt il remonte à cheval
Sur son rayon, sans dire une parole,
Pique des deux, et par les airs s'envole,
Pour déterrer, s'il peut, ce beau bijou
Qu'on tient si rare, et dont il semble fou.
Laissons-le aller; et tandis qu'il se perche
Sur l'un des traits qui vont porter le jour,
Ami lecteur, puissiez-vous en amour
Avoir le bien de trouver ce qu'il cherche!

FIN DU PREMIER CHANT.

CHANT DEUXIÈME.

ARGUMENT.

Jeanne, armée par saint Denys, va trouver Charles VII à Tours; ce qu'elle fit en chemin, et comment elle eut son brevet de pucelle.

Heureux cent fois qui trouve un pucelage!
C'est un grand bien; mais de toucher un cœur
Est, à mon sens, un plus cher avantage.
Se voir aimé, c'est là le vrai bonheur.
Qu'importe, hélas! d'arracher une fleur?
C'est à l'amour à nous cueillir la rose.
De très grands clercs ont gâté par leur glose
Un si beau texte; ils ont cru faire voir
Que le plaisir n'est point dans le devoir.
Je veux contre eux faire un jour un beau livre;
J'enseignerai le grand art de bien vivre;
Je montrerai qu'en réglant nos desirs,
C'est du devoir que viennent nos plaisirs.
Dans cette honnête et savante entreprise,
Du haut des cieux saint Denys m'aidera;
Je l'ai chanté, sa main me soutiendra.
En attendant, il faut que je vous dise
Quel fut l'effet de sa sainte entremise.

Vers les confins du pays champenois,
Où cent poteaux, marqués de trois merlettes[a],

---

[a] Il y avait alors sur toutes les frontières de Lorraine des poteaux aux armes du duc, qui sont trois alérions; ils ont été ôtés en 1738. (1762).

Disaient aux gens, « En Lorraine vous êtes, »
Est un vieux bourg peu fameux autrefois;
Mais il mérite un grand nom dans l'histoire,
Car de lui vient le salut et la gloire
Des fleurs de lis et du peuple gaulois.
De Domremi chantons tous le village;
Fesons passer son beau nom d'âge en âge.

O Domremi! tes pauvres environs
N'ont ni muscats, ni pêches, ni citrons,
Ni mine d'or, ni bon vin qui nous damne;
Mais c'est à toi que la France doit Jeanne.
Jeanne y naquit[a] : certain curé du lieu,
Fesant partout des serviteurs à Dieu,
Ardent au lit, à table, à la prière,
Moine autrefois, de Jeanne fut le père;
Une robuste et grasse chambrière
Fut l'heureux moule où ce pasteur jeta
Cette beauté, qui les Anglais dompta.
Vers les seize ans, en une hôtellerie
On l'engagea pour servir l'écurie,
A Vaucouleurs; et déjà de son nom
La renommée emplissait le canton.
Son air est fier, assuré, mais honnête;
Ses grands yeux noirs brillent à fleur de tête;
Trente-deux dents d'une égale blancheur
Sont l'ornement de sa bouche vermeille,
Qui semble aller de l'une à l'autre oreille,

---

[a] Elle était en effet native du village de Domremi, fille de Jean d'Arc et d'Isabeau, âgée alors de vingt-sept ans, et servante de cabaret; ainsi son père n'était point curé. C'est une fiction poétique qui n'est peut-être pas permise dans un sujet grave. (1762).

Mais bien bordée et vive en sa couleur,
Appétissante, et fraîche par merveille.
Ses tétons bruns, mais fermes comme un roc,
Tentent la robe, et le casque, et le froc.
Elle est active, adroite, vigoureuse;
Et d'une main potelée et nerveuse
Soutient fardeaux, verse cent brocs de vin,
Sert le bourgeois, le noble, le robin;
Chemin fesant, vingt soufflets distribue
Aux étourdis dont l'indiscrète main
Va tâtonnant sa cuisse ou gorge nue;
Travaille et rit du soir jusqu'au matin,
Conduit chevaux, les panse, abreuve, étrille;
Et les pressant de sa cuisse gentille,
Les monte à cru comme un soldat romain [a].

  O profondeur! ô divine sagesse!
Que tu confonds l'orgueilleuse faiblesse
De tous ces grands si petits à tes yeux!
Que les petits sont grands quand tu le veux!
Ton serviteur Denys le bienheureux
N'alla rôder aux palais des princesses,
N'alla chez vous, mesdames les duchesses;
Denys courut, amis, qui le croirait?
Chercher l'honneur, où? dans un cabaret.

  Il était temps que l'apôtre de France
Envers sa Jeanne usât de diligence.

---

[a] « Montait chevaux à poil et fesait apertises qu'autres filles n'ont point
« coutume de faire, » comme dit la *Chronique* de Monstrelet. (1762). —
Voici le texte des *Chroniques*, liv. I, chap. LVII : « Et estoit hardie de che-
« vaucher chevaux, et les mener boire, et aussi de faire apertises et autres
« habiletés que jeunes filles n'ont point accoutumé de faire. » R.

Le bien public était en grand hasard.
De Satanas la malice est connue;
Et si le saint fût arrivé plus tard
D'un seul moment, la France était perdue.
Un cordelier qu'on nommait Grisbourdon,
Avec Chandos arrivé d'Albion,
Était alors dans cette hôtellerie;
Il aimait Jeanne autant que sa patrie.
C'était l'honneur de la pénaillerie;
De tous côtés allant en mission;
Prédicateur, confesseur, espion;
De plus, grand clerc en la sorcellerie[a],
Savant dans l'art en Égypte sacré,
Dans ce grand art cultivé chez les mages,
Chez les Hébreux, chez les antiques sages,
De nos savants dans nos jours ignoré.
Jours malheureux! tout est dégénéré.

En feuilletant ses livres de cabale,
Il vit qu'aux siens Jeanne serait fatale,
Qu'elle portait dessous son court jupon
Tout le destin d'Angleterre et de France.
Encouragé par la noble assistance
De son génie, il jura son cordon,
Son Dieu, son diable, et saint François d'Assise,
Qu'à ses vertus Jeanne serait soumise,
Qu'il saisirait ce beau palladion[b].
Il s'écriait, en fesant l'oraison :

---

[a] La sorcellerie était alors si en vogue, que Jeanne d'Arc elle-même fut brûlée depuis comme sorcière, sur la requête de la Sorbonne. (1762).

[b] Figure de Pallas à laquelle le destin de Troie était attaché : presque tous les peuples ont eu de pareilles superstitions. (1762).

« Je servirai ma patrie et l'Église ;
Moine et Breton, je dois faire le bien
De mon pays, et plus encor le mien. »
Au même temps, un ignorant, un rustre,
Lui disputait cette conquête illustre :
Cet ignorant valait un cordelier,
Car vous saurez qu'il était muletier ;
Le jour, la nuit, offrant sans fin, sans terme,
Son lourd service et l'amour le plus ferme.
L'occasion, la douce égalité,
Fesaient pencher Jeanne de son côté ;
Mais sa pudeur triomphait de la flamme
Qui par les yeux se glissait dans son ame.
Le Grisbourdon vit sa naissante ardeur :
Mieux qu'elle encore il lisait dans son cœur.
Il vint trouver son rival si terrible ;
Puis il lui tint ce discours très plausible :
« Puissant héros, qui passez au besoin
Tous les mulets commis à votre soin,
Vous méritez, sans doute, la pucelle ;
Elle a mon cœur comme elle a tous vos vœux ;
Rivaux ardents, nous nous craignons tous deux,
Et comme vous je suis amant fidèle.
Çà, partageons, et, rivaux sans querelle,
Tâtons tous deux de ce morceau friand
Qu'on pourrait perdre en se le disputant.
Conduisez-moi vers le lit de la belle ;
J'évoquerai le démon du dormir ;
Ses doux pavots vont soudain l'assoupir ;
Et tour-à-tour nous veillerons pour elle. »
Incontinent le père au grand cordon

Prend son grimoire, évoque le démon
Qui de Morphée eut autrefois le nom.
Ce pesant diable est maintenant en France :
Vers le matin, lorsque nos avocats
Vont s'enrouer à commenter Cujas,
Avec messieurs il ronfle à l'audience ;
L'après-dînée il assiste aux sermons
Des apprentis dans l'art des Massillons,
A leurs trois points, à leurs citations,
Aux lieux communs de leur belle éloquence ;
Dans le parterre il vient bâiller le soir.
Aux cris du moine il monte en son char noir,
Par deux hiboux traîné dans la nuit sombre.
Dans l'air il glisse, et doucement fend l'ombre.
Les yeux fermés, il arrive en bâillant,
Se met sur Jeanne, et tâtonne, et s'étend ;
Et secouant son pavot narcotique,
Lui souffle au sein vapeur soporifique.
Tel on nous dit que le moine Girard [a],
En confessant la gentille Cadière,
Insinuait de son souffle paillard
De diabloteaux une ample fourmilière.

Nos deux galants, pendant ce doux sommeil,
Aiguillonnés du démon du réveil,
Avaient de Jeanne ôté la couverture.
Déjà trois dés, roulant sur son beau sein,
Vont décider, au jeu de saint Guilain [1],

---

[a] Le jésuite Girard, convaincu d'avoir eu de petites privautés avec la demoiselle Cadière, sa pénitente, fut accusé de l'avoir ensorcelée en soufflant sur elle. Voyez les notes du chant troisième. (1762). — La note à laquelle celle-ci renvoie se rapporte au vers 209. R.

[1] « On connaît l'aventure de saint Guilain, qui joua aux trois dés, contre

Lequel des deux doit tenter l'aventure.
Le moine gagne ; un sorcier est heureux :
Le Grisbourdon se saisit des enjeux ;
Il fond sur Jeanne. O soudaine merveille !
Denys arrive, et Jeanne se réveille.
O Dieu ! qu'un saint fait trembler tout pécheur !
Nos deux rivaux se renversent de peur.
Chacun d'eux fuit, emportant dans le cœur
Avec la crainte un desir de malfaire.
Vous avez vu, sans doute, un commissaire
Cherchant de nuit un couvent de Vénus ;
Un jeune essaim de tendrons demi-nus
Saute du lit, s'esquive, se dérobe
Aux yeux hagards du noir pédant en robe :
Ainsi fuyaient mes paillards confondus.

Denys s'avance et réconforte Jeanne,
Tremblante encor de l'attentat profane ;
Puis il lui dit : « Vase d'élection,
Le Dieu des rois, par tes mains innocentes,
Veut des Français venger l'oppression,
Et renvoyer dans les champs d'Albion
Des fiers Anglais les cohortes sanglantes.
Dieu sait changer, d'un souffle tout puissant,

« le diable, l'ame d'une pécheresse mourante. Le diable trichait ; saint
« Guilain fit un miracle : il amena trois *sept*, et gagna son ame. Le tour
« n'est pas mal. » Ce vieux conte, digne de la *Légende dorée*, a été cité
par Chénier à propos de l'analyse qu'il donne, dans sa *Leçon sur les fabliaux
français*, de celui qui a pour titre *De saint Pierre et du Jongleur*. Un éditeur récent du poëme de *la Pucelle* a sans doute été induit en erreur par
ce passage de Chénier, qu'il a mal compris, quand il a donné à entendre
que le miracle de saint Guilain est connu par le fabliau : on n'y trouve rien
qui ait rapport à ce saint ni à son miracle. R.

Le roseau frêle en cèdre du Liban,
Sécher les mers, abaisser les collines,
Du monde entier réparer les ruines.
Devant tes pas la foudre grondera;
Autour de toi la terreur volera,
Et tu verras l'ange de la victoire
Ouvrir pour toi les sentiers de la gloire.
Suis-moi, renonce à tes humbles travaux;
Viens placer Jeanne au nombre des héros. »

A ce discours terrible et pathétique,
Très consolant et très théologique,
Jeanne étonnée, ouvrant un large bec,
Crut quelque temps que l'on lui parlait grec.
La grace agit : cette augustine grace
Dans son esprit porte un jour efficace.
Jeanne sentit dans le fond de son cœur
Tous les élans d'une sublime ardeur.
Non, ce n'est plus Jeanne la chambrière,
C'est un héros, c'est une ame guerrière.
Tel un bourgeois humble, simple, grossier,
Qu'un vieux richard a fait son héritier,
En un palais fait changer sa chaumière :
Son air honteux devient démarche fière;
Les grands surpris admirent sa hauteur,
Et les petits l'appellent monseigneur.

Telle plutôt cette heureuse grisette
Que la nature ainsi que l'art forma
Pour le b....., ou bien pour l'Opéra,
Qu'une maman avisée et discrète
Au noble lit d'un fermier éleva,
Et que l'Amour, d'une main plus adrète,

Sous un monarque entre deux draps plaça.
Sa vive allure est un vrai port de reine,
Ses yeux fripons s'arment de majesté,
Sa voix a pris le ton de souveraine,
Et sur son rang son esprit s'est monté [1].

Or, pour hâter leur auguste entreprise,
Jeanne et Denys s'en vont droit à l'église.
Lors apparut dessus le maître-autel
(Fille de Jean, quelle fut ta surprise!)
Un beau harnois tout frais venu du ciel.
Des arsenaux du terrible empyrée,
En cet instant, par l'archange Michel
La noble armure avait été tirée.
On y voyait l'armet de Débora [a];
Ce clou pointu, funeste à Sisara;
Le caillou rond dont un berger fidèle

---

[1] C'est parceque je pense, avec La Harpe, que ces vers sont de Voltaire, que je me suis décidé, contrairement à ce qui a été fait par les éditeurs qui m'ont précédé, à les rétablir dans le corps du poëme. On sent assez quelles convenances lui fesaient un devoir de retrancher ce portrait, qu'il avait tracé avant ses relations avec madame de Pompadour. Aucun motif, ce me semble, ne peut aujourd'hui justifier le renvoi dans les variantes d'un morceau si piquant. La Harpe, toutefois, conteste la ressemblance du portrait : « La favorite dont il est ici question, dit-il, n'eut jamais « rien qui ressemblât à une *reine*, et garda toujours à la cour le maintien « et le ton d'une petite *bourgeoise, élevée à la grivoise*, comme le disait « fort bien le comte de Maurepas dans ses couplets si connus. » Voyez le *Cours de littérature*, liv. I, ch. II, sect. 1. R.

[a] Débora est la première femme guerrière dont il soit parlé dans le monde. Jahel, autre héroïne, enfonça un clou dans la tête du général Sisara : on conserve ce clou dans plusieurs couvents grecs et latins, avec la mâchoire d'âne dont se servit Samson, la fronde de David, et le couperet avec lequel la célèbre Judith coupa la tête du général Holopherne, ou Olphern, après avoir couché avec lui. (1762).

De Goliath entama la cervelle;
Cette mâchoire avec quoi combattit
Le fier Samson, qui ses cordes rompit
Lorsqu'il se vit vendu par sa donzelle;
Le coutelet de la belle Judith,
Cette beauté si galamment perfide,
Qui, pour le ciel saintement homicide,
Son cher amant massacra dans son lit.
A ces objets la sainte émerveillée,
De cette armure est bientôt habillée;
Elle vous prend et casque et corselet,
Brassards, cuissards, baudrier, gantelet,
Lance, clou, dague, épieu, caillou, mâchoire,
Marche, s'essaie, et brûle pour la gloire.

Toute héroïne a besoin d'un coursier;
Jeanne en demande au triste muletier:
Mais aussitôt un âne se présente,
Au beau poil gris, à la voix éclatante,
Bien étrillé, sellé, bridé, ferré,
Portant arçons, avec chanfrein doré,
Caracolant, du pied frappant la terre,
Comme un coursier de Thrace ou d'Angleterre.

Ce beau grison deux ailes possédait
Sur son échine, et souvent s'en servait.
Ainsi Pégase, au haut des deux collines,
Portait jadis neuf pucelles divines;
Et l'hippogriffe, à la lune volant,
Portait Astolphe au pays de saint Jean.
Mon cher lecteur veut connaître cet âne,
Qui vint alors offrir sa croupe à Jeanne:

Il le saura, mais dans un autre chant[a].
Je l'avertis cependant qu'il révère
Cet âne heureux qui n'est pas sans mystère.

Sur son grison Jeanne a déjà sauté;
Sur son rayon Denys est remonté :
Tous deux s'en vont vers les rives de Loire
Porter au roi l'espoir de la victoire.
L'âne tantôt trotte d'un pied léger,
Tantôt s'élève et fend les champs de l'air.
Le cordelier, toujours plein de luxure,
Un peu remis de sa triste aventure,
Usant enfin de ses droits de sorcier,
Change en mulet le pauvre muletier,
Monte dessus, chevauche, pique, et jure
Qu'il suivra Jeanne au bout de la nature.
Le muletier, en son mulet caché,
Bât sur le dos, crut gagner au marché;
Et du vilain l'ame terrestre et crasse
A peine vit qu'elle eût changé de place.

Jeanne et Denys s'en allaient donc vers Tours
Chercher ce roi plongé dans les amours.
Près d'Orléans comme ensemble ils passèrent,
L'ost des Anglais de nuit ils traversèrent.
Ces fiers Bretons, ayant bu tristement,
Cuvaient leur vin, dormaient profondément.
Tout était ivre, et goujats et vedettes;

---

[a] *N. B.* Lecteur, qui avez du goût, remarquez que notre auteur, qui en a aussi, et qui est au-dessus des préjugés, rime toujours pour les oreilles plus que pour les yeux. Vous ne le verrez point faire rimer *trône* avec *bonne*, *pâte* avec *patte*, *homme* avec *heaume*. Une brève n'a pas le même son, et ne se prononce pas comme une longue. *Jean* et *chant* se prononcent de même. (1773).

On n'entendait ni tambours ni trompettes :
L'un dans sa tente était couché tout nu,
L'autre ronflait sur son page étendu.
 Alors Denys, d'une voix paternelle,
Tint ces propos tout bas à la pucelle :
« Fille de bien, tu sauras que Nisus [a],
Étant un soir aux tentes de Turnus,
Bien secondé de son cher Euryale,
Rendit la nuit aux Rutulois fatale.
Le même advint au quartier de Rhésus [b],
Quand la valeur du preux fils de Tydée,
Par la nuit noire et par Ulysse aidée,
Sut envoyer, sans danger, sans effort,
Tant de Troyens du sommeil à la mort.
Tu peux jouir de semblable victoire.
Parle, dis-moi, veux-tu de cette gloire ? »
Jeanne lui dit : « Je n'ai point lu l'histoire ;
Mais je serais d'un courage bien bas,
De tuer gens qui ne combattent pas. »
Disant ces mots, elle avise une tente
Que les rayons de la lune brillante
Fesaient paraître à ses yeux éblouis
Tente d'un chef ou d'un jeune marquis.
Cent gros flacons remplis de vin exquis
Sont tout auprès. Jeanne avec assurance
D'un grand pâté prend les vastes débris,
Et boit six coups avec monsieur Denys,
A la santé de son bon roi de France.

[a] Aventure décrite dans l'*Énéide*. (1762). — *Æneid.*, lib. IX, v. 176-449. R.
[b] Aventure de *l'Iliade*. (1762). — *Iliad.*, lib. X, v. 483-496. R.

La tente était celle de Jean Chandos^a,
Fameux guerrier, qui dormait sur le dos.
Jeanne saisit sa redoutable épée,
Et sa culotte en velours découpée.
Ainsi jadis David, aimé de Dieu,
Ayant trouvé Saül en certain lieu¹,
Et lui pouvant ôter très bien la vie,
De sa chemise il lui coupa partie,
Pour faire voir à tous les potentats
Ce qu'il put faire, et ce qu'il ne fit pas.
Près de Chandos était un jeune page
De quatorze ans, mais charmant pour son âge,
Lequel montrait deux globes faits au tour,
Qu'on aurait pris pour ceux du tendre Amour.
Non loin du page était une écritoire
Dont se servait le jeune homme après boire,
Quand tendrement quelques vers il fesait
Pour la beauté qui son cœur séduisait.
Jeanne prend l'encre, et sa main lui dessine
Trois fleurs de lis juste dessous l'échine;
Présage heureux du bonheur des Gaulois,
Et monument de l'amour de ses rois.
Le bon Denys voyait, se pâmant d'aise,
Les lis français sur une fesse anglaise.

Qui fut penaud le lendemain matin?
Ce fut Chandos, ayant cuvé son vin;
Car s'éveillant, il vit sur ce beau page

---

^a L'un des grands capitaines de ce temps-là. (1762).

¹ La *Bible* montre moins de réserve que notre discret auteur, et nous apprend (I. Reg., xxiv, 4) que Saül était entré dans ce *certain lieu* « ut « purgaret ventrem. » R.

Les fleurs de lis. Plein d'une juste rage,
Il crie alerte, il croit qu'on le trahit;
A son épée il court auprès du lit;
Il cherche en vain, l'épée est disparue;
Point de culotte; il se frotte la vue,
Il gronde, il crie, et pense fermement
Que le grand diable est entré dans le camp.

Ah! qu'un rayon de soleil et qu'un âne,
Cet âne ailé qui sur son dos a Jeanne,
Du monde entier feraient bientôt le tour!
Jeanne et Denys arrivent à la cour.
Le doux prélat sait par expérience
Qu'on est railleur à cette cour de France.
Il se souvient des propos insolents
Que Richemont lui tint dans Orléans,
Et ne veut plus à pareille aventure
D'un saint évêque exposer la figure.
Pour son honneur il prit un nouveau tour;
Il s'affubla de la triste encolure
Du bon Roger, seigneur de Baudricour [a],
Preux chevalier et ferme catholique,
Hardi parleur, loyal et véridique;
Malgré cela pas trop mal à la cour.

« Eh! jour de Dieu, dit-il, parlant au prince,
Vous languissez au fond d'une province,
Esclave roi, par l'Amour enchaîné!

[a] Il ne s'appelait point Roger, mais Robert : cette faute est légère. Ce fut lui qui mena Jeanne d'Arc à Tours en 1429, et qui la présenta au roi. (1762). C'était un bon Champenois qui n'y entendait pas finesse. Son château était auprès de Brienne en Champagne. J'ai vu sa devise sur la porte de ce pauvre château : c'était un cep de vigne, avec la légende *Beau, dru, et court*. On peut juger par là de l'esprit du temps. (1773).

Quoi! votre bras indignement repose!
Ce front royal, ce front n'est couronné
Que de tissus et de myrte et de rose!
Et vous laissez vos cruels ennemis
Rois dans la France et sur le trône assis!
Allez mourir, ou faites la conquête
De vos états ravis par ces mutins :
Le diadème est fait pour votre tête,
Et les lauriers n'attendent que vos mains.
Dieu, dont l'esprit allume mon courage;
Dieu, dont ma voix annonce le langage,
De sa faveur est prêt à vous couvrir.
Osez le croire, osez vous secourir :
Suivez du moins cette auguste amazone;
C'est votre appui, c'est le soutien du trône,
C'est par son bras que le maître des rois
Veut rétablir nos princes et nos lois.
Jeanne avec vous chassera la famille
De cet Anglais si terrible et si fort:
Devenez homme; et si c'est votre sort
D'être à jamais mené par une fille,
Fuyez au moins celle qui vous perdit,
Qui votre cœur dans ses bras amollit;
Et, digne enfin de ce secours étrange,
Suivez les pas de celle qui vous venge. »

L'amant d'Agnès eut toujours dans le cœur,
Avec l'amour un très grand fonds d'honneur.
Du vieux soldat le discours pathétique
A dissipé son sommeil léthargique,
Ainsi qu'un ange, un jour, du haut des airs,
De sa trompette ébranlant l'univers,

Rouvrant la tombe, animant la poussière,
Rappellera les morts à la lumière.
Charle éveillé, Charle bouillant d'ardeur,
Ne lui répond qu'en s'écriant: « Aux armes! »
Les seuls combats à ses yeux ont des charmes.
Il prend sa pique, il brûle de fureur.

 Bientôt après la première chaleur
De ces transports où son ame est en proie,
Il voulut voir si celle qu'on envoie
Vient de la part du diable ou du Seigneur,
Ce qu'il doit croire, et si ce grand prodige
Est en effet ou miracle ou prestige.
Donc se tournant vers la fière beauté,
Le roi lui dit, d'un ton de majesté
Qui confondrait toute autre fille qu'elle :
« Jeanne, écoutez : Jeanne, êtes-vous pucelle? »
Jeanne lui dit : « O grand sire, ordonnez
Que médecins, lunettes sur le nez,
Matrones, clercs, pédants, apothicaires,
Viennent sonder ces féminins mystères;
Et si quelqu'un se connaît à cela,
Qu'il trousse Jeanne, et qu'il regarde là. »

 A sa réponse et sage et mesurée,
Le roi vit bien qu'elle était inspirée.
« Or sus, dit-il, si vous en savez tant,
Fille de bien, dites-moi dans l'instant
Ce que j'ai fait cette nuit à ma belle ;
Mais parlez net. »—« Rien du tout, » lui dit-elle.
Le roi surpris soudain s'agenouilla,
Cria tout haut : « Miracle! » et se signa.
Incontinent la cohorte fourrée,

Bonnet en tête, Hippocrate à la main,
Vient observer le pur et noble sein
De l'amazone à leurs regards livrée[a] :
On la met nue, et monsieur le doyen,
Ayant le tout considéré très bien,
Dessus, dessous, expédie à la belle
En parchemin un brevet de pucelle.

   L'esprit tout fier de ce brevet sacré,
Jeanne soudain d'un pas délibéré
Retourne au roi, devant lui s'agenouille,
Et, déployant la superbe dépouille
Que sur l'Anglais elle a prise en passant :
« Permets, dit-elle, ô mon maître puissant !
Que sous tes lois la main de ta servante
Ose ranger la France gémissante.
Je remplirai les oracles divins :
J'ose à tes yeux jurer par mon courage,
Par cette épée et par mon pucelage,
Que tu seras huilé bientôt à Reims ;
Tu chasseras les anglaises cohortes
Qui d'Orléans environnent les portes.
Viens accomplir tes augustes destins ;
Viens, et, de Tours abandonnant la rive,
Dès ce moment souffre que je te suive. »

   Les courtisans autour d'elle pressés,
Les yeux au ciel et vers Jeanne adressés,
Battent des mains, l'admirent, la secondent.
Cent cris de joie à son discours répondent.
Dans cette foule il n'est point de guerrier

---

[a] Effectivement, des médecins et des matrones visitèrent Jeanne d'Arc, et la déclarèrent pucelle. (1762).

Qui ne voulût lui servir d'écuyer,
Porter sa lance, et lui donner sa vie ;
Il n'en est point qui ne soit possédé
Et de la gloire, et de la noble envie
De lui ravir ce qu'elle a tant gardé.
Prêt à partir, chaque officier s'empresse :
L'un prend congé de sa vieille maîtresse ;
L'un, sans argent, va droit à l'usurier ;
L'autre à son hôte, et compte sans payer.
Denys a fait déployer l'oriflamme [a].
A cet aspect le roi Charles s'enflamme
D'un noble espoir à sa valeur égal.
Cet étendard aux ennemis fatal,
Cette héroïne, et cet âne aux deux ailes,
Tout lui promet des palmes immortelles.

 Denys voulut, en partant de ces lieux,
Des deux amants épargner les adieux.
On eût versé des larmes trop amères,
On eût perdu des heures toujours chères.
Agnès dormait, quoiqu'il fût un peu tard :
Elle était loin de craindre un tel départ.
Un songe heureux, dont les erreurs la frappent,
Lui retraçait des plaisirs qui s'échappent.
Elle croyait tenir entre ses bras
Le cher amant dont elle est souveraine ;
Songe flatteur, tu trompais ses appas :
Son amant fuit, et saint Denys l'entraîne.
Tel dans Paris un médecin prudent
Force au régime un malade gourmand,

---

[a] Étendard apporté par un ange dans l'abbaye de Saint-Denys, lequel était autrefois entre les mains des comtes de Vexin. (1762).

A l'appétit se montre inexorable,
Et sans pitié le fait sortir de table.
  Le bon Denys eut à peine arraché
Le roi de France à son charmant péché,
Qu'il courut vite à son ouaille chère,
A sa pucelle, à sa fille guerrière.
Il a repris son air de bienheureux,
Son ton dévot, ses plats et courts cheveux,
L'anneau bénit, la crosse pastorale,
Ses gants, sa croix, sa mitre épiscopale.
  « Va, lui dit-il, sers la France et son roi;
Mon œil benin sera toujours sur toi.
Mais au laurier du courage héroïque
Joins le rosier de la vertu pudique.
Je conduirai tes pas dans Orléans.
Lorsque Talbot, le chef des mécréants,
Le cœur saisi du démon de luxure,
Croira tenir sa présidente impure,
Il tombera sous ton robuste bras.
Punis son crime, et ne l'imite pas.
Sois à jamais dévote avec courage.
Je pars, adieu; pense à ton pucelage. »
La belle en fit un serment solennel;
Et son patron repartit pour le ciel.

FIN DU CHANT SECOND.

CHANT TROISIÈME.

ARGUMENT.

Description du palais de la Sottise. Combat vers Orléans. Agnès se revêt de l'armure de Jeanne pour aller trouver son amant : elle est prise par les Anglais, et sa pudeur souffre beaucoup.

Ce n'est le tout d'avoir un grand courage,
Un coup d'œil ferme au milieu des combats,
D'être tranquille à l'aspect du carnage,
Et de conduire un monde de soldats ;
Car tout cela se voit en tous climats,
Et tour-à-tour ils ont cet avantage.
Qui me dira si nos ardents Français
Dans ce grand art, l'art affreux de la guerre,
Sont plus savants que l'intrépide Anglais ?
Si le Germain l'emporte sur l'Ibère ?
Tous ont vaincu, tous ont été défaits.
Le grand Condé fut vaincu par Turenne [a] :
Le fier Villars fut battu par Eugène [b] ;
De Stanislas le vertueux support,

---

[a] A la fameuse bataille des Dunes, près de Dunkerque. (1762). — Condé fut plus d'une fois battu par Turenne; et Voltaire aurait dû citer toute autre bataille que celle des Dunes, où *il ne fut pas difficile à Turenne de vaincre*, attendu que Condé, qui était dans l'armée de Flandre, *ne la commandait pas*. Voyez le *Siècle de Louis XIV*, chap. VI. R.

[b] A Malplaquet, près de Mons, en 1709. (1762). — Voyez le *Siècle de Louis XIV*, chap. XXI. R.

Ce roi soldat, don Quichotte du Nord,
Dont la valeur a paru plus qu'humaine,
N'a-t-il pas vu, dans le fond de l'Ukraine,
A Pultava tous ses lauriers flétris [a]
Par un rival, objet de ses mépris?

Un beau secret serait, à mon avis,
De bien savoir éblouir le vulgaire,
De s'établir un divin caractère;
D'en imposer aux yeux des ennemis;
Car les Romains, à qui tout fut soumis,
Domptaient l'Europe au milieu des miracles.
Le ciel pour eux prodigua les oracles.
Jupiter, Mars, Pollux, et tous les dieux,
Guidaient leur aigle et combattaient pour eux.
Le grand Bacchus qui mit l'Asie en cendre,
L'antique Hercule, et le fier Alexandre,
Pour mieux régner sur les peuples conquis,
De Jupiter ont passé pour les fils :
Et l'on voyait les princes de la terre
A leurs genoux redouter le tonnerre,
Tomber du trône, et leur offrir des vœux.

Denys suivit ces exemples fameux;
Il prétendit que Jeanne la Pucelle
Chez les Anglais passât même pour telle;
Et que Bedford, et l'amoureux Talbot,
Et Tirconel, et Chandos l'indévot,
Crussent la chose, et qu'ils vissent dans Jeanne
Un bras divin, fatal à tout profane.

Pour réussir en ce hardi dessein,

---

[a] Aussi en 1709. (1762). — Voyez l'*Histoire de Charles XII*, liv. IV. R.

Il s'en va prendre un vieux bénédictin,
Non tel que ceux dont le travail immense
Vient d'enrichir les libraires de France;
Mais un prieur engraissé d'ignorance,
Et n'ayant lu que son missel latin :
Frère Lourdis fut le bon personnage
Qui fut choisi pour ce nouveau voyage.

Devers la lune, où l'on tient que jadis
Était placé des fous le paradis[a],
Sur les confins de cet abîme immense,
Où le Chaos, et l'Érèbe, et la Nuit,
Avant les temps de l'univers produit,
Ont exercé leur aveugle puissance,
Il est un vaste et caverneux séjour,
Peu caressé des doux rayons du jour,
Et qui n'a rien qu'une lumière affreuse,
Froide, tremblante, incertaine, et trompeuse :
Pour toute étoile on a des feux follets;
L'air est peuplé de petits farfadets.
De ce pays la reine est la Sottise.
Ce vieil enfant porte une barbe grise,
OEil de travers, et bouche à la Danchet[b].

---

[a] On appelait autrefois *paradis des fous, paradis des sots*, les limbes; et on plaça dans ces limbes les ames des imbéciles et des petits enfants morts sans baptême. *Limbe* signifie *bord, bordure*; et c'était vers les bords de la lune qu'on avait établi ce paradis. Milton en parle; il fait passer le diable par le paradis des sots, *the paradise of fools*. (1762). — *Paradise lost*, III, 496. R.

[b] Ceci paraît une allusion aux fameux couplets de Rousseau :

   Je te vois, innocent Danchet,
   Grands yeux ouverts, bouche béante.

Une bouche à la Danchet était devenu une espèce de proverbe. Ce Danchet

Sa lourde main tient pour sceptre un hochet.
De l'Ignorance elle est, dit-on, la fille.
Près de son trône est sa sotte famille,
Le fol Orgueil, l'Opiniâtreté,
Et la Paresse, et la Crédulité.
Elle est servie, elle est flattée en reine;
On la croirait en effet souveraine :
Mais ce n'est rien qu'un fantôme impuissant,
Un Chilpéric, un vrai roi fainéant.
La Fourberie est son ministre avide.
Tout est réglé par ce maire perfide;
Et la Sottise est son digne instrument.
Sa cour plénière est à son gré fournie
De gens profonds en fait d'astrologie,
Sûrs de leur art, à tous moments déçus,
Dupes, fripons, et partant toujours crus.
C'est là qu'on voit les maîtres d'alchimie
Fesant de l'or, et n'ayant pas un sou,
Les roses-croix, et tout ce peuple fou
Argumentant sur la théologie.
Le gros Lourdis, pour aller en ces lieux,
Fut donc choisi parmi tous ses confrères.
Lorsque la nuit couvrait le front des cieux
D'un tourbillon de vapeurs non légères,
Enveloppé dans le sein du repos,
Il fut conduit au paradis des sots[a].

était un poëte médiocre qui a fait quelques pièces de théâtre, etc. (1762). — Dans le *Catalogue des écrivains français*, placé en tête du *Siècle de Louis XIV*, Voltaire se montre moins sévère envers Danchet, et cite *son prologue des Jeux séculaires, au devant d'*Hésione*, comme un très bon ouvrage*. R.

[a] Ce sont les limbes, inventées, dit-on, par un nommé Pierre Chryso-

Quand il y fut, il ne s'étonna guères :
Tout lui plaisait, et même en arrivant
Il crut encore être dans son couvent.

Il vit d'abord la suite emblématique
Des beaux tableaux de ce séjour antique.
Cacodémon, qui ce grand temple orna,
Sur la muraille à plaisir griffonna
Un long croquis de toutes nos sottises,
Traits d'étourdi, pas de clerc, balourdises,
Projets mal faits, plus mal exécutés,
Et tous les mois du *Mercure* vantés.
Dans cet amas de merveilles confuses,
Parmi ces flots d'imposteurs et de buses,
On voit surtout un superbe Écossais;
Lass est son nom; nouveau roi des Français,
D'un beau papier il porte un diadême,
Et sur son front il est écrit *système*[a];
Environné de grands ballots de vent,
Sa noble main les donne à tout venant :
Prêtres, catins, guerriers, gens de justice,
Lui vont porter leur or par avarice.

Ah! quel spectacle! ah! vous êtes donc là,
Tendre Escobar, suffisant[b] Molina,

---

logue. C'est là qu'on envoie tous les petits enfants qui meurent sans avoir été baptisés; car s'ils meurent à quinze ans, ils sont damnés sans difficulté. (1773).

[a] Le système fameux du sieur Lass ou Law, Écossais, qui bouleversa tant de fortunes en France depuis 1718 jusqu'à 1720, avait encore laissé des traces funestes, et l'on s'en ressentait en 1730, qui fut le temps où nous jugeons que l'auteur commença ce poëme. (1762).

[b] On connait assez, par les excellentes *Lettres provinciales*, les casuistes Escobar et Molina; ce Molina est appelé ici *suffisant*, par allusion à la grace

Petit Doucin, dont la main pateline
Donne à baiser une bulle divine
Que Le Tellier[a] lourdement fabriqua,
Dont Rome même en secret se moqua,
Et qui chez nous est la noble origine
De nos partis, de nos divisions,
Et, qui pis est, de volumes profonds,
Remplis, dit-on, de poisons hérétiques,
Tous poisons froids, et tous soporifiques.

Les combattants, nouveaux Bellérophons,
Dans cette nuit, montés sur des Chimères,
Les yeux bandés, cherchent leurs adversaires;
De longs sifflets leur servent de clairons;
Et, dans leur docte et sainte frénésie,
Ils vont frappant à grands coups de vessie.
Ciel! que d'écrits, de disquisitions,
De mandements, et d'explications,
Que l'on explique encor, peur de s'entendre!

O chroniqueur des héros du Scamandre,
Toi qui jadis des grenouilles, des rats,
Si doctement as chanté les combats,
Sors du tombeau, viens célébrer la guerre
Que pour la bulle on fera sur la terre!
Le janséniste, esclave du destin,
Enfant perdu de la grace efficace,
Dans ses drapeaux porte un Saint-Augustin,

suffisante et *versatile*, sur laquelle il avait fait un système absurde, comme celui de ses adversaires. (1762).

[a] Le Tellier, jésuite, fils d'un procureur de Vire en Basse-Normandie, confesseur de Louis XIV, auteur de la bulle et de tous les troubles qui la suivirent, exilé pendant la régence, et dont la mémoire est abhorrée de nos jours. Le P. Doucin était son premier ministre. (1762).

Et pour plusieurs il marche avec audace[a].
Les ennemis s'avancent tout courbés
Dessus le dos de cent petits abbés.
 Cessez, cessez, ô discordes civiles!
Tout va changer: place, place, imbéciles!
Un grand tombeau sans ornement, sans art,
Est élevé non loin de Saint-Médard[b].
L'esprit divin, pour éclairer la France,
Sous cette tombe enferme sa puissance;
L'aveugle y court, et d'un pas chancelant
Aux Quinze-Vingts retourne en tâtonnant.
Le boiteux vient clopinant sur la tombe,
Crie *hosanna*, saute, gigotte, et tombe.
Le sourd approche, écoute, et n'entend rien.
Tout aussitôt de pauvres gens de bien
D'aise pâmés, vrais témoins de miracle,
Du bon Pâris baisent le tabernacle[c].

[a] Les jansénistes disent que le Messie n'est venu que pour plusieurs. (1762).

[b] Ceci désigne les convulsionnaires et les miracles attestés par des milliers de jansénistes, miracles dont Carré de Montgeron fit imprimer un gros recueil qu'il présenta au roi Louis XV. (1762). — Voyez l'*Histoire du parlement*, chap. LXV. R.

[c] Le bon Pâris était un diacre imbécile, mais qui, étant un des jansénistes les plus zélés et les plus accrédités parmi la populace, fut regardé comme un saint par cette populace. Ce fut vers l'an 1724 qu'on imagina d'aller prier sur la tombe de ce bon homme, au cimetière d'une église de Paris érigée à un saint Médard, qui d'ailleurs est peu connu. Ce saint Médard n'avait jamais fait de miracles, mais l'abbé Pâris en fit une multitude. Le plus marqué est celui que madame la duchesse du Maine célébra dans cette chanson :

> Un décroteur à la royale,
> Du talon gauche estropié,
> Obtint pour grace spéciale
> D'être boiteux de l'autre pié.

Ce saint Pâris fit trois ou quatre cents miracles de cette espèce : il aurait

Frère Lourdis, fixant ses deux gros yeux,
Voit ce saint œuvre, en rend graces aux cieux,
Joint les deux mains, et, riant d'un sot rire,
Ne comprend rien, et toute chose admire.
 Ah! le voici ce savant tribunal,
Moitié prélats et moitié monacal;
D'inquisiteurs une troupe sacrée
Est là pour Dieu de sbires entourée.
Ces saints docteurs, assis en jugement,
Ont pour habits plumes de chat-huant;
Oreilles d'âne ornent leur tête auguste,
Et, pour peser le juste avec l'injuste,
Le vrai, le faux, balance est dans leurs mains.
Cette balance a deux larges bassins;
L'un tout comblé contient l'or qu'ils escroquent,
Le bien, le sang des pénitents qu'ils croquent;
Dans l'autre sont bulles, brefs, oremus,
Beaux chapelets, scapulaires, agnus.
Aux pieds bénits de la docte assemblée
Voyez-vous pas le pauvre Galilée [a],
Qui tout contrit leur demande pardon,
Bien condamné pour avoir eu raison?

ressuscité des morts si on l'avait laissé faire; mais la police y mit ordre; de là ce distique connu :

<pre>De par le roi, défense à Dieu
D'opérer miracle en ce lieu.   (1762).</pre>

—Voltaire commet ici une erreur de date qu'il a répétée dans l'article Convulsions du *Dictionnaire philosophique*. Le diacre Pâris n'est mort que le 1er mai 1727. R.

[a] Galilée, le fondateur de la philosophie en Italie, fut condamné par la congrégation du Saint-Office, mis en prison, et traité très durement, non seulement comme hérétique, mais comme ignorant, pour avoir démontré le mouvement de la terre. (1762).—Voyez l'*Essai sur les mœurs*, ch. cxxi. R.

Murs de Loudun, quel nouveau feu s'allume?
C'est un curé que le bûcher consume :
Douze faquins ont déclaré sorcier
Et fait griller messire Urbain Grandier*.

Galigaï, ma chère maréchale*b*,
Du parlement, épaulé de maint pair,
La compagnie ignorante et vénale
Te fait chauffer en feu brillant et clair,
Pour avoir fait pacte avec Lucifer.
Ah! qu'aux savants notre France est fatale!
Qu'il y fait bon croire au pape, à l'enfer,
Et se borner à savoir son *Pater!*
Je vois plus loin cet arrêt authentique *c*

---

a Urbain Grandier, curé de Loudun, condamné au feu en 1629, par une commission du conseil, pour avoir mis le diable dans le corps de quelques religieuses. Un nommé La Ménardaye a été assez imbécile pour faire imprimer, en 1749, un livre dans lequel il croit prouver la vérité de ces possessions. (1762). — P.-J.-B. de La Ménardaye, prêtre de l'Oratoire, est auteur d'*Examen et discussion critique de l'*Histoire des diables de Loudun; Paris, De Bure, 1747, in-12; Liége, Éverard Kintz, 1749, in-12. C'est la même édition pour laquelle on a refait un titre. C'est une réfutation de l'ouvrage d'Aubin. R.

b Éléonore Galigaï, fille de grande qualité, attachée à la reine Marie de Médicis, et sa dame d'honneur, épouse de Concino Concini, Florentin, marquis d'Ancre, maréchal de France, fut non seulement décapitée à la Grève en 1617, comme il est dit dans l'*Abrégé chronologique de l'Histoire de France,* mais fut brûlée comme sorcière, et ses biens furent donnés à ses ennemis. Il n'y eut que cinq conseillers qui, indignés d'une horreur si absurde, ne voulurent pas assister au jugement. (1762). — Voyez l'*Essai sur les mœurs,* chap. CLXXV. R.

c Le parlement, sous Louis XIII, défendit, sous peine des galères, qu'on enseignât une autre doctrine que celle d'Aristote, et défendit ensuite l'émétique, mais sans condamner aux galères les médecins ni les malades. Louis XIV fut guéri à Calais par l'émétique, et l'arrêt du parlement perdit de son crédit. (1762). — L'arrêt du parlement en faveur de la doctrine d'Aristote est du 4 septembre 1624, et « fait défenses à toutes personnes,

Pour Aristote et contre l'émétique.

Venez, venez, mon beau père Girard[a],
Vous méritez un long article à part.
Vous voilà donc, mon confesseur de fille,
Tendre dévot qui prêchez à la grille!
Que dites-vous des pénitents appas
De ce tendron converti dans vos bras?
J'estime fort cette douce aventure.
Tout est humain, Girard, en votre fait;
Ce n'est pas là pécher contre nature :
Que de dévots en ont encor plus fait!
Mais, mon ami, je ne m'attendais guère
De voir entrer le diable en cette affaire.
Girard, Girard, tous vos accusateurs,
Jacobin, carme, et feseur d'écriture,
Juges, témoins, ennemis, protecteurs,
Aucun de vous n'est sorcier, je vous jure.

Lourdis enfin voit nos vieux parlements
De vingt prélats brûler les mandements,
Et par arrêt exterminer la race
D'un certain fou qu'on nomme saint Ignace;
Mais, à leur tour, eux-même on les proscrit :
Quesnel en pleure, et saint Ignace en rit.
Paris s'émeut à leur destin tragique,
Et s'en console à l'Opéra-Comique.

O toi, Sottise! ô grosse déité,

« *à peine de la vie*, tenir ni enseigner aucune maxime contre les auteurs
« anciens et approuvés. » R.

[a] L'histoire du jésuite Girard et de La Cadière est assez publique; le jésuite fut condamné au feu comme sorcier par la moitié du parlement d'Aix, et absous par l'autre moitié. (1762).

De qui les flancs à tout âge ont porté
Plus de mortels que Cybèle féconde
N'avait jadis donné de dieux au monde,
Qu'avec plaisir ton grand œil hébété
Voit tes enfants dont ma patrie abonde!
Sots traducteurs, et sots compilateurs,
Et sots auteurs, et non moins sots lecteurs.
Je t'interroge, ô suprême puissance!
Daigne m'apprendre, en cette foule immense,
De tes enfants qui sont les plus chéris,
Les plus féconds en lourds et plats écrits,
Les plus constants à broncher comme à braire
A chaque pas dans la même carrière :
Ah! je connais que tes soins les plus doux
Sont pour l'auteur du *Journal de Trévoux*.

Tandis qu'ainsi Denys notre bon père
Devers la lune en secret préparait
Contre l'Anglais cet innocent mystère,
Une autre scène en ce moment s'ouvrait
Chez les grands fous du monde sublunaire.
Charle est déjà parti pour Orléans,
Ses étendards flottent au gré des vents.
A ses côtés, Jeanne, le casque en tête,
Déjà de Reims lui promet la conquête.
Voyez-vous pas ses jeunes écuyers,
Et cette fleur de loyaux chevaliers?
La lance au poing, cette troupe environne
Avec respect notre sainte amazone.
Ainsi l'on voit le sexe masculin
A Fontevrauld servir le féminin [a].

[a] Fontevraud, Fontevraux, Fontevrauld, Fons-Ebraldi, est un bourg en

Le sceptre est là dans les mains d'une femme,
Et père Anselme est béni par madame.
　La belle Agnès, en ces cruels moments,
Ne voyant plus son amant qu'elle adore,
Cède au chagrin dont l'excès la dévore;
Un froid mortel s'empare de ses sens:
L'ami Bonneau, toujours plein d'industrie,
En cent façons la rappelle à la vie.
Elle ouvre encor ses yeux, ces doux vainqueurs,
Mais ce n'est plus que pour verser des pleurs:
Puis sur Bonneau se penchant d'un air tendre,
« C'en est donc fait, dit-elle, on me trahit.
Où va-t-il donc? que veut-il entreprendre?
Était-ce là le serment qu'il me fit,
Lorsqu'à sa flamme il me fit condescendre?
Toute la nuit il faudra donc m'étendre,
Sans mon amant, seule au milieu d'un lit?

Anjou, à trois lieues de Saumur, connu par une célèbre abbaye de filles, chef d'ordre, érigée par Robert d'Arbrissel, né en 1047, et mort en 1117. Après avoir fixé ses tabernacles à la forêt de Fontevrauld, il parcourut nu-pieds les provinces du royaume, afin d'exhorter à la pénitence les filles de joie, et les attirer dans son cloître; il fit de grandes conversions en ce genre, entre autres dans la ville de Rouen. Il persuada à la célèbre reine Bertrade de prendre l'habit de Fontevrauld, et il établit son ordre par toute la France. Le pape Paschal II le mit sous la protection du Saint-Siége, en 1106. Robert, quelque temps avant sa mort, en conféra le généralat à une dame nommée Pétronille du Chemillé, et voulut que toujours une femme succédât à une autre femme dans la dignité de chef de l'ordre, commandant également aux religieux comme aux religieuses. Trente-quatre ou trente-cinq abbesses ont succédé, jusqu'à ce jour, à Pétronille, parmi lesquelles on compte quatorze princesses, et dans ce nombre cinq de la maison de Bourbon. Voyez sur cela Sainte-Marthe, dans le quatrième volume du *Gallia christiana*, et le *Clypeus ordinis Fontebraldensis*, du P. de La Mainferme. (1762).

Et cependant cette Jeanne hardie,
Non des Anglais, mais d'Agnès ennemie,
Va contre moi lui prévenir l'esprit.
Ciel! que je hais ces créatures fières,
Soldats en jupe, hommasses chevalières[a],
Du sexe mâle affectant la valeur,
Sans posséder les agréments du nôtre,
A tous les deux prétendant faire honneur,
Et qui ne sont ni de l'un ni de l'autre!»
Disant ces mots elle pleure et rougit,
Frémit de rage, et de douleur gémit.
La jalousie en ses yeux étincelle;
Puis, tout-à-coup, d'une ruse nouvelle
Le tendre Amour lui fournit le dessein.

Vers Orléans elle prend son chemin,
De dame Alix et de Bonneau suivie.
Agnès arrive en une hôtellerie,
Où dans l'instant, lasse de chevaucher,
La fière Jeanne avait été coucher.
Agnès attend qu'en ce logis tout dorme,
Et cependant subtilement s'informe
Où couche Jeanne, où l'on met son harnois;
Puis dans la nuit se glisse en tapinois,
De Jean Chandos prend la culotte, et passe
Ses cuisses entre, et l'aiguillette lace;
De l'amazone elle prend la cuirasse.
Le dur acier, forgé pour les combats,
Presse et meurtrit ses membres délicats.

[a] Il y a grande apparence que l'auteur a ici en vue les héroïnes de l'Arioste et du Tasse. Elles devaient être un peu malpropres; mais les chevaliers n'y regardaient pas de si près. (1762).

L'ami Bonneau la soutient sous les bras.

La belle Agnès dit alors à voix basse:
« Amour, Amour, maître de tous mes sens,
Donne la force à cette main tremblante,
Fais-moi porter cette armure pesante,
Pour mieux toucher l'auteur de mes tourments.
Mon amant veut une fille guerrière,
Tu fais d'Agnès un soldat pour lui plaire :
Je le suivrai; qu'il permette aujourd'hui
Que ce soit moi qui combatte avec lui;
Et si jamais la terrible tempête
Des dards anglais vient menacer sa tête,
Qu'ils tombent tous sur ces tristes appas;
Qu'il soit du moins sauvé par mon trépas;
Qu'il vive heureux; que je meure pâmée
Entre ses bras, et que je meure aimée! »
Tandis qu'ainsi cette belle parlait,
Et que Bonneau ses armes lui mettait,
Le roi Charlot à trois milles était.

La tendre Agnès prétend à l'heure même,
Pendant la nuit, aller voir ce qu'elle aime.
Ainsi vêtue et pliant sous le poids,
N'en pouvant plus, maudissant son harnois,
Sur un cheval elle s'en va juchée,
Jambe meurtrie, et la fesse écorchée.
Le gros Bonneau, sur un normand monté,
Va lourdement, et ronfle à son côté.
Le tendre Amour, qui craint tout pour la belle,
La voit partir, et soupire pour elle.

Agnès à peine avait gagné chemin,
Qu'elle entendit devers un bois voisin

Bruit de chevaux et grand cliquetis d'armes.
Le bruit redouble; et voici des gendarmes,
Vêtus de rouge; et, pour comble de maux,
C'étaient les gens de monsieur Jean Chandos.
L'un d'eux s'avance, et demande: « Qui vive? »
A ce grand cri, notre amante naïve,
Songeant au roi, répondit sans détour:
« Je suis Agnès; vive France et l'Amour! »
A ces deux noms, que le ciel équitable
Voulut unir du nœud le plus durable,
On prend Agnès et son gros confident;
Ils sont tous deux menés incontinent
A ce Chandos qui, terrible en sa rage,
Avait juré de venger son outrage,
Et de punir les brigands ennemis
Qui sa culotte et son fer avaient pris.

Dans ces moments où la main bienfesante
Du doux sommeil laisse nos yeux ouverts,
Quand les oiseaux reprennent leurs concerts,
Qu'on sent en soi sa vigueur renaissante,
Que les desirs, pères des voluptés,
Sont par les sens dans notre ame excités;
Dans ces moments, Chandos, on te présente
La belle Agnès, plus belle et plus brillante
Que le soleil au bord de l'Orient.
Que sentis-tu, Chandos, en t'éveillant,
Lorsque tu vis cette nymphe si belle
A tes côtés, et tes grègues sur elle?

Chandos, pressé d'un aiguillon bien vif,
La dévorait de son regard lascif.
Agnès en tremble, et l'entend qui marmotte

Entre ses dents : « Je l'aurai ma culotte ! »
A son chevet d'abord il la fait seoir.
« Quittez, dit-il, ma belle prisonnière,
Quittez ce poids d'une armure étrangère. »
Ainsi parlant, plein d'ardeur et d'espoir,
Il la décasque, il vous la décuirasse.
La belle Agnès s'en défend avec grace;
Elle rougit d'une aimable pudeur,
Pensant à Charle, et soumise au vainqueur.
Le gros Bonneau, que le Chandos destine
Au digne emploi de chef de sa cuisine,
Va dans l'instant mériter cet honneur;
Des boudins blancs il était l'inventeur,
Et tu lui dois, ô nation française,
Pâtés d'anguille et gigots à la braise.

« Monsieur Chandos, hélas ! que faites-vous ? »
Disait Agnès d'un ton timide et doux.
« Pardieu, dit-il (tout héros anglais jure)[a],
Quelqu'un m'a fait une sanglante injure.
Cette culotte est mienne; et je prendrai
Ce qui fut mien où je le trouverai. »
Parler ainsi, mettre Agnès toute nue,
C'est même chose; et la belle éperdue
Tout en pleurant était entre ses bras,
Et lui disait : « Non, je n'y consens pas. »
Dans l'instant même un horrible fracas

---

[a] Les Anglais jurent *by God! God damn me! blood!* etc.; les Allemands, *sacrament*; les Français, par un mot qui est au jurement des Italiens ce que l'action est à l'instrument; les Espagnols, *voto a Dios*. Un révérend père récollet a fait un livre sur les juremens de toutes les nations, qui sera probablement très exact et très instructif; on l'imprime actuellement. (1762).

Se fait entendre, on crie: « Alerte, aux armes! »
Et la trompette, organe du trépas,
Sonne la charge, et porte les alarmes.
A son réveil, Jeanne cherchant en vain
L'affublement du harnois masculin,
Son bel armet ombragé de l'aigrette,
Et son haubert [a], et sa large braguette [b],
Sans raisonner saisit soudainement
D'un écuyer le dur accoutrement,
Monte à cheval sur son âne, et s'écrie :
« Venez venger l'honneur de la patrie. »
Cent chevaliers s'empressent sur ses pas;
Ils sont suivis de six cent vingt soldats.

Frère Lourdis, en ce moment de crise,
Du beau palais où règne la Sottise
Est descendu chez les Anglais guerriers,
Environné d'atomes tout grossiers,
Sur son gros dos portant balourderies,
OEuvres de moine, et belles âneries.
Ainsi bâté, sitôt qu'il arriva,

[a] *Haubert, aubergeon,* cotte d'armes; elle était d'ordinaire composée de mailles de fer, quelquefois couverte de soie ou de laine blanche; elle avait des manches larges, et un gorgerin. Les fiefs de haubert sont ceux dont le seigneur avait droit de porter cette cotte. (1762).

[b] *Braguettes,* de *braye, bracca.* On portait de longues braguettes détachées du haut-de-chausses, et souvent au fond de ces braguettes on portait une orange qu'on présentait aux dames. Rabelais parle d'un beau livre intitulé *De la dignité des braguettes.* C'était la prérogative distinctive du sexe le plus noble; c'est pourquoi la Sorbonne présenta requête pour faire brûler la Pucelle, attendu qu'elle avait porté culotte avec braguette. Six évêques de France, assistés de l'évêque de Vinchester, la condamnèrent au feu, ce qui était bien juste : c'est dommage que cela n'arrive pas plus souvent; mais il ne faut désespérer de rien. (1762). — Voyez Rabelais, *Gargantua*, 1, 7. R.

Sur les Anglais sa robe il secoua,
Son ample robe; et dans leur camp versa
Tous les trésors de sa crasse ignorance,
Trésors communs au bon pays de France.
Ainsi des nuits la noire déité,
Du haut d'un char d'ébène marqueté,
Répand sur nous les pavots et les songes,
Et nous endort dans le sein des mensonges.

FIN DU CHANT TROISIÈME.

CHANT QUATRIÈME.

ARGUMENT.

Jeanne et Dunois combattent les Anglais. Ce qui leur arrive dans le château d'Hermaphrodix.

Si j'étais roi, je voudrais être juste,
Dans le repos maintenir mes sujets,
Et tous les jours de mon empire auguste
Seraient marqués par de nouveaux bienfaits.
Que si j'étais contrôleur des finances,
Je donnerais à quelques beaux esprits,
Par-ci, par-là, de bonnes ordonnances;
Car, après tout, leur travail vaut son prix.
Que si j'étais archevêque à Paris,
Je tâcherais avec le moliniste
D'apprivoiser le rude janséniste.
Mais si j'aimais une jeune beauté,
Je ne voudrais m'éloigner d'auprès d'elle,
Et chaque jour une fête nouvelle,
Chassant l'ennui de l'uniformité,
Tiendrait son cœur en mes fers arrêté.
Heureux amants, que l'absence est cruelle!
Que de dangers on essuie en amour!
On risque, hélas! dès qu'on quitte sa belle,
D'être cocu deux ou trois fois par jour.
  Le preux Chandos à peine avait la joie

De s'ébaudir sur sa nouvelle proie,
Que tout-à-coup Jeanne de rang en rang
Porte la mort, et fait couler le sang.
De Débora la redoutable lance
Perce Dildo si fatal à la France,
Lui qui pilla les trésors de Clairvaux,
Et viola les sœurs de Fontevraux.
D'un coup nouveau les deux yeux elle crève
A Fonkinar, digne d'aller en Grève.
Cet impudent, né dans les durs climats
De l'Hibernie, au milieu des frimas,
Depuis trois ans fesait l'amour en France,
Comme un enfant de Rome ou de Florence.
Elle terrasse et milord Halifax,
Et son cousin l'impertinent Borax,
Et Midarblou qui renia son père,
Et Bartonay qui fit cocu son frère.
A son exemple on ne voit chevalier,
Il n'est gendarme, il n'est bon écuyer,
Qui dix Anglais n'enfile de sa lance.
La mort les suit, la terreur les devance :
On croyait voir en ce moment affreux
Un dieu puissant qui combat avec eux.

 Parmi le bruit de l'horrible tempête,
Frère Lourdis criait à pleine tête :
« Elle est pucelle, Anglais, frémissez tous ;
C'est saint Denys qui l'arme contre vous ;
Elle est pucelle, elle a fait des miracles ;
Contre son bras vous n'avez point d'obstacles ;
Vite à genoux, excréments d'Albion,
Demandez-lui sa bénédiction. »

Le fier Talbot, écumant de colère,
Incontinent fait empoigner le frère;
On vous le lie, et le moine content,
Sans s'émouvoir, continuait criant :
« Je suis martyr; Anglais, il faut me croire;
Elle est pucelle; elle aura la victoire. »
   L'homme est crédule, et dans son faible cœur
Tout est reçu; c'est une molle argile.
Mais que surtout il paraît bien facile
De nous surprendre et de nous faire peur !
Du bon Lourdis le discours extatique
Fit plus d'effet sur le cœur des soldats,
Que l'amazone et sa troupe héroïque
N'en avaient fait par l'effort de leurs bras.
Ce vieil instinct qui fait croire aux prodiges,
L'esprit d'erreur, le trouble, les vertiges,
La froide crainte, et les illusions,
Ont fait tourner la tête des Bretons.
De ces Bretons la nation hardie
Avait alors peu de philosophie;
Maints chevaliers étaient des esprits lourds :
Les beaux esprits ne sont que de nos jours.
   Le preux Chandos, toujours plein d'assurance,
Criait aux siens : « Conquérants de la France,
Marchez à droite. » Il dit, et dans l'instant
On tourne à gauche, et l'on fuit en jurant.
Ainsi jadis dans ces plaines fécondes
Que de l'Euphrate environnent les ondes,
Quand des humains l'orgueil capricieux
Voulut bâtir près des voûtes des cieux[a],

---

[a] La tour de Babel fut élevée, comme on sait, cent vingt ans après le dé--

CHANT IV.

Dieu, ne voulant d'un pareil voisinage,
En cent jargons transmua leur langage.
Sitôt qu'un d'eux à boire demandait,
Plâtre ou mortier d'abord on lui donnait;
Et cette gent, de qui Dieu se moquait,
Se sépara, laissant là son ouvrage.

On sait bientôt aux remparts d'Orléans
Ce grand combat contre les assiégeants :
La Renommée y vole à tire d'aile,
Et va prônant le nom de la Pucelle.
Vous connaissez l'impétueuse ardeur
De nos Français; ces fous sont pleins d'honneur :
Ainsi qu'au bal ils vont tous aux batailles.
Déjà Dunois la gloire des bâtards,
Dunois qu'en Grèce on aurait pris pour Mars,

luge universel. Flavius-Josèphe croit qu'elle fut bâtie par Nemrod ou Nembrod; le judicieux dom Calmet a donné le profil de cette tour élevée jusqu'à onze étages, et il a orné son *Dictionnaire* de tailles-douces dans ce goût, d'après les monuments; le livre du savant Juif Jaleus donne à la tour de Babel vingt-sept mille pas de hauteur, ce qui est bien vraisemblable; plusieurs voyageurs ont vu les restes de cette tour.

Le saint patriarche Alexandre Eutychius assure, dans ses *Annales*, que soixante et douze hommes bâtirent cette tour. Ce fut, comme on le sait, l'époque de la confusion des langues : le fameux Bécan prouve admirablement que la langue flamande fut celle qui retint le plus de l'hébraïque. (1762).
— Dans l'article BABEL du *Dictionnaire philosophique*, section première, Voltaire cite Paul Lucas, qu'il se borne à désigner ici, comme ayant vu les restes de la tour. La *Biographie universelle* convient que le nom de ce voyageur est devenu à peu près synonyme de menteur.

Eutychius fut élevé, en 933, à la dignité de patriarche d'Alexandrie, et c'est peut-être la consonnance du nom de cette ville avec celui d'Alexandre qui a induit Voltaire à donner à ce patriarche le prénom d'Alexandre.

Jean Bécan, dans ses *Indo-Scythica*, qui font partie des *Origines Antwerpianæ* (Anvers, 1569, in-folio), prétend que la langue flamande était celle que parlait Adam. R.

Et La Trimouille, et La Hire, et Saintrailles,
Et Richemont, sont sortis des murailles,
Croyant déjà chasser les ennemis,
Et criant tous : Où sont-ils ? où sont-ils ? »
  Ils n'étaient pas bien loin : car près des portes
Sire Talbot, homme de très grand sens,
Pour s'opposer à l'ardeur de nos gens,
En embuscade avait mis dix cohortes.
  Sire Talbot a depuis plus d'un jour
Juré tout haut par saint George et l'Amour
Qu'il entrerait dans la ville assiégée.
Son ame était vivement partagée :
Du gros Louvet la superbe moitié
Avait pour lui plus que de l'amitié ;
Et ce héros, qu'un noble espoir enflamme,
Veut conquérir et la ville et sa dame.
Nos chevaliers à peine ont fait cent pas,
Que ce Talbot leur tombe sur les bras ;
Mais nos Français ne s'étonnèrent pas.
Champs d'Orléans, noble et petit théâtre
De ce combat terrible, opiniâtre,
Le sang humain dont vous fûtes couverts
Vous engraissa pour plus de cent hivers.
Jamais les champs de Zama[a], de Pharsale[b],

[a-b] Remarquez qu'à la bataille de Zama, entre Publius Scipion et Annibal, il y avait des Français qui servaient dans l'armée carthaginoise, selon Polybe. Ce Polybe, contemporain et ami de Scipion, dit que le nombre était égal de part et d'autre ; le chevalier de Folard n'en convient pas : il prétend que Scipion attaqua en colonnes. Cependant il paraît que la chose n'est pas possible, puisque Polybe dit que les troupes combattaient toutes de main à main : c'est sur quoi nous nous en rapportons aux doctes. (1762). — Voyez *Polybe,* liv. XV, chap. I. Dans les *Observations sur la*

De Malplaquet la campagne fatale*,
Célèbres lieux couverts de tant de morts,
N'ont vu tenter de plus hardis efforts.
Vous eussiez vu les lances hérissées,
L'une sur l'autre en cent tronçons cassées;
Les écuyers, les chevaux renversés,
Dessus leurs pieds dans l'instant redressés;
Le feu jaillir des coups de cimeterre,
Et du soleil redoubler la lumière;

bataille de Zama, Folard dit effectivement que Polybe se trompe sur le nombre. R.

Nota bene qu'à Pharsale Pompée avait cinquante-cinq mille hommes, et César vingt-deux mille. Le carnage fut grand : les vingt-deux mille césariens, après un combat opiniâtre, vainquirent les cinquante-cinq mille pompéiens. Cette bataille décida du sort de la république, et mit sous la puissance du mignon de Nicomède la Grèce, l'Asie-Mineure, l'Italie, les Gaules, l'Espagne, etc., etc.

Cette bataille eut plus de suites que le petit combat de Jeanne; mais enfin c'est Jeanne, c'est notre Pucelle: sachons gré à notre cher compatriote d'avoir comparé les exploits de cette chère fille à ceux de César, qui n'avait pas son pucelage. Les révérends pères jésuites n'ont-ils pas comparé saint Ignace à César, et saint François-Xavier à Alexandre? Ils leur ressemblaient comme les vingt-quatre vieillards de Pascal ressemblent aux vingt-quatre vieillards de *l'Apocalypse.* On compare tous les jours le premier roi venu à César; pardonnons donc au grave chantre de notre héroïne d'avoir comparé un petit choc de bibus aux batailles de Zama et de Pharsale. (1762). — Voltaire s'est égayé aux dépens du P. Bouhours sur ses comparaisons d'Ignace et de François-Xavier à César et Alexandre dans le *Catalogue des écrivains français* qui précède le *Siècle de Louis XIV*. La comparaison des vingt-quatre jésuites aux vingt-quatre vieillards de *l'Apocalypse* est due au révérend père Escobar, de la Société de Jésus. Voyez Pascal, *Lettres Provinciales*, cinquième lettre, *Du jeûne.* R.

ᵃ Il y eut à cette bataille vingt-huit mille sept cents hommes couchés, non pas sur le carreau, comme le dit un historien, mais dans la boue et dans le sang; ils furent comptés par le marquis de Crèvecœur, aide-de-camp du maréchal de Villars, chargé de faire enterrer les morts. Voyez le *Siècle de Louis XIV*, année 1709. (1762.) — Chap. xxi. R.

De tous côtés voler, tomber à bas
Épaules, nez, mentons, pieds, jambes, bras.
 Du haut des cieux les anges de la guerre,
Le fier Michel, et l'exterminateur,
Et des Persans le grand flagellateur[a],
Avaient les yeux attachés sur la terre,
Et regardaient ce combat plein d'horreur.
 Michel alors prit la vaste balance[b]
Où dans le ciel on pèse les humains;
D'une main sûre il pesa les destins
Et les héros d'Angleterre et de France.
Nos chevaliers, pesés exactement,
Légers de poids par malheur se trouvèrent:
Du grand Talbot les destins l'emportèrent:
C'était du ciel un secret jugement.
Le Richemont se voit incontinent
Percé d'un trait de la hanche à la fesse;
Le vieux Saintraille au-dessus du genou;
Le beau La Hire, ah! je n'ose dire où;
Mais que je plains sa gentille maîtresse!
Dans un marais La Trimouille enfoncé

---

[a] Apparemment que notre profond auteur donne le nom de *Persans* aux soldats de Sennacherib, qui étaient Assyriens, parceque les Persans furent long-temps dominateurs en Assyrie; mais il est constant que l'ange du Seigneur tua tout seul cent quatre-vingt-cinq mille soldats de l'armée de Sennacherib, qui avait l'insolence de marcher contre Jérusalem; et quand Sennacherib vit tous ces corps morts, il s'en retourna. Ceci arriva l'an du monde 3293, comme on dit; cependant plusieurs doctes prétendent que cette aventure toute simple est de l'an 3295 : nous la croyons de 3296, comme nous le prouverons ci-dessous. (1762).

[b] Cet endroit parait imité d'Homère. Milton fait peser les destins des hommes dans le signe de la balance. (1762). — Homère, *Iliade*, VIII, 69-72; Milton, *Paradise lost*, IV, 996-1004. R.

N'en put sortir qu'avec un bras cassé :
Donc à la ville il fallut qu'ils revinssent
Tout écloppés, et qu'au lit ils se tinssent.
Voilà comment ils furent bien punis,
Car ils s'étaient moqués de saint Denys.

Comme il lui plaît Dieu fait justice ou grace;
Quesnel[a] l'a dit, nul ne peut en douter :
Or il lui plut le bâtard excepter
Des étourdis dont il punit l'audace.
Un chacun d'eux, laidement ajusté,
S'en retournait sur un brancard porté,
En maugréant et Jeanne et sa fortune.
Dunois, n'ayant égratignure aucune,
Pousse aux Anglais, plus prompt que les éclairs :
Il fend leurs rangs, se fait jour à travers,
Passe, et se trouve aux lieux où la Pucelle
Fait tout tomber, où tout fuit devant elle.
Quand deux torrents, l'effroi des laboureurs,
Précipités du sommet des montagnes,
Mêlent leurs flots, assemblent leurs fureurs,
Ils vont noyer l'espoir de nos campagnes :
Plus dangereux étaient Jeanne et Dunois,
Unis ensemble, et frappant à-la-fois.

Dans leur ardeur si bien ils s'emportèrent,
Si rudement les Anglais ils chassèrent,
Que de leurs gens bientôt ils s'écartèrent.
La nuit survint; Jeanne et l'autre héros,
N'entendant plus ni Français ni Chandos,
Font tous deux halte en criant, « Vive France! »

---

[a] Allusion aux sentiments répandus dans les livres de Quesnel, prêtre de l'Oratoire. (1762).

Au coin d'un bois où régnait le silence.
Au clair de lune ils cherchent le chemin.
Ils viennent, vont, tournent, le tout en vain ;
Enfin rendus, ainsi que leur monture,
Mourants de faim, et lassés de chercher,
Ils maudissaient la fatale aventure
D'avoir vaincu sans savoir où coucher.
Tel un vaisseau sans voile, sans boussole,
Tournoie au gré de Neptune et d'Éole.
  Un certain chien, qui passa tout auprès,
Pour les sauver sembla venir exprès ;
Ce chien approche, il jappe, il leur fait fête ;
Virant sa queue, et portant haut sa tête,
Devant eux marche ; et, se tournant cent fois,
Il paraissait leur dire en son patois :
« Venez par là, messieurs, suivez-moi vite ;
Venez, vous dis-je, et vous aurez bon gîte. »
Nos deux héros entendirent fort bien
Par ses façons ce que voulait ce chien ;
Ils suivent donc, guidés par l'espérance,
En priant Dieu pour le bien de la France,
Et se fesant tous deux de temps en temps
Sur leurs exploits de très beaux compliments.
Du coin lascif d'une vive prunelle,
Dunois lorgnait malgré lui la Pucelle ;
Mais il savait qu'à son bijou caché
De tout l'état le sort est attaché,
Et qu'à jamais la France est ruinée,
Si cette fleur se cueille avant l'année.
Il étouffait noblement ses desirs,
Et préférait l'état à ses plaisirs.

Et cependant, quand la route mal sûre
De l'âne saint fesait clocher l'allure,
Dunois ardent, Dunois officieux
De son bras droit retenait la guerrière,
Et Jeanne d'Arc, en clignotant des yeux,
De son bras gauche étendu par derrière
Serrait aussi ce héros vertueux :
Dont il advint, tandis qu'ils chevauchèrent,
Que très souvent leurs bouches se touchèrent,
Pour se parler tous les deux de plus près
De la patrie et de ses intérêts.
On m'a conté, ma belle Konismare [a],
Que Charles douze, en son humeur bizarre,
Vainqueur des rois et vainqueur de l'amour,
N'osa t'admettre à sa brutale cour :
Charles craignit de te rendre les armes;
Il se sentit, il évita tes charmes.
Mais tenir Jeanne et ne point y toucher,
Se mettre à table, avoir faim sans manger,
Cette victoire était cent fois plus belle.
Dunois ressemble à Robert d'Arbrisselle [b],

---

[a] Aurore Konismare, maîtresse du roi de Pologne Auguste Ier, et mère du célèbre comte de Saxe. (1773). — Voltaire a, dans son *Histoire de Charles XII*, livre II, donné les plus grands éloges à la mère du maréchal de Saxe. Il cite d'elle quelques vers français qui prouvent que son esprit égalait sa beauté. Son nom est Koënigsmark. R.

[b] Robert d'Arbrissel, fondateur du bel ordre de Fontevrauld : il convertit, en 1100, d'un coup de filet, par un seul sermon, toutes les filles de joie de la ville de Rouen. Il s'imposa un nouveau genre de martyre : ce fut de coucher toutes les nuits entre deux jeunes religieuses pour tromper le diable, qui apparemment le lui rendit bien. Il n'aimait pas la loi salique, car il fit une femme abbé général des moines et moinesses de son ordre. (1773).

A ce grand saint qui se plut à coucher
Entre les bras de deux nonnes fessues,
A caresser quatre cuisses dodues,
Quatre tétons, et le tout sans pécher.
　Au point du jour apparut à leur vue
Un beau palais d'une vaste étendue :
De marbre blanc était bâti le mur ;
Une dorique et longue colonnade
Porte un balcon formé de jaspe pur ;
De porcelaine était la balustrade.
Nos paladins, enchantés, éblouis,
Crurent entrer tout droit en paradis.
Le chien aboie : aussitôt vingt trompettes
Se font entendre, et quarante estafiers
A pourpoints d'or, à brillantes braguettes,
Viennent s'offrir à nos deux chevaliers.
Très galamment deux jeunes écuyers
Dans le palais par la main les conduisent,
Dans des bains d'or filles les introduisent
Honnêtement ; puis lavés, essuyés,
D'un déjeûner amplement festoyés,
Dans de beaux lits brodés ils se couchèrent,
Et jusqu'au soir en héros ils ronflèrent.
　Il faut savoir que le maître et seigneur
De ce logis digne d'un empereur
Était le fils de l'un de ces génies
Des vastes cieux habitants éternels,
De qui souvent les grandeurs infinies
S'humanisaient chez les faibles mortels.
Or cet esprit, mêlant sa chair divine
Avec la chair d'une bénédictine,

En avait eu le noble Hermaphrodix,
Grand nécromant, et le très digne fils
De cet incube et de la mère Alix.
Le jour qu'il eut quatorze ans accomplis,
Son géniteur, descendant de sa sphère,
Lui dit : « Enfant, tu me dois la lumière ;
Je viens te voir, tu peux former des vœux ;
Souhaite, parle, et je te rends heureux. »
Hermaphrodix, né très voluptueux,
Et digne en tout de sa belle origine,
Dit : « Je me sens de race bien divine,
Car je rassemble en moi tous les desirs,
Et je voudrais avoir tous les plaisirs.
De voluptés rassasiez mon ame ;
Je veux aimer comme homme et comme femme,
Être la nuit du sexe féminin,
Et tout le jour du sexe masculin. »
L'incube dit : « Tel sera ton destin ; »
Et dès ce jour la ribaude figure
Jouit des droits de sa double nature :
Ainsi Platon, le confident des dieux [a],
A prétendu que nos premiers aïeux,
D'un pur limon pétri des mains divines
Nés tous parfaits et nommés androgynes,
Également des deux sexes pourvus,
Se suffisaient par leurs propres vertus.
Hermaphrodix était bien au-dessus :
Car se donner du plaisir à soi-même,

---

[a] Selon Platon, l'homme fut formé avec les deux sexes. Adam apparut tel à la dévote Bourignon et à son directeur Abbadie. (1762). — Voyez la note *g* de l'article ADAM du *Dictionnaire historique* de Bayle. R.

Ce n'est pas là le sort le plus divin ;
Il est plus beau d'en donner au prochain,
Et deux à deux est le bonheur suprême.
Ses courtisans disaient que tour-à-tour
C'était Vénus, c'était le tendre Amour :
De tous côtés ils lui cherchaient des filles,
Des bacheliers ou des veuves gentilles.

 Hermaphrodix avait oublié net
De demander un don plus nécessaire,
Un don sans quoi nul plaisir n'est parfait,
Un don charmant; eh quoi? celui de plaire.
Dieu, pour punir cet effréné paillard,
Le fit plus laid que Samuel Bernard ;
Jamais ses yeux ne firent de conquêtes ;
C'est vainement qu'il prodiguait les fêtes,
Les longs repas, les danses, les concerts ;
Quelquefois même il composait des vers.
Mais quand le jour il tenait une belle,
Et quand la nuit sa vanité femelle
Se soumettait à quelque audacieux,
Le ciel alors trahissait tous ses vœux ;
Il recevait, pour toutes embrassades,
Mépris, dégoûts, injures, rebuffades :
Le juste ciel lui fesait bien sentir
Que les grandeurs ne sont pas du plaisir.
« Quoi ! disait-il, la moindre chambrière
Tient son galant étendu sur son sein,
Un lieutenant trouve une conseillère,
Dans un moutier un moine a sa nonnain :
Et moi génie, et riche, et souverain,
Je suis le seul dans la machine ronde

Privé d'un bien dont jouit tout le monde!»
Lors il jura, par les quatre éléments,
Qu'il punirait les garçons et les belles
Qui n'auraient pas pour lui des sentiments,
Et qu'il ferait des exemples sanglants
Des cœurs ingrats, et surtout des cruelles.
Il recevait en roi les survenants;
Et de Saba la reine basanée[a],
Et Thalestris dans la Perse amenée,
Avaient reçu de moins riches présents
Des deux grands rois qui brûlèrent pour elles,
Qu'il n'en fesait aux chevaliers errants,
Aux bacheliers, aux gentes demoiselles.
Mais si quelqu'un d'un esprit trop rétif
Manquait pour lui d'un peu de complaisance,
S'il lui fesait la moindre résistance,
Il était sûr d'être empalé tout vif.
Le soir venu, monseigneur étant femme,
Quatre huissiers de la part de madame
Viennent prier notre aimable bâtard
De vouloir bien descendre sur le tard
Dans l'entresol, tandis qu'en compagnie
Jeanne soupait avec cérémonie.
Le beau Dunois tout parfumé descend
Au cabinet où le souper l'attend.
Tel que jadis la sœur de Ptolémée[b],
De tout plaisir noblement affamée,

---

[a] La reine de Saba vint voir Salomon, dont elle eut un fils, qui est certainement la tige des rois d'Éthiopie, comme cela est prouvé. On ne sait pas ce que devint la race d'Alexandre et de Thalestris. (1762).

[b] Cléopâtre. (1762).

Sut en donner à ces Romains fameux,
A ces héros fiers et voluptueux,
Au grand César, au brave ivrogne Antoine ;
Tel que moi-même en ai fait chez un moine,
Vainqueur heureux de ses pesants rivaux,
Quand on l'élut roi tondu de Clairvaux ;
Ou tel encore, aux voûtes éternelles,
Si l'on en croit frère Orphée et Nason,
Et frère Homère, Hésiode, Platon,
Le dieu des dieux, patron des infidèles,
Loin de Junon soupe avec Sémélé,
Avec Isis, Europe, ou Danaé ;
Les plats sont mis sur la table divine
Des belles mains de la tendre Euphrosine,
Et de Thalie, et de la jeune Églé,
Qui, comme on sait, sont là-haut les trois Graces,
Dont nos pédants suivent si peu les traces ;
Le doux nectar est servi par Hébé,
Et par l'enfant du fondateur de Troie [a],
Qui dans Ida par un aigle enlevé
De son seigneur en secret fait la joie :
Ainsi soupa madame Hermaphrodix
Avec Dunois, juste entre neuf et dix.

Madame avait prodigué la parure :
Les diamants surchargeaient sa coiffure ;
Son gros cou jaune, et ses deux bras carrés,
Sont de rubis, de perles entourés ;
Elle en était encor plus effroyable.
Elle le presse au sortir de la table :
Dunois trembla pour la première fois.

[a] Ganimède. (1762).

Des chevaliers c'était le plus courtois :
Il eût voulu de quelque politesse
Payer au moins les soins de son hôtesse ;
Et, du tendron contemplant la laideur,
Il se disait : « J'en aurai plus d'honneur. »
Il n'en eut point : le plus brillant courage
Peut quelquefois essuyer cet outrage.
Hermaphrodix, en son affliction,
Eut pour Dunois quelque compassion ;
Car en secret son ame était flattée
Des grands efforts du triste champion.
Sa probité, sa bonne intention
Fut cette fois pour le fait réputée.
« Demain, dit-elle, on pourra vous offrir
Votre revanche. Allez, faites en sorte
Que votre amour sur vos respects l'emporte,
Et soyez prêt, seigneur, à mieux servir. »
 Déjà du jour la belle avant-courrière
De l'orient entr'ouvrait la barrière :
Or vous savez que cet instant préfix
En cavalier changeait Hermaphrodix.
Alors brûlant d'une flamme nouvelle
Il s'en va droit au lit de la Pucelle,
Les rideaux tire, et lui fourrant au sein
Sans compliment son impudente main,
Et lui donnant un baiser immodeste,
Attente en maître à sa pudeur céleste :
Plus il s'agite, et plus il devient laid.
Jeanne, qu'anime une chrétienne rage,
D'un bras nerveux lui détache un soufflet
A poing fermé sur son vilain visage.

6.

Ainsi j'ai vu, dans mes fertiles champs,
Sur un pré vert, une de mes cavales,
Au poil de tigre, aux taches inégales,
Aux pieds légers, aux jarrets bondissants,
Réprimander d'une fière ruade
Un bourriquet de sa croupe amoureux,
Qui dans sa lourde et grossière embrassade
Dressait l'oreille, et se croyait heureux.
Jeanne en cela fit sans doute une faute ;
Elle devait des égards à son hôte.
De la pudeur je prends les intérêts ;
Cette vertu n'est point chez moi bannie :
Mais quand un prince, et surtout un génie,
De vous baiser a quelque douce envie,
Il ne faut pas lui donner des soufflets.
Le fils d'Alix, quoiqu'il fût des plus laids,
N'avait point vu de femme assez hardie
Pour l'oser battre en son propre palais.
Il crie, on vient; ses pages, ses valets,
Gardes, lutins, à ses ordres sont prêts :
L'un d'eux lui dit que la fière Pucelle
Envers Dunois n'était pas si cruelle.
O calomnie ! affreux poison des cours,
Discours malins, faux rapports, médisance,
Serpents maudits, sifflerez-vous toujours
Chez les amants comme à la cour de France ?

Notre tyran, doublement outragé,
Sans nul délai voulut être vengé.
Il prononça la sentence fatale :
« Allez, dit-il, amis, qu'on les empale. »
On obéit ; on fit incontinent

Tous les apprêts de ce grand châtiment.
Jeanne et Dunois, l'honneur de leur patrie,
S'en vont mourir au printemps de leur vie.
Le beau bâtard est garrotté tout nu,
Pour être assis sur un bâton pointu.
Au même instant, une troupe profane
Mène au poteau la belle et fière Jeanne;
Et ses soufflets, ainsi que ses appas,
Seront punis par un affreux trépas.
De sa chemise aussitôt dépouillée,
De coups de fouet en passant flagellée,
Elle est livrée aux cruels empaleurs.
Le beau Dunois, soumis à leurs fureurs,
N'attendant plus que son heure dernière,
Fesait à Dieu sa dévote prière;
Mais une œillade impérieuse et fière
De temps en temps étonnait les bourreaux,
Et ses regards disaient: C'est un héros.
Mais quand Dunois eut vu son héroïne,
Des fleurs de lis vengeresse divine,
Prête à subir cette effroyable mort,
Il déplora l'inconstance du sort:
De la Pucelle il parcourait les charmes;
Et regardant les funestes apprêts
De ce trépas, il répandit des larmes,
Que pour lui-même il ne versa jamais.

Non moins superbe et non moins charitable,
Jeanne, aux frayeurs toujours impénétrable,
Languissamment le beau bâtard lorgnait,
Et pour lui seul son grand cœur gémissait.
Leur nudité, leur beauté, leur jeunesse,

En dépit d'eux réveillaient leur tendresse.
Ce feu si doux, si discret, et si beau,
Ne s'échappait qu'au bord de leur tombeau;
Et cependant l'animal amphibie,
A son dépit joignant la jalousie,
Fesait aux siens l'effroyable signal
Qu'on empalât le couple déloyal.

Dans ce moment, une voix de tonnerre,
Qui fit trembler et les airs et la terre,
Crie: « Arrêtez, gardez-vous d'empaler,
N'empalez pas. » Ces mots font reculer
Les fiers licteurs. On regarde, on avise
Sous le portail un grand homme d'église,
Coiffé d'un froc, les reins ceints d'un cordon:
On reconnut le père Grisbourdon.
Ainsi qu'un chien dans la forêt voisine,
Ayant senti d'une adroite narine
Le doux fumet, et tous ces petits corps
Sortant au loin de quelque cerf dix cors,
Il le poursuit d'une course légère,
Et sans le voir, par l'odorat mené,
Franchit fossés, se glisse en la bruyère,
Par d'autres cerfs il n'est point détourné:
Ainsi le fils de saint François d'Assise,
Porté toujours sur son lourd muletier,
De la Pucelle a suivi le sentier,
Courant sans cesse, et ne lâchant point prise.

En arrivant il cria: « Fils d'Alix,
Au nom du diable, et par les eaux du Styx,
Par le démon qui fut ton digne père,
Par le psautier de sœur Alix ta mère,

Sauve le jour à l'objet de mes vœux;
Regarde-moi, je viens payer pour deux.
Si ce guerrier et si cette pucelle
Ont mérité ton indignation,
Je tiendrai lieu de ce couple rebelle;
Tu sais quelle est ma réputation.
Tu vois de plus cet animal insigne,
Ce mien mulet, de me porter si digne;
Je t'en fais don, c'est pour toi qu'il est fait;
Et tu diras, Tel moine, tel mulet.
Laissons aller ce gendarme profane;
Qu'on le délie, et qu'on nous laisse Jeanne;
Nous demandons tous deux pour digne prix
Cette beauté dont nos cœurs sont épris. »

 Jeanne écoutait cet horrible langage
En frémissant: sa foi, son pucelage,
Ses sentiments d'amour et de grandeur,
Plus que la vie étaient chers à son cœur.
La grace encor, du ciel ce don suprême,
Dans son esprit combattait Dunois même.
Elle pleurait, elle implorait les cieux,
Et, rougissant d'être ainsi toute nue,
De temps en temps fermant ses tristes yeux,
Ne voyant point, pensait n'être point vue.

 Le bon Dunois était désespéré:
« Quoi! disait-il, ce pendard décloîtré
Aura ma Jeanne, et perdra ma patrie!
Tout va céder à ce sorcier impie!
Tandis que moi, discret jusqu'à ce jour,
Modestement je cachais mon amour! »

 Et cependant l'offre honnête et polie

De Grisbourdon fit un très bon effet
Sur les cinq sens, sur l'ame du génie.
Il s'adoucit, il parut satisfait.
« Ce soir, dit-il, vous et votre mulet
Tenez-vous prêts : je cède, je pardonne
A ces Français ; je vous les abandonne. »
Le moine gris possédait le bâton
Du bon Jacob[a], l'anneau de Salomon,
Sa clavicule, et la verge enchantée
Des conseillers-sorciers de Pharaon,
Et le balai sur qui parut montée
Du preux Saül la sorcière édentée,
Quand dans Endor à ce prince imprudent
Elle fit voir l'ame d'un revenant.
Le cordelier en savait tout autant ;
Il fit un cercle, et prit de la poussière,
Que sur la bête il jeta par derrière,
En lui disant ces mots toujours puissants
Que Zoroastre enseignait aux Persans[b].
A ces grands mots dits en langue du diable,
O grand pouvoir ! ô merveille ineffable !
Notre mulet sur deux pieds se dressa,
Sa tête oblongue en ronde se changea,

---

[a] Les charlatans ont le bâton de Jacob ; les magiciens, les livres de Salomon intitulés *l'Anneau* et *la Clavicule*. Les conseillers du roi, sorciers à la cour de Pharaon, qui firent les mêmes prodiges que Moïse, s'appelaient Jannès et Mambrès. On ne sait pas le nom de la pythonisse d'Endor qui évoqua l'ombre de Samuel ; mais tout le monde sait ce que c'est qu'une ombre, et que cette femme avait un esprit Python ou de Python. (1762).

[b] Zoroastre, dont le nom propre est Zerdust, était un grand magicien, ainsi qu'Albert-le-Grand, Roger Bacon, et le révérend père Grisbourdon. (1762).

Ses longs crins noirs petits cheveux devinrent,
Sous son bonnet ses oreilles se tinrent.
Ainsi jadis ce sublime empereur[a]
Dont Dieu punit le cœur dur et superbe,
Devenu bœuf, et sept ans nourri d'herbe,
Redevint homme, et n'en fut pas meilleur.

Du cintre bleu de la céleste sphère,
Denys voyait avec des yeux de père
De Jeanne d'Arc le déplorable cas;

---

[a] Nébucadnetzar, Nabuchodonosor, fils de Nabo-Polassar, roi des Chaldéens, assiégea Jérusalem, la prit, et fit charger de fers Joachim, roi de Juda, qu'il envoya prisonnier à Babylone, l'an du monde 3429. Nébucadnetzar fit un songe, et l'oublia; les magiciens, les astrologues ni les sages ne purent le deviner; en conséquence, Arioc, officier de sa maison, eut ordre de les faire mourir : le jeune Daniel devine le songe, et l'explique; ce songe était une belle statue, etc. A quelque temps de là, Nébucadnetzar fit élever un colosse d'or pur, haut de soixante coudées, et large de six; il obligea tout son peuple assemblé d'adorer ce colosse au son du cor, du clairon, de la harpe, de la saquebute, et du psaltérion; et sur le refus qu'en firent Sidrac, Misac, et Habed-nego, jeunes Hébreux, compagnons de Daniel, le roi les fit jeter dans une fournaise, qu'on chauffa cette fois-là sept fois plus qu'à l'ordinaire; et ils en sortirent sains et saufs. Nébucadnetzar songea encore : il vit un arbre grand et fort; le sommet touchait les cieux, et les oiseaux habitaient dans ses branches. Un saint alors descendit, et cria : « Coupez l'arbre, et l'ébranchez, etc. » Daniel expliqua encore ce songe; il prédit au roi qu'il serait chassé d'entre les hommes; que pendant sept ans son habitation serait avec des bêtes, qu'il paîtrait l'herbe comme les bœufs, jusqu'à ce que son poil crût comme celui de l'aigle, et ses ongles comme ceux des oiseaux ; ce qui arriva. Tertullien et saint Augustin disent que Nabuchodonosor s'imagina être bœuf, par l'effet d'une maladie qu'on nomme lycanthropie. Au bout de sept ans, ce prince recouvra sa raison, et remonta sur le trône : il ne vécut qu'un an depuis son rétablissement, mais il l'employa si bien, que saint Augustin, saint Jérôme, saint Épiphane, Théodoret, etc., cités par Pérérius, comptent sur son salut. (1762). — Voltaire fait ici, assez malencontreusement, parade de son érudition théologique. Un passage de la *Bible* de dom Calmet, qu'il n'a pas lu assez attentivement, l'a induit en erreur. C'est dom Calmet et non le jésuite Pérérius qui cite tous les personnages nommés dans la note de Voltaire. R.

Il eût voulu s'élancer ici-bas,
Mais il était lui-même en embarras.
Denys s'était attiré sur les bras
Par son voyage une fâcheuse affaire.
Saint George était le patron d'Angleterre [a];
Il se plaignit que monsieur saint Denys,
Sans aucun ordre et sans aucun avis,
A ses Bretons eût fait ainsi la guerre.
George et Denys, de propos en propos,
Piqués au vif, en vinrent aux gros mots.
Les saints anglais ont dans leur caractère
Je ne sais quoi de dur et d'insulaire :
On tient toujours un peu de son pays.
En vain notre ame est dans le paradis ;
Tout n'est pas pur, et l'accent de province
Ne se perd point, même à la cour du prince.

Mais il est temps, lecteur, de m'arrêter ;
Il faut fournir une longue carrière ;
J'ai peu d'haleine, et je dois vous conter
L'événement de tout ce grand mystère ;
Dire comment ce nœud se débrouilla,
Ce que fit Jeanne, et ce qui se passa
Dans les enfers, au ciel, et sur la terre.

[a] Il ne faut pas confondre George, patron d'Angleterre et de l'ordre de la Jarretière, avec saint George le moine, tué pour avoir soulevé le peuple contre l'empereur Zénon. Notre saint George est le Cappadocien, colonel au service de Dioclétien, martyrisé, dit-on, en Perse, dans une ville nommée Diospole. Mais comme les Persans n'avaient point de ville de ce nom, on a placé depuis son martyre en Arménie, à Mitylène. Il n'y a pas plus de Mitylène en Arménie que de Diospole en Perse. Mais ce qui est constant, c'est que George était colonel de cavalerie, puisqu'il a encore son cheval en paradis. (1762).

FIN DU QUATRIÈME CHANT.

CHANT CINQUIÈME.

ARGUMENT.

Le cordelier Grisbourdon, qui avait voulu violer Jeanne, est en enfer très justement. Il raconte son aventure aux diables.

O mes amis, vivons en bons chrétiens!
C'est le parti, croyez-moi, qu'il faut prendre.
A son devoir il faut enfin se rendre.
Dans mon printemps j'ai hanté les vauriens;
A leurs desirs ils se livraient en proie,
Souvent au bal, jamais dans le saint lieu,
Soupant, couchant chez des filles de joie,
Et se moquant des serviteurs de Dieu.
Qu'arrive-t-il? la Mort, la Mort fatale,
Au nez camard, à la tranchante faux,
Vient visiter nos diseurs de bons mots;
La Fièvre ardente, à la marche inégale,
Fille du Styx, huissière d'Atropos,
Porte le trouble en leurs petits cerveaux:
A leur chevet une garde, un notaire,
Viennent leur dire: « Allons, il faut partir;
Où voulez-vous, monsieur, qu'on vous enterre? »
Lors un tardif et faible repentir
Sort à regret de leur mourante bouche.
L'un à son aide appelle saint Martin,

L'autre saint Roch, l'autre sainte Mitouche[a].
On psalmodie, on braille du latin,
On les asperge, hélas! le tout en vain.
Aux pieds du lit se tapit le malin,
Ouvrant la griffe ; et lorsque l'ame échappe
Du corps chétif, au passage il la happe,
Puis vous la porte au fin fond des enfers,
Digne séjour de ces esprits pervers.

   Mon cher lecteur, il est temps de te dire
Qu'un jour Satan, seigneur du sombre empire[b],
A ses vassaux donnait un grand régal.
Il était fête au manoir infernal :
On avait fait une énorme recrue,
Et les démons buvaient la bienvenue
D'un certain pape et d'un gros cardinal,
D'un roi du Nord, de quatorze chanoines,
Trois intendants, deux conseillers, vingt moines,
Tous frais venus du séjour des mortels,
Et dévolus aux brasiers éternels.
Le roi cornu de la huaille noire
Se déridait entouré de ses pairs ;
On s'enivrait du nectar des enfers,
On fredonnait quelques chansons à boire,

---

[a] On disait autrefois *sainte n'y touche*, et on disait bien. On voit aisément que c'est une femme qui a l'air de n'y pas toucher ; c'est par corruption qu'on dit *sainte Mitouche*. La langue dégénère tous les jours. J'aurais souhaité que l'auteur eût eu le courage de dire *sainte n'y touche*, comme nos pères. (1762).

[b] *Satan* est un mot chaldéen, qui signifie à peu près l'*Arimane* des Perses, le *Typhon* des Égyptiens, le *Pluton* des Grecs, et parmi nous le *diable*. Ce n'est que chez nous qu'on le peint avec des cornes. Voyez le septième tome *De forma diaboli*, du révérend père Tambourini. (1762).

Lorsqu'à la porte il s'élève un grand cri :
« Ah! bonjour donc, vous voilà, vous voici ;
C'est lui, messieurs, c'est le grand émissaire ;
C'est Grisbourdon, notre féal ami ;
Entrez, entrez, et chauffez-vous ici :
Et bras dessus et bras dessous, beau père,
Beau Grisbourdon, docteur de Lucifer,
Fils de Satan, apôtre de l'enfer. »
On vous l'embrasse, on le baise, on le serre ;
On vous le porte en moins d'un tour de main,
Toujours baisé, vers le lieu du festin.

Satan se lève, et lui dit : « Fils du diable,
O des frapparts ornement véritable[a],
Certes si tôt je n'espérais te voir ;
Chez les humains tu m'étais nécessaire.
Qui mieux que toi peuplait notre manoir?
Par toi la France était mon séminaire ;
En te voyant je perds tout mon espoir.
Mais du destin la volonté soit faite!
Bois avec nous, et prends place à ma draite. »

Le cordelier, plein d'une sainte horreur,
Baise à genoux l'ergot de son seigneur ;
Puis d'un air morne il jette au loin la vue
Sur cette vaste et brûlante étendue,
Séjour de feu qu'habitent pour jamais
L'affreuse Mort, les Tourments, les Forfaits ;
Trône éternel où sied l'esprit immonde,
Abîme immense où s'engloutit le monde ;

---

[a] *Frappart*, nom d'amitié que les cordeliers se donnèrent entre eux dès le quinzième siècle. Les doctes sont partagés sur l'étymologie de ce mot : il signifie certainement frappeur robuste, raide joûteur. (1762).

Sépulcre où gît la docte antiquité,
Esprit, amour, savoir, grace, beauté,
Et cette foule immortelle, innombrable,
D'enfants du ciel créés tous pour le diable.
Tu sais, lecteur, qu'en ces feux dévorants
Les meilleurs rois sont avec les tyrans.
Nous y plaçons Antonin, Marc-Aurèle,
Ce bon Trajan, des princes le modèle;
Ce doux Titus, l'amour de l'univers;
Les deux Catons, ces fléaux des pervers;
Ce Scipion maître de son courage,
Lui qui vainquit et l'amour et Carthage.
Vous y grillez, sage et docte Platon,
Divin Homère, éloquent Cicéron;
Et vous, Socrate, enfant de la sagesse,
Martyr de Dieu dans la profane Grèce;
Juste Aristide, et vertueux Solon :
Tous malheureux morts sans confession.

Mais ce qui plus étonna Grisbourdon,
Ce fut de voir en la chaudière grande
Certains quidams, saints ou rois, dont le nom
Orne l'histoire, et pare la légende.
Un des premiers était le roi Clovis[a].
Je vois d'abord mon lecteur qui s'étonne
Qu'un si grand roi, qui tout son peuple a mis
Dans le chemin du benoît paradis,
N'ait pu jouir du salut qu'il nous donne.

---

[a] On ne peut regarder cette damnation de Clovis, et de tant d'autres, que comme une fiction poétique; cependant on peut, moralement parlant, dire que Clovis a pu être puni pour avoir fait assassiner plusieurs rois ses voisins, et plusieurs de ses parents; ce qui n'est pas trop chrétien. (1762).

Ah! qui croirait qu'un premier roi chrétien
Fût en effet damné comme un païen?
Mais mon lecteur se souviendra très bien
Qu'être lavé de cette eau salutaire
Ne suffit pas quand le cœur est gâté.
Or ce Clovis, dans le crime empâté,
Portait un cœur inhumain, sanguinaire;
Et saint Remi ne put laver jamais
Ce roi des Francs, gangrené de forfaits.
 Parmi ces grands, ces souverains du monde,
Ensevelis dans cette nuit profonde,
On discernait le fameux Constantin.
« Est-il bien vrai? criait avec surprise
Le moine gris: ô rigueur! ô destin!
Quoi! ce héros fondateur de l'Église,
Qui de la terre a chassé les faux dieux,
Est descendu dans l'enfer avec eux? »
Lors Constantin dit ces propres paroles[a] :
« J'ai renversé le culte des idoles;
Sur les débris de leurs temples fumants
Au Dieu du ciel j'ai prodigué l'encens :
Mais tous mes soins pour sa grandeur suprême
N'eurent jamais d'autre objet que moi-même;
Les saints autels n'étaient à mes regards
Qu'un marche-pied du trône des Césars.
L'ambition, les fureurs, les délices,
Étaient mes dieux, avaient mes sacrifices.

---

[a] Constantin arracha la vie à son beau-père, à son beau-frère, à son neveu, à sa femme, à son fils, et fut le plus vain et le plus voluptueux de tous les hommes, d'ailleurs bon catholique; mais il mourut arien, et baptisé par un évêque arien. (1762).

L'or des chrétiens, leurs intrigues, leur sang,
Ont cimenté ma fortune et mon rang.
Pour conserver cette grandeur si chère,
J'ai massacré mon malheureux beau-père.
Dans les plaisirs et dans le sang plongé,
Faible et barbare, en ma fureur jalouse,
Ivre d'amour, et de soupçons rongé,
Je fis périr mon fils et mon épouse.
O Grisbourdon, ne sois plus étonné
Si comme toi Constantin est damné! »
 Le révérend de plus en plus admire
Tous les secrets du ténébreux empire.
Il voit partout de grands prédicateurs,
Riches prélats, casuistes, docteurs,
Moines d'Espagne, et nonnains d'Italie.
De tous les rois il voit les confesseurs,
De nos beautés il voit les directeurs :
Le paradis ils ont eu dans leur vie.
Il aperçut dans le fond d'un dortoir
Certain frocard moitié blanc, moitié noir,
Portant crinière en écuelle arrondie.
Au fier aspect de cet animal pie,
Le cordelier, riant d'un ris malin,
Se dit tout bas : « Cet homme est jacobin [a].
Quel est ton nom? » lui cria-t-il soudain.
L'ombre répond d'un ton mélancolique :
« Hélas! mon fils, je suis saint Dominique [b]. »

---

[a] Les cordeliers ont été de tout temps ennemis des dominicains. (1762).

[b] Il semble que l'auteur n'ait voulu faire ici qu'une plaisanterie. Cependant ce Guzman, inventeur de l'inquisition, et que nous appelons Dominique, fut réellement un persécuteur. Il est certain que les Languedociens

A ce discours, à cet auguste nom,
Vous eussiez vu reculer Grisbourdon ;
Il se signait, il ne pouvait le croire.
« Comment, dit-il, dans la caverne noire
Un si grand saint, un apôtre, un docteur !
Vous de la foi le sacré promoteur,
Homme de Dieu, prêcheur évangélique,
Vous dans l'enfer ainsi qu'un hérétique !
Certes ici la grace est en défaut.
Pauvres humains, qu'on est trompé là-haut !
Et puis allez, dans vos cérémonies,
De tous les saints chanter les litanies ! »
 Lors repartit avec un ton dolent
Notre Espagnol au manteau noir et blanc :
« Ne songeons plus aux vains discours des hommes;
De leurs erreurs qu'importe le fracas ?
Infortunés, tourmentés où nous sommes,
Loués, fêtés où nous ne sommes pas :
Tel sur la terre a plus d'une chapelle,
Qui dans l'enfer rôtit bien tristement ;
Et tel au monde on damne impunément,
Qui dans les cieux a la vie éternelle.
Pour moi, je suis dans la noire séquelle
Très justement, pour avoir autrefois
Persécuté ces pauvres Albigeois.
Je n'étais pas envoyé pour détruire,
Et je suis cuit pour les avoir fait cuire. »

nommés Albigeois étaient des peuples fidèles à leur souverain, et qu'on leur fit la guerre la plus barbare, uniquement à cause de leurs dogmes. Il n'y a rien de plus abominable que de faire périr par le fer et par le feu un prince et ses sujets, sous prétexte qu'ils ne pensent pas comme nous. (1762).

Oh! quand j'aurais une langue de fer,
Toujours parlant je ne pourrais suffire,
Mon cher lecteur, à te nombrer et dire
Combien de saints on rencontre en enfer.
　Quand des damnés la cohorte rôtie
Eut assez fait au fils de saint François
Tous les honneurs de leur triste patrie,
Chacun cria d'une commune voix :
« Cher Grisbourdon, conte-nous, conte, conte
Qui t'a conduit vers une fin si prompte;
Conte-nous donc par quel étonnant cas
Ton ame dure est tombée ici-bas. »
« Messieurs, dit-il, je ne m'en défends pas;
Je vous dirai mon étrange aventure;
Elle pourra vous étonner d'abord :
Mais il ne faut me taxer d'imposture;
On ne ment plus sitôt que l'on est mort.
　« J'étais là-haut, comme on sait, votre apôtre;
Et, pour l'honneur du froc et pour le vôtre,
Je concluais l'exploit le plus galant
Que jamais moine ait fait hors du couvent.
Mon muletier, ah l'animal insigne!
Ah le grand homme! ah quel rival condigne [a] :
Mon muletier, ferme dans son devoir,
D'Hermaphrodix avait passé l'espoir.
J'avais aussi pour ce monstre femelle,
Sans vanité, prodigué tout mon zèle;
Le fils d'Alix, ravi d'un tel effort,
Nous laissait Jeanne en vertu de l'accord.

[a] *Condigne,* du latin *condignus;* ce mot se trouve dans les auteurs du seizième siècle. (1762).

CHANT V.

Jeanne la forte, et Jeanne la rebelle,
Perdait bientôt ce grand nom de Pucelle;
Entre mes bras elle se débattait,
Le muletier par-dessous la tenait;
Hermaphrodix de bon cœur ricanait.
    « Mais croirez-vous ce que je vais vous dire?
L'air s'entr'ouvrit, et du haut de l'empire
Qu'on nomme ciel (lieux où ni vous ni moi
N'irons jamais, et vous savez pourquoi)
Je vis descendre, ô fatale merveille!
Cet animal qui porte longue oreille,
Et qui jadis à Balaam parla,
Quand Balaam sur la montagne alla.
Quel terrible âne! il portait une selle
D'un beau velours, et sur l'arçon d'icelle
Était un sabre à deux larges tranchants:
De chaque épaule il lui sortait une aile
Dont il volait, et devançait les vents.
A haute voix alors s'écria Jeanne:
« Dieu soit loué! voici venir mon âne. »
« A ce discours je fus transi d'effroi;
L'âne à l'instant ses quatre genoux plie,
Lève sa queue et sa tête polie;
Comme disant à Dunois: « Monte-moi. »
« Dunois le monte, et l'animal s'envole
Sur notre tête, et passe, et caracole.
Dunois planant, le cimeterre en main,
Sur moi chétif fondit d'un vol soudain.
Mon cher Satan, mon seigneur souverain,
Ainsi, dit-on, lorsque tu fis la guerre

7.

Imprudemment au maître du tonnerre[a],
Tu vis sur toi s'élancer saint Michel,
Vengeur fatal des injures du ciel.
« Réduit alors à défendre ma vie,
J'eus mon recours à la sorcellerie.
Je dépouillai d'un nerveux cordelier
Le sourcil noir et le visage altier :
Je pris la mine et la forme charmante
D'une beauté douce, fraîche, innocente;
De blonds cheveux se jouaient sur mon sein;
De gaze fine une étoffe brillante
Fit entrevoir une gorge naissante.
J'avais tout l'art du sexe féminin :
Je composais mes yeux et mon visage;
On y voyait cette naïveté
Qui toujours trompe, et qui toujours engage.
Sous ce vernis un air de volupté
Eût des humains rendu fou le plus sage.
J'eusse amolli le cœur le plus sauvage;
Car j'avais tout, artifice et beauté.
Mon paladin en parut enchanté.
J'allais périr; ce héros invincible
Avait levé son braquemart[b] terrible;
Son bras était à demi descendu,

[a] Cette guerre n'est rapportée que dans le livre apocryphe sous le nom d'Énoch; il n'en est parlé ailleurs dans aucun livre juif. Le chef de l'armée céleste était en effet Michel, comme le dit notre auteur; mais le capitaine des mauvais anges n'était point Satan, c'était Semexiah : on peut excuser cette inadvertance dans un long poëme. (1762).

[b] Ancien mot qui signifie cimeterre. (1762). — Voyez, pour l'étymologie de ce mot, la note *b* de la page 118. R.

Et Grisbourdon se croyait pourfendu.
Dunois regarde, il s'émeut, il s'arrête.
Qui de Méduse eût vu jadis la tête
Était en roc mué soudainement :
Le beau Dunois changea bien autrement.
Il avait l'ame avec les yeux frappée ;
Je vis tomber sa redoutable épée :
Je vis Dunois sentir à mon aspect
Beaucoup d'amour et beaucoup de respect.
Qui n'aurait cru que j'eusse eu la victoire ?
Mais voici bien le pis de mon histoire.

« Le muletier, qui pressait dans ses bras
De Jeanne d'Arc les robustes appas,
En me voyant si gentille et si belle,
Brûla soudain d'une flamme nouvelle.
Hélas ! mon cœur ne le soupçonnait pas
De convoiter des charmes délicats.
Un cœur grossier connaître l'inconstance !
Il lâcha prise, et j'eus la préférence.
Il quitte Jeanne ; ah funeste beauté !
A peine Jeanne est-elle en liberté,
Qu'elle aperçut le brillant cimeterre
Qu'avait Dunois laissé tomber par terre.
Du fer tranchant sa dextre se saisit ;
Et, dans l'instant que le rustre infidèle
Quittait pour moi la superbe Pucelle,
Par le chignon Jeanne d'Arc m'abattit,
Et, d'un revers, la nuque me fendit.
Depuis ce temps je n'ai nulle nouvelle
Du muletier, de Jeanne la cruelle,

D'Hermaphrodix, de l'âne, de Dunois.
Puissent-ils tous être empalés cent fois!
Et que le ciel, qui confond les coupables,
Pour mon plaisir les donne à tous les diables! »
Ainsi parlait le moine avec aigreur,
Et tout l'enfer en rit d'assez bon cœur.

FIN DU CHANT CINQUIÈME.

CHANT SIXIÈME.

ARGUMENT.

Aventure d'Agnès et de Monrose. Temple de la Renommée. Aventure tragique de Dorothée.

Quittons l'enfer, quittons ce gouffre immonde,
Où Grisbourdon brûle avec Lucifer :
Dressons mon vol aux campagnes de l'air,
Et revoyons ce qui se passe au monde.
Ce monde, hélas! est bien un autre enfer.
J'y vois partout l'innocence proscrite,
L'homme de bien flétri par l'hypocrite;
L'esprit, le goût, les beaux-arts, éperdus,
Sont envolés, ainsi que les vertus;
Une rampante et lâche politique
Tient lieu de tout, est le mérite unique;
Le zèle affreux des dangereux dévots
Contre le sage arme la main des sots;
Et l'Intérêt, ce vil roi de la terre,
Pour qui l'on fait et la paix et la guerre,
Triste et pensif, auprès d'un coffre-fort
Vend le plus faible aux crimes du plus fort.
Chétifs mortels, insensés et coupables,
De tant d'horreurs à quoi bon vous noircir?
Ah, malheureux! qui péchez sans plaisir,
Dans vos erreurs soyez plus raisonnables;

Soyez au moins des pécheurs fortunés;
Et puisqu'il faut que vous soyez damnés,
Damnez-vous donc pour des fautes aimables.
 Agnès Sorel sut en user ainsi.
On ne lui peut reprocher dans sa vie
Que les douceurs d'une tendre folie.
Je lui pardonne, et je pense qu'aussi
Dieu tout clément aura pris pitié d'elle :
En paradis tout saint n'est pas pucelle;
Le repentir est vertu du pécheur.
 Quand Jeanne d'Arc défendait son honneur,
Et que du fil de sa céleste épée
De Grisbourdon la tête fut coupée,
Notre âne ailé, qui dessus son harnois
Portait en l'air le chevalier Dunois,
Conçut alors le caprice profane
De l'éloigner, et de l'ôter à Jeanne.
Quelle raison en avait-il? l'amour,
Le tendre amour, et la naissante envie
Dont en secret son âme était saisie.
L'ami lecteur apprendra quelque jour
Quel trait de flamme, et quelle idée hardie
Pressait déjà ce héros d'Arcadie.
L'animal saint eut donc la fantaisie
De s'envoler devers la Lombardie;
Le bon Denys en secret conseilla
Cette escapade à sa monture ailée.
Vous demandez, lecteur, pourquoi cela.
C'est que Denys lut dans l'ame troublée
De son bel âne et de son beau bâtard.
Tous deux brûlaient d'un feu qui tôt ou tard

Aurait pu nuire à la cause commune,
Perdre la France, et Jeanne, et sa fortune.
Denys pensa que l'absence et le temps
Les guériraient de leurs amours naissants.
Denys encore avait en cette affaire
Un autre but, une bonne œuvre à faire.
Craignez, lecteur, de blâmer ses desseins;
Et respectez tout ce que font les saints.
L'âne céleste, où Denys met sa gloire,
S'envola donc loin des rives de Loire,
Droit vers le Rhône, et Dunois stupéfait
A tire d'aile est parti comme un trait.
Il regardait de loin son héroïne,
Qui, toute nue, et le fer à la main,
Le cœur ému d'une fureur divine,
Rouge de sang se frayait un chemin.
Hermaphrodix veut l'arrêter en vain;
Ses farfadets, son peuple aérien,
En cent façons volent sur son passage:
Jeanne s'en moque, et passe avec courage.
Lorsqu'en un bois quelque jeune imprudent
Voit une ruche, et, s'approchant, admire
L'art étonnant de ce palais de cire;
De toutes parts un essaim bourdonnant
Sur mon badaud s'en vient fondre avec rage;
Un peuple ailé lui couvre le visage:
L'homme piqué court à tort, à travers;
De ses deux mains il frappe, il se démène,
Dissipe, tue, écrase par centaine
Cette canaille habitante des airs.
C'était ainsi que la Pucelle fière

Chassait au loin cette foule légère.
 A ses genoux le chétif muletier,
Craignant pour soi le sort du cordelier,
Tremble et s'écrie : « O Pucelle! ô ma mie!
Dans l'écurie autrefois tant servie!
Quelle furie! épargne au moins ma vie ;
Que les honneurs ne changent point tes mœurs!
Tu vois mes pleurs, ah, Jeanne! je me meurs. »
 Jeanne répond : « Faquin, je te fais grace ;
Dans ton vil sang, de fange tout chargé,
Ce fer divin ne sera point plongé.
Végète encore, et que ta lourde masse
Ait à l'instant l'honneur de me porter :
Je ne te puis en mulet translater ;
Mais ne m'importe ici de ta figure ;
Homme ou mulet, tu seras ma monture.
Dunois m'a pris l'âne qui fut pour moi,
Et je prétends le retrouver en toi.
Çà, qu'on se courbe. » Elle dit, et la bête
Baisse à l'instant sa chauve et lourde tête,
Marche des mains, et Jeanne sur son dos
Va dans les champs affronter les héros.
 Pour le génie, il jura par son père
De tourmenter toujours les bons Français ;
Son cœur navré pencha vers les Anglais ;
Il se promit, dans sa juste colère,
De se venger du tour qu'on lui jouait,
De bien punir tout Français indiscret
Qui pour son dam passerait sur sa terre.
Il fait bâtir au plus vite un château
D'un goût bizarre, et tout-à-fait nouveau,

Un labyrinthe, un piége où sa vengeance
Veut attraper les héros de la France [a].
 Mais que devint la belle Agnès Sorel?
Vous souvient-il de son trouble cruel?
Comme elle fut interdite, éperdue,
Quand Jean Chandos l'embrassait toute nue?
Ce Jean Chandos s'élança de ses bras
Très brusquement, et courut aux combats.
La belle Agnès crut sortir d'embarras.
De son danger encor toute surprise,
Elle jurait de n'être jamais prise
A l'avenir en un semblable cas.
Au bon roi Charle elle jurait tout bas
D'aimer toujours ce roi qui n'aime qu'elle,
De respecter ce tendre et doux lien,
Et de mourir plutôt qu'être infidèle:
Mais il ne faut jamais jurer de rien.
 Dans ce fracas, dans ce trouble effroyable,
D'un camp surpris tumulte inséparable,
Quand chacun court, officier et soldat,
Que l'un s'enfuit et que l'autre combat,
Que les valets, fripons suivant l'armée,
Pillent le camp, de peur des ennemis:
Parmi les cris, la poudre, et la fumée,
La belle Agnès se voyant sans habits,
Du grand Chandos entre en la garde-robe;
Puis avisant chemise, mules, robe,
Saisit le tout en tremblant et sans bruit;
Même elle prend jusqu'au bonnet de nuit.
Tout vint à point: car de bonne fortune

[a] Voyez le dix-septième chant. (1773).

Elle aperçut une jument bai-brune,
Bride à la bouche et selle sur le dos,
Que l'on devait amener à Chandos.
Un écuyer, vieil ivrogne intrépide,
Tout en dormant la tenait par la bride.
L'adroite Agnès s'en va subtilement
Oter la bride à l'écuyer dormant;
Puis se servant de certaine escabelle,
Y pose un pied, monte, se met en selle,
Pique et s'en va, croyant gagner les bois,
Pleine de crainte et de joie à-la-fois.
L'ami Bonneau court à pied dans la plaine,
En maudissant sa pesante bedaine,
Ce beau voyage, et la guerre, et la cour,
Et les Anglais, et Sorel, et l'amour.
 Or de Chandos le très fidèle page
(Monrose était le nom du personnage[a]),
Qui revenait ce matin d'un message,
Voyant de loin tout ce qui se passait,
Cette jument qui vers les bois courait,
Et de Chandos la robe et le bonnet,
Devinant mal ce que ce pouvait être,
Crut fermement que c'était son cher maître,
Qui loin du camp demi-nu s'enfuyait.
Épouvanté de l'étrange aventure,
D'un coup de fouet il hâte sa monture,
Galope, et crie : « Ah, mon maître! ah, seigneur!
Vous poursuit-on? Charlot est-il vainqueur?
Où courez-vous? Je vais partout vous suivre :

---

[a] C'est le même page sur le derrière duquel Jeanne avait crayonné trois fleurs de lis. (1762). — Voyez chant II, v. 312-335. R.

Si vous mourez, je cesserai de vivre. »
Il dit, et vole, et le vent emportait
Lui, son cheval, et tout ce qu'il disait.

 La belle Agnès, qui se croit poursuivie,
Court dans le bois, au péril de sa vie;
Le page y vole, et plus elle s'enfuit,
Plus notre Anglais avec ardeur la suit.
La jument bronche, et la belle éperdue,
Jetant un cri dont retentit la nue,
Tombe à côté sur la terre étendue.
Le page arrive, aussi prompt que les vents;
Mais il perdit l'usage de ses sens,
Quand cette robe ouverte et voltigeante
Lui découvrit une beauté touchante,
Un sein d'albâtre, et les charmants trésors
Dont la nature enrichissait son corps.

 Bel Adonis[a], telle fut ta surprise,
Quand la maîtresse et de Mars et d'Anchise,
Du haut des cieux, le soir au coin d'un bois,
S'offrit à toi pour la première fois.
Vénus sans doute avait plus de parure;
Une jument n'avait point renversé
Son corps divin, de fatigue harrassé;
Bonnet de nuit n'était point sa coiffure;
Son cul d'ivoire était sans meurtrissure :
Mais Adonis, à ces attraits tout nus,
Balancerait entre Agnès et Vénus.
Le jeune Anglais se sentit l'ame atteinte

---

[a] Adonis ou Adoni, fils de Cinyras et de Myrrha, dieu des Phéniciens, amant de Vénus Astarté. Les Phéniciens pleuraient tous les ans sa mort, ensuite ils se réjouissaient de sa résurrection. (1762).

D'un feu mêlé de respect et de crainte ;
Il prend Agnès, et l'embrasse en tremblant :
« Hélas ! dit-il, seriez-vous point blessée ? »
Agnès sur lui tourne un œil languissant,
Et d'une voix timide, embarrassée,
En soupirant elle lui parle ainsi :
« Qui que tu sois qui me poursuis ici,
Si tu n'as point un cœur né pour le crime,
N'abuse point du malheur qui m'opprime ;
Jeune étranger, conserve mon honneur,
Sois mon appui, sois mon libérateur. »
Elle ne put en dire davantage :
Elle pleura, détourna son visage,
Triste, confuse, et tout bas promettant
D'être fidèle au bon roi son amant.
Monrose ému fut un temps en silence ;
Puis il lui dit d'un ton tendre et touchant :
« O de ce monde adorable ornement,
Que sur les cœurs vous avez de puissance !
Je suis à vous, comptez sur mon secours ;
Vous disposez de mon cœur, de mes jours,
De tout mon sang ; ayez tant d'indulgence
Que d'accepter que j'ose vous servir :
Je n'en veux point une autre récompense ;
C'est être heureux que de vous secourir. »
Il tire alors un flacon d'eau des carmes ;
Sa main timide en arrose ses charmes,
Et les endroits de roses et de lis
Qu'avaient la selle et la chute meurtris.
La belle Agnès rougissait sans colère,
Ne trouvait point sa main trop téméraire,

Et le lorgnait sans bien savoir pourquoi,
Jurant toujours d'être fidèle au roi.
Le page ayant employé sa bouteille :
« Rare beauté, dit-il, je vous conseille
De cheminer jusques au bourg voisin :
Nous marcherons par ce petit chemin.
Dedans ce bourg nul soldat ne demeure;
Nous y serons avant qu'il soit une heure.
J'ai de l'argent; et l'on vous trouvera
Et coiffe, et jupe, et tout ce qu'il faudra
Pour habiller avec plus de décence
Une beauté digne d'un roi de France. »

La dame errante approuva son avis;
Monrose était si tendre et si soumis,
Était si beau, savait à tel point vivre,
Qu'on ne pouvait s'empêcher de le suivre.

Quelque censeur, interrompant le fil
De mon discours, dira : « Mais se peut-il
Qu'un étourdi, qu'un jeune Anglais, qu'un page,
Fût près d'Agnès respectueux et sage,
Qu'il ne prît point la moindre liberté? »
Ah! laissez là vos censures rigides;
Ce page aimait; et si la volupté
Nous rend hardis, l'amour nous rend timides.

Agnès et lui marchaient donc vers ce bourg,
S'entretenant de beaux propos d'amour,
D'exploits de guerre et de chevalerie,
De vieux romans pleins de galanterie.
Notre écuyer, de cent pas en cent pas,
S'approchait d'elle, et baisait ses beaux bras,
Le tout d'un air respectueux et tendre;

La belle Agnès ne savait s'en défendre :
Mais rien de plus, ce jeune homme de bien
Voulait beaucoup, et ne demandait rien.
Dedans le bourg ils sont entrés à peine,
Dans un logis son écuyer la mène
Bien fatiguée ; Agnès entre deux draps
Modestement repose ses appas.
Monrose court, et va tout hors d'haleine
Chercher partout pour dignement servir,
Alimenter, chauffer, coiffer, vêtir
Cette beauté déjà sa souveraine.
Charmant enfant dont l'amour et l'honneur
Ont pris plaisir à diriger le cœur,
Où sont les gens dont la sagesse égale
Les procédés de ton ame loyale ?

Dans ce logis (je ne puis le nier)
De Jean Chandos logeait un aumônier.
Tout aumônier est plus hardi qu'un page :
Le scélérat, informé du voyage
Du beau Monrose et de la belle Agnès,
Et trop instruit que dans son voisinage
A quatre pas reposaient tant d'attraits,
Pressé soudain de son desir infame,
Les yeux ardents, le sang rempli de flamme,
Le corps en rut, de luxure enivré,
Entre en jurant comme un désespéré,
Ferme la porte, et les deux rideaux tire.
Mais, cher lecteur, il convient de te dire
Ce que fesait en ce même moment
Le grand Dunois sur son âne volant.

Au haut des airs, où les Alpes chenues

Portent leur tête et divisent les nues,
Vers ce rocher fendu par Annibal[a],
Fameux passage aux Romains si fatal,
Qui voit le ciel s'arrondir sur sa tête,
Et sous ses pieds se former la tempête,
Est un palais de marbre transparent,
Sans toit ni porte, ouvert à tout venant.
Tous les dedans sont des glaces fidèles ;
Si que chacun qui passe devant elles,
Ou belle ou laide, ou jeune homme ou barbon,
Peut se mirer tant qu'il lui semble bon.

Mille chemins mènent devers l'empire
De ces beaux lieux où si bien l'on se mire ;
Mais ces chemins sont tous bien dangereux ;
Il faut franchir des abîmes affreux.
Tel, bien souvent, sur ce nouvel Olympe
Est arrivé sans trop savoir par où ;
Chacun y court ; et tandis que l'un grimpe,
Il en est cent qui se cassent le cou.

De ce palais la superbe maîtresse
Est cette vieille et bavarde déesse,
La Renommée, à qui dans tous les temps
Le plus modeste a donné quelque encens.
Le sage dit que son cœur la méprise ;
Qu'il hait l'éclat que lui donne un grand nom,
Que la louange est pour l'ame un poison :
Le sage ment, et dit une sottise.

La Renommée est donc en ces hauts lieux.

---

[a] On croit qu'Annibal passa par la Savoie : c'est donc chez les Savoyards qu'est le temple de la Renommée. (1762).

Les courtisans dont elle est entourée,
Princes, pédants, guerriers, religieux,
Cohorte vaine, et de vent enivrée,
Vont tous priant, et criant à genoux :
« O Renommée! ô puissante déesse
Qui savez tout, et qui parlez sans cesse,
Par charité, parlez un peu de nous! »
  Pour contenter leurs ardeurs indiscrètes,
La Renommée a toujours deux trompettes :
L'une, à sa bouche appliquée à propos,
Va célébrant les exploits des héros ;
L'autre est au cul, puisqu'il faut vous le dire ;
C'est celle-là qui sert à nous instruire
De ce fatras de volumes nouveaux,
Productions de plumes mercenaires,
Et du Parnasse insectes éphémères,
Qui l'un par l'autre éclipsés tour-à-tour,
Faits en un mois, périssent en un jour,
Ensevelis dans le fond des colléges,
Rongés des vers, eux et leurs priviléges.
  Un vil ramas de prétendus auteurs,
Du vrai génie infames détracteurs,
Guyon, Fréron, La Beaumelle, Nonnotte,
Et ce rebut de la troupe bigote,
Ce Savatier, de la fraude instrument,
Qui vend sa plume, et ment pour de l'argent,
Tous ces marchands d'opprobre et de fumée
Osent pourtant chercher la Renommée ;
Couverts de fange, ils ont la vanité
De se montrer à la divinité.

A coups de fouet chassés du sanctuaire,
A peine encore ils ont vu son derrière[a].

Gentil Dunois, sur ton ânon monté,
En ce beau lieu tu te vis transporté.
Ton nom fameux, qu'avec justice on fête,
Était corné par la trompette honnête.
Tu regardas ces miroirs si polis :
O quelle joie enchantait tes esprits !
Car tu voyais dans ces glaces brillantes
De tes vertus les peintures vivantes;
Non seulement des siéges, des combats,
Et ces exploits qui font tant de fracas,
Mais des vertus encor plus difficiles;
Des malheureux, de tes bienfaits chargés,
Te bénissant au sein de leurs asiles;
Des gens de bien à la cour protégés;
Des orphelins de leurs tuteurs vengés.
Dunois ainsi, contemplant son histoire,
Se complaisait à jouir de sa gloire.
Son âne aussi, s'amusant à se voir,
Se pavanait de miroir en miroir.

On entendit, dessus ces entrefaites,

---

[a] Ce ramas est bien vil en effet. Ces gens-là, comme on sait, ont vomi des torrents de calomnies contre l'auteur, qui ne leur avait fait aucun mal. Ils ont imprimé qu'il était un plagiaire; qu'il ne croyait pas en Dieu; que le bienfaiteur de la race de Corneille était l'ennemi de Corneille; qu'il était fils d'un paysan. Ils lui ont attribué les aventures les plus fausses. Ils ont redit vingt fois qu'il vendait ses ouvrages. Il est bien juste qu'à la fin il chasse cette canaille du sanctuaire de la Renommée, où elle a voulu s'introduire, comme des voleurs se glissent de nuit dans une église pour y voler des calices, (1773). — Voyez, sur Sabatier, nommé ici *Savatier* par dérision, et sur tous ces autres messieurs, le texte et les notes du dix-huitième chant. K.

Sonner en l'air une des deux trompettes;
Elle disait: « Voici l'horrible jour
Où dans Milan la sentence est dictée;
On va brûler la belle Dorothée:
Pleurez, mortels qui connaissez l'amour. »
« Qui? dit Dunois; quelle est donc cette belle?
Qu'a-t-elle fait? pourquoi la brûle-t-on?
Passe, après tout, si c'est une laidron;
Mais dans le feu mettre un jeune tendron,
Par tous les saints c'est chose trop cruelle!
Les Milanais ont donc perdu l'esprit. »
Comme il parlait, la trompette reprit:
« O Dorothée, ô pauvre Dorothée!
En feu cuisant tu vas être jetée,
Si la valeur d'un chevalier loyal
Ne te recout de ce brasier fatal. »

A cet avis, Dunois sentit dans l'ame
Un prompt desir de secourir la dame;
Car vous savez que sitôt qu'il s'offrait
Occasion de marquer son courage,
Venger un tort, redresser quelque outrage,
Sans raisonner ce héros y courait.
« Allons, dit-il à son âne fidèle,
Vole à Milan, vole où l'honneur t'appelle. »
L'âne aussitôt ses deux ailes étend;
Un chérubin va moins rapidement [a].

---

[a] *Chérubin*, esprit céleste, ou ange du second ordre de la première hiérarchie. Ce mot vient de l'hébreu *chérub*, dont le pluriel est *chérubim*. Les chérubins avaient quatre ailes comme quatre faces, et des pieds de bœuf. (1762). — Cette note, dans l'édition de 1762, se terminait ainsi : « ...bœuf. Voyez la *Gemare*. » Il y avait évidemment faute d'impression, et' il fallait lire : « Voyez la *Genèse*. » Mais la *Genèse*, qui parle en effet des chérubins

On voit déjà la ville où la justice
Arrangeait tout pour cet affreux supplice.
Dans la grand'place on élève un bûcher;
Trois cents archers, gens cruels et timides,
Du mal d'autrui monstres toujours avides,
Rangent le peuple, empêchent d'approcher.
On voit partout le beau monde aux fenêtres,
Attendant l'heure, et déjà larmoyant;
Sur un balcon l'archevêque et ses prêtres
Observent tout d'un œil ferme et content.
   Quatre alguazils[a] amènent Dorothée,
Nue en chemise, et de fer garrottée.
Le désespoir et la confusion,
Le juste excès de son affliction,
Devant ses yeux répandent un nuage;
Des pleurs amers inondent son visage.
Elle entrevoit, d'un œil mal assuré,
L'affreux poteau pour sa mort préparé;
Et ses sanglots se fesant un passage:
« O mon amant! ô toi qui dans mon cœur
Règnes encore en ces moments d'horreur!... »
Elle ne put en dire davantage;
Et, bégayant le nom de son amant,
Elle tomba sans voix, sans mouvement,

(III, 24), ne décrit point leur forme, comme paraissait l'indiquer ce renvoi, qui disparut dans les éditions suivantes. Peut-être ne sera-t-il pas hors de propos de remarquer qu'ici encore Voltaire, tant accusé d'infidélité ou tout au moins d'inexactitude dans ses citations, était au contraire exact et fidèle. Possesseur de la *Bible* de dom Calmet, il avait trouvé à cet endroit de la *Genèse* une assez longue dissertation sur la forme des chérubins. R.

[a] Alguazil: *guazil*, en arabe, signifie huissier; de là *alguazil*, archer espagnol. (1762).

Le front jauni d'une pâleur mortelle :
Dans cet état elle était encor belle.

Un scélérat, nommé Sacrogorgon,
De l'archevêque infame champion [a],
La dague au poing, vers le bûcher s'avance,
Le chef armé de fer et d'impudence,
Et dit tout haut : « Messieurs, je jure Dieu
Que Dorothée a mérité le feu.
Est-il quelqu'un qui prenne sa querelle?
Est-il quelqu'un qui combatte pour elle?
S'il en est un, que cet audacieux
Ose à l'instant se montrer à mes yeux;
Voici de quoi lui fendre la cervelle. »
Disant ces mots il marche fièrement,
Branlant en l'air un braquemart [b] tranchant,
Roulant les yeux, tordant sa laide bouche.
On frémissait à son aspect farouche,
Et dans la ville il n'était écuyer
Qui Dorothée osât justifier;
Sacrogorgon venait de les confondre :
Chacun pleurait, et nul n'osait répondre.

Le fier prélat, du haut de son balcon,
Encourageait le brutal champion.

Le beau Dunois, qui planait sur la place,
Fut si choqué de l'insolente audace
De ce pervers; et Dorothée en pleurs
Était si belle au sein de tant d'horreurs,
Son désespoir la rendait si touchante,

---

[a] Champion vient du champ, pion du champ : *pion*, mot indien adopté par les Arabes; il signifie soldat. (1762).

[b] Braquemart, du grec *brachi-makera*, courte épée. (1762).

Qu'en la voyant il la crut innocente.
Il saute à terre, et d'un ton élevé :
« C'est moi, dit-il, face de réprouvé,
Qui viens ici montrer par mon courage
Que Dorothée est vertueuse et sage,
Et que tu n'es qu'un fanfaron brutal,
Suppôt du crime, et menteur déloyal.
Je veux d'abord savoir de Dorothée
Quelle noirceur lui peut être imputée,
Quel est son cas, et par quel guet-apen
On fait brûler les belles à Milan. »
Il dit : le peuple, à la surprise en proie,
Poussa des cris d'espérance et de joie.
Sacrogorgon, qui se mourait de peur,
Fit comme il put semblant d'avoir du cœur.
Le fier prélat, sous sa mine hypocrite,
Ne peut cacher le trouble qui l'agite.

A Dorothée alors le beau Dunois
S'en vint parler d'un air noble et courtois.
Les yeux baissés, la belle lui raconte,
En soupirant, son malheur et sa honte.
L'âne divin, sur l'église perché,
De tout ce cas paraissait fort touché ;
Et de Milan les dévotes familles
Bénissaient Dieu, qui prend pitié des filles.

FIN DU CHANT SIXIÈME.

CHANT SEPTIÈME.

ARGUMENT.

Comment Dunois sauva Dorothée, condamnée à la mort par
l'inquisition.

Lorsqu'autrefois, au printemps de mes jours,
Je fus quitté par ma belle maîtresse,
Mon tendre cœur fut navré de tristesse [1],
Et je pensai renoncer aux amours :
Mais d'offenser par le moindre discours
Cette beauté que j'avais encensée,
De son bonheur oser troubler le cours,

---

[1] Je crois qu'il ne faut pas trop prendre à la lettre ce que Voltaire dit ici de sa tristesse. « Je sais, écrivait-il au duc de Sulli, en lui parlant de Génonville, son ami et son rival :

« Je sais que, par déloyauté,
Le fripon naguère a tâté
De la maîtresse tant jolie
Dont j'étais si fort entêté.
Il rit de cette perfidie,
Et j'aurais pu m'en courroucer ;
Mais je sais qu'il faut se passer
Des bagatelles dans la vie. »

Des regrets d'amour pouvaient être exprimés en des termes plus persuasifs. Cette *maîtresse tant jolie* se nommait Suzanne-Catherine Gravet de Livry. Née en 1694, la même année que Voltaire, elle mourut comme lui en 1778, le 28 octobre. Elle était alors veuve de Charles-Frédéric de La Tour du Pin de Bourlon, marquis de Gouvernet, qu'elle avait épousé en 1729. Son mariage et les événements qui le préparèrent ont fourni à Voltaire quelques unes des plus jolies scènes de *l'Écossaise*. C'est à mademoiselle de Livry, alors marquise de Gouvernet, qu'il adressa la charmante épître des *Tu* et des *Vous*. R.

Un tel forfait n'entra dans ma pensée.
Gêner un cœur, ce n'est pas ma façon.
Que si je traite ainsi les infidèles,
Vous comprenez, à plus forte raison,
Que je respecte encor plus les cruelles.
Il est affreux d'aller persécuter
Un jeune cœur que l'on n'a pu dompter.
Si la maîtresse objet de votre hommage
Ne peut pour vous des mêmes feux brûler,
Cherchez ailleurs un plus doux esclavage,
On trouve assez de quoi se consoler ;
Ou bien buvez, c'est un parti fort sage.
Et plût à Dieu qu'en un cas tout pareil,
Le tonsuré qu'Amour rendit barbare,
Cet oppresseur d'une beauté si rare,
Se fût servi d'un aussi bon conseil !
   Déjà Dunois à la belle affligée
Avait rendu le courage et l'espoir :
Mais avant tout il convenait savoir
Les attentats dont elle était chargée.
   « O vous, dit-elle en baissant ses beaux yeux,
Ange divin qui descendez des cieux,
Vous qui venez prendre ici ma défense,
Vous savez bien quelle est mon innocence ! »
Dunois reprit : « Je ne suis qu'un mortel ;
Je suis venu par une étrange allure,
Pour vous sauver d'un trépas si cruel.
Nul dans les cœurs ne lit que l'Éternel.
Je crois votre ame et vertueuse et pure ;
Mais dites-moi, pour Dieu, votre aventure. »
   Lors Dorothée, en essuyant les pleurs

Dont le torrent son beau visage mouille,
Dit: « L'amour seul a fait tous mes malheurs.
Connaissez-vous monsieur de La Trimouille? »

« Oui, dit Dunois, c'est mon meilleur ami;
Peu de héros ont une ame aussi belle;
Mon roi n'a point de guerrier plus fidèle,
L'Anglais n'a point de plus fier ennemi;
Nul chevalier n'est plus digne qu'on l'aime. »
« Il est trop vrai, dit-elle, c'est lui-même;
Il ne s'est pas écoulé plus d'un an
Depuis le jour qu'il a quitté Milan.
C'est en ces lieux qu'il m'avait adorée;
Il le jurait, et j'ose être assurée
Que son grand cœur est toujours enflammé,
Qu'il m'aime encor, car il est trop aimé. »

« Ne doutez point, dit Dunois, de son ame;
Votre beauté vous répond de sa flamme.
Je le connais; il est, ainsi que moi,
A ses amours fidèle comme au roi. »

L'autre reprit: « Ah! monsieur, je vous croi.
O jour heureux où je le vis paraître,
Où des mortels il était à mes yeux
Le plus aimable et le plus vertueux,
Où de mon cœur il se rendit le maître!
Je l'adorais avant que ma raison
Eût pu savoir si je l'aimais ou non. »

« Ce fut, monsieur, ô moment délectable!
Chez l'archevêque, où nous étions à table,
Que ce héros, plein de sa passion,
Me fit, me fit sa déclaration.
Ah! j'en perdis la parole et la vue.

Mon sang brûla d'une ardeur inconnue :
Du tendre amour j'ignorais le danger,
Et de plaisir je ne pouvais manger.
Le lendemain il me rendit visite :
Elle fut courte, il prit congé trop vite.
Quand il partit, mon cœur le rappelait,
Mon tendre cœur après lui s'envolait.
Le lendemain il eut un tête-à-tête
Un peu plus long, mais non pas moins honnête.
Le lendemain il en reçut le prix,
Par deux baisers sur mes lèvres ravis.
Le lendemain il osa davantage ;
Il me promit la foi de mariage.
Le lendemain il fut entreprenant ;
Le lendemain il me fit un enfant [1].
Que dis-je ? hélas ! faut-il que je raconte
De point en point mes malheurs et ma honte,
Sans que je sache, ô digne chevalier,
A quel héros j'ose me confier ? »
Le chevalier, par pure obéissance,
Dit, sans vanter ses faits ni sa naissance :
« Je suis Dunois. » C'était en dire assez.
« Dieu, reprit-elle, ô Dieu qui m'exaucez,
Quoi, vos bontés font voler à mon aide
Ce grand Dunois, ce bras à qui tout cède !
Ah ! qu'on voit bien d'où vous tenez le jour,

---

[1] Dans le conte en vers intitulé *la Bégueule*, Voltaire, fesant allusion à cet endroit de son poëme, dit :

    Je me souviens du temps trop peu durable
    Où je chantais dans mon heureux printemps
    Des lendemains plus doux et plus plaisants. R.

Charmant bâtard, cœur noble, ame sublime!
Le tendre Amour me fesait sa victime;
Mon salut vient d'un enfant de l'Amour.
Le ciel est juste, et l'espoir me ranime.
 « Vous saurez donc, brave et gentil Dunois,
Que mon amant, au bout de quelques mois,
Fut obligé de partir pour la guerre,
Guerre funeste, et maudite Angleterre!
Il écouta la voix de son devoir.
Mon tendre amour était au désespoir.
Un tel état vous est connu sans doute,
Et vous savez, monsieur, ce qu'il en coûte.
Ce fier devoir fit seul tous nos malheurs;
Je l'éprouvais en répandant des pleurs :
Mon cœur était forcé de se contraindre,
Et je mourais, mais sans pouvoir me plaindre.
Il me donna le présent amoureux
D'un bracelet fait de ses blonds cheveux,
Et son portrait qui, trompant son absence,
M'a fait cent fois retrouver sa présence.
Un cher écrit surtout il me laissa,
Que de sa main le ferme Amour traça.
C'était, monsieur, une juste promesse,
Un sûr garant de sa sainte tendresse :
On y lisait : « Je jure par l'Amour,
« Par les plaisirs de mon ame enchantée,
« De revenir bientôt en cette cour,
« Pour épouser ma chère Dorothée. »
« Las! il partit, il porta sa valeur
Dans Orléans. Peut-être il est encore
Dans ces remparts où l'appela l'honneur.

Ah! s'il savait quels maux et quelle horreur
Sont, loin de lui, le prix de mon ardeur!
Non, juste ciel! il vaut mieux qu'il l'ignore.
 « Il partit donc; et moi je m'en allai,
Loin des soupçons d'une ville indiscrète,
Chercher aux champs une sombre retraite,
Conforme aux soins de mon cœur désolé.
Mes parents morts, libre dans ma tristesse,
Cachée au monde, et fuyant tous les yeux,
Dans le secret le plus mystérieux
J'ensevelis mes pleurs et ma grossesse.
Mais par malheur, hélas! je suis la nièce
De l'archevêque. » A ces funestes mots,
Elle sentit redoubler ses sanglots.
Puis vers le ciel tournant ses yeux en larmes:
« J'avais, dit-elle, en secret mis au jour
Le tendre fruit de mon furtif amour;
Avec mon fils consolant mes alarmes,
De mon amant j'attendais le retour.
A l'archevêque il prit en fantaisie
De venir voir quelle espèce de vie
Menait sa nièce au fond de ces forêts:
Pour ma campagne il quitta son palais.
Il fut touché de mes faibles attraits:
Cette beauté, présent cher et funeste,
Ce don fatal, qu'aujourd'hui je déteste,
Perça son cœur des plus dangereux traits.
Il s'expliqua: ciel! que je fus surprise!
Je lui parlai des devoirs de son rang,
De son état, des nœuds sacrés du sang:
Je remontrai l'horreur de l'entreprise;

Elle outrageait la nature et l'Église.
Hélas! j'eus beau lui parler de devoir,
Il s'entêta d'un chimérique espoir.
Il se flattait que mon cœur indocile
D'aucun objet ne s'était prévenu,
Qu'enfin l'amour ne m'était point connu,
Que son triomphe en serait plus facile;
Il m'accablait de ses soins fatigants,
De ses desirs rebutés et pressants.

« Hélas! un jour que toute à ma tristesse
Je relisais cette douce promesse,
Que de mes pleurs je mouillais cet écrit,
Mon cruel oncle en lisant me surprit.
Il se saisit, d'une main ennemie,
De ce papier qui contenait ma vie:
Il lut; il vit dans cet écrit fatal
Tous mes secrets, ma flamme, et son rival.
Son ame alors, jalouse et forcenée,
A ses desirs fut plus abandonnée.
Toujours alerte, et toujours m'épiant,
Il sut bientôt que j'avais un enfant.
Sans doute un autre en eût perdu courage,
Mais l'archevêque en devint plus ardent;
Et se sentant sur moi cet avantage:
« Ah! me dit-il, n'est-ce donc qu'avec moi
« Que vous aurez la fureur d'être sage?
« Et vos faveurs seront le seul partage
« De l'étourdi qui ravit votre foi?
« Osez-vous bien me faire résistance?
« Y pensez-vous? vous ne méritez pas
« Le fol amour que j'ai pour vos appas:

« Cédez sur l'heure, ou craignez ma vengeance. »
« Je me jetai tremblante à ses genoux ;
J'attestai Dieu, je répandis des larmes.
Lui, furieux d'amour et de courroux,
En cet état me trouva plus de charmes.
Il me renverse, et va me violer ;
A mon secours il fallut appeler :
Tout son amour soudain se tourne en rage.
D'un oncle, ô ciel ! souffrir un tel outrage !
De coups affreux il meurtrit mon visage.
On vient au bruit ; mon oncle au même instant
Joint à son crime un crime encor plus grand :
« Chrétiens, dit-il, ma nièce est une impie ;
« Je l'abandonne, et je l'excommunie :
« Un hérétique, un damné suborneur
« Publiquement a fait son déshonneur ;
« L'enfant qu'ils ont est un fruit d'adultère.
« Que Dieu confonde et le fils et la mère !
« Et puisqu'ils ont ma malédiction,
« Qu'ils soient livrés à l'inquisition. »
« Il ne fit point une menace vaine ;
Et dans Milan le traître arrive à peine,
Qu'il fait agir le grand-inquisiteur.
On me saisit, prisonnière on m'entraîne
Dans des cachots, où le pain de douleur
Était ma seule et triste nourriture :
Lieux souterrains, lieux d'une nuit obscure,
Séjour de mort, et tombeau des vivants !
Après trois jours on me rend la lumière,
Mais pour la perdre au milieu des tourments.
Vous les voyez, ces brasiers dévorants ;

C'est là qu'il faut expirer à vingt ans.
Voilà mon lit à mon heure dernière!
C'est là, c'est là, sans votre bras vengeur,
Qu'on m'arrachait la vie avec l'honneur!
Plus d'un guerrier aurait, selon l'usage,
Pris ma défense, et pour moi combattu;
Mais l'archevêque enchaîne leur vertu :
Contre l'Église ils n'ont point de courage.
Qu'attendre, hélas! d'un cœur italien?
Ils tremblent tous à l'aspect d'une étole[a];
Mais un Français n'est alarmé de rien,
Et braverait le pape au Capitole. »

A ces propos, Dunois piqué d'honneur,
Plein de pitié pour la belle accusée,
Plein de courroux pour son persécuteur,
Brûlait déjà d'exercer sa valeur,
Et se flattait d'une victoire aisée :
Bien surpris fut de se voir entouré
De cent archers, dont la cohorte fière
L'investissait noblement par derrière.
Un cuistre en robe, avec bonnet carré,
Criait d'un ton de vrai *miserere :*
« On fait savoir, de par la sainte Église,
Par monseigneur, pour la gloire de Dieu,
A tous chrétiens que le ciel favorise,
Que nous venons de condamner au feu

---

[a] Étole, ornement sacerdotal qu'on passe par-dessus le surplis. Ce mot vient du grec στολὴ, qui signifie une robe longue. L'étole est aujourd'hui une bande large de quatre doigts. L'étole des anciens était fort différente; c'était quelquefois un habit de cérémonie que les rois donnaient à ceux qu'ils voulaient honorer; de là ces expressions de l'Écriture : « Stolam « gloriæ induit eum, etc. » (1762). — *Ecclesiastic.*, XLV, 9. R.

Cet étranger, ce champion profane,
De Dorothée infame chevalier,
Comme infidèle, hérétique, et sorcier ;
Qu'il soit brûlé sur l'heure avec son âne. »
 Cruel prélat, Busiris en soutane[a],
C'était, perfide, un tour de ton métier ;
Tu redoutais le bras de ce guerrier,
Tu t'entendais avec le saint-office
Pour opprimer, sous le nom de justice,
Quiconque eût pu lever le voile affreux
Dont tu cachais ton crime à tous les yeux.
 Tout aussitôt l'assassine cohorte,
Du saint-office abominable escorte,
Pour se saisir du superbe Dunois,
Deux pas avance, et recule de trois ;
Puis marche encor ; puis se signe, et s'arrête.
Sacrogorgon, qui tremblait à leur tête,
Leur crie : « Allons, il faut vaincre ou périr ;
De ce sorcier tâchons de nous saisir. »
Au milieu d'eux les diacres de la ville,
Les sacristains arrivent à la file :
L'un tient un pot, et l'autre un goupillon[b] ;
Ils font leur ronde, et de leur eau salée
Benoîtement aspergent l'assemblée.
On exorcise, on maudit le démon ;
Et le prélat, toujours l'ame troublée,

---

[a] Busiris était un roi d'Égypte qui passait pour un tyran. (1762).

[b] Le goupillon est un instrument garni en tous sens de soies de porc prises dans des fils d'archal passés à l'extrémité d'un manche de bois ou de métal. Il sert à distribuer l'eau bénite, etc. Cet instrument était usité dans l'antiquité ; on s'en servait pour arroser les initiés de l'eau lustrale. (1762).

Donne partout la bénédiction.

Le grand Dunois, non sans émotion,
Voit qu'on le prend pour envoyé du diable :
Lors saisissant de son bras redoutable
Sa grande épée, et de l'autre montrant
Un chapelet, catholique instrument,
De son salut cher et sacré garant :
« Allons, dit-il, venez à moi, mon âne. »
L'âne descend, Dunois monte, et soudain
Il va frappant, en moins d'un tour de main,
De ces croquants la cohorte profane.
Il perce à l'un le *sternum*[a] et le bras;
Il atteint l'autre à l'os qu'on nomme *atlas*[b] :
Qui voit tomber son nez et sa mâchoire,
Qui son oreille, et qui son *humerus ;*
Qui pour jamais s'en va dans la nuit noire,
Et qui s'enfuit disant ses *oremus.*
L'âne, au milieu du sang et du carnage,
Du paladin seconde le courage ;
Il vole, il rue, il mord, il foule aux pieds
Ce tourbillon de faquins effrayés.
Sacrogorgon, abaissant sa visière,
Toujours jurant s'en allait en arrière ;

---

[a] *Sternum*, terme grec, comme sont presque tous ceux de l'anatomie ; c'est cette partie antérieure de la poitrine à laquelle sont jointes les côtes : elle est composée de sept os si bien assemblés, qu'ils semblent n'en faire qu'un. C'est la cuirasse que la nature a donnée au cœur et aux poumons. (1762).

[b] *Atlas*, la première vertèbre du cou : elle soutient tous les fardeaux qu'on pose sur la tête, laquelle tourne sur cet *atlas* comme sur un pivot. (1762).

Dunois le joint, l'atteint à l'os *pubis*[a];
Le fer sanglant lui sort par le *coccix*[b]:
Le vilain tombe, et le peuple s'écrie :
« Béni soit Dieu ! le barbare est sans vie. »
Le scélérat encor se débattait
Sur la poussière, et son cœur palpitait,
Quand le héros lui dit : « Ame traîtresse,
L'enfer t'attend; crains le diable, et confesse
Que l'archevêque est un coquin mitré,
Un ravisseur, un parjure avéré;
Que Dorothée est l'innocence même,
Qu'elle est fidèle au tendre amant qu'elle aime,
Et que tu n'es qu'un sot et qu'un fripon. »
« Oui, monseigneur, oui, vous avez raison :
Je suis un sot, la chose est par trop claire,
Et votre épée a prouvé cette affaire. »
Il dit : son ame alla chez le démon.
Ainsi mourut le fier Sacrogorgon.

Dans l'instant même où ce bravache infame
A Belzébuth rendait sa vilaine ame,
Devers la place arrive un écuyer,
Portant salade[c] avec lance dorée :
Deux postillons à la jaune livrée
Allaient devant. C'était chose assurée
Qu'il arrivait quelque grand chevalier.
A cet objet, la belle Dorothée,

---

[a] *Pubis*, de puberté, os barré qui se joint aux deux hanches, *os pubis*, *os pectinis*. (1762).

[b] *Coccis*, κόχχυξ, croupion, placé immédiatement au-dessous de l'os *sacrum*. Il n'est pas honnête d'être blessé là. (1762).

[c] *Salade;* on devrait dire *célade*, de *celata;* mais le mauvais usage prévaut partout. (1762).

D'étonnement et d'amour transportée:
« Ah, Dieu puissant! se mit-elle à crier,
Serait-ce lui! serait-il bien possible!
A mes malheurs le ciel est trop sensible. »
  Les Milanais, peuple très curieux,
Vers l'écuyer avaient tourné les yeux.
  Eh! cher lecteur, n'êtes-vous pas honteux
De ressembler à ce peuple volage,
Et d'occuper vos yeux et votre esprit
Du changement qui dans Milan se fit?
Est-ce donc là le but de mon ouvrage?
Songez, lecteur, aux remparts d'Orléans,
Au roi de France, aux cruels assiégeants,
A la Pucelle, à l'illustre amazone,
La vengeresse et du peuple et du trône,
Qui, sans jupon, sans pourpoint ni bonnet,
Parmi les champs comme un centaure allait,
Ayant en Dieu sa plus ferme espérance,
Comptant sur lui plus que sur sa vaillance,
Et s'adressant à monsieur saint Denys,
Qui cabalait alors en paradis
Contre saint George en faveur de la France.
  Surtout, lecteur, n'oubliez point Agnès,
Ayez l'esprit tout plein de ses attraits:
Tout honnête homme, à mon gré, doit s'y plaire.
Est-il quelqu'un si morne, et si sévère,
Que pour Agnès il soit sans intérêt?
  Et franchement dites-moi, s'il vous plaît,
Si Dorothée au feu fut condamnée;
Si le Seigneur, du haut du firmament,
Sauva le jour à cette infortunée:

Semblable cas advient très rarement.
Mais que l'objet où votre cœur s'engage,
Pour qui vos pleurs ne peuvent s'essuyer,
Soit dans les bras d'un robuste aumônier,
Ou semble épris pour quelque jeune page,
Cet accident peut-être est plus commun ;
Pour l'amener ne faut miracle aucun.
Je l'avouerai, j'aime toute aventure
Qui tient de près à l'humaine nature ;
Car je suis homme, et je me fais honneur
D'avoir ma part aux humaines faiblesses ;
J'ai dans mon temps possédé des maîtresses,
Et j'aime encore à retrouver mon cœur.

FIN DU CHANT SEPTIÈME.

CHANT HUITIÈME.

ARGUMENT.

Comment le charmant La Trimouille rencontra un Anglais à Notre-Dame de Lorette, et ce qui s'ensuivit avec sa Dorothée.

Que cette histoire est sage, intéressante!
Comme elle forme et *l'esprit et le cœur*[1]!
Comme on y voit la vertu triomphante,
Des chevaliers le courage et l'honneur,
Les droits des rois, des belles la pudeur!
C'est un jardin dont tout le tour m'enchante
Par sa culture et sa variété.
J'y vois surtout l'aimable chasteté,
Des belles fleurs la fleur la plus brillante,
Comme un lis blanc que le ciel a planté,
Levant sans tache une tête éclatante.
Filles, garçons, lisez assidument

---

[1] Cette expression, dont Voltaire a si souvent fait ressortir le ridicule, était tellement en vogue vers le milieu du dix-huitième siècle, que Rollin lui-même, cédant au mauvais goût, publia son excellent *Traité des études* sous ce titre prétentieux : *Traité sur la manière d'enseigner et d'étudier les belles-lettres* par rapport à l'esprit et au cœur, *etc.* On a lieu de croire que c'est sur lui particulièrement que porte la critique de Voltaire, bien qu'il n'ait été désigné nominativement que dans ce passage du *Taureau blanc*, chapitre ix : « Contez-moi quelque fable bien vraie, bien avérée, et bien « morale, dont je n'aie jamais entendu parler, pour achever de me *former* « *l'esprit et le cœur,* comme dit le professeur égyptien *Linro.* » Il serait trop long et sans doute inutile d'énumérer ici tous les autres endroits des écrits de Voltaire où cette locution est tournée en ridicule. R.

De la vertu ce divin rudiment :
Il fut écrit par notre abbé Trithême[a],
Savant Picard, de son siècle ornement ;
Il prit Agnès et Jeanne pour son thème.
Que je l'admire, et que je me sais gré
D'avoir toujours hautement préféré
Cette lecture honnête et profitable,
A ce fatras d'insipides romans
Que je vois naître et mourir tous les ans,
De cerveaux creux avortons languissants !
De Jeanne d'Arc l'histoire véritable
Triomphera de l'envie et du temps.
Le vrai me plaît, le vrai seul est durable.

De Jeanne d'Arc cependant, cher lecteur,
En ce moment je ne puis rendre compte ;
Car Dorothée, et Dunois son vengeur,
Et La Trimouille, objet de son ardeur,
Ont de grands droits ; et j'avouerai sans honte
Qu'avec raison vous vouliez être instruit
Des beaux effets que leur amour produit.

Près d'Orléans vous avez souvenance
Que La Trimouille, ornement du Poitou,
Pour son bon roi signalant sa vaillance,

---

[a] L'abbé Trithême n'était point de Picardie ; il était du diocèse de Trèves ; il mourut en 1516. Nous n'oserions assurer que sa famille ne fût pas d'origine picarde ; nous nous en rapportons au savant auteur qui, sans doute, a vu le manuscrit de *la Pucelle* dans quelque abbaye de bénédictins. (1762). — Ce que Voltaire dit ici par forme de plaisanterie, il aurait pu le dire sérieusement. M. Louis Dubois a vu un manuscrit de *la Pucelle* en quinze chants, in-4° de 257 pages, en tête duquel on lit : « Ex bibliotheca con- « ventus et nosocomii regalis sancti Joannis-Baptistæ Religiosorum Pari- « siensium a Charitate nuncupatorum, ordinis sancti Joannis de Deo, sub « regula sancti Augustini, 1759. » R.

Dans un fossé fut plongé jusqu'au cou.
Ses écuyers tirèrent avec peine,
Du sale fond de la fangeuse arène,
Notre héros, en cent endroits froissé,
Un bras démis, le coude fracassé.
Vers les remparts de la ville assiégée
On reportait sa figure affligée;
Mais de Talbot les efforts vigilants
Avaient fermé les chemins d'Orléans.
On transporta, de crainte de surprise,
Mon paladin par de secrets détours,
Sur un brancard, en la cité de Tours,
Cité fidèle, au roi Charles soumise.
Un charlatan, arrivé de Venise,
Adroitement remit son *radius*[a],
Dont le pivot rejoignit l'*humerus*.
Son écuyer lui fit bientôt connaître
Qu'il ne pouvait retourner vers son maître,
Que les chemins étaient fermés pour lui.
Le chevalier, fidèle à sa tendresse,
Se résolut, dans son cuisant ennui,
D'aller au moins rejoindre sa maîtresse.

Il courut donc, à travers cent hasards,
Au beau pays conquis par les Lombards.
En arrivant aux portes de la ville,
Le Poitevin est enfouré, heurté,
Pressé des flots d'une foule imbécile,
Qui d'un pas lourd, et d'un œil hébété,
Court à Milan des campagnes voisines;

---

[a] Le *radius* et l'*ulna* sont les deux os qui partent du coude et se joignent au poignet; l'*humerus* est l'os du bras qui se joint à l'épaule. (1773).

Bourgeois, manants, moines, bénédictines,
Mères, enfants; c'est un bruit, un concours,
Un chamaillis; chacun se précipite;
On tombe, on crie: «Arrivons, entrons vite:
Nous n'aurons pas tels plaisirs tous les jours.»
  Le paladin sut bientôt quelle fête
Allait chômer ce bon peuple lombard,
Et quel spectacle à ses yeux on apprête.
«Ma Dorothée! ô ciel!» Il dit, et part;
Et son coursier, s'élançant sur la tête
Des curieux, le porte en quatre bonds
Dans les faubourgs, dans la ville, à la place
Où du bâtard la généreuse audace
A dissipé tous ces monstres félons;
Où Dorothée, interdite, éperdue,
Osait à peine encor lever la vue.
L'abbé Trithême, avec tout son talent,
N'eût pu jamais nous faire la peinture
De la surprise et du saisissement,
Et des transports dont cette ame si pure
Fut pénétrée en voyant son amant.
Quel coloris, quel pinceau pourrait rendre
Ce doux mélange et si vif et si tendre,
L'impression d'un reste de douleur,
La douce joie où se livrait son cœur,
Son embarras, sa pudeur, et sa honte,
Que par degrés la tendresse surmonte?
Son La Trimouille, ardent, ivre d'amour,
Entre ses bras la tient long-temps serrée,
Faible, attendrie, encor tout éplorée;
Il embrassait, il baisait tour-à-tour

Le grand Dunois, et sa maîtresse, et l'âne.
Tout le beau sexe, aux fenêtres penché,
Battait des mains, de tendresse touché ;
On voyait fuir tous les gens à soutane
Sur les débris du bûcher renversé,
Qui dans le sang nage au loin dispersé.
Sur ces débris le bâtard intrépide
De Dorothée affermissant les pas,
A l'air, le port, et le maintien d'Alcide,
Qui, sous ses pieds enchaînant le trépas,
Le triple chien, et la triple Euménide,
Remit Alceste à son dolent époux,
Quoique en secret il fût un peu jaloux.
Avec honneur la belle Dorothée
Fut en litière à son logis portée,
Des deux héros noblement escortée.
Le lendemain, le bâtard généreux
Vint près du lit du beau couple amoureux.
« Je sens, dit-il, que je suis inutile
Aux doux plaisirs que vous goûtez tous deux ;
Il me convient de sortir de la ville ;
Jeanne et mon roi me rappellent près d'eux ;
Il faut les joindre, et je sens trop que Jeanne
Doit regretter la perte de son âne.
Le grand Denys, le patron de nos lois,
M'a cette nuit présenté sa figure :
J'ai vu Denys tout comme je vous vois.
Il me prêta sa divine monture,
Pour secourir les dames et les rois :
Denys m'enjoint de revoir ma patrie.
Graces au ciel, Dorothée est servie ;

Je dois servir Charles sept à son tour.
Goûtez les fruits de votre tendre amour.
A mon bon roi je vais donner ma vie;
Le temps me presse, et mon âne m'attend. »
  « Sur mon cheval je vous suis à l'instant, »
Lui répliqua l'aimable La Trimouille.
La belle dit : « C'est aussi mon projet;
Un desir vif dès long-temps me chatouille
De contempler la cour de Charles sept,
Sa cour si belle, en héros si féconde,
Sa tendre Agnès, qui gouverne son cœur,
Sa fière Jeanne, en qui valeur abonde.
Mon cher amant, mon cher libérateur,
Me conduiraient jusques au bout du monde.
Mais sur le point d'être cuite en ce lieu,
En récitant ma prière secrète,
Je fis tout bas à la Vierge un beau vœu
De visiter sa maison de Lorette,
S'il lui plaisait de me tirer du feu.
Tout aussitôt la mère du bon Dieu
Vous députa sur votre âne céleste;
Vous me sauvez de ce bûcher funeste,
Je vis par vous : mon vœu doit se tenir,
Sans quoi la Vierge a droit de me punir. »
  « Votre discours est très juste et très sage,
Dit La Trimouille; et ce pélerinage
Est à mes yeux un devoir bien sacré;
Vous permettrez que je sois du voyage.
J'aime Lorette, et je vous conduirai.
Allez, Dunois, par la plaine étoilée,
Fendez les airs, volez aux champs de Blois;

Nous vous joindrons avant qu'il soit un mois.
Et vous, madame, à Lorette appelée,
Venez remplir votre vœu si pieux ;
Moi j'en fais un digne de vos beaux yeux :
C'est de prouver à toute heure, en tous lieux,
A tout venant, par l'épée et la lance,
Que vous devez avoir la préférence
Sur toute fille ou femme de renom ;
Que nulle n'est et si sage et si belle. »
Elle rougit. Cependant le grison
Frappe du pied, s'élève sur son aile,
Plane dans l'air, et, laissant l'horizon,
Porte Dunois vers les sources du Rhône.

Le Poitevin prend le chemin d'Ancône[a],
Avec sa dame, un bourdon dans la main,
Portant tous deux chapeau de pélerin,
Bien relevé de coquilles bénies.
A leur ceinture un rosaire pendait
De beaux grains d'or et de perles unies.
Le paladin souvent le récitait,
Disait *Ave* : la belle répondait
Par des soupirs et par des litanies ;
Et *je vous aime* était le doux refrain
Des *oremus* qu'ils chantaient en chemin.
Ils vont à Parme, à Plaisance, à Modène,
Dans Urbino, dans la tour de Césène,

---

[a] C'est dans la Marche d'Ancône qu'est la maison de la Vierge apportée de Nazareth par les anges ; ils la mirent d'abord en dépôt en Dalmatie pendant trois ans et sept mois, et ensuite la posèrent près de Recanati. Sa statue est de quatre pieds de haut, son visage noir ; elle porte la même tiare que le pape : on connaît ses miracles et ses trésors. (1774).

Toujours logés dans de très beaux châteaux
De princes, ducs, comtes, et cardinaux.
Le paladin eut partout l'avantage
De soutenir que dans le monde entier
Il n'est beauté plus aimable et plus sage
Que Dorothée; et nul n'osa nier
Ce qu'avançait un si grand personnage ;
Tant les seigneurs de tout ce beau canton
Avaient d'égards et de discrétion.

Enfin portés sur les bords du Musône,
Près Ricanate en la Marche d'Ancône,
Les pélerins virent briller de loin
Cette maison de la sainte Madone,
Ces murs divins de qui le ciel prend soin;
Murs convoités des avides corsaires,
Et qu'autrefois des anges tutélaires
Firent voler dans les plaines des airs,
Comme un vaisseau qui fend le sein des mers.
A Loretto les anges s'arrêtèrent[a] ;
Les murs sacrés d'eux-mêmes se fondèrent;
Et ce que l'art a de plus précieux,

---

[a] Ils ne s'arrêtèrent pas d'abord à Loretto; c'est une inadvertance de notre auteur : « Non ego paucis offendar maculis. » (1762). Cependant on peut dire, pour sa défense, que les anges s'arrêtèrent enfin à Lorette, eux et la maison, après avoir essayé de plusieurs autres pays qui ne plurent point à la sainte Vierge. Cette aventure se passa sous le pontificat de Boniface VIII, dont on dit qu'il usurpa sa place comme un renard, qu'il s'y comporta comme un loup, et qu'il mourut comme un chien. Les historiens qui ont parlé ainsi de Boniface n'avaient pas de pension de la cour de Rome. (1773). — Il y a dans la citation, quoique tronquée, assez peu de modestie. La voici au complet :

   Verum ubi plura nitent in carmine, non ego paucis
  Offendar maculis. Hor., *de Arte poet.*, 351. R.

De plus brillant, de plus industrieux,
Fut employé depuis par les saints-pères,
Maîtres du monde, et du ciel grands-vicaires,
A l'ornement de ces augustes lieux.
Les deux amants de cheval descendirent,
D'un cœur contrit à deux genoux se mirent;
Puis chacun d'eux, pour accomplir son vœu,
Offrit des dons pleins de magnificence,
Tous acceptés avec reconnaissance
Par la Madone et les moines du lieu.
Au cabaret les deux amants dînèrent;
Et ce fut là qu'à table ils rencontrèrent
Un brave Anglais, fier, dur, et sans souci,
Qui venait voir la sainte Vierge aussi
Par passe-temps, se moquant dans son ame
Et de Lorette, et de sa Notre-Dame:
Parfait Anglais, voyageant sans dessein,
Achetant cher de modernes antiques,
Regardant tout avec un air hautain,
Et méprisant les saints et leurs reliques.
De tout Français c'est l'ennemi mortel,
Et son nom est Christophe d'Arondel.
Il parcourait tristement l'Italie;
Et, se sentant fort sujet à l'ennui,
Il amenait sa maîtresse avec lui,
Plus dédaigneuse encor, plus impolie,
Parlant fort peu, mais belle, faite au tour,
Douce la nuit, insolente le jour,
A table, au lit, par caprice emportée,
Et le contraire en tout de Dorothée.
Le beau baron, du Poitou l'ornement,

Lui fit d'abord un petit compliment,
Sans recevoir aucune repartie;
Puis il parla de la vierge Marie;
Puis il conta comme il avait promis,
Chez les Lombards, à monsieur saint Denys,
De soutenir en tout lieu la sagesse
Et la beauté de sa chère maîtresse.
« Je crois, dit-il au dédaigneux Breton,
Que votre dame est noble et d'un grand nom,
Qu'elle est surtout aussi sage que belle;
Je crois encor, quoiqu'elle n'ait rien dit,
Que dans le fond elle a beaucoup d'esprit :
Mais Dorothée est fort au-dessus d'elle,
Vous l'avouerez; on peut, sans l'abaisser,
Au second rang dignement la placer. »
  Le fier Anglais, à ce discours honnête,
Le regarda des pieds jusqu'à la tête.
« Pardieu, dit-il, il m'importe fort peu
Que vous ayez à Denys fait un vœu;
Et peu me chaut que votre damoiselle
Soit sage ou folle, et soit ou laide ou belle :
Chacun se doit contenter de son bien
Tout uniment, sans se vanter de rien.
Mais puisqu'ici vous avez l'impudence
D'oser prétendre à quelque préférence
Sur un Anglais, je vous enseignerai
Votre devoir, et je vous prouverai
Que tout Anglais, en affaires pareilles,
A tout Français donne sur les oreilles;
Que ma maîtresse, en figure, en couleur,
En gorge, en bras, cuisses, taille, rondeur,

Même en sagesse, en sentiments d'honneur,
Vaut cent fois mieux que votre pélerine;
Et que mon roi (dont je fais peu de cas),
Quand il voudra, saura bien mettre à bas
Et votre maître, et sa grosse héroïne. »

« Eh bien! reprit le noble Poitevin,
Sortons de table, éprouvons-nous soudain;
A vos dépens je soutiendrai peut-être
Mon tendre amour, mon pays, et mon maître.
Mais comme il faut être toujours courtois,
De deux combats je vous laisse le choix,
Soit à cheval, soit à pied; l'un et l'autre
Me sont égaux : mon choix suivra le vôtre. »

« A pied, mordieu! dit le rude Breton;
Je n'aime point qu'un cheval ait la gloire
De partager ma peine et ma victoire.
Point de cuirasse, et point de morion;
C'est, à mon sens, une arme de poltron;
Il fait trop chaud, j'aime à combattre à l'aise.
Je veux tout nu vous soutenir ma thèse :
Nos deux beautés jugeront mieux des coups. »

« Très volontiers, » dit d'un ton noble et doux
Le beau Français. Sa chère Dorothée
Frémit de crainte à ce défi cruel,
Quoique en secret son ame fût flattée
D'être l'objet d'un si noble duel.
Elle tremblait que Christophe Arondel
Ne transperçât de quelque coup mortel
La douce peau de son cher La Trimouille,
Que de ses pleurs tendrement elle mouille.
La dame anglaise animait son Anglais

D'un coup d'œil fier et sûr de ses attraits.
Elle n'avait jamais versé de larmes;
Son cœur altier se plaisait aux alarmes;
Et les combats des coqs de son pays
Avaient été ses passe-temps chéris.
Son nom était Judith de Rosamore,
Cher à Bristol, et que Cambridge honore[a].

Voilà déjà nos braves paladins
Dans un champ clos, près d'en venir aux mains :
Tous deux charmés, dans leurs nobles querelles,
De soutenir leur patrie et leurs belles.
La tête haute, et le fer de droit fil,
Le bras tendu, le corps en son profil,
En tierce, en quarte, ils joignent leurs épées,
L'une par l'autre à tout moment frappées.
C'est un plaisir de les voir se baisser,
Se relever, reculer, avancer,
Parer, sauter, se ménager des feintes,
Et se porter les plus rudes atteintes.
Ainsi l'on voit dans une belle nuit,
Sous le lion ou sous la canicule,
Tout l'horizon qui s'enflamme et qui brûle
De mille feux dont notre œil s'éblouit:
Un éclair passe, un autre éclair le suit.

Le Poitevin adresse une apostrophe
Droit au menton du superbe Christophe;
Puis en arrière il saute allègrement,
Toujours en garde; et Christophe à l'instant
Engage en tierce, et, serrant la mesure,

[a] Bristol et Cambridge, deux villes célèbres, la première par son commerce, la seconde par son université, qui a eu de grands hommes. (1762).

Au ferrailleur inflige une blessure
Sur une cuisse; et de sang empourpré
Ce bel ivoire est teint et bigarré.

Ils s'acharnaient à cette noble escrime,
Voulant mourir pour jouir de l'estime
De leur maîtresse, et pour bien décider
Quelle beauté doit à l'autre céder;
Lorsqu'un bandit des états du Saint-Père
Avec sa troupe entra dans ces cantons.
Pour s'acquitter de ses dévotions.

Le scélérat se nommait Martinguerre,
Voleur de jour, voleur de nuit, corsaire,
Mais saintement à la Vierge attaché,
Et sans manquer récitant son rosaire,
Pour être pur et net de tout péché.
Il aperçut sur le pré les deux belles,
Et leurs chevaux, et leurs brillantes selles,
Et leurs mulets chargés d'or et d'*agnus*.
Dès qu'il les vit, on ne les revit plus.
Il vous enlève et Judith Rosamore,
Et Dorothée, et le bagage encore,
Mulets, chevaux, et part comme un éclair.

Les champions tenaient toujours en l'air,
A poing fermé, leurs brandissantes lames,
Et ferraillaient pour l'honneur de ces dames.
Le Poitevin s'avise le premier
Que sa maîtresse est comme disparue.
Il voit de loin courir son écuyer;
Il s'ébahit, et son arme pointue
Reste en sa main sans force et sans effet.
Sire Arondel demeure stupéfait.

Tous deux restaient la prunelle effarée,
Bouche béante, et la mine égarée,
L'un contre l'autre. « Oh! oh! dit le Breton,
Dieu me pardonne, on nous a pris nos belles;
Nous nous donnons cent coups d'estramaçon
Très sottement; courons vite après elles,
Reprenons-les, et nous nous rebattrons
Pour leurs beaux yeux quand nous les trouverons. ».
L'autre en convient, et, différant la fête,
En bons amis ils se mettent en quête
De leur maîtresse. A peine ils font cent pas,
Que l'un s'écrie : « Ah! la cuisse! ah! le bras! »
L'autre criait, la poitrine et la tête;
Et n'ayant plus ces esprits animaux
Qui vont au cœur et qui font les héros,
Ayant perdu cette ardeur enflammée
Avec leur sang au combat consumée,
Tous deux meurtris, faibles, et languissants,
Sur le gazon tombent en même temps,
Et de leur sang ils rougissent la terre.
Leurs écuyers, qui suivaient Martinguerre,
Vont à sa piste, et gagnent le pays.
Les deux héros, sans valets, sans habits,
Et sans argent, étendus dans la plaine,
Manquant de tout, croyaient leur fin prochaine;
Lorsqu'une vieille, en passant vers ces lieux,
Les voyant nus s'approcha plus près d'eux,
En eut pitié, les fit sur des civières
Porter chez elle, et par des restaurants
En moins de rien leur rendit tous leurs sens;
Leur coloris, et leurs forces premières.

La bonne vieille, en ce lieu respecté,
Est en odeur qu'on dit de sainteté.
Devers Ancône il n'est point de béate,
Point d'ame sainte en qui la grace éclate
Par des bienfaits plus signalés, plus grands.
Elle prédit la pluie et le beau temps;
Elle guérit les blessures légères
Avec de l'huile et de saintes prières;
Elle a parfois converti des méchants.
 Les paladins à la vieille contèrent
Leur aventure, et conseil demandèrent.
La décrépite alors se recueillit,
Pria Marie, ouvrit la bouche, et dit:
« Allez en paix, aimez tous deux vos belles,
Mais que ce soit à bonne intention;
Et gardez-vous de vous tuer pour elles.
Les doux objets de votre affection
Sont maintenant à des épreuves rudes;
Je plains leurs maux et vos sollicitudes.
Habillez-vous; prenez des chevaux frais,
Ne manquez pas le chemin qu'il faut prendre;
Le ciel par moi daigne ici vous apprendre,
Pour les trouver, qu'il faut courir après. »
 Le Poitevin admira l'énergie
De ce discours; et le Breton pensif
Lui dit: « Je crois à votre prophétie;
Nous poursuivrons le voleur fugitif,
Quand nous aurons retrouvé des montures,
Et des pourpoints, et surtout des armures. »
La vieille dit: « On vous en fournira. »
Un circoncis par bonheur était là,

Enfant barbu d'Isâc et de Juda,
Dont la belle ame, à servir empressée,
Fesait fleurir la gent déprépucée.
Le digne Hébreu leur prêta galamment
Deux mille écus à quarante pour cent,
Selon les *us* de la race bénite
En Canaan par Moïse conduite;
Et le profit que le Juif s'arrogea
Entre la sainte et lui se partagea.

FIN DU CHANT HUITIÈME.

CHANT NEUVIÈME.

ARGUMENT.

Comment La Trimouille et sire Arondel retrouvèrent leurs maitresses en Provence, et du cas étrange advenu dans la Sainte-Baume.

Deux chevaliers qui se sont bien battus,
Soit à cheval, soit à la noble escrime,
Avec le sabre ou de longs fers pointus,
De pied en cap tout couverts ou tout nus,
Ont l'un pour l'autre une secrète estime ;
Et chacun d'eux exalte les vertus
Et les grands coups de son digne adversaire,
Lorsque surtout il n'est plus en colère.
Mais s'il advient, après ce beau conflit,
Quelque accident, quelque triste fortune,
Quelque misère à tous les deux commune,
Incontinent le malheur les unit :
L'amitié naît de leurs destins contraires,
Et deux héros persécutés sont frères.
C'est ce qu'on vit dans le cas si cruel
De La Trimouille et du triste Arondel.
Cet Arondel reçut de la nature
Une ame altière, indifférente, et dure ;
Mais il sentit ses entrailles d'airain
Se ramollir pour le doux Poitevin :
Et La Trimouille, en se laissant surprendre

A ces beaux nœuds qui forment l'amitié,
Suivit son goût; car son cœur est né tendre.
« Que je me sens, dit-il, fortifié,
Mon cher ami, par votre courtoisie!
Ma Dorothée, hélas! me fut ravie;
Vous m'aiderez, au milieu des combats,
A retrouver la trace de ses pas,
A délivrer ce que mon cœur adore;
J'affronterai les plus cruels trépas,
Pour vous nantir de votre Rosamore. »
Les deux amants, les deux nouveaux amis,
Partent ensemble, et, sur un faux avis,
Marchent en hâte, et tirent vers Livourne.
Le ravisseur d'un autre côté tourne
Par un chemin justement opposé.
Tandis qu'ainsi le couple se fourvoie,
Au scélérat rien ne fut plus aisé
Que d'enlever sa noble et riche proie.
Il la conduit bientôt en sûreté
Dans un château des chemins écarté,
Près de la mer, entre Rome et Gaëte :
Masure affreuse, exécrable retraite,
Où l'insolence et la rapacité,
La gourmandise et la malpropreté,
L'emportement de l'ivresse bruyante,
Les démêlés, les combats qu'elle enfante,
La dégoûtante et sale impureté
Qui de l'amour éteint les tendres flammes,
Tous les excès des plus vilaines ames,
Font voir à l'œil ce qu'est le genre humain
Lorsqu'à lui-même il est livré sans frein.

Du Créateur image si parfaite,
Or voilà donc comme vous êtes faite!
　En arrivant, le corsaire effronté
Se met à table, et fait placer les belles
Sans compliment chacune à son côté,
Mange, dévore, et boit à leur santé.
Puis il leur dit: « Voyez, mesdemoiselles,
Qui de vous deux couche avec moi la nuit.
Tout m'est égal, tout m'est bon, tout me duit;
Poil blond, poil noir, Anglaise, Italienne,
Petite ou grande, infidèle ou chrétienne,
Il ne m'importe; et buvons. » A ces mots,
La rougeur monte à l'aimable visage
De Dorothée, elle éclate en sanglots;
Sur ses beaux yeux il se forme un nuage,
Qui tombe en pleurs sur ce nez fait au tour,
Sur ce menton où l'on dit que l'Amour
Lui fit un creux, la caressant un jour;
Dans la tristesse elle est ensevelie.
Judith l'Anglaise, un moment recueillie,
Et regardant le corsaire inhumain,
D'un air de tête et d'un souris hautain :
« Je veux, dit-elle, avoir ici la joie
Sur le minuit de me voir votre proie;
Et l'on saura ce qu'avec un bandit
Peut une Anglaise alors qu'elle est au lit. »
A ce propos le brave Martinguerre
D'un gros baiser la barbouille, et lui dit:
« J'aimai toujours les filles d'Angleterre. »
Il la rebaise, et puis vide un grand verre,
En vide un autre, et mange, et boit, et rit,

Et chante, et jure; et sa main effrontée
Sans nul égard se porte impudemment
Sur Rosamore, et puis sur Dorothée.
Celle-ci pleure; et l'autre fièrement,
Sans s'émouvoir, sans changer de visage,
Laisse tout faire au rude personnage.
Enfin de table il sort en bégayant,
Le pied mal sûr, mais l'œil étincelant,
Avertissant, d'un geste de corsaire,
Qu'on soit fidèle aux marchés convenus;
Et, rayonnant des présents de Bacchus,
Il se prépare aux combats de Cythère.

La Milanaise, avec des yeux confus,
Dit à l'Anglaise : « Oserez-vous, ma chère,
Du scélérat consommer le desir?
Mérite-t-il qu'une beauté si fière
S'abaisse au point de donner du plaisir? »
« Je prétends bien lui donner autre chose,
Dit Rosamore ; on verra ce que j'ose :
Je sais venger ma gloire et mes appas;
Je suis fidèle au chevalier que j'aime.
Sachez que Dieu, par sa bonté suprême,
M'a fait présent de deux robustes bras,
Et que Judith est mon nom de baptême.
Daignez m'attendre en cet indigne lieu,
Laissez-moi faire, et surtout priez Dieu. »
Puis elle part, et va la tête haute
Se mettre au lit à côté de son hôte.

La nuit couvrait d'un voile ténébreux
Les toits pourris de ce repaire affreux;
Des malandrins la grossière cohue

Cuvait son vin, dans la grange étendue;
Et Dorothée, en ces moments d'horreur,
Demeurait seule, et se mourait de peur.

Le boucanier, dans la grosse partie
Par où l'on pense, était tout offusqué
De la vapeur des raisins d'Italie.
Moins à l'amour qu'au sommeil provoqué,
Il va pressant d'une main engourdie
Les fiers appas dont son cœur est piqué;
Et la Judith, prodiguant ses tendresses,
L'enveloppait, par de fausses caresses,
Dans les filets que lui tendait la mort.
Le dissolu, lassé d'un tel effort,
Bâille un moment, tourne la tête, et dort.

A son chevet pendait le cimeterre
Qui fit long-temps redouter Martinguerre.
Notre Bretonne aussitôt le tira,
En invoquant Judith et Débora[a],
Jahel, Aod, et Simon nommé Pierre,
Simon Barjone aux oreilles fatal,

---

[a] Il n'est lecteur qui ne connaisse la belle Judith. Débora, brave épouse de Lapidoth, défit le roi Jabin, qui avait neuf cents chariots armés de faux, dans un pays de montagnes où il n'y a aujourd'hui que des ânes. La brave femme Jahel, épouse de Haber, reçut chez elle Sisara, maréchal général de Jabin : elle l'enivra avec du lait, et cloua sa tête à terre d'une tempe à l'autre avec un clou; c'était un maitre clou, et elle une maitresse femme. Aod le gaucher alla trouver le roi Églon de la part du Seigneur, et lui enfonça un grand couteau dans le ventre avec la main gauche, et aussitôt Églon alla à la selle. Quant à Simon Barjone, il ne coupa qu'une oreille à Malchus, et encore eut-il ordre de remettre l'épée au fourreau; ce qui prouve que l'Église ne doit point verser le sang. (1762). — Je ne sais si Voltaire s'est montré traducteur exact, mais il est au moins historien fidèle dans son récit de la mort d'Églon : « Statimque per secreta alvi ster-« cora proruperunt. » *Judic.*, III, 22. R.

Qu'à surpasser l'héroïne s'apprête.
Puis empoignant les crins de l'animal
De sa main gauche, et soulevant la tête,
La tête lourde, et le front engourdi
Du mécréant qui ronfle appesanti,
Elle s'ajuste, et sa droite élevée
Tranche le cou du brave débauché.
De sang, de vin la couche est abreuvée;
Le large tronc, de son chef détaché,
Rougit le front de la noble héroïne,
Par trente jets de liqueur purpurine.
Notre amazone alors saute du lit,
Portant en main cette tête sanglante,
Et va trouver sa compagne tremblante,
Qui dans ses bras tombe et s'évanouit;
Puis reprenant ses sens et son esprit:
« Ah ! juste Dieu ! quelle femme vous êtes !
Quelle action ! quel coup, et quel danger !
Où fuirons-nous ? si sur ces entrefaites
Quelqu'un s'éveille, on va nous égorger. »
« Parlez plus bas, répliqua Rosamore;
Ma mission n'est pas finie encore,
Prenez courage, et marchez avec moi. »
L'autre reprit courage avec effroi.

Leurs deux amants, errants toujours loin d'elles,
Couraient partout sans avoir rien trouvé.
A Gêne enfin l'un et l'autre arrivé,
Ayant par terre en vain cherché leurs belles,
S'en vont par mer, à la merci des flots,
Des deux objets qui troublent leur repos
Aux quatre vents demander des nouvelles.

Ces quatre vents les portent tour-à-tour,
Tantôt au bord de cet heureux séjour
Où des chrétiens le père apostolique
Tient humblement les clefs du paradis;
Tantôt au fond du golfe Adriatique,
Où le vieux doge est l'époux de Téthys[a];
Puis devers Naple, au rivage fertile,
Où Sannazar est trop près de Virgile[b].
Ces dieux mutins, prompts, ailés, et joufflus,
Qui ne sont plus les enfants d'Orithye,
Sur le dos bleu des flots qu'ils ont émus,
Les font voguer à ces gouffres connus,
Où l'onde amère autrefois engloutie
Par la Charybde, aujourd'hui ne l'est plus[c];
Où de nos jours on ne peut plus entendre
Les hurlements des dogues de Scylla;
Où les géants écrasés sous l'Etna[d]
Ne jettent plus la flamme avec la cendre;
Tant l'univers avec le temps changea!
Le couple errant, non loin de Syracuse,
Va saluer la fontaine Aréthuse,
Qui dans son sein, tout couvert de roseaux,

---

[a] On sait que le doge de Venise épouse la mer. (1762). — Voltaire avait, ainsi qu'un grand nombre d'autres poëtes, confondu Téthys, épouse de l'Océan, avec Thétis, mère d'Achille. Cette inexactitude a été relevée dans l'excellente édition des OEuvres complètes de Bertin, donnée en 1824 par M. Boissonade. R.

[b] Sannazar, poëte médiocre, enterré près de Virgile, mais dans un plus beau tombeau. (1762).

[c] Autrefois cet endroit passait pour un gouffre très dangereux. (1762).

[d] L'Etna ne jette plus de flammes que très rarement. (1762). — Les trois derniers mots ont été ajoutés en 1773. R.

De son amant ne reçoit plus les eaux[a].
Ils ont bientôt découvert le rivage
Où florissaient Augustin[b] et Carthage;
Séjour affreux, dans nos jours infecté
Par les fureurs et la rapacité
Des musulmans, enfants de l'ignorance.
Enfin le ciel conduit nos chevaliers
Aux doux climats de la belle Provence.
 Là, sur des bords couronnés d'oliviers,
On voit les tours de Marseille l'antique,
Beau monument d'un vieux peuple ionique[c].
Noble cité, grecque et libre autrefois,
Tu n'as plus rien de ce double avantage;
Il est plus beau de servir sous nos rois,
C'est, comme on sait, un bienheureux partage.
Mais tes confins possèdent un trésor
Plus merveilleux, plus salutaire encor.
Chacun connaît la belle Magdeleine,
Qui de son temps ayant servi l'Amour,
Servit le ciel étant sur le retour,
Et qui pleura sa vanité mondaine.
Elle partit des rives du Jourdain
Pour s'en aller au pays de Provence,
Et se fessa long-temps par pénitence,
Au fond d'un creux du roc de Maximin[d].
Depuis ce temps un baume tout divin

[a] Le passage souterrain du fleuve Alphée jusqu'à la fontaine Aréthuse est reconnu pour une fable. (1762).

[b] Saint Augustin était évêque d'Hippone. (1762).

[c] Les Phocéens. (1762).

[d] Le rocher de Saint-Maximin est tout auprès; c'est le chemin de la Sainte-Baume. (1762).

Parfume l'air qu'en ces lieux on respire.
Plus d'une fille, et plus d'un pélerin,
Grimpe au rocher, pour abjurer l'empire
Du dieu d'amour, qu'on nomme esprit malin.

On tient qu'un jour la pénitente juive,
Prête à mourir, requit une faveur
De Maximin, son pieux directeur.
« Obtenez-moi, si jamais il arrive
Que sur mon roc une paire d'amants
En rendez-vous viennent passer leur temps,
Leurs feux impurs dans tous les deux s'éteignent;
Qu'au même instant ils s'évitent, se craignent,
Et qu'une forte et vive aversion
Soit de leurs cœurs la seule passion. »
Ainsi parla la sainte aventurière.
Son confesseur exauça sa prière.
Depuis ce temps ces lieux sanctifiés
Vous font haïr les gens que vous aimiez.

Les paladins, ayant bien vu Marseilles,
Son port, sa rade, et toutes les merveilles
Dont les bourgeois rebattaient leurs oreilles,
Furent requis de visiter le roc,
Ce roc fameux, surnommé Sainte-Baume,
Tant célébré chez la gent porte-froc,
Et dont l'odeur parfumait le royaume.
Le beau Français y va par piété,
Le fier Anglais par curiosité.
En gravissant ils virent près du dôme,
Sur les degrés dans ce roc pratiqués,
Des voyageurs à prier appliqués.
Dans cette troupe étaient deux voyageuses,

CHANT IX.

L'une à genoux, mains jointes, cou tendu;
L'autre debout, et des plus dédaigneuses.
   O doux objets! moment inattendu!
Ils ont tous deux reconnu leurs maîtresses!
Les voilà donc, pécheurs et pécheresses,
Dans ce parvis si funeste aux amours.
En peu de mots l'Anglaise leur raconte
Comment son bras, par le divin secours,
Sur Martinguerre a su venger sa honte.
Elle eut le soin, dans ce péril urgent,
De se saisir d'une bourse assez ronde
Qu'avait le mort, attendu que l'argent
Est inutile aux gens de l'autre monde.
Puis franchissant, dans l'horreur de la nuit,
Les murs mal clos de cet affreux réduit,
Le sabre au poing, vers la prochaine rive
Elle a conduit sa compagne craintive,
Elle a monté sur un léger esquif;
Et réveillant matelots, capitaine,
En bien payant, le couple fugitif
A navigué sur la mer de Tyrrhène.
Enfin des vents le sort capricieux,
Ou bien le ciel qui fait tout pour le mieux,
Les met tous quatre aux pieds de Magdeleine.
   O grand miracle! ô vertu souveraine!
A chaque mot que prononçait Judith,
De son amant le grand cœur s'affadit:
Ciel! quel dégoût, et bientôt quelle haine
Succède aux traits du plus charmant amour!
Il est payé d'un semblable retour.
Ce La Trimouille, à qui sa Dorothée

Parut long-temps plus belle que le jour,
La trouve laide, imbécile, affectée,
Gauche, maussade, et lui tourne le dos.
La belle en lui voyait le roi des sots,
Le détestait, et détournait la vue ;
Et Magdeleine, au milieu d'une nue,
Goûtait en paix la satisfaction
D'avoir produit cette conversion.

Mais Magdeleine, hélas ! fut bien déçue :
Car elle obtint des saints du paradis
Que tout amant venu dans son logis
N'aimerait plus l'objet de ses faiblesses
Tant qu'il serait dans ses rochers bénis ;
Mais dans ses vœux la sainte avait omis
De stipuler que les amants guéris
Ne prendraient pas de nouvelles maîtresses.
Saint Maximin ne prévit point le cas ;
Dont il advint que l'Anglaise infidèle
Au Poitevin tendit ses deux beaux bras,
Et qu'Arondel jouit des doux appas
De Dorothée, et fut enchanté d'elle.
L'abbé Trithême a même prétendu
Que Magdeleine, à ce troc imprévu,
Du haut du ciel s'était mise à sourire.
On peut le croire, et la justifier.
La vertu plaît : mais, malgré son empire,
On a du goût pour son premier métier.

Il arriva que les quatre parties
De Sainte-Baume à peine étaient sorties,
Que le miracle alors n'opéra plus.
Il n'a d'effet que dans l'auguste enceinte,

CHANT IX.

Et dans le creux de cette roche sainte.
Au bas du mont, La Trimouille confus
D'avoir haï quelque temps Dorothée,
Rendant justice à ses touchants attraits,
La retrouva plus tendre que jamais,
Plus que jamais elle s'en vit fêtée ;
Et Dorothée, en proie à sa douleur,
Par son amour expia son erreur
Entre les bras du héros qu'elle adore.
Sire Arondel reprit sa Rosamore,
Dont le courroux fut bientôt désarmé.
Chacun aima comme il avait aimé ;
Et je puis dire encor que Magdeleine
En les voyant leur pardonna sans peine.

Le dur Anglais, l'aimable Poitevin,
Ayant chacun leur héroïne en croupe,
Vers Orléans prirent leur droit chemin,
Tous deux brûlant de rejoindre leur troupe,
Et de venger l'honneur de leur pays.
Discrets amants, généreux ennemis,
Ils voyageaient comme de vrais amis,
Sans désormais se faire de querelles,
Ni pour leurs rois, ni même pour leurs belles.

FIN DU CHANT NEUVIÈME.

CHANT DIXIÈME.

ARGUMENT.

Agnès Sorel poursuivie par l'aumônier de Jean Chandos. Regrets de son amant, etc. Ce qui advint à la belle Agnès dans un couvent.

Eh quoi! toujours clouer une préface
A tous mes chants! la morale me lasse;
Un simple fait conté naïvement,
Ne contenant que la vérité pure,
Narré, succinct, sans frivole ornement,
Point trop d'esprit, aucun raffinement,
Voilà de quoi désarmer la censure.
Allons au fait, lecteur; tout rondement,
C'est mon avis. Tableau d'après nature,
S'il est bien fait, n'a besoin de bordure.
 Le bon roi Charle, allant vers Orléans,
Enflait le cœur de ses fiers combattants,
Les remplissait de joie et d'espérance,
Et relevait le destin de la France.
Il ne parlait que d'aller aux combats,
Il étalait une fière allégresse;
Mais en secret il soupirait tout bas,
Car il était absent de sa maîtresse.
L'avoir laissée, avoir pu seulement
De son Agnès s'écarter un moment,
C'était un trait d'une vertu suprême,

C'était quitter la moitié de soi-même.

Lorsqu'il se fut au logis renfermé,
Et qu'en son cœur il eut un peu calmé
L'emportement du démon de la gloire,
L'autre démon qui préside à l'amour
Vint à ses sens s'expliquer à son tour;
Il plaidait mieux : il gagna la victoire.
D'un air distrait, le bon prince écouta
Tous les propos dont on le tourmenta :
Puis en sa chambre en secret il alla;
Où, d'un cœur triste et d'une main tremblante,
Il écrivit une lettre touchante,
Que de ses pleurs tendrement il mouilla;
Pour les sécher Bonneau n'était pas là.
Certain butor, gentilhomme ordinaire,
Fut dépêché, chargé du doux billet.
Une heure après, ô douleur trop amère!
Notre courrier rapporte le poulet.
Le roi, saisi d'une crainte mortelle,
Lui dit : « Hélas! pourquoi donc reviens-tu?
Quoi! mon billet?... » — « Sire, tout est perdu;
Sire, armez-vous de force et de vertu.
Les Anglais... Sire... ah! tout est confondu;
Sire... ils ont pris Agnès et la Pucelle. »

A ce propos dit sans ménagement,
Le roi tomba, perdit tout sentiment,
Et de ses sens il ne reprit l'usage
Que pour sentir l'effet de son tourment.
Contre un tel coup quiconque a du courage
N'est pas, sans doute, un véritable amant :
Le roi l'était; un tel événement

Le transperçait de douleur et de rage.
Ses chevaliers perdirent tous leurs soins
A l'arracher à sa douleur cruelle ;
Charles fut près d'en perdre la cervelle :
Son père, hélas ! devint fou pour bien moins [a].
« Ah ! cria-t-il, que l'on m'enlève Jeanne,
Mes chevaliers, tous mes gens à soutane,
Mon directeur, et le peu de pays
Que m'ont laissé mes destins ennemis !
Cruels Anglais, ôtez-moi plus encore,
Mais laissez-moi ce que mon cœur adore.
Amour, Agnès, monarque malheureux !
Que fais-je ici, m'arrachant les cheveux ?
Je l'ai perdue, il faudra que j'en meure ;
Je l'ai perdue, et, pendant que je pleure,
Peut-être, hélas ! quelque insolent Anglais
A son plaisir subjugue ses attraits,
Nés seulement pour des baisers français.
Une autre bouche à tes lèvres charmantes
Pourrait ravir ces faveurs si touchantes !
Une autre main caresser tes beautés !
Un autre... ô ciel ! que de calamités !
Et qui sait même, en ce moment terrible,
A leurs plaisirs si tu n'es pas sensible ?
Qui sait, hélas ! si ton tempérament
Ne trahit pas ton malheureux amant ! »

[a] Charles VI, en effet, devint fou, mais on ne sait ni pourquoi ni comment. C'est une maladie qui peut prendre aux rois. La folie de ce pauvre prince fut la cause des malheurs horribles qui désolèrent la France pendant trente ans. (1774). — Cette note, qui se trouve dans une édition du poëme de *la Pucelle*, augmenté des notes de M. de Morza, a échappé aux éditeurs de Kehl et à leurs successeurs. R.

Le triste roi, de cette incertitude
Ne pouvant plus souffrir l'inquiétude,
Va sur ce cas consulter les docteurs,
Nécromanciens, devins, sorboniqueurs,
Juifs, jacobins, quiconque savait lire [a].
« Messieurs, dit-il, il convient de me dire
Si mon Agnès est fidèle à sa foi,
Si pour moi seul sa belle ame soupire :
Gardez-vous bien de tromper votre roi ;
Dites-moi tout ; de tout il faut m'instruire. »
Eux bien payés consultèrent soudain,
En grec, hébreu, syriaque, latin :
L'un du roi Charle examine la main,
L'autre en carré dessine une figure ;
Un autre observe et Vénus, et Mercure ;
Un autre va, son psautier parcourant,
Disant *amen*, et tout bas murmurant ;
Cet autre-ci regarde au fond d'un verre,
Et celui-là fait des cercles à terre :
Car c'est ainsi que dans l'antiquité
On a toujours cherché la vérité.
Aux yeux du prince ils travaillent, ils suent ;
Puis, louant Dieu, tous ensemble ils concluent
Que ce grand roi peut dormir en repos,
Qu'il est le seul, parmi tous les héros,
A qui le ciel, par sa grace infinie,
Daigne octroyer une fidèle amie ;

---

[a] Ces sortes de divinations étaient fort usitées ; nous voyons même que le roi Philippe III envoya un évêque et un abbé à une béguine de Nivelle auprès de Bruxelles, grande devineresse, pour savoir si Marie de Brabant, sa femme, lui était fidèle. (1762).

Qu'Agnès est sage, et fuit tous les amants :
Puis fiez-vous à messieurs les savants!

Cet aumônier terrible, inexorable,
Avait saisi le moment favorable :
Malgré les cris, malgré les pleurs d'Agnès,
Il triomphait de ses jeunes attraits,
Il ravissait des plaisirs imparfaits;
Transports grossiers, volupté sans tendresse,
Triste union sans douceur, sans caresse,
Plaisirs honteux qu'Amour ne connaît pas :
Car qui voudrait tenir entre ses bras
Une beauté qui détourne la bouche,
Qui de ses pleurs inonde votre couche?
Un honnête homme a bien d'autres desirs :
Il n'est heureux qu'en donnant des plaisirs.
Un aumônier n'est pas si difficile;
Il va piquant sa monture indocile,
Sans s'informer si le jeune tendron
Sous son empire a du plaisir ou non.

Le page aimable, amoureux, et timide,
Qui dans le bourg était allé courir,
Pour dignement honorer et servir
La déité qui de son sort décide,
Revint enfin. Las! il revint trop tard.
Il entre, il voit le damné de frappart
Qui, tout en feu, dans sa brutale joie
Se démenait, et dévorait sa proie.
Le beau Monrose, à cet objet fatal,
Le fer en main, vole sur l'animal.
Du chapelain l'impudique furie
Cède au besoin de défendre sa vie;

Du lit il saute, il empoigne un bâton,
Il s'en escrime, il accolle le page.
Chacun des deux est brave champion;
Monrose est plein d'amour et de courage,
Et l'aumônier de luxure et de rage.
　Les gens heureux qui goûtent dans les champs
La douce paix, fruit des jours innocents,
Ont vu souvent, près de quelque bocage,
Un loup cruel, affamé de carnage,
Qui de ses dents déchire la toison
Et boit le sang d'un malheureux mouton.
Si quelque chien, à l'oreille écourtée,
Au cœur superbe, à la gueule endentée,
Vient comme un trait, tout prêt à guerroyer,
Incontinent l'animal carnassier
Laisse tomber de sa gueule écumante
Sur le gazon la victime innocente;
Il court au chien, qui, sur lui s'élançant,
A l'ennemi livre un combat sanglant;
Le loup mordu, tout bouillant de colère,
Croit étrangler son superbe adversaire;
Et le mouton, palpitant auprès d'eux,
Fait pour le chien de très sincères vœux.
C'était ainsi que l'aumônier nerveux,
D'un cœur farouche et d'un bras formidable,
Se débattait contre le page aimable;
Tandis qu'Agnès, demi-morte de peur,
Restait au lit, digne prix du vainqueur.
　L'hôte et l'hôtesse, et toute la famille,
Et les valets, et la petite fille,
Montent au bruit; on se jette entre deux :

On fit sortir l'aumônier scandaleux;
Et contre lui chacun fut pour le page:
Jeunesse et grace ont partout l'avantage.
Le beau Monrose eut donc la liberté
De rester seul auprès de sa beauté;
Et son rival, hardi dans sa détresse,
Sans s'étonner, alla chanter sa messe.

Agnès honteuse, Agnès au désespoir
Qu'un sacristain à ce point l'eût pollue,
Et plus encor qu'un beau page l'eût vue
Dans le combat indignement vaincue,
Versait des pleurs, et n'osait plus le voir.
Elle eût voulu que la mort la plus prompte
Fermât ses yeux et terminât sa honte;
Elle disait, dans son grand désarroi,
Pour tout discours: « Ah! monsieur, tuez-moi. »
« Qui, vous, mourir! lui répondit Monrose;
Je vous perdrais! ce prêtre en serait cause!
Ah! croyez-moi, si vous aviez péché,
Il faudrait vivre et prendre patience:
Est-ce à nous deux de faire pénitence?
D'un vain remords votre cœur est touché,
Divine Agnès: quelle erreur est la vôtre,
De vous punir pour le péché d'un autre! »
Si son discours n'était pas éloquent,
Ses yeux l'étaient; un feu tendre et touchant
Insinuait à la belle attendrie
Quelque desir de conserver sa vie.

Fallut dîner: car, malgré leurs chagrins
(Chétif mortel, j'en ai l'expérience),
Les malheureux ne font point abstinence;

En enrageant on fait encor bombance;
Voilà pourquoi tous ces auteurs divins,
Ce bon Virgile, et ce bavard Homère,
Que tout savant, même en bâillant, révère,
Ne manquent point, au milieu des combats,
L'occasion de parler d'un repas.
La belle Agnès dîna donc tête à tête,
Près de son lit, avec ce page honnête.
Tous deux d'abord, également honteux,
Sur leur assiette arrêtaient leurs beaux yeux;
Puis enhardis tous deux se regardèrent,
Et puis enfin tous deux ils se lorgnèrent.

Vous savez bien que dans la fleur des ans,
Quand la santé brille dans tous vos sens,
Qu'un bon dîner fait couler dans vos veines
Des passions les semences soudaines,
Tout votre cœur cède au besoin d'aimer;
Vous vous sentez doucement enflammer
D'une chaleur bénigne et pétillante;
La chair est faible, et le diable vous tente.

Le beau Monrose, en ces temps dangereux,
Ne pouvant plus commander à ses feux,
Se jette aux pieds de la belle éplorée :
« O cher objet ! ô maîtresse adorée !
C'est à moi seul désormais de mourir;
Ayez pitié d'un cœur soumis et tendre :
Quoi ! mon amour ne pourrait obtenir
Ce qu'un barbare a bien osé vous prendre !
Ah ! si le crime a pu le rendre heureux,
Que devez-vous à l'amour vertueux !
C'est lui qui parle, et vous devez l'entendre. »

Cet argument paraissait assez bon ;
Agnès sentit le poids de la raison.
Une heure encore elle osa se défendre ;
Elle voulut reculer son bonheur,
Pour accorder le plaisir et l'honneur,
Sachant très bien qu'un peu de résistance
Vaut encor mieux que trop de complaisance.
Monrose enfin, Monrose fortuné
Eut tous les droits d'un amant couronné ;
Du vrai bonheur il eut la jouissance.
Du prince anglais la gloire et la puissance
Ne s'étendait que sur des rois vaincus,
Le fier Henri n'avait pris que la France,
Le lot du page était bien au-dessus.

Mais que la joie est trompeuse et légère !
Que le bonheur est chose passagère !
Le charmant page à peine avait goûté
De ce torrent de pure volupté,
Que des Anglais arrive une cohorte.
On monte, on entre, on enfonce la porte.
Couple enivré des caresses d'amour,
C'est l'aumônier qui vous joua ce tour.
La douce Agnès, de crainte évanouie,
Avec Monrose est aussitôt saisie ;
C'est à Chandos qu'on prétend les mener.
A quoi Chandos va-t-il les condamner ?
Tendres amants, vous craignez sa vengeance ;
Vous savez trop, par votre expérience,
Que cet Anglais est sans compassion.
Dans leurs beaux yeux est la confusion ;
Le désespoir les presse et les dévore ;

Et cependant ils se lorgnaient encore :
Ils rougissaient de s'être faits heureux.
A Jean Chandos que diront-ils tous deux?
Dans le chemin advint que de fortune
Ce corps anglais rencontra sur la brune
Vingt chevaliers qui pour Charles tenaient,
Et qui de nuit en ces quartiers rôdaient,
Pour découvrir si l'on avait nouvelle
Touchant Agnès, et touchant la Pucelle.

Quand deux mâtins, deux coqs, et deux amants,
Nez contre nez, se rencontrent aux champs;
Lorsqu'un suppôt de la grace efficace
Trouve un cou tors de l'école d'Ignace;
Quand un enfant de Luther ou Calvin
Voit par hasard un prêtre ultramontain,
Sans perdre temps un grand combat commence,
A coups de gueule, ou de plume, ou de lance.
Semblablement les gendarmes de France,
Tout du plus loin qu'ils virent les Bretons,
Fondent dessus, légers comme faucons.
Les gens anglais sont gens qui se défendent;
Mille beaux coups se donnent et se rendent.
Le fier coursier qui notre Agnès portait
Était actif, jeune, fringant comme elle;
Il se cabrait, il ruait, il tournait;
Agnès allait, sautillant sur la selle.
Bientôt au bruit des cruels combattants
Il s'effarouche, il prend le mors aux dents.
Agnès en vain veut d'une main timide
Le gouverner dans sa course rapide;
Elle est trop faible : il lui fallut enfin

A son cheval remettre son destin.

Le beau Monrose, au fort de la mêlée,
Ne peut savoir où sa nymphe est allée;
Le coursier vole aussi prompt que le vent;
Et sans relâche ayant couru six mille,
Il s'arrêta dans un vallon tranquille,
Tout vis-à-vis la porte d'un couvent.
Un bois était près de ce monastère:
Auprès du bois une onde vive et claire
Fuit et revient, et par de longs détours,
Parmi des fleurs, elle poursuit son cours.
Plus loin s'élève une colline verte,
A chaque automne enrichie et couverte
Des doux présents dont Noé nous dota,
Lorsqu'à la fin son grand coffre il quitta,
Pour réparer du genre humain la perte,
Et que, lassé du spectacle de l'eau,
Il fit du vin par un art tout nouveau.
Flore et Pomone, et la féconde haleine
Des doux zéphyrs, parfument ces beaux champs;
Sans se lasser, l'œil charmé s'y promène.
Le paradis de nos premiers parents
N'avait point eu de vallons plus riants,
Plus fortunés; et jamais la nature
Ne fut plus belle, et plus riche, et plus pure.
L'air qu'on respire en ces lieux écartés
Porte la paix dans les cœurs agités,
Et, des chagrins calmant l'inquiétude,
Fait aux mondains aimer la solitude.

Au bord de l'onde Agnès se reposa,
Sur le couvent ses deux beaux yeux fixa,

Et de ses sens le trouble s'apaisa.
C'était, lecteur, un couvent de nonnettes.
« Ah! dit Agnès, adorables retraites!
Lieux où le ciel a versé ses bienfaits!
Séjour heureux d'innocence et de paix!
Hélas! du ciel la faveur infinie
Peut-être ici me conduit tout exprès,
Pour y pleurer les erreurs de ma vie.
De chastes sœurs, épouses de leur Dieu,
De leurs vertus embaument ce beau lieu;
Et moi, fameuse entre les pécheresses,
J'ai consumé mes jours dans les faiblesses. »
Agnès ainsi, parlant à haute voix,
Sur le portail aperçut une croix:
Elle adora, d'humilité profonde,
Ce signe heureux du salut de ce monde;
Et, se sentant quelque componction,
Elle comptait s'en aller à confesse;
Car de l'amour à la dévotion
Il n'est qu'un pas; l'un et l'autre est faiblesse.
Or du moutier la vénérable abbesse
Depuis deux jours était allée à Blois,
Pour du couvent y soutenir les droits.
Ma sœur Besogne avait en son absence
Du saint troupeau la bénigne intendance.
Elle accourut au plus vite au parloir,
Puis fit ouvrir pour Agnès recevoir.
« Entrez, dit-elle, aimable voyageuse;
Quel bon patron, quelle fête joyeuse
Peut amener au pied de nos autels
Cette beauté dangereuse aux mortels?

Seriez-vous point quelque ange ou quelque sainte
Qui des hauts cieux abandonne l'enceinte,
Pour ici-bas nous faire la faveur
De consoler les filles du Seigneur ? »

Agnès répond : « C'est pour moi trop d'honneur.
Je suis, ma sœur, une pauvre mondaine;
De grands péchés mes beaux jours sont ourdis;
Et si jamais je vais en paradis,
Je n'y serai qu'auprès de Magdeleine.
De mon destin le caprice fatal,
Dieu, mon bon ange, et surtout mon cheval,
Ne sais comment, en ces lieux m'ont portée.
De grands remords mon ame est agitée;
Mon cœur n'est point dans le crime endurci;
J'aime le bien, j'en ai perdu la trace,
Je la retrouve, et je sens que la grace
Pour mon salut veut que je couche ici. »

Ma sœur Besogne, avec douceur prudente,
Encouragea la belle pénitente;
Et, de la grace exaltant les attraits,
Dans sa cellule elle conduit Agnès;
Cellule propre et bien illuminée,
Pleine de fleurs, et galamment ornée,
Lit ample et doux : on dirait que l'Amour
A de ses mains arrangé ce séjour.
Agnès, tout bas louant la Providence,
Vit qu'il est doux de faire pénitence.

Après souper (car je n'omettrai point
Dans mes récits ce noble et digne point)
Besogne dit à la belle étrangère :
« Il est nuit close, et vous savez, ma chère,

Que c'est le temps où les esprits malins[a]
Rôdent partout, et vont tenter les saints.
Il nous faut faire une œuvre profitable;
Couchons ensemble, afin que si le diable
Veut contre nous faire ici quelque effort,
Nous trouvant deux, le diable en soit moins fort. »
La dame errante accepta la partie :
Elle se couche, et croit faire œuvre pie;
Croit qu'elle est sainte, et que le ciel l'absout;
Mais son destin la poursuivait partout.

Puis-je au lecteur raconter sans vergogne
Ce que c'était que cette sœur Besogne?
Il faut le dire; il faut tout publier.
Ma sœur Besogne était un bachelier
Qui d'un Hercule eut la force en partage
Et d'Adonis le gracieux visage,
N'ayant encor que vingt ans et demi,
Blanc comme lait, et frais comme rosée.
La dame abbesse, en personne avisée,
En avait fait depuis peu son ami.
Sœur bachelier vivait dans l'abbaye,
En cultivant son ouaille jolie :
Ainsi qu'Achille, en fille déguisé,
Chez Lycomède était favorisé
Des doux baisers de sa Déidamie.

La pénitente était à peine au lit
Avec sa sœur, soudain elle sentit
Dans la nonnain métamorphose étrange.

---

[a] Ce ne fut jamais que pendant la nuit que les lémures, les larves, les bons et mauvais génies apparurent : il en était de même de nos farfadets, le chant du coq les fesait tous disparaître. (1762).

Assurément elle gagnait au change.
Crier, se plaindre, éveiller le couvent,
N'aurait été qu'un scandale imprudent.
Souffrir en paix, soupirer, et se taire,
Se résigner est tout ce qu'on peut faire,
Puis rarement en telle occasion
On a le temps de la réflexion.
Quand sœur Besogne à sa fureur claustrale
(Car on se lasse) eut mis quelque intervalle,
La belle Agnès, non sans contrition,
Fit en secret cette réflexion :
« C'est donc en vain que j'eus toujours en tête
Le beau projet d'être une femme honnête;
C'est donc en vain que l'on fait ce qu'on peut :
N'est pas toujours femme de bien qui veut. »

FIN DU CHANT DIXIÈME.

CHANT ONZIÈME.

ARGUMENT.

Les Anglais violent le couvent : combat de saint George, patron d'Angleterre, contre saint Denys, patron de la France.

Je vous dirai, sans harangue inutile,
Que le matin nos deux charmants reclus,
Lassés tous deux de plaisirs défendus,
S'abandonnaient, l'un vers l'autre étendus,
Au doux repos d'une ivresse tranquille.
Un bruit affreux dérangea leur sommeil.
De tous côtés le flambeau de la guerre,
L'horrible mort éclaire leur réveil ;
Près du couvent le sang couvrait la terre.
Cet escadron de malandrins anglais
Avait battu cet escadron français.
Ceux-ci s'en vont au travers de la plaine,
Le fer en main ; ceux-là volent après,
Frappant, tuant, criant tous hors d'haleine :
« Mourez sur l'heure, ou rendez-nous Agnès. »
Mais aucun d'eux n'en savait des nouvelles.
Le vieux Colin, pasteur de ces cantons,
Leur dit : « Messieurs, en gardant mes moutons,
Je vis hier le miracle des belles
Qui vers le soir entrait en ce moutier. »
Lors les Anglais se mirent à crier :
« Ah ! c'est Agnès, n'en doutons point, c'est elle ;

Entrons, amis. » La cohorte cruelle
Saute à l'instant dessus ces murs bénis :
Voilà les loups au milieu des brebis.
　Dans le dortoir, de cellule en cellule,
A la chapelle, à la cave, en tout lieu,
Ces ennemis des servantes de Dieu
Attaquent tout sans honte et sans scrupule.
Ah ! sœur Agnès, sœur Marton, sœur Ursule,
Où courez-vous, levant les mains aux cieux,
Le trouble au sein, la mort dans vos beaux yeux?
Où fuyez-vous, colombes gémissantes?
Vous embrassez, interdites, tremblantes,
Ce saint autel, asile redouté,
Sacré garant de votre chasteté.
C'est vainement, dans ce péril funeste,
Que vous criez à votre époux céleste :
A ses yeux même, à ces mêmes autels,
Tendre troupeau, vos ravisseurs cruels
Vont profaner la foi pure et sacrée
Qu'innocemment votre bouche a jurée.
　Je sais qu'il est des lecteurs bien mondains,
Gens sans pudeur, ennemis des nonnains,
Mauvais plaisants, de qui l'esprit frivole
Ose insulter aux filles qu'on viole :
Laissons-les dire. Hélas ! mes chères sœurs,
Qu'il est affreux pour de si jeunes cœurs,
Pour des beautés si simples, si timides,
De se débattre en des bras homicides;
De recevoir les baisers dégoûtants
De ces félons de carnage fumants,
Qui, d'un effort détestable et farouche,

Les yeux en feu, le blasphème à la bouche,
Mêlant l'outrage avec la volupté,
Vous font l'amour avec férocité ;
De qui l'haleine horrible, empoisonnée,
La barbe dure et la main forcenée,
Le corps hideux, le bras noir et sanglant,
Semblent donner la mort en caressant,
Et qu'on prendrait, dans leurs fureurs étranges,
Pour des démons qui violent des anges !

Déjà le crime, aux regards effrontés,
A fait rougir ces pudiques beautés.
Sœur Rebondi, si dévote et si sage,
Au fier Shipunk est tombée en partage ;
Le dur Barclay, l'incrédule Warton,
Sont tous les deux après sœur Amidon.
On pleure, on prie, on jure, on presse, on cogne.
Dans le tumulte on voyait sœur Besogne
Se débattant contre Bard et Parson :
Ils ignoraient que Besogne est garçon,
Et la pressaient sans entendre raison.
Aimable Agnès, dans la troupe affligée
Vous n'étiez pas pour être négligée ;
Et votre sort, objet charmant et doux,
Est à jamais de pécher malgré vous.
Le chef sanglant de la gent sacrilége,
Hardi vainqueur, vous presse et vous assiége,
Et les soldats, soumis dans leur fureur,
Avec respect lui cédaient cet honneur.

Le juste ciel, en ses décrets sévères,
Met quelquefois un terme à nos misères.
Car dans le temps que messieurs d'Albion

Avaient placé l'abomination
Tout au milieu de la sainte Sion,
Du haut des cieux le patron de la France,
Le bon Denys, propice à l'innocence,
Crut échapper aux soupçons inquiets
Du fier saint George, ennemi des Français.
Du paradis il vint en diligence.
Mais pour descendre au terrestre séjour,
Plus ne monta sur un rayon du jour;
Sa marche alors aurait paru trop claire.
Il s'en alla vers le dieu du mystère[a],
Dieu sage et fin, grand ennemi du bruit,
Qui partout vole, et ne va que de nuit.
Il favorise (et certes c'est dommage)
Force fripons, mais il conduit le sage:
Il est sans cesse à l'église, à la cour;
Au temps jadis il a guidé l'Amour.
Il mit d'abord au milieu d'un nuage
Le bon Denys; puis il fit le voyage
Par un chemin solitaire, écarté,
Parlant tout bas, et marchant de côté.
 Des bons Français le protecteur fidèle
Non loin de Blois rencontra la Pucelle,
Qui sur le dos de son gros muletier
Gagnait pays par un petit sentier,
En priant Dieu qu'une heureuse aventure

---

[a] On ne connait point dans l'antiquité le dieu du mystère; c'est sans doute une invention de notre auteur, une allégorie. Il y avait plusieurs sortes de mystères chez les gentils, au rapport de Pausanias, de Porphyre, de Lactance, d'Aulus Gellius, d'Apuleius, etc. Mais ce n'est pas cela dont il s'agit ici. (1762).

CHANT XI.

Lui fît enfin retrouver son armure.
Tout du plus loin que saint Denys la vit,
D'un ton bénin le bon patron lui dit:
« Ô ma Pucelle, ô vierge destinée
A protéger les filles et les rois,
Viens secourir la pudeur aux abois,
Viens réprimer la rage forcenée,
Viens; que ce bras vengeur des fleurs de lis
Soit le sauveur de mes tendrons bénis:
Vois ce couvent, le temps presse, on viole:
Viens, ma Pucelle! » Il dit, et Jeanne y vole.
Le cher patron lui servant d'écuyer,
A coups de fouet hâtait le muletier.

Vous voici, Jeanne, au milieu des infames
Qui tourmentaient ces vénérables dames.
Jeanne était nue; un Anglais impudent
Vers cet objet tourne soudain la tête;
Il la convoite; il pense fermement
Qu'elle venait pour être de la fête.
Vers elle il court, et sur sa nudité
Il va cherchant la sale volupté.
On lui répond d'un coup de cimeterre
Droit sur le nez. L'infame roule à terre,
Jurant ce mot des Français révéré,
Mot énergique, au plaisir consacré[1],
Mot que souvent le profane vulgaire
Indignement prononce en sa colère.

Jeanne, à ses pieds foulant son corps sanglant,
Criait tout haut à ce peuple méchant:
« Cessez, cruels; cessez, troupe profane;

[1] Voyez chant III, vers 373, à la note. R.

O violeurs, craignez Dieu, craignez Jeanne! »
Ces mécréants, au grand œuvre attachés,
N'écoutaient rien, sur leurs nonnains juchés :
Tels des ânons broutent des fleurs naissantes,
Malgré les cris du maître et des servantes.
Jeanne, qui voit leurs impudents travaux,
De grande horreur saintement transportée,
Invoquant Dieu, de Denys assistée,
Le fer en main, vole de dos en dos,
De nuque en nuque et d'échine en échine,
Frappant, perçant de sa pique divine,
Pourfendant l'un alors qu'il commençait,
Dépêchant l'autre alors qu'il finissait,
Et moissonnant la cohorte félonne;
Si que chacun fut percé sur sa nonne,
Et perdant l'ame au fort de son desir,
Allait au diable en mourant de plaisir.

Isâc Warton, dont la lubrique rage
Avait pressé son détestable ouvrage,
Ce dur Warton fut le seul écuyer
Qui de sa nonne osa se délier,
Et droit en pied, reprenant son armure,
Attendit Jeanne, et changea de posture.

O vous, grand saint, protecteur de l'état,
Bon saint Denys, témoin de ce combat,
Daignez redire à ma muse fidèle
Ce qu'à vos yeux fit alors ma Pucelle.
Jeanne d'abord frémit, s'émerveilla :
« Mon cher Denys! mon saint, que vois-je là?
Mon corselet, mon armure céleste,
Ce beau présent que tu m'avais donné,

Brille à mes yeux au dos de ce damné !
Il a mon casque, il a ma soubreveste. »
Il était vrai ; la Jeanne avait raison :
La belle Agnès, en troquant de jupon,
De cette armure en secret habillée,
Par Jean Chandos fut bientôt dépouillée.
Isâc Warton, écuyer de Chandos,
Prit cette armure, et s'en couvrit le dos.

O Jeanne d'Arc ! ô fleur des héroïnes !
Tu combattais pour tes armes divines,
Pour ton grand roi si long-temps outragé,
Pour la pudeur de cent bénédictines,
Pour saint Denys de leur honneur chargé.
Denys la voit qui donne avec audace,
Cent coups de sabre à sa propre cuirasse,
A son armet d'une aigrette ombragé.
Au mont Etna, dans leur forge brûlante,
Du noir Vulcain les borgnes compagnons
Font retentir l'enclume étincelante
Sous des marteaux moins pesants et moins prompts,
En préparant au maître du tonnerre
Son gros canon trop bravé sur la terre.

Le fier Anglais, de fer enharnaché,
Recule un pas; son ame est stupéfaite
Quand il se voit si rudement touché
Par une jeune et fringante brunette.
La voyant nue, il sentit des remords ;
Sa main tremblait de blesser ce beau corps.
Il se défend, et combat en arrière,
De l'ennemie admirant les trésors,
Et se moquant de sa vertu guerrière.

Saint George alors au sein du paradis
Ne voyant plus son confrère Denys,
Se douta bien que le saint de la France
Portait aux siens sa divine assistance.
Il promenait ses regards inquiets
Dans les recoins du céleste palais.
Sans balancer aussitôt il demande
Son beau cheval connu dans la Légende.
Le cheval vint; George le bien monté [a],
La lance au poing, et le sabre au côté,
Va parcourant cet effroyable espace
Que des humains veut mesurer l'audace;
Ces cieux divers, ces globes lumineux,
Que fait tourner René le songe-creux [b]
Dans un amas de subtile poussière,
Beaux tourbillons que l'on ne prouve guère,
Et que Newton, rêveur bien plus fameux,
Fait tournoyer sans boussole et sans guide
Autour du rien, tout au travers du vide.
George, enflammé de dépit et d'orgueil,
Franchit ce vide, arrive en un clin d'œil
Devers les lieux arrosés par la Loire,
Où saint Denys croyait chanter victoire.
Ainsi l'on voit dans la profonde nuit

---

[a] Il est indubitable qu'on représente toujours saint George sur un beau cheval, et de là vient le proverbe, *monté comme un saint George*. (1762).

[b] Allusion aux tourbillons de Descartes et à sa matière subtile, imaginations ridicules, et qui ont eu si long-temps la vogue. On ne sait pourquoi l'auteur applique aussi l'épithète de *rêveur* à Newton, qui a prouvé le vide; c'est apparemment parceque Newton soupçonne qu'un esprit extrêmement élastique est la cause de la gravitation; au reste, il ne faut pas prendre une plaisanterie à la lettre. (1762).

Une comète, en sa longue carrière,
Étinceler d'une horrible lumière :
On voit sa queue, et le peuple frémit ;
Le pape en tremble, et la terre étonnée
Croit que les vins vont manquer cette année.
　Tout du plus loin que saint George aperçut
Monsieur Denys, de colère il s'émut ;
Et, brandissant sa lance meurtrière,
Il dit ces mots dans le vrai goût d'Homère[a] :
« Denys, Denys ! rival faible et hargneux,
Timide appui d'un parti malheureux,
Tu descends donc en secret sur la terre
Pour égorger mes héros d'Angleterre !
Crois-tu changer les ordres du destin,
Avec ton âne et ton bras féminin ?
Ne crains-tu pas que ma juste vengeance
Punisse enfin toi, ta fille, et la France ?
Ton triste chef, branlant sur ton cou tors,
S'est déjà vu séparé de ton corps :
Je veux t'ôter, aux yeux de ton Église,
Ta tête chauve en son lieu mal remise,
Et t'envoyer vers les murs de Paris,
Digne patron des badauds attendris,
Dans ton faubourg, où l'on chôme ta fête,
Tenir encore et rebaiser ta tête[1]. »
　Le bon Denys, levant les mains aux cieux,
Lui répondit d'un ton noble et pieux :

---

[a] Tout ce morceau est visiblement imité d'Homère. Minerve dit à Mars ce que le sage Denys dit ici au fier George : « O Mars ! ô Mars ! dieu sanglant, qui ne te plais qu'aux combats, etc. » (1762).

[1] Voyez la note de Voltaire sur le vers 206 du chant premier. R.

« O grand saint George, ô mon puissant confrère !
Veux-tu toujours écouter ta colère?
Depuis le temps que nous sommes au ciel,
Ton cœur dévot est tout pétri de fiel.
Nous faudra-t-il, bienheureux que nous sommes,
Saints enchâssés, tant fêtés chez les hommes,
Nous qui devons l'exemple aux nations,
Nous décrier par nos divisions?
Veux-tu porter une guerre cruelle
Dans le séjour de la paix éternelle?
Jusques à quand les saints de ton pays
Mettront-ils donc le trouble en paradis?
O fiers Anglais, gens toujours trop hardis,
Le ciel un jour, à son tour en colère,
Se lassera de vos façons de faire ;
Ce ciel n'aura, grace à vos soins jaloux,
Plus de dévots qui viennent de chez vous.
Malheureux saint, pieux atrabilaire,
Patron maudit d'un peuple sanguinaire,
Sois plus traitable; et, pour Dieu, laisse-moi
Sauver la France et secourir mon roi. »

A ce discours, George, bouillant de rage,
Sentit monter le rouge à son visage;
Et, des badauds contemplant le patron,
Il redoubla de force et de courage,
Car il prenait Denys pour un poltron.
Il fond sur lui, tel qu'un puissant faucon
Vole de loin sur un tendre pigeon.
Denys recule, et prudent il appelle
A haute voix son âne si fidèle,
Son âne ailé, sa joie et son secours.

« Viens, criait-il, viens défendre mes jours. »
Ainsi parlant, le bon Denys oublie
Que jamais saint n'a pu perdre la vie.
   Le beau grison revenait d'Italie
En ce moment; et moi, conteur succinct,
J'ai déjà dit ce qui fit qu'il revint.
A son Denys dos et selle il présente.
Notre patron, sur son âne élancé,
Sentit soudain sa valeur renaissante.
Subtilement il avait ramassé
Le fer tranchant d'un Anglais trépassé;
Lors, brandissant le fatal cimeterre,
Il pousse à George, il le presse, il le serre.
George indigné lui fait tomber en bref
Trois horions sur son malheureux chef:
Tous sont parés; Denys garde sa tête,
Et de ses coups dirige la tempête
Sur le cheval et sur le cavalier.
Le feu jaillit de l'élastique acier;
Les fers croisés, et de taille et de pointe,
A tout moment vont, au fort du combat,
Chercher le cou, le casque, le rabat,
Et l'auréole [1], et l'endroit délicat
Où la cuirasse à l'aiguillette est jointe.
   Ces vains efforts les rendaient plus ardents;
Tous deux tenaient la victoire en suspens,
Quand de sa voix terrible et discordante
L'âne entonna son octave écorchante.
Le ciel en tremble; Écho du fond des bois
En frémissant répète cette voix.

[1] Voyez la note a de la page 27. R.

George pâlit : Denys d'une main leste
Fait une feinte, et d'un revers céleste
Tranche le nez du grand saint d'Albion [a].
Le bout sanglant roule sur son arçon.

George, sans nez, mais non pas sans courage,
Venge à l'instant l'honneur de son visage,
Et jurant Dieu, selon les nobles *us*
De ses Anglais, d'un coup de cimeterre
Coupe à Denys ce que jadis saint Pierre,
Certain jeudi, fit tomber à Malchus.

A ce spectacle, à la voix ampoulée
De l'âne saint, à ses terribles cris,
Tout fut ému dans les divins lambris.
Le beau portail de la voûte étoilée
S'ouvrit alors, et des arches du ciel
On vit sortir l'archange Gabriel,
Qui, soutenu sur ses brillantes ailes,
Fend doucement les plaines éternelles,
Portant en main la verge qu'autrefois
Devers le Nil eut le divin Moïse,
Quand dans la mer, suspendue et soumise,
Il engloutit les peuples et les rois.

« Que vois-je ici ? cria-t-il en colère ;
Deux saints patrons, deux enfants de lumière,
Du Dieu de paix confidents éternels,
Vont s'échiner comme de vils mortels !
Laissez, laissez aux sots enfants des femmes
Les passions, et le fer, et les flammes ;
Abandonnez à leur profane sort

[a] Toujours imitation d'Homère, qui fait blesser Mars lui-même. (1762).
— *Iliade*, v, 858. R.

Les corps chétifs de ces grossières ames,
Nés dans la fange, et formés pour la mort :
Mais vous, enfants qu'au séjour de la vie
Le ciel nourrit de sa pure ambroisie,
Êtes-vous las d'être trop fortunés?
Êtes-vous fous? ciel! une oreille, un nez!
Vous que la grace et la miséricorde
Avaient formés pour prêcher la concorde,
Pouvez-vous bien de je ne sais quels rois
En étourdis embrasser la querelle?
Ou renoncez à la voûte éternelle,
Ou dans l'instant qu'on se rende à mes lois.
Que dans vos cœurs la charité s'éveille.
George insolent, ramassez cette oreille,
Ramassez, dis-je; et vous, monsieur Denys,
Prenez ce nez avec vos doigts bénis :
Que chaque chose en son lieu soit remise. »

Denys soudain va, d'une main soumise,
Rendre le bout au nez qu'il fit camus.
George à Denys rend l'oreille dévote
Qu'il lui coupa. Chacun des deux marmotte
A Gabriel un gentil *oremus;*
Tout se rajuste, et chaque cartilage
Va se placer à l'air de son visage.
Sang, fibres, chair, tout se consolida;
Et nul vestige aux deux saints ne resta
De nez coupé, ni d'oreille abattue;
Tant les saints ont la chair ferme et dodue!

Puis Gabriel, d'un ton de président :
« Çà, qu'on s'embrasse. » Il dit, et dans l'instant
Le doux Denys, sans fiel et sans colère,

De bonne foi baisa son adversaire :
Mais le fier George en l'embrassant jurait,
Et promettait que Denys le paierait.
Le bel archange, après cette embrassade,
Prend mes deux saints, et d'un air gracieux
A ses côtés les fait voguer aux cieux,
Où de nectar on leur verse rasade.

Peu de lecteurs croiront ce grand combat;
Mais sous les murs qu'arrosait le Scamandre,
N'a-t-on pas vu jadis avec éclat
Les dieux armés de l'Olympe descendre?
N'a-t-on pas vu chez cet Anglais Milton
D'anges ailés toute une légion [a]
Rougir de sang les célestes campagnes,
Jeter au nez quatre ou cinq cents montagnes,
Et qui pis est avoir du gros canon?
Or si jadis Michel et le démon
Se sont battus, messieurs Denys et George
Pouvaient sans doute, à plus forte raison,
Se rencontrer et se couper la gorge.

Mais dans le ciel si la paix revenait,
Il en était autrement sur la terre,
Séjour maudit de discorde et de guerre.
Le bon roi Charle en cent endroits courait,
Nommait Agnès, la cherchait, et pleurait.

---

[a] Milton, au cinquième chant du *Paradis perdu*, assure qu'une partie des anges fit de la poudre et des canons, et renversa par terre dans le ciel des légions d'anges; que ceux-ci prirent dans le ciel des centaines de montagnes, les chargèrent sur leur dos, avec les forêts plantées sur ces montagnes et les fleuves qui en coulaient, et qu'ils jetèrent fleuves, montagnes, et forêts sur l'artillerie ennemie. C'est un des morceaux les plus vraisemblables de ce poëme. (1762). — *Paradise lost*, VI, 512-520. R.

Et cependant Jeanne la foudroyante,
De son épée invincible et sanglante,
Au fier Warton le trépas préparait :
Elle l'atteint vers l'énorme partie
Dont cet Anglais profana le couvent ;
Warton chancelle, et son glaive tranchant
Quitte sa main par la mort engourdie ;
Il tombe, et meurt en reniant les saints.
Le vieux troupeau des antiques nonnains,
Voyant aux pieds de l'amazone auguste
Le chevalier sanglant et trébuché,
Disant *Ave*, s'écriait : « Il est juste
Qu'on soit puni par où l'on a péché. »

  Sœur Rebondi, qui dans la sacristie
A succombé sous le vainqueur impie,
Pleurait le traître en rendant grace au ciel ;
Et, mesurant des yeux le criminel,
Elle disait d'une voix charitable :
« Hélas ! hélas ! nul ne fut plus coupable. »

FIN DU CHANT ONZIÈME.

CHANT DOUZIÈME.

ARGUMENT.

Monrose tue l'aumônier. Charles retrouve Agnès, qui se consolait avec Monrose dans le château de Cutendre.

J'avais juré de laisser la morale,
De conter net, de fuir les longs discours:
Mais que ne peut ce grand dieu des amours?
Il est bavard, et ma plume inégale
Va griffonnant de son bec effilé
Ce qu'il inspire à mon cerveau brûlé.
Jeunes beautés, filles, veuves ou femmes,
Qu'il enrôla sous ses drapeaux charmants,
Vous qui lancez et recevez ses flammes,
Or dites-moi, quand deux jeunes amants,
Égaux en grace, en mérite, en talents,
Aux doux plaisirs tous deux vous sollicitent,
Également vous pressent, vous excitent,
Mettent en feu vos sensibles appas,
Vous éprouvez un étrange embarras.
Connaissez-vous cette histoire frivole
D'un certain âne, illustre dans l'école[1]?
Dans l'écurie on vint lui présenter

---

[1] On attribue à Jean Buridan, célèbre philosophe de l'université de Paris, l'invention du dilemme sophistique rapporté par Voltaire. On peut, à ce sujet, consulter Bayle, à l'article BURIDAN de son *Dictionnaire historique*. R.

Pour son dîner deux mesures égales,
De même forme, à pareils intervalles :
Des deux côtés l'âne se vit tenter
Également, et, dressant ses oreilles
Juste au milieu des deux formes pareilles,
De l'équilibre accomplissant les lois,
Mourut de faim, de peur de faire un choix.
N'imitez pas cette philosophie ;
Daignez plutôt honorer tout d'un temps
De vos bontés vos deux jeunes amants,
Et gardez-vous de risquer votre vie.

   A quelques pas de ce joli couvent,
Si pollué, si triste, et si sanglant,
Où le matin vingt nonnes affligées
Par l'amazone ont été trop vengées,
Près de la Loire était un vieux château
A pont-levis, mâchicoulis[a], tourelles ;
Un long canal transparent, à fleur d'eau,
En serpentant tournait au pied d'icelles,
Puis embrassait, en quatre cents jets d'arc,
Les murs épais qui défendaient le parc.
Un vieux baron, surnommé de Cutendre,
Était seigneur de cet heureux logis.
En sûreté chacun pouvait s'y rendre :
Le vieux seigneur, dont l'ame est bonne et tendre,
En avait fait l'asile du pays.
Français, Anglais, tous étaient ses amis ;
Tout voyageur en coche, en botte, en guêtre,
Ou prince, ou moine, ou nonne, ou turc, ou prêtre,

---

[a] *Mâchicoulis*, ou *mâchecoulis* ; ce sont des ouvertures entre les créneaux, par lesquelles on peut tirer sur l'ennemi quand il est dans le fossé. (1762).

Y recevait un accueil gracieux :
Mais il fallait qu'on entrât deux à deux ;
Car tout baron a quelque fantaisie,
Et celui-ci pour jamais résolut
Qu'en son châtel en nombre pair on fût,
Jamais impair : telle était sa folie.
Quand deux à deux on abordait chez lui,
Tout allait bien : mais malheur à celui
Qui venait seul en ce logis se rendre!
Il soupait mal; il lui fallait attendre
Qu'un compagnon formât ce nombre heureux,
Nombre parfait qui fait que deux font deux.

La fière Jeanne ayant repris ses armes,
Qui cliquetaient sur ses robustes charmes,
Devers la nuit y conduisit au frais,
En devisant, la belle et douce Agnès.
Cet aumônier qui la suivait de près,
Cet aumônier ardent, insatiable,
Arrive aux murs du logis charitable.
Ainsi qu'un loup qui mâche sous sa dent
Le fin duvet d'un jeune agneau bêlant,
Plein de l'ardeur d'achever sa curée,
Va du bercail escalader l'entrée :
Tel, enflammé de sa lubrique ardeur,
L'œil tout en feu, l'aumônier ravisseur
Allait cherchant les restes de sa joie,
Qu'on lui ravit lorsqu'il tenait sa proie.
Il sonne, il crie : on vient; on aperçut
Qu'il était seul, et soudain il parut
Que les deux bois dont les forces mouvantes
Font ébranler les solives tremblantes

Du pont-levis par les airs s'élevaient,
Et, s'élevant, le pont-levis haussaient.
A ce spectacle, à cet ordre du maître,
Qui jura Dieu? ce fut mon vilain prêtre.
Il suit des yeux les deux mobiles bois;
Il tend les mains, veut crier, perd la voix.
On voit souvent, du haut d'une gouttière,
Descendre un chat auprès d'une volière :
Passant la griffe à travers les barreaux
Qui contre lui défendent les oiseaux,
Son œil poursuit cette espèce emplumée,
Qui se tapit au fond d'une ramée.
Notre aumônier fut encor plus confus
Alors qu'il vit sous des ormes touffus
Un beau jeune homme à la tresse dorée,
Au sourcil noir, à la mine assurée,
Aux yeux brillants, au menton cotonné,
Au teint fleuri, par les graces orné,
Tout rayonnant des couleurs du bel âge :
C'était l'Amour, ou c'était mon beau page;
C'était Monrose. Il avait tout le jour
Cherché l'objet de son naissant amour.
Dans le couvent reçu par les nonnettes,
Il apparut à ces filles discrètes
Non moins charmant que l'ange Gabriel,
Pour les bénir venant du haut du ciel.
Les tendres sœurs, voyant le beau Monrose,
Sentaient rougir leurs visages de rose,
Disant tout bas : « Ah! que n'était-il là,
Dieu paternel, quand on nous viola! »
Toutes en cercle autour de lui se mirent,

Parlant sans cesse; et lorsqu'elles apprirent
Que ce beau page allait chercher Agnès,
On lui donna le coursier le plus frais,
Avec un guide, afin que sans esclandre
Il arrivât au château de Cutendre.

En arrivant, il vit près du chemin,
Non loin du pont, l'aumônier inhumain.
Lors, tout ému de joie et de colère:
« Ah! c'est donc toi, prêtre de Belzébut!
Je jure ici Chandos et mon salut,
Et, plus encor, les yeux qui m'ont su plaire,
Que tes forfaits vont enfin se payer. »
Sans repartir, le bouillant aumônier
Prend d'une main par la rage tremblante
Un pistolet[a], en presse la détente;
Le chien s'abat, le feu prend, le coup part;
Le plomb chassé siffle et vole au hasard,
Suivant au loin la ligne mal mirée
Que lui traçait une main égarée.
Le page vise, et, par un coup plus sûr,
Atteint le front, ce front horrible et dur,
Où se peignait une ame détestable.

L'aumônier tombe, et le page vainqueur
Sentit alors dans le fond de son cœur
De la pitié le mouvement aimable.
« Hélas! dit-il, meurs du moins en chrétien,
Dis *Te Deum;* tu vécus comme un chien;

---

[a] Il faut avouer que les pistolets ne furent inventés à Pistoie que long-temps après. Nous n'osons affirmer qu'il soit permis d'anticiper ainsi les temps; mais que ne pardonne-t-on point dans un poëme épique? l'épopée a de grands droits. (1762).

Demande au ciel pardon de ta luxure ;
Prononce *amen* ; donne ton ame à Dieu. »
« Non, répondit le maraud à tonsure ;
Je suis damné, je vais au diable : adieu. »
Il dit, et meurt ; son ame déloyale
Alla grossir la cohorte infernale [a].

Tandis qu'ainsi ce monstre impénitent
Allait rôtir aux brasiers de Satan,
Le bon roi Charle, accablé de tristesse,
Allait cherchant son errante maîtresse,
Se promenant, pour calmer sa douleur,
Devers la Loire avec son confesseur.
Il faut ici, lecteur, que je remarque
En peu de mots ce que c'est qu'un docteur
Qu'en sa jeunesse un amoureux monarque
Par étiquette a pris pour directeur.
C'est un mortel tout pétri d'indulgence,
Qui doucement fait pencher dans ses mains
Du bien, du mal la trompeuse balance ;
Vous mène au ciel par d'aimables chemins,
Et fait pécher son maître en conscience :
Son ton, ses yeux, son geste composant,
Observant tout, flattant avec adresse
Le favori, le maître, la maîtresse ;
Toujours accort, et toujours complaisant.

Le confesseur du monarque gallique
Était un fils du bon saint Dominique ;

---

[a] L'équité demande que nous fassions ici une remarque sur la morale admirable de ce poëme. Le vice y est toujours puni : l'aumônier scandaleux meurt impénitent, Grisbourdon est damné, Chandos est vaincu et tué, etc. C'est ce que le sage Horatius Flaccus recommande *in Arte poetica*. (1762).

Il s'appelait le père Bonifoux,
Homme de bien, se fesant tout à tous.
Il lui disait d'un ton dévot et doux:
« Que je vous plains! la partie animale
Prend le dessus : la chose est bien fatale.
Aimer Agnès est un péché vraiment;
Mais ce péché se pardonne aisément :
Au temps jadis il était fort en vogue
Chez les Hébreux, enfants du Décalogue.
Cet Abraham, ce père des croyants,
Avec Agar s'avisa d'être père ;
Car sa servante avait des yeux charmants,
Qui de Sara méritaient la colère.
Jacob le juste épousa les deux sœurs.
Tout patriarche a connu les douceurs
Du changement dans l'amoureux mystère.
Le vieux Booz en son vieux lit reçut
Après moisson la bonne et vieille Ruth;
Et, sans compter la belle Bethsabée,
Du bon David l'ame fut absorbée
Dans les plaisirs de son ample sérail.
Son vaillant fils, fameux par sa crinière,
Un beau matin, par vertu singulière,
Vous repassa tout ce gentil bercail.
De Salomon vous savez le partage :
Comme un oracle on écoutait sa voix ;
Il savait tout; et des rois le plus sage
Était aussi le plus galant des rois.
De leurs péchés si vous suivez la trace,
Si vos beaux ans sont livrés à l'amour,
Consolez-vous; la sagesse a son tour.

Jeune on s'égare, et vieux on obtient grace. »
« Ah! dit Charlot, ce discours est fort bon;
Mais que je suis bien loin de Salomon!
Que son bonheur augmente mes détresses!
Pour ses ébats il eut trois cents maîtresses[a];
Je n'en ai qu'une; hélas! je ne l'ai plus. »
Des pleurs alors, sur son nez répandus,
Interrompaient sa voix tendre et plaintive;
Lorsqu'il avise, en tournant vers la rive,
Sur un cheval trottant d'un pas hardi,
Un manteau rouge, un ventre rebondi,
Un vieux rabat; c'était Bonneau lui-même.
Or chacun sait qu'après l'objet qu'on aime,
Rien n'est plus doux pour un parfait amant
Que de trouver son très cher confident.
Le roi, perdant et reprenant haleine,
Crie à Bonneau : « Quel démon te ramène?
Que fait Agnès? dis; d'où viens-tu? quels lieux
Sont embellis, éclairés par ses yeux?
Où la trouver? dis donc, réponds donc, parle. »

Aux questions qu'enfilait le roi Charle,
Le bon Bonneau conta de point en point
Comme il avait été mis en pourpoint,
Comme il avait servi dans la cuisine,
Comme il avait, par fraude clandestine
Et par miracle, à Chandos échappé,
Quand à se battre on était occupé;
Comme on cherchait cette beauté divine :
Sans rien omettre il raconta fort bien

---

[a] Charles oublie sept cents femmes, ce qui fait mille. Mais en cela nous ne pouvons qu'applaudir à la retenue de l'auteur et à sa sagesse. (1762).

Ce qu'il savait; mais il ne savait rien.
Il ignorait la fatale aventure,
Du prêtre anglais la brutale luxure,
Du page aimé l'amour respectueux,
Et du couvent le sac incestueux.

Après avoir bien expliqué leurs craintes,
Repris cent fois le fil de leurs complaintes,
Maudit le sort et les cruels Anglais,
Tous deux étaient plus tristes que jamais.
Il était nuit; le char de la grande Ourse[a]
Vers son nadir avait fourni sa course.
Le jacobin dit au prince pensif:
— « Il est bien tard; soyez mémoratif
Que tout mortel, prince ou moine, à cette heure,
Devrait chercher quelque honnête demeure,
Pour y souper et pour passer la nuit. »
Le triste roi, par le moine conduit,
Sans rien répondre, et ruminant sa peine,
Le cou penché, galope dans la plaine;
Et bientôt Charle, et le prêtre, et Bonneau,
Furent tous trois aux fossés du château.

Non loin du pont était l'aimable page,
Lequel, ayant jeté dans le canal
Le corps maudit de son damné rival,
Ne perdait point l'objet de son voyage.
Il dévorait en secret son ennui,
Voyant ce pont entre sa dame et lui.
Mais quand il vit aux rayons de la lune

---

[a] Le nadir, en arabe, signifie le plus bas, et le zénith le plus haut. La grande Ourse est l'Arctos des Grecs, qui a donné son nom au pôle arctique. (1762).

Les trois Français, il sentit que son cœur
Du doux espoir éprouvait la chaleur;
Et d'une grace adroite et non commune
Cachant son nom, et surtout son ardeur,
Dès qu'il parut, dès qu'il se fit entendre,
Il inspira je ne sais quoi de tendre;
Il plut au prince, et le moine bénin
Le caressait de son air patelin,
D'un œil dévot, et du plat de la main.

Le nombre pair étant formé de quatre,
On vit bientôt les deux flèches abattre
Le pont mobile; et les quatre coursiers
Font en marchant gémir les madriers[a].
Le gros Bonneau tout essoufflé chemine,
En arrivant, droit devers la cuisine,
Songe au souper; le moine au même lieu
Dévotement en rendit grace à Dieu.
Charles, prenant un nom de gentilhomme,
Court à Cutendre avant qu'il prît son somme.
Le bon baron lui fit son compliment,
Puis le mena dans son appartement.
Charle a besoin d'un peu de solitude,
Il veut jouir de son inquiétude;
Il pleure Agnès: il ne se doutait pas
Qu'il fût si près de ses jeunes appas.

Le beau Monrose en sut bien davantage.
Avec adresse il fit causer un page,
Il se fit dire où reposait Agnès,
Remarquant tout avec des yeux discrets.

[a] Ce sont les planches du pont : elles ne prennent le nom de madriers que quand elles ont quatre pouces d'épaisseur. (1762).

Ainsi qu'un chat, qui d'un regard avide
Guette au passage une souris timide,
Marchant tout doux, la terre ne sent pas
L'impression de ses pieds délicats ;
Dès qu'il l'a vue, il a sauté sur elle :
Ainsi Monrose, avançant vers la belle,
Étend un bras, puis avance à tâtons,
Posant l'orteil et haussant les talons.
Agnès, Agnès, il entre dans ta chambre !
Moins promptement la paille vole à l'ambre,
Et le fer suit moins sympathiquement
Le tourbillon qui l'unit à l'aimant.
Le beau Monrose en arrivant se jette
A deux genoux au bord de la couchette,
Où sa maîtresse avait entre deux draps,
Pour sommeiller, arrangé ses appas.
De dire un mot aucun d'eux n'eut la force
Ni le loisir ; le feu prit à l'amorce
En un clin d'œil ; un baiser amoureux
Unit soudain leurs bouches demi-closes ;
Leur ame vint sur leurs lèvres de roses ;
Un tendre feu sortit de leurs beaux yeux ;
Dans leurs baisers leurs langues se cherchèrent :
Qu'éloquemment alors elles parlèrent !
Discours muets, langage des desirs,
Charmant prélude, organe des plaisirs,
Pour un moment il vous fallut suspendre
Ce doux concert, et ce duo si tendre.
 Agnès aida Monrose impatient
A dépouiller, à jeter promptement
De ses habits l'incommode parure,

Déguisement qui pèse à la nature,
Dans l'âge d'or aux mortels inconnu,
Que hait surtout un dieu qui va tout nu.
　Dieux! quels objets! est-ce Flore et Zéphyre?
Est-ce Psyché qui caresse l'Amour?
Est-ce Vénus que le fils de Cynire [a]
Tient dans ses bras loin des rayons du jour,
Tandis que Mars est jaloux et soupire?
　Le Mars français, Charle, au fond du château,
Soupire alors avec l'ami Bonneau,
Mange à regret et boit avec tristesse.
Un vieux valet, bavard de son métier,
Pour égayer sa taciturne altesse [b],
Apprit au roi, sans se faire prier,
Que deux beautés, l'une robuste et fière,
Aux cheveux noirs, à la mine guerrière,
L'autre plus douce, aux yeux bleus, au teint frais,
Couchaient alors dans la gentilhommière.
Charle étonné les soupçonne à ces traits;
Il se fait dire et puis redire encore
Quels sont les yeux, la bouche, les cheveux,
Le doux parler, le maintien vertueux
Du cher objet de son cœur amoureux:
C'est elle enfin, c'est tout ce qu'il adore;
Il en est sûr, il quitte son repas.
　« Adieu, Bonneau : je cours entre ses bras. »

---

[a] Adonis. (1762).

[b] On traitait les rois d'altesse alors. (1762). — « Louis XI fut le premier « en France qu'on appela communément *Majesté*... Mais on se servait du « terme d'*Altesse* avec les rois de France long-temps après lui; et on voit « encore des lettres à Henri III, dans lesquelles on lui donne ce titre. » Voyez *Dictionnaire philosophique*, article CÉRÉMONIES. R.

Il dit et vole, et non pas sans fracas:
Il était roi, cherchant peu le mystère.
 Plein de sa joie, il répète et redit
Le nom d'Agnès, tant qu'Agnès l'entendit.
Le couple heureux en trembla dans son lit.
Que d'embarras! comment sortir d'affaire?
Voici comment le beau page s'y prit:
Près du lambris, dans une grande armoire,
On avait mis un petit oratoire,
Autel de poche, où, lorsque l'on voulait,
Pour quinze sous un capucin [a] venait.
Sur le retable, en voûte pratiquée,
Est une niche en attendant son saint.
D'un rideau vert la niche était masquée.
Que fait Monrose? un beau penser lui vint
De s'ajuster dans la niche sacrée;
En bienheureux, derrière le rideau,
Il se tapit, sans pourpoint, sans manteau.
Charles volait, et presque dès l'entrée
Il saute au cou de sa belle adorée;
Et, tout en pleurs, il veut jouir des droits
Qu'ont les amants, surtout quand ils sont rois.
Le saint caché frémit à cette vue;
Il fait du bruit, et la toile remue:
Le prince approche, il y porte la main,
Il sent un corps, il recule, il s'écrie:
« Amour, Satan, saint François, saint Germain! »
Moitié frayeur et moitié jalousie;
Puis tire à lui, fait tomber sur l'autel,

---

[a] Il n'y avait point encore de pères capucins; c'est une faute contre *le costume*. (1762).

Avec grand bruit, le rideau sous lequel
Se blottissait cette aimable figure
Qu'à son plaisir façonna la nature.
Son dos tourné par pudeur étalait
Ce que César sans pudeur soumettait
A Nicomède en sa belle jeunesse [a],
Ce que jadis le héros de la Grèce
Admira tant dans son Éphestion [b],
Ce qu'Adrien mit dans le Panthéon :
Que les héros, ô ciel, ont de faiblesse !

Si mon lecteur n'a point perdu le fil
De cette histoire, au moins se souvient-il
Que dans le camp la courageuse Jeanne
Traça jadis au bas du dos profane,
D'un doigt conduit par monsieur saint Denys,
Adroitement trois belles fleurs de lis.
Cet écusson, ces trois fleurs, ce derrière,
Émurent Charle : il se mit en prière ;
Il croit que c'est un tour de Belzébut.
De repentir et de douleur atteinte,
La belle Agnès s'évanouit de crainte.
Le prince alors, dont le trouble s'accrut,
Lui prend les mains : « Qu'on vole ici vers elle ;
Accourez tous ; le diable est chez ma belle. »

---

[a] Des ignorants, dans les éditions précédentes toutes tronquées, avaient imprimé Licomède au lieu de Nicomède : c'était un roi de Bithynie. « Cæsar in Bithyniam missus, dit Suétone, desedit apud Nicomedem, non sine rumore prostratæ regi pudicitiæ. (1762). — *C. J. Cæs.*, 2. R.

[b] « Alexander pædicator Hephæstionis, Adrianus Antinoi. » Non seulement l'empereur Adrien fit mettre la statue d'Antinoüs dans le Panthéon, mais il lui érigea un temple ; et Tertullien avoue qu'Antinoüs fesait des miracles. (1762).

Aux cris du roi le confesseur troublé
Non sans regret quitte aussitôt la table;
L'ami Bonneau monte tout essoufflé;
Jeanne s'éveille, et, d'un bras redoutable
Prenant ce fer que la victoire suit,
Cherche l'endroit d'où partait tout le bruit :
Et cependant le baron de Cutendre
Dormait à l'aise, et ne put rien entendre.

FIN DU CHANT DOUZIÈME.

CHANT TREIZIÈME.

ARGUMENT.

Sortie du château de Cutendre. Combat de la Pucelle et de Jean Chandos : étrange loi du combat à laquelle la Pucelle est soumise. Vision du père Bonifoux. Miracle qui sauve l'honneur de Jeanne.

C'était le temps de la saison brillante,
Quand le soleil aux bornes de son cours
Prend sur les nuits pour ajouter aux jours,
Et, se plaisant, dans sa démarche lente,
A contempler nos fortunés climats,
Vers le tropique arrête encor ses pas.
O grand saint Jean ! c'était alors ta fête [a];
Premier des Jeans, orateur des déserts,
Toi qui criais jadis à pleine tête
Que du salut les chemins soient ouverts;
Grand précurseur, je t'aime, je te sers.
Un autre Jean eut la bonne fortune
De voyager au pays de la lune
Avec Astolphe, et rendit la raison [b],

---

[a] L'auteur désigne clairement la fin du mois de juin. La fête de saint Jean le baptiseur, qu'on appelle Baptiste, est célébrée le 24 juin. (1762).

[b] Ce que dit ici l'auteur fait allusion au trente-quatrième chant de l'*Orlando furioso*:

> Quando scoprendo il nome suo gli disse
> Esser colui che l'Evangelio scrisse.

Voyez notre Préface, et surtout souvenez-vous qu'Arioste place saint Jean

Si l'on en croit un auteur véridique,
Au paladin amoureux d'Angélique :
Rends-moi la mienne, ô Jean second du nom!
Tu protégeas ce chantre aimable et rare
Qui réjouit les seigneurs de Ferrare
Par le tissu de ses contes plaisants;
Tu pardonnas aux vives apostrophes
Qu'il t'adressa dans ses comiques strophes :
Étends sur moi tes secours bienfesants;
J'en ai besoin, car tu sais que les gens
Sont bien plus sots et bien moins indulgents.
Qu'on ne l'était au siècle du génie,
Quand l'Arioste illustrait l'Italie.
Protége-moi contre ces durs esprits,
Frondeurs pesants de mes légers écrits.
Si quelquefois l'innocent badinage
Vient en riant égayer mon ouvrage,
Quand il le faut je suis très sérieux;
Mais je voudrais n'être point ennuyeux.
Conduis ma plume, et surtout daigne faire
Mes compliments à Denys ton confrère.

dans la lune avec les trois Parques. (1773). — Le commencement de cette note est de 1762. Après la citation des deux vers de l'*Orlando*, Voltaire ajoutait : « Et au trente-cinquième, le même saint Jean l'Évangéliste dit à
« Astolfe :

> Gli scrittori amo, e fo il debito mio;
> Ch' al vostro mondo fù scrittor' anche io,
> E ben convenne al mio lodato Cristo
> Render mi guiderdon d'un si gran sortoe.

« Nous n'osons traduire ces vers italiens, qui paraîtraient des profanations;
« cependant on ne s'en formalise pas en Italie : mais nous ne pouvons nous
« empêcher de louer notre auteur, lequel n'a jamais poussé si loin son in-
« nocent-badinage. » R.

En accourant, la fière Jeanne d'Arc
D'une lucarne aperçut dans le parc
Cent palefrois, une brillante troupe
De chevaliers ayant dames en croupe,
Et d'écuyers qui tenaient dans leurs mains
Tout l'attirail des combats inhumains,
Cent boucliers où des nuits la courrière
Réfléchissait sa tremblante lumière ;
Cent casques d'or d'aigrettes ombragés,
Et les longs bois d'un fer pointu chargés,
Et des rubans dont les touffes dorées
Pendaient au bout des lances acérées.
Voyant cela, Jeanne crut fermement
Que les Anglais avaient surpris Cutendre :
Mais Jeanne d'Arc se trompa lourdement.
En fait de guerre on peut bien se méprendre,
Ainsi qu'ailleurs : mal voir et mal entendre
De l'héroïne était souvent le cas,
Et saint Denys ne l'en corrigea pas.
   Ce n'était point des enfants d'Angleterre
Qui de Cutendre avaient surpris la terre ;
C'est ce Dunois de Milan revenu,
Ce grand Dunois à Jeanne si connu ;
C'est La Trimouille avec sa Dorothée.
Elle était d'aise et d'amour transportée ;
Elle en avait sujet assurément :
Elle voyage avec son cher amant,
Ce cher amant, ce tendre La Trimouille,
Que l'honneur guide et que l'amour chatouille.
Elle le suit toujours avec honneur,
Et ne craint plus monsieur l'inquisiteur.

En nombre pair cette troupe dorée
Dans le château la nuit était entrée.
Jeanne y vola : le bon roi, qui la vit,
Crut qu'elle allait combattre, et la suivit;
Et, dans l'erreur qui trompait son courage,
Il laisse encore Agnès avec son page.
O page heureux, et plus heureux cent fois
Que le plus grand, le plus chrétien des rois,
Que de bon cœur alors tu rendis grace
Au benoît saint dont tu tenais la place!
Il te fallut rhabiller promptement;
Tu rajustas ta trousse diaprée;
Agnès t'aidait d'une main timorée,
Qui s'égarait et se trompait souvent.
Que de baisers sur sa bouche de rose
Elle reçut en rhabillant Monrose!
Que son bel œil, le voyant rajusté,
Semblait encor chercher la volupté!
Monrose au parc descendit sans rien dire.
Le confesseur tout saintement soupire,
Voyant passer ce beau jeune garçon,
Qui lui donnait de la distraction.
La douce Agnès composa son visage,
Ses yeux, son air, son maintien, son langage.
Auprès du roi Bonifoux se rendit,
Le consola, le rassura, lui dit
Que dans la niche un envoyé céleste
Était d'en-haut venu pour annoncer
Que des Anglais la puissance funeste
Touchait au terme, et que tout doit passer;
Que le roi Charle obtiendrait la victoire.

Charles le crut, car il aimait à croire.
La fière Jeanne appuya ce discours.
« Du ciel, dit-elle, acceptons le secours ;
Venez, grand prince, et rejoignons l'armée,
De votre absence à bon droit alarmée. »

  Sans balancer, La Trimouille et Dunois
De cet avis furent à haute voix.
Par ces héros la belle Dorothée
Honnêtement au roi fut présentée.
Agnès la baise, et le noble escadron
Sortit enfin du logis du baron.

  Le juste ciel aime souvent à rire
Des passions du sublunaire empire.
Il regardait cheminer dans les champs
Cet escadron de héros et d'amants.
Le roi de France allait près de sa belle,
Qui, s'efforçant d'être toujours fidèle,
Sur son cheval la main lui présentait,
Serrait la sienne, exhalait sa tendresse,
Et cependant, ô comble de faiblesse !
De temps en temps le beau page lorgnait.
Le confesseur psalmodiant suivait,
Des voyageurs récitait la prière,
S'interrompait en voyant tant d'attraits,
Et regardait avec des yeux distraits
Le roi, le page, Agnès, et son bréviaire.
Tout brillant d'or, et le cœur plein d'amour,
Ce La Trimouille, ornement de la cour,
Caracolait auprès de Dorothée
Ivre de joie et d'amour transportée,
Qui le nommait son cher libérateur,

Son cher amant, l'idole de son cœur.
Il lui disait : « Je veux, après la guerre,
Vivre à mon aise avec vous dans ma terre.
O cher objet dont je suis toujours fou !
Quand serons-nous tous les deux en Poitou ? »

Jeanne auprès d'eux, ce fier soutien du trône,
Portant corset et jupon d'amazone,
Le chef orné d'un petit chapeau vert,
Enrichi d'or et de plumes couvert,
Sur son fier âne étalait ses gros charmes,
Parlait au roi, courait, allait le pas,
Se rengorgeait, et soupirait tout bas
Pour le Dunois compagnon de ses armes ;
Car elle avait toujours le cœur ému,
Se souvenant de l'avoir vu tout nu.

Bonneau, portant barbe de patriarche,
Suant, soufflant, Bonneau fermait la marche.
O d'un grand roi serviteur précieux !
Il pense à tout ; il a soin de conduire
Deux gros mulets tout chargés de vins vieux,
Longs saucissons, pâtés délicieux,
Jambons, poulets, ou cuits ou prêts à cuire.

On avançait, alors que Jean Chandos,
Cherchant partout son Agnès et son page,
Au coin d'un bois, près d'un certain passage,
Le fer en main rencontra nos héros.
Chandos avait une suite assez belle
De fiers Bretons, pareille en nombre à celle
Qui suit les pas du monarque amoureux ;
Mais elle était d'espèce différente,
On n'y voyait ni tétons ni beaux yeux.

« Oh! oh! dit-il d'une voix menaçante,
Galants Français, objets de mon courroux,
Vous aurez donc trois filles avec vous,
Et moi Chandos je n'en aurai pas une!
Çà, combattons : je veux que la fortune
Décide ici qui sait le mieux de nous
Mettre à plaisir ses ennemis dessous,
Frapper d'estoc et pointer de sa lance.
Que de vous tous le plus ferme s'avance,
Qu'on entre en lice ; et celui qui vaincra
L'une des trois à son aise tiendra. »

Le roi, piqué de cette offre cynique,
Veut l'en punir, s'avance, prend sa pique.
Dunois lui dit : « Ah! laissez-moi, seigneur,
Venger mon prince et des dames l'honneur. »
Il dit et court : La Trimouille l'arrête ;
Chacun prétend à l'honneur de la fête.
L'ami Bonneau, toujours de bon accord,
Leur proposa de s'en remettre au sort.
Car c'est ainsi que les guerriers antiques
En ont usé dans les temps héroïques:
Même aujourd'hui dans quelques républiques
Plus d'un emploi, plus d'un rang glorieux,
Se tire aux dés[a], et tout en va bien mieux.
Si j'osais même en cette noble histoire
Citer des gens que tout mortel doit croire,

---

[a] Les exemples des sorts sont très fréquents dans Homère. On devinait aussi par les sorts chez les Hébreux. Il est dit que la place de Judas fut tirée au sort; et aujourd'hui à Venise, à Gênes, et dans d'autres états, on tire au sort plusieurs places. (1762). — C'est dans les *Actes des Apôtres*, 1, 26, qu'il est dit que la place de Judas fut tirée au sort. R.

Je vous dirais que monsieur saint Mathias
Obtint ainsi la place de Judas.
Le gros Bonneau tient le cornet, soupire,
Craint pour son roi, prend les dés, roule, tire.
Denys, du haut du céleste rempart,
Voyait le tout d'un paternel regard;
Et, contemplant la Pucelle et son âne,
Il conduisait ce qu'on nomme hasard.
Il fut heureux, le sort échut à Jeanne.
Jeanne, c'était pour vous faire oublier
L'infame jeu de ce grand cordelier,
Qui ci-devant avait raflé vos charmes.

Jeanne à l'instant court au roi, court aux armes,
Modestement va derrière un buisson
Se délacer, détacher son jupon,
Et revêtir son armure sacrée,
Qu'un écuyer tient déjà préparée;
Puis sur son âne elle monte en courroux,
Branlant sa lance, et serrant les genoux:
Elle invoquait les onze mille belles,
Du pucelage héroïnes fidèles [a].
Pour Jean Chandos, cet indigné chrétien
Dans les combats n'invoquait jamais rien.

Jean contre Jeanne avec fureur avance:
Des deux côtés égale est la vaillance;
Ane et cheval, bardés, coiffés de fer,
Sous l'éperon partent comme un éclair,
Vont se heurter, et de leur tête dure
Front contre front fracassent leur armure;

---

[a] Les onze mille vierges et martyres enterrées à Cologne. (1762).

CHANT XIII.

La flamme en sort, et le sang du coursier
Teint les éclats du voltigeant acier.
Du choc affreux les échos retentissent;
Des deux coursiers les huit pieds rejaillissent;
Et les guerriers, du coup désarçonnés,
Tombent chacun sur la croupe étonnés :
Ainsi qu'on voit deux boules suspendues
Aux bouts égaux de deux cordes tendues,
Dans une courbe au même instant partir,
Hâter leur cours, se heurter, s'aplatir,
Et remonter sous le choc qui les presse,
Multipliant leur poids par leur vitesse.
Chaque parti crut morts les deux coursiers,
Et tressaillit pour les deux chevaliers.

Or des Français la championne auguste
N'avait la chair si ferme, si robuste,
Les os si durs, les membres si dispos,
Si musculeux, que le fier Jean Chandos.
Son équilibre ayant dans cette rixe
Abandonné sa ligne et son point fixe,
Son quadrupède un haut-le-corps lui fit,
Qui dans le pré Jeanne d'Arc étendit
Sur son beau dos, sur sa cuisse gentille,
Et comme il faut que tombe toute fille.

Chandos pensait qu'en ce grand désarroi
Il avait mis ou Dunois ou le roi.
Il veut soudain contempler sa conquête :
Le casque ôté, Chandos voit une tête
Où languissaient deux grands yeux noirs et longs.
De la cuirasse il défait les cordons;
Il voit (ô ciel! ô plaisir! ô merveille!)

Deux gros tétons de figure pareille,
Unis, polis, séparés, demi-ronds,
Et surmontés de deux petits boutons
Qu'en sa naissance a la rose vermeille.
On tient qu'alors, en élevant la voix,
Il bénit Dieu pour la première fois.
« Elle est à moi, la Pucelle de France !
S'écria-t-il ; contentons ma vengeance.
J'ai, grace au ciel, doublement mérité
De mettre à bas cette fière beauté.
Que saint Denys me regarde et m'accuse ;
Mars et l'Amour sont mes droits, et j'en use. »
 Son écuyer disait : « Poussez, milord ;
Du trône anglais affermissez le sort.
Frère Lourdis en vain nous décourage ;
Il jure en vain que ce saint pucelage
Est des Troyens le grand palladium,
Le bouclier sacré du Latium[a] ;
De la victoire il est, dit-il, le gage ;
C'est l'oriflamme : il faut vous en saisir. »
« Oui, dit Chandos, et j'aurai pour partage
Les plus grands biens, la gloire et le plaisir. »
 Jeanne pâmée écoutait ce langage
Avec horreur, et fesait mille vœux
A saint Denys, ne pouvant faire mieux.
Le grand Dunois, d'un courage héroïque,
Veut empêcher le triomphe impudique :
Mais comment faire ? il faut dans tout état
Qu'on se soumette à la loi du combat.

---

[a] C'était un bouclier qui était tombé du ciel à Rome, et qui était gardé soigneusement, comme un gage de la sûreté de la ville. (1762).

Les fers en l'air et la tête penchée,
L'oreille basse et du choc écorchée,
Languissamment le céleste baudet
D'un œil confus Jean Chandos regardait.
Il nourrissait dès long-temps dans son ame
Pour la Pucelle une discrète flamme,
Des sentiments nobles et délicats
Très peu connus des ânes d'ici-bas.

 Le confesseur du bon monarque Charle
Tremble en sa chair alors que Chandos parle.
Il craint surtout que son cher pénitent,
Pour soutenir la gloire de la France,
Qu'on avilit avec tant d'impudence,
A son Agnès n'en veuille faire autant;
Et que la chose encor soit imitée
Par La Trimouille et par sa Dorothée.
Au pied d'un chêne il entre en oraison,
Et fait tout bas sa méditation
Sur les effets, la cause, la nature
Du doux péché qu'aucuns nomment luxure.

 En méditant avec attention,
Le benoît moine eut une vision
Assez semblable au prophétique songe
De ce Jacob, heureux par un mensonge [a],
Pate-pelu dont l'esprit lucratif
Avait vendu ses lentilles en Juif.

---

[a] Notre auteur entend sans doute l'artifice dont usa Jacob quand il se fit passer pour Ésaü. Pate-pelu signifie les gants de peau et de poil dont il couvrit ses mains. (1762). — Pate-pelu, expression rabelaisienne. Voyez *Pantagruel*, ancien prologue du quart livre. R.

Ce vieux Jacob (ô sublime mystère!)
Devers l'Euphrate une nuit aperçut
Mille béliers qui grimpèrent en rut
Sur des brebis qui les laissèrent faire.
Le moine vit de plus plaisants objets;
Il vit courir à la même aventure
Tous les héros de la race future.
Il observait les différents attraits
De ces beautés qui, dans leur douce guerre,
Donnent des fers aux maîtres de la terre.
Chacune était auprès de son héros,
Et l'enchaînait des chaînes de Paphos.
Tels, au retour de Flore et de Zéphyre,
Quand le printemps reprend son doux empire,
Tous ces oiseaux, peints de mille couleurs,
Par leurs amours agitent les feuillages:
Les papillons se baisent sur les fleurs,
Et les lions courent sous les ombrages
A leurs moitiés qui ne sont plus sauvages.
 C'est là qu'il vit le beau François premier.
Ce brave roi, ce loyal chevalier,
Avec Étampe heureusement oublie [a]
Les autres fers qu'il reçut à Pavie.
Là Charles-Quint joint le myrte au laurier,
Sert à-la-fois la Flamande et la Maure.
Quels rois, ô ciel! l'un à ce beau métier
Gagne la goutte, et l'autre pis encore.
Près de Diane on voit danser les Ris [b],

[a] Anne de Pisseleu, duchesse d'Étampes. (1762).
[b] Diane de Poitiers, duchesse de Valentinois. (1762).

Aux mouvements que l'Amour lui fait faire.
Quand dans ses bras tendrement elle serre,
En se pâmant, le second des Henris.
De Charles neuf le successeur volage ª
Quitte en riant sa Chloris pour un page,
Sans s'alarmer des troubles de Paris.

Mais quels combats le jacobin vit rendre
Par Borgia le sixième Alexandre!
En cent tableaux il est représenté:
Là sans tiare, et d'amour transporté:
Avec Vanoze il se fait sa famille ᵇ;
Un peu plus bas on voit sa sainteté
Qui s'attendrit pour Lucrèce sa fille.
O Léon dix! ô sublime Paul trois!
A ce beau jeu vous passiez tous les rois;
Mais vous cédez à mon grand Béarnois,
A ce vainqueur de la Ligue rebelle,
A mon héros plus connu mille fois
Par les plaisirs que goûta Gabrielle,
Que par vingt ans de travaux et d'exploits.

Bientôt on voit le plus beau des spectacles,
Ce siècle heureux, ce siècle des miracles,
Ce grand Louis, cette superbe cour

ª Henri III et ses mignons. (1762).

ᵇ Alexandre VI, pape, eut trois enfants de Vanoza. Lucrèce, sa fille, passa pour être sa maîtresse et celle de son frère: « Alexandri filia, sponsa, « nurus. » (1762). — Ces mots terminent l'épitaphe épigrammatique que Pontanus fit pour Lucrèce Borgia :

  Hic jacet in tumulo Lucretia nomine, sed re
   Thais, Alexandri filia, sponsa, nurus. R.

ᶜ La fameuse Gabrielle d'Estrées, duchesse de Beaufort. (1762).

Où tous les arts sont instruits par l'Amour.
L'Amour, bâtit le superbe Versailles;
L'Amour, aux yeux des peuples éblouis,
D'un lit de fleurs fait un trône à Louis :
Malgré les cris du fier dieu des batailles,
L'Amour amène au plus beau des humains
De cette cour les rivales charmantes,
Toutes en feu, toutes impatientes :
De Mazarin la nièce aux yeux divins^a,
La généreuse et tendre La Vallière,
La Montespan plus ardente et plus fière.
L'une se livre au moment de jouir,
Et l'autre attend le moment du plaisir.

Voici le temps de l'aimable Régence,
Temps fortuné, marqué par la licence,
Où la Folie, agitant son grelot,
D'un pied léger parcourt toute la France,
Où nul mortel ne daigne être dévot,
Où l'on fait tout, excepté pénitence.
Le bon Régent, de son palais royal,
Des voluptés donne à tous le signal.
Vous répondez à ce signal aimable,
Jeune Daphné, bel astre de la cour;
Vous répondez du sein du Luxembourg,
Vous que Bacchus et le dieu de la table
Mènent au lit, escortés par l'Amour.
Mais je m'arrête, et de ce dernier âge
Je n'ose en vers tracer la vive image :

---

^a Celle qui depuis fut la connétable Colonne. (1762).

Trop de péril suit ce charme flatteur.
Le temps présent est l'arche du Seigneur :
Qui la touchait d'une main trop hardie,
Puni du ciel, tombait en léthargie.
Je me tairai ; mais si j'osais pourtant,
O des beautés aujourd'hui la plus belle !
O tendre objet, noble, simple, touchant,
Et plus qu'Agnès généreuse et fidèle !
Si j'osais mettre à vos genoux charnus
Ce grain d'encens que l'on doit à Vénus ;
Si de l'Amour je déployais les armes ;
Si je chantais ce tendre et doux lien ;
Si je disais... Non, je ne dirai rien :
Je serais trop au-dessous de vos charmes.

Dans son extase enfin le moine noir
Vit à plaisir ce que je n'ose voir.
D'un œil avide, et toujours très modeste,
Il contemplait le spectacle céleste
De ces beautés, de ces nobles amants,
De ces plaisirs défendus et charmants.
« Hélas ! dit-il, si les grands de la terre
Font deux à deux cette éternelle guerre ;
Si l'univers doit en passer par là,
Dois-je gémir que Jean Chandos se mette
A deux genoux auprès de sa brunette ?
Du Seigneur Dieu la volonté soit faite :
Amen, amen. » Il dit, et se pâma,
Croyant jouir de tout ce qu'il voit là.

Mais saint Denys était loin de permettre
Qu'aux yeux du ciel Jean Chandos allât mettre

Et la Pucelle et la France aux abois.
Ami lecteur, vous avez quelquefois
Ouï conter qu'on nouait l'aiguillette[a].
C'est une étrange et terrible recette,
Et dont un saint ne doit jamais user
Que quand d'une autre il ne peut s'aviser.
D'un pauvre amant le feu se tourne en glace,
Vif et perclus sans rien faire il se lasse;
Dans ses efforts étonné de languir,
Et consumé sur le bord du plaisir.
Telle une fleur, des feux du jour séchée,
La tête basse et la tige penchée,
Demande en vain les humides vapeurs
Qui lui rendaient la vie et les couleurs.
Voilà comment le bon Denys arrête
Le fier Anglais dans ses droits de conquête.

Jeanne, échappant à son vainqueur confus,
Reprend ses sens quand il les a perdus;
Puis d'une voix imposante et terrible,
Elle lui dit: « Tu n'es pas invincible:
Tu vois qu'ici, dans le plus grand combat,
Dieu t'abandonne, et ton cheval s'abat;
Dans l'autre un jour je vengerai la France,
Denys le veut, et j'en ai l'assurance;
Et je te donne, avec tes combattants,

---

[a] *On portait autrefois des hauts-de-chausse attachés avec une aiguillette; et on disait d'un homme qui n'avait pu s'acquitter de son devoir que son aiguillette était nouée. Les sorciers ont de tout temps passé pour avoir le pouvoir d'empêcher la consommation du mariage: cela s'appelait nouer l'aiguillette. La mode des aiguillettes passa sous Louis XIV, quand on mit des boutons aux braguettes.* (1762).

Un rendez-vous sous les murs d'Orléans. »
Le grand Chandos lui repartit : « Ma belle,
Vous m'y verrez ; pucelle ou non pucelle,
J'aurai pour moi saint George le très fort,
Et je promets de réparer mon tort. »

FIN DU CHANT TREIZIÈME.

CHANT QUATORZIÈME.

ARGUMENT.

Comment Jean Chandos veut abuser de la dévote Dorothée. Combat de La Trimouille et de Chandos. Ce fier Chandos est vaincu par Dunois.

O Volupté, mère de la nature[a],
Belle Vénus, seule divinité
Que dans la Grèce invoquait Épicure,
Qui, du chaos chassant la nuit obscure,
Donnes la vie et la fécondité,
Le sentiment et la félicité
A cette foule innombrable, agissante,
D'êtres mortels, à ta voix renaissante;
Toi que l'on peint désarmant dans tes bras
Le dieu du ciel et le dieu de la guerre,
Qui d'un sourire écartes le tonnerre,
Rends l'air serein, fais naître sous tes pas
Les doux plaisirs qui consolent la terre;
Descends des cieux, déesse des beaux jours,
Viens sur ton char entouré des Amours,
Que les Zéphyrs ombragent de leurs ailes,
Que font voler tes colombes fidèles,

---

[a] Cet exorde semble imité du premier livre de l'admirable poëme de Lucrèce :

    Æneadum genitrix, hominum divûmque voluptas,
    Alma Venus, cœli subterlabentia signa, etc., etc. »   (1762).

En se baisant dans le vague des airs :
Viens échauffer et calmer l'univers,
Viens; qu'à ta voix les Soupçons, les Querelles,
Le triste Ennui, plus détestable qu'elles,
La noire Envie, à l'œil louche et pervers,
Soient replongés dans le fond des enfers,
Et garrottés de chaînes éternelles :
Que tout s'enflamme et s'unisse à ta voix;
Que l'univers en aimant se maintienne.
Jetons au feu nos vains fatras de lois,
N'en suivons qu'une, et que ce soit la tienne.

Tendre Vénus, conduis en sûreté
Le roi des Francs, qui défend sa patrie;
Loin des périls conduis à son côté
La belle Agnès, à qui son cœur se fie :
Pour ces amants de bon cœur je te prie.
Pour Jeanne d'Arc je ne t'invoque pas,
Elle n'est pas encor sous ton empire :
C'est à Denys de veiller sur ses pas;
Elle est pucelle, et c'est lui qui l'inspire.
Je recommande à tes douces faveurs
Ce La Trimouille et cette Dorothée :
Verse la paix dans leurs sensibles cœurs;
De son amant que jamais écartée
Elle ne soit exposée aux fureurs
Des ennemis qui l'ont persécutée.

Et toi, Comus[a], récompense Bonneau,
Répands tes dons sur ce bon Tourangeau
Qui sut conclure un accord pacifique

---

[a] Comus, dieu des festins. (1762).

Entre son prince et ce Chandos cynique.
Il obtint d'eux avec dextérité
Que chaque troupe irait de son côté,
Sans nul reproche et sans nulles querelles,
A droite, à gauche, ayant la Loire entre elles.
Sur les Anglais il étendit ses soins,
Selon leurs goûts, leurs mœurs, et leurs besoins.
Un gros rostbeef que le beurre assaisonne[a],
Des plum-puddings, des vins de la Garonne,
Leur sont offerts; et les mets plus exquis,
Les ragoûts fins dont le jus pique et flatte,
Et les perdrix à jambes d'écarlate,
Sont pour le roi, les belles, les marquis.
Le fier Chandos partit donc après boire,
Et côtoya les rives de la Loire,
Jurant tout haut que la première fois
Sur la Pucelle il reprendrait ses droits;
En attendant, il reprit son beau page.
Jeanne revint, ranimant son courage,
Se replacer à côté de Dunois.

Le roi des Francs avec sa garde bleue,
Agnès en tête, un confesseur en queue,
A remonté, l'espace d'une lieue,
Les bords fleuris où la Loire s'étend
D'un cours tranquille et d'un flot inconstant.
Sur des bateaux et des planches usées
Un pont joignait les rives opposées;

---

[a] Rostbeef, prononcez rostbif; c'est le mets favori des Anglais : c'est ce que nous appelons un aloyau. Les puddings sont des pâtisseries; il y a des plum-puddings, des bread-puddings, et plusieurs autres sortes de puddings. « Notandi sunt tibi mores. » (1762). — Horat., *De arte poetica*, 156. R.

Une chapelle était au bout du pont.
C'était dimanche. Un ermite à sandale
Fait résonner sa voix sacerdotale :
Il dit la messe; un enfant la répond.
Charle et les siens ont eu soin de l'entendre,
Dès le matin, au château de Cutendre;
Mais Dorothée en entendait toujours
Deux pour le moins, depuis qu'à son secours
Le juste ciel, vengeur de l'innocence,
Du grand bâtard employa la vaillance,
Et protégea ses fidèles amours.
Elle descend, se retrousse, entre vite,
Signe sa face en trois jets d'eau bénite,
Plie humblement l'un et l'autre genou,
Joint les deux mains, et baisse son beau cou.
Le bon ermite, en se tournant vers elle,
Tout ébloui, ne se connaissant plus,
Au lieu de dire un *Fratres, oremus*,
Roulant les yeux, dit : « *Fratres*, qu'elle est belle! »
   Chandos entra dans la même chapelle
Par passe-temps, beaucoup plus que par zèle.
La tête haute, il salue en passant
Cette beauté dévote à La Trimouille,
Passe, repasse, et toujours en sifflant;
Mais derrière elle enfin il s'agenouille,
Sans un seul mot de *pater* ou d'*ave*.
D'un cœur contrit au Seigneur élevé,
D'un air charmant, la tendre Dorothée
Se prosternait, par la grace excitée,
Front contre terre et derrière levé;
Son court jupon, retroussé par mégarde,

15.

Offrait aux yeux de Chandos qui regarde,
A découvert, deux jambes dont l'Amour
A dessiné la forme et le contour;
Jambes d'ivoire, et telles que Diane
En laissa voir au chasseur Actéon.
Chandos alors, fesant peu l'oraison,
Sentit au cœur un desir très profane.
Sans nul respect pour un lieu si divin,
Il va glissant une insolente main
Sous le jupon qui couvre un blanc satin.
Je ne veux point, par un crayon cynique
Effarouchant l'esprit sage et pudique
De mes lecteurs, étaler à leurs yeux
Du grand Chandos l'effort audacieux.
 Mais La Trimouille ayant vu disparaître
Le tendre objet dont l'Amour le fit maître,
Vers la chapelle il adresse ses pas.
Jusqu'où l'Amour ne nous conduit-il pas?
La Trimouille entre au moment où le prêtre
Se retournait, où l'insolent Chandos
Était tout près du plus charmant des dos,
Où Dorothée, effrayée, éperdue,
Poussait des cris qui vont fendre la nue.
Je voudrais voir nos bons peintres nouveaux,
Sur cette affaire exerçant leurs pinceaux,
Peindre à plaisir sur ces quatre visages
L'étonnement des quatre personnages.
Le Poitevin criait à haute voix:
« Oses-tu bien, chevalier discourtois,
Anglais sans frein, profanateur impie,
Jusqu'en ces lieux porter ton infamie? »

D'un ton railleur où règne un air hautain,
Se rajustant, et regagnant la porte,
Le fier Chandos lui dit : « Que vous importe?
De cette église êtes-vous sacristain? »
« Je suis bien plus, dit le Français fidèle,
Je suis l'amant aimé de cette belle;
Ma coutume est de venger hautement
Son tendre honneur, attaqué trop souvent. »
« Vous pourriez bien risquer ici le vôtre,
Lui dit l'Anglais : nous savons l'un et l'autre
Notre portée; et Jean Chandos peut bien
Lorgner un dos, mais non montrer le sien. »

Le beau Français, et le Breton qui raille,
Font préparer leurs chevaux de bataille.
Chacun reçoit des mains d'un écuyer
Sa longue lance et son rond bouclier,
Se met en selle, et, d'une course fière,
Passe, repasse, et fournit sa carrière.
De Dorothée et les cris et les pleurs
N'arrêtaient point l'un et l'autre adversaire.
Son tendre amant lui criait : « Beauté chère,
Je cours pour vous, je vous venge, ou je meurs. »
Il se trompait : sa valeur et sa lance
Brillaient en vain pour l'Amour et la France.

Après avoir en deux endroits percé
De Jean Chandos le haubert fracassé,
Prêt à saisir une victoire sûre,
Son cheval tombe, et, sur lui renversé,
D'un coup de pied sur son casque faussé,
Lui fait au front une large blessure.
Le sang vermeil coule sur la verdure.

L'ermite accourt; il croit qu'il va passer,
Crie *In manus*, et le veut confesser.
Ah, Dorothée! ah, douleur inouïe!
Auprès de lui sans mouvement, sans vie,
Ton désespoir ne pouvait s'exhaler :
Mais que dis-tu lorsque tu pus parler!
« Mon cher amant, c'est donc moi qui te tue!
De tous tes pas la compagne assidue
Ne devait pas un moment s'écarter;
Mon malheur vient d'avoir pu te quitter.
Cette chapelle est ce qui m'a perdue;
Et j'ai trahi La Trimouille et l'Amour,
Pour assister à deux messes par jour! »
Ainsi parlait sa tendre amante en larmes.
Chandos riait du succès de ses armes :
« Mon beau Français, la fleur des chevaliers,
Et vous aussi, dévote Dorothée,
Couple amoureux, soyez mes prisonniers;
De nos combats c'est la loi respectée.
J'eus un moment Agnès en mon pouvoir,
Puis j'abattis sous moi votre Pucelle :
Je l'avouerai, je fis mal mon devoir,
J'en ai rougi; mais avec vous, la belle,
Je reprendrai tout ce que je perdis;
Et La Trimouille en dira son avis. »
Le Poitevin, Dorothée, et l'ermite,
Tremblaient tous trois à ce propos affreux;
Ainsi qu'on voit au fond des antres creux
Une bergère éplorée, interdite,
Et son troupeau que la crainte a glacé,
Et son beau chien par un loup terrassé.

Le juste ciel, tardif en sa vengeance,
Ne souffrit pas cet excès d'insolence.
De Jean Chandos les péchés redoublés,
Filles, garçons, tant de fois violés,
Impiété, blasphème, impénitence,
Tout en son temps fut mis dans la balance,
Et fut pesé par l'ange de la mort.
Le grand Dunois avait de l'autre bord
Vu le combat et la déconvenue
De La Trimouille; une femme éperdue
Qui le tenait languissant dans ses bras,
L'ermite auprès qui marmotte tout bas,
Et Jean Chandos qui près d'eux caracole :
A ces objets il pique, il court, il vole.

C'était alors l'usage en Albion
Qu'on appelât les choses par leur nom.
Déjà, du pont franchissant la barrière,
Vers le vainqueur il s'était avancé.
« Fils de putain, » nettement prononcé [a],
Frappe au tympan de son oreille altière.
« Oui, je le suis, dit-il d'une voix fière :
Tel fut Alcide et le divin Bacchus [b],
L'heureux Persée et le grand Romulus,
Qui des brigands ont délivré la terre.
C'est en leur nom que j'en vais faire autant.
Va, souviens-toi que d'un bâtard normand
Le bras vainqueur a soumis l'Angleterre [c].

---

[a] Il l'était en effet. (1762).

[b] Alcide, Bacchus, Persée, fils de Jupiter; Romulus, de Mars, etc. (1762).

[c] Guillaume-le-Conquérant, bâtard d'un duc de Normandie, fils de pu-

O vous, bâtards du maître du tonnerre,
Guidez ma lance et conduisez mes coups!
L'honneur le veut; vengez-moi, vengez-vous. »
Cette prière était peu convenable;
Mais le héros savait très bien la Fable;
Pour lui la Bible eut des charmes moins doux.
Il dit, et part. La molette dorée
Des éperons armés de courtes dents
De son coursier pique les nobles flancs.
Le premier coup de sa lance acérée
Fend de Chandos l'armure diaprée,
Et fait tomber une part du collet
Dont l'acier joint le casque au corselet.
Le brave Anglais porte un coup effroyable;
Du bouclier la voûte impénétrable
Reçoit le fer, qui s'écarte en glissant.
Les deux guerriers se joignent en passant;
Leur force augmente ainsi que leur colère:
Chacun saisit son robuste adversaire.
Les deux coursiers, sous eux se dérobants,
Débarrassés de leurs fardeaux brillants,
S'en vont en paix errer dans les campagnes.
Tels que l'on voit dans d'affreux tremblements
Deux gros rochers, détachés des montagnes,
Avec grand bruit l'un sur l'autre roulants:
Ainsi tombaient ces deux fiers combattants,
Frappant la terre et tous deux se serrants.

tain, comme le remarque judicieusement l'auteur, d'après milord Ch.........d.
(1762). — Les éditeurs de Kehl ont imprimé en entier le nom de Chesterfield. J'ai pensé qu'il valait mieux reproduire la note telle qu'elle a paru du vivant de l'auteur. R.

Du choc bruyant les échos retentissent,
L'air s'en émeut, les nymphes en gémissent.
Ainsi quand Mars, suivi par la Terreur,
Couvert de sang, armé par la Fureur,
Du haut des cieux descendait pour défendre
Les habitants des rives du Scamandre,
Et quand Pallas animait contre lui
Cent rois ligués dont elle était l'appui,
La terre entière en était ébranlée;
De l'Achéron la rive était troublée[a];
Et, pâlissant sur ses horribles bords,
Pluton tremblait pour l'empire des morts.

Pareils aux flots que les autans soulèvent,
Avec fureur nos guerriers se relèvent,
Tirent leur sabre, et sous cent coups divers
Rompent l'acier dont tous deux sont couverts.
Déjà le sang, coulant de leurs blessures,
D'un rouge noir avait teint leurs armures.
Les spectateurs, en foule se pressants,
Fesaient un cercle autour des combattants,
Le cou tendu, l'œil fixe, sans haleine,
N'osant parler, et remuant à peine.
On en vaut mieux quand on est regardé;
L'œil du public est aiguillon de gloire.
Les champions n'avaient que préludé
A ce combat d'éternelle mémoire.
Achille, Hector, et tous les demi-dieux,
Les grenadiers bien plus terribles qu'eux,

---

[a] Cet endroit est encore imité d'Homère; mais ceux qui font semblant de l'avoir lu dans le grec diront que le français ne peut jamais en approcher. (1762).

Et les lions beaucoup plus redoutables,
Sont moins cruels, moins fiers, moins implacables,
Moins acharnés. Enfin l'heureux bâtard,
Se ranimant, joignant la force à l'art,
Saisit le bras de l'Anglais qui s'égare,
Fait d'un revers voler son fer barbare,
Puis d'une jambe avancée à propos
Sur l'herbe rouge étend le grand Chandos ;
Mais en tombant son ennemi l'entraîne.
Couverts de poudre ils roulent dans l'arène,
L'Anglais dessous et le Français dessus.

Le doux vainqueur, dont les nobles vertus
Guident le cœur quand son sort est prospère,
De son genou pressant son adversaire :
« Rends-toi, dit-il. »—« Oui, dit Chandos, attends ;
Tiens, c'est ainsi, Dunois, que je me rends. »

Tirant alors, pour ressource dernière,
Un stylet court, il étend en arrière
Son bras nerveux, le ramène en jurant,
Et frappe au cou son vainqueur bienfesant :
Mais une maille en cet endroit entière
Fit émousser la pointe meurtrière.
Dunois alors cria : « Tu veux mourir ;
Meurs, scélérat : » Et, sans plus discourir,
Il vous lui plonge, avec peu de scrupule,
Son fer sanglant devers la clavicule.
Chandos mourant, se débattant en vain,
Disait encor tout bas, « Fils de putain ! »
Son cœur altier, inhumain, sanguinaire,
Jusques au bout garda son caractère.
Ses yeux, son front, pleins d'une sombre horreur,

Son geste encor, menaçaient son vainqueur.
Son ame impie, inflexible, implacable,
Dans les enfers alla braver le diable.
Ainsi finit, comme il avait vécu,
Ce dur Anglais, par un Français vaincu.
Le beau Dunois ne prit point sa dépouille :
Il dédaignait ces usages honteux,
Trop établis chez les Grecs trop fameux.
Tout occupé de son cher La Trimouille,
Il le ramène, et deux fois son secours
De Dorothée ainsi sauva les jours.
Dans le chemin elle soutient encore
Son tendre amant, qui, de ses mains pressé,
Semble revivre, et n'être plus blessé
Que de l'éclat de ces yeux qu'il adore ;
Il les regarde, et reprend sa vigueur.
Sa belle amante, au sein de la douleur,
Sentit alors le doux plaisir renaître :
Les agréments d'un sourire enchanteur
Parmi ses pleurs commençaient à paraître ;
Ainsi qu'on voit un nuage éclairé
Des doux rayons d'un soleil tempéré.
Le roi gaulois, sa maîtresse charmante,
L'illustre Jeanne, embrassent tour-à-tour
L'heureux Dunois, dont la main triomphante
Avait vengé son pays et l'Amour.
On admirait surtout sa modestie
Dans son maintien, dans chaque repartie.
Il est aisé, mais il est beau pourtant,
D'être modeste alors que l'on est grand.
Jeanne étouffait un peu de jalousie,

Son cœur tout bas se plaignait du destin.
Il lui fâchait que sa pucelle main
Du mécréant n'eût pas tranché la vie :
Se souvenant toujours du double affront
Qui vers Cutendre a fait rougir son front,
Quand, par Chandos au combat provoquée,
Elle se vit abattue et manquée.

FIN DU CHANT QUATORZIÈME.

CHANT QUINZIÈME.

ARGUMENT.

Grand repas à l'hôtel-de-ville d'Orléans, suivi d'un assaut général. Charles attaque les Anglais. Ce qui arrive à la belle Agnès et à ses compagnons de voyage [1].

Censeurs malins, je vous méprise tous;
Car je connais mes défauts mieux que vous.
J'aurais voulu dans cette belle histoire,
Écrite en or au temple de Mémoire,
Ne présenter que des faits éclatants,
Et couronner mon roi dans Orléans
Par la Pucelle, et l'Amour, et la Gloire.
Il est bien dur d'avoir perdu mon temps
A vous parler de Cutendre et d'un page,
De Grisbourdon, de sa lubrique rage,
D'un muletier, et de tant d'accidents
Qui font grand tort au fil de mon ouvrage.
Mais vous savez que ces événements
Furent écrits par Trithême le sage [a];
Je le copie, et n'ai rien inventé.
Dans ces détails si mon lecteur s'enfonce,
Si quelquefois sa dure gravité

---

[1] Voyez la Préface en tête de cette édition. R.

[a] Nous avons déjà remarqué que l'abbé Trithême n'a jamais rien dit de la Pucelle et de la belle Agnès; c'est par pure modestie que l'auteur de ce poëme attribue à un autre tout le mérite de ce poëme moral. (1773-1774).

Juge mon sage avec sévérité,
A certains traits si le sourcil lui fronce,
Il peut, s'il veut, passer sa pierre ponce[a]
Sur la moitié de ce livre enchanté;
Mais qu'il respecte au moins la vérité.
 O vérité! vierge pure et sacrée!
Quand seras-tu dignement révérée?
Divinité qui seule nous instruis,
Pourquoi mets-tu ton palais dans un puits?
Du fond du puits quand seras-tu tirée?
Quand verrons-nous nos doctes écrivains,
Exempts de fiel, libres de flatterie,
Fidèlement nous apprendre la vie,
Les grands exploits de nos beaux paladins?
Oh! qu'Aristote étala de prudence,
Quand il cita l'archevêque Turpin[b]!
Ce témoignage à son livre divin
De tout lecteur attire la croyance.
 Tout inquiet encor de son destin,
Vers Orléans Charle était en chemin,

---

[a] Dit-on pierre ponce ou de ponce? c'est une grande question. (1762).

[b] L'archevêque Turpin, à qui l'on attribue la *Vie de Charlemagne et de Roland*, était archevêque de Reims sur la fin du huitième siècle: ce livre est d'un moine nommé Turpin qui vivait dans le onzième, et c'est de ce roman que l'Arioste a tiré quelques uns de ses contes. Le sage auteur feint ici qu'il a puisé son poëme dans l'abbé Trithême. (1762). — Le judicieux et savant M. Daunou, auteur de l'article TURPIN de la *Biographie universelle*, a démontré d'une manière péremptoire que l'archevêque de Reims ne peut être l'auteur du livre *de Vita Caroli Magni et Rolandi* qui lui est attribué, et que les conjectures de divers historiens sur le véritable auteur de cet ouvrage ne sont fondées sur aucun renseignement positif. L'édition la plus récente de ce livre est celle que M. Sébastien Ciampi a publiée à Florence en 1822, in-8° de xxxvi et 154 pages. R.

Environné de sa troupe dorée,
D'armes, d'habits richement décorée,
Et demandant à Dunois des conseils,
Ainsi que font tous les rois ses pareils,
Dans le malheur dociles et traitables,
Dans la fortune un peu moins praticables.
Charles croyait qu'Agnès et Bonifoux
Suivaient de loin. Plein d'un espoir si doux,
L'amant royal souvent tourne la tête
Pour voir Agnès, et regarde, et s'arrête;
Et quand Dunois, préparant ses succès,
Nomme Orléans, le roi lui nomme Agnès.

L'heureux bâtard, dont l'active prudence
Ne s'occupait que du bien de la France,
Le jour baissant, découvre un petit fort
Que négligeait le bon duc de Bedfort.
Ce fort touchait à la ville investie :
Dunois le prend, le roi s'y fortifie.
Des assiégeants c'étaient les magasins.
Le dieu sanglant qui donne la victoire,
Le dieu joufflu qui préside aux festins,
D'emplir ces lieux se disputaient la gloire,
L'un de canons, et l'autre de bons vins :
Tout l'appareil de la guerre effroyable,
Tous les apprêts des plaisirs de la table,
Se rencontraient dans ce petit château :
Quels vrais succès pour Dunois et Bonneau!

Tout Orléans à ces grandes nouvelles
Rendit à Dieu des graces solennelles.
Un *Te Deum* en faux-bourdon[a] chanté

---

[a] Le faux-bourdon est un plain-chant mesuré. Le serpent de la paroisse

Devant les chefs de la noble cité;
Un long dîner où le juge et le maire,
Chanoine, évêque, et guerrier invité,
Le verre en main, tombèrent tous par terre;
Un feu sur l'eau, dont les brillants éclairs
Dans la nuit sombre illuminent les airs,
Les cris du peuple, et le canon qui gronde,
Avec fracas annoncèrent au monde
Que le roi Charle, à ses sujets rendu,
Va retrouver tout ce qu'il a perdu.
 Ces chants de gloire et ces bruits d'allégresse
Furent suivis par des cris de détresse.
On n'entend plus que le nom de Bedfort,
Alerte, aux murs, à la brèche, à la mort!
L'Anglais usait de ces moments propices
Où nos bourgeois, en vidant les flacons,
Louaient leur prince, et dansaient aux chansons.
Sous une porte on plaça deux saucisses,
Non de boudin, non telles que Bonneau
En inventa pour un ragoût nouveau;
Mais saucissons dont la poudre fatale,
Se dilatant, s'enflant avec éclair,
Renverse tout, confond la terre et l'air;
Machine affreuse, homicide, infernale,
Qui contenait dans son ventre de fer
Ce feu pétri des mains de Lucifer.
Par une mèche artistement posée,
En un moment la matière embrasée
S'étend, s'élève, et porte à mille pas

donne le ton, et toutes les parties s'accordent, comme elles peuvent. C'est une musique excellente pour les gens qui n'ont point d'oreille. (1762).

Bois, gonds, battants, et ferrure en éclats.
Le fier Talbot entre et se précipite.
Fureur, succès, gloire, amour, tout l'excite.
On voit de loin briller sur son armet
En or frisé le chiffre de Louvet :
Car la Louvet était toujours la dame
De ses pensers, et piquait sa grande ame ;
Il prétendait caresser ses beautés
Sur les débris des murs ensanglantés.

Ce beau Breton, cet enfant de la guerre,
Conduit sous lui les braves d'Angleterre.
« Allons, dit-il, généreux conquérants,
Portons partout et le fer et les flammes,
Buvons le vin des poltrons d'Orléans,
Prenons leur or, baisons toutes leurs femmes. »
Jamais César, dont les traits éloquents
Portaient l'audace et l'honneur dans les ames,
Ne parla mieux à ses fiers combattants.

Sur ce terrain que la porte enflammée
Couvre en sautant d'une épaisse fumée,
Est un rempart que La Hire et Poton
Ont élevé de pierre et de gazon.
Un parapet, garni d'artillerie,
Peut repousser la première furie,
Les premiers coups du terrible Bedfort.

Poton, La Hire, y paraissent d'abord.
Un peuple entier derrière eux s'évertue ;
Le canon gronde ; et l'horrible mot « Tue »
Est répété quand les bouches d'enfer
Sont en silence, et ne troublent plus l'air.
Vers le rempart les échelles dressées

Portent déjà cent cohortes pressées;
Et le soldat, le pied sur l'échelon,
Le fer en main, pousse son compagnon.
   Dans ce péril, ni Poton ni La Hire
N'ont oublié leur esprit qu'on admire.
Avec prudence ils avaient tout prévu,
Avec adresse à tout ils ont pourvu.
L'huile bouillante et la poix embrasée,
De pieux pointus une forêt croisée,
De larges faux que leur tranchant effort
Fait ressembler à la faux de la Mort,
Et des mousquets qui lancent les tempêtes
De plomb volant sur les bretonnes têtes,
Tout ce que l'art et la nécessité,
Et le malheur, et l'intrépidité,
Et la peur même, ont pu mettre en usage,
Est employé dans ce jour de carnage.
Que de Bretons bouillis, coupés, percés,
Mourants en foule, et par rangs entassés!
Ainsi qu'on voit sous cent mains diligentes
Choir les épis des moissons jaunissantes.
   Mais cet assaut fièrement se maintient;
Plus il en tombe, et plus il en revient.
De l'hydre affreux les têtes menaçantes,
Tombant à terre, et toujours renaissantes,
N'effrayaient point le fils de Jupiter;
Ainsi l'Anglais, dans les feux, sous le fer,
Après sa chute encor plus formidable,
Brave en montant le nombre qui l'accable.
   Tu t'avançais sur ces remparts sanglants,
Fier Richemont, digne espoir d'Orléans.

Cinq cents bourgeois, gens de cœur et d'élite,
En chancelant marchent sous sa conduite,
Enluminés du gros vin qu'ils ont bu ;
Sa sève encore animait leur vertu ;
Et Richemont criait d'une voix forte :
« Pauvres bourgeois, vous n'avez plus de porte,
Mais vous m'avez, il suffit, combattons. »
Il dit, et vole au milieu des Bretons.
Déjà Talbot s'était fait un passage
Au haut du mur, et déjà dans sa rage
D'un bras terrible il porte le trépas.
Il fait de l'autre avancer ses soldats,
Criant *Louvet!* d'une voix stentorée[a] :
Louvet l'entend, et s'en tient honorée.
Tous les Anglais criaient aussi *Louvet!*
Mais sans savoir ce que Talbot voulait.
O sots humains! on sait trop vous apprendre
A répéter ce qu'on ne peut comprendre.

Charle, en son fort tristement retiré,
D'autres Anglais par malheur entouré,
Ne peut marcher vers la ville attaquée ;
D'accablement son ame est suffoquée.
« Quoi! disait-il, ne pouvoir secourir
Mes chers sujets, que mon œil voit périr !
Ils ont chanté le retour de leur maître ;
J'allais entrer, et combattre, et peut-être
Les délivrer des Anglais inhumains :
Le sort cruel enchaîne ici mes mains. »
« Non, lui dit Jeanne, il est temps de paraître.

[a] Stentor était le crieur d'Homère. Il est immortalisé pour ce beau talent, et le mérite bien. (1762).

Venez; mettez, en signalant vos coups,
Ces durs Bretons entre Orléans et vous.
Marchez, mon prince, et vous sauvez la ville.
Nous sommes peu, mais vous en valez mille. »
Charles lui dit : « Quoi! vous savez flatter!
Je vaux bien peu; mais je vais mériter
Et votre estime, et celle de la France,
Et des Anglais. » Il dit, pique, et s'avance.
Devant ses pas l'oriflamme est porté[1];
Jeanne et Dunois volent à son côté.
Il est suivi de ses gens d'ordonnance;
Et l'on entend à travers mille cris :
« Vivent le roi, Montjoie, et saint Denys! »
    Charles, Dunois, et la Barroise altière
Sur les Bretons s'élancent par-derrière :
Tels que, des monts qui tiennent dans leur sein
Les réservoirs du Danube et du Rhin,
L'aigle superbe, aux ailes étendues,
Aux yeux perçants, aux huit griffes pointues,
Planant dans l'air, tombe sur des faucons

---

[1] Voltaire a toujours fait le mot oriflamme du genre masculin; et peut-être est-ce à tort que dans plusieurs éditions de ses OEuvres on a mis, au chapitre x de l'*Essai sur les mœurs*, « l'oriflamme *apportée* à saint Denys « par un ange, » au lieu d'*apporté* qu'on lit dans toutes celles qui ont été publiées du vivant de l'auteur. L'académie, il est vrai, a décidé depuis long-temps que ce mot appartient au genre féminin; mais cette autorité n'était pas sans doute d'un grand poids auprès de Voltaire, qui disait à l'un de ses amis : « Je vous remercie d'écrire toujours *français* par *a*, car l'aca-« démie l'écrit par *o*. »

M. Louis Dubois, qui a annoté le poëme de *la Pucelle* pour l'édition donnée par M. Delangle, a remarqué, avec raison, qu'oriflamme est du genre féminin. Plusieurs autres observations non moins judicieuses du même éditeur ont été mises de côté par moi; elles m'ont paru plus convenables pour un commentaire grammatical que dans de simples annotations. R.

Qui s'acharnaient sur le cou des hérons.
 Ce fut alors que l'audace anglicane,
Semblable au fer sur l'enclume battu,
Qui de sa trempe augmente la vertu,
Repoussa bien la valeur gallicane.
Les voyez-vous ces enfants d'Albion,
Et ces soldats des fils de Clodion?
Fiers, enflammés, de sang insatiables,
Ils ont volé comme un vent dans les airs.
Dès qu'ils sont joints, ils sont inébranlables,
Comme un rocher sous l'écume des mers.
Pied contre pied, aigrette contre aigrette,
Main contre main, œil contre œil, corps à corps,
En jurant Dieu, l'un sur l'autre on se jette;
Et l'un sur l'autre on voit tomber les morts.
 Oh! que ne puis-je en grands vers magnifiques
Écrire au long tant de faits héroïques!
Homère seul a le droit de conter
Tous les exploits, toutes les aventures,
De les étendre et de les répéter,
De supputer les coups et les blessures,
Et d'ajouter aux grands combats d'Hector
De grands combats, et des combats encor :
C'est là sans doute un sûr moyen de plaire.
Mais je ne puis me résoudre à vous taire
D'autres dangers, dont un destin cruel
Circonvenait la belle Agnès Sorel,
Quand son amant s'avançait vers la gloire.
 Dans le chemin, sur les rives de Loire,
Elle entretient le père Bonifoux,
Qui, toujours sage, insinuant, et doux,

Du tentateur lui contait quelque histoire
Divertissante, et sans réflexions,
Sous l'agrément déguisant ses leçons.
A quelques pas, La Trimouille et sa dame
S'entretenaient de leur fidèle flamme,
Et du dessein de vivre ensemble un jour
Dans leur château, tout entiers à l'amour.
Dans leur chemin la main de la nature
Tend sous leurs pieds un tapis de verdure,
Velours uni, semblable au pré fameux
Où s'exerçait la rapide Atalante.
Sur le duvet de cette herbe naissante,
Agnès approche et chemine avec eux.
Le confesseur suivit la belle errante.
Tous quatre allaient, tenant de beaux discours
De piété, de combats, et d'amours.
Sur les Anglais, sur le diable on raisonne.
En raisonnant on ne vit plus personne.
Chacun fondait doucement, doucement,
Homme et cheval, sous le terrain mouvant.
D'abord les pieds, puis le corps, puis la tête,
Tout disparut, ainsi qu'à cette fête
Qu'en un palais d'un auteur cardinal
Trois fois au moins par semaine on apprête,
A l'opéra, souvent joué si mal,
Plus d'un héros à nos regards échappe,
Et dans l'enfer descend par une trappe.

 Monrose vit du rivage prochain
La belle Agnès, et fut tenté soudain
De venir rendre à l'objet qu'il observe
Tout le respect que son ame conserve.

Il passe un pont; mais il devient perclus,
Quand la voyant son œil ne la vit plus.
Froid comme marbre, et blême comme gypse,
Il veut marcher, mais lui-même il s'éclipse.
Paul Tirconel, qui de loin l'aperçut,
A son secours à grand galop courut.
En arrivant sur la place funeste,
Paul Tirconel y fond avec le reste.
Ils tombent tous dans un grand souterrain
Qui conduisait aux portes d'un jardin
Tel que n'en eut Louis le quatorzième,
Aïeul d'un roi qu'on méprise et qu'on aime [1];
Et le jardin conduisait au château,
Digne en tout sens de ce jardin si beau.
C'était... (mon cœur à ce seul mot soupire)
D'Hermaphrodix le formidable empire.
O Dorothée, Agnès, et Bonifoux !
Qu'allez-vous faire, et que deviendrez-vous ?

---

[1] Voltaire, dont la tranquillité fut si gravement menacée, en 1755, par la publication malveillante du poëme de *la Pucelle*, était en droit et dans l'obligation d'en désavouer tout ce qui pouvait le compromettre; et le vers auquel se rapporte cette note était de ce nombre. Aussi ne doit-on pas s'étonner qu'il ait écarté des éditions avouées par lui l'épisode dont ce vers fait partie. La Harpe a raison de reconnaître que Voltaire en est l'auteur. Il exprimait d'une manière piquante les sentiments divers dont la France était animée pour son roi. Le peuple,

Aveugle dans sa haine, aveugle en son amour,
Brutus, I, 2.

s'était épris pour le prince d'une passion à laquelle celui-ci, dans sa bonne foi, déclarait ne rien comprendre. Les autres classes de la société poursuivaient d'un juste mépris l'esclave de madame de Pompadour, que, plus tard, la Du Barry devait faire descendre au dernier degré d'abjection. R.

FIN DU CHANT QUINZIÈME.

CHANT SEIZIÈME.

ARGUMENT.

Comment saint Pierre apaisa saint George et saint Denys, et comment il promit un beau prix à celui des deux qui lui apporterait la meilleure ode. Mort de la belle Rosamore.

Palais des cieux, ouvrez-vous à ma voix,
Êtres brillants aux six ailes légères,
Dieux emplumés, dont les mains tutélaires
Font les destins des peuples et des rois !
Vous qui cachez, en étendant vos ailes,
Des derniers cieux les splendeurs éternelles,
Daignez un peu vous ranger de côté :
Laissez-moi voir, en cette horrible affaire,
Ce qui se passe au fond du sanctuaire;
Et pardonnez ma curiosité.
   Cette prière est de l'abbé Trithême[a],
Non pas de moi ; car mon œil effronté
Ne peut percer jusqu'à la cour suprême;
Je n'aurais pas tant de témérité.
   Le dur saint George et Denys notre apôtre
Étaient au ciel enfermés l'un et l'autre;
Ils voyaient tout ; mais ils ne pouvaient pas
Prêter leurs mains aux terrestres combats;

---

[a] J'avoue que je ne l'ai point lue dans Trithême; mais il se peut que je n'aie pas lu tous les ouvrages de ce grand homme. (1762).

Ils cabalaient : c'est tout ce qu'on peut faire
Et ce qu'on fait quand on est à la cour.
George et Denys s'adressent tour-à-tour
Dans l'empyrée au bon monsieur saint Pierre.

Ce grand portier, dont le pape est vicaire,
Dans ses filets enveloppant le sort,
Sous ses deux clefs tient la vie et la mort.
Pierre leur dit : « Vous avez pu connaître,
Mes chers amis, quel affront je reçus
Quand je remis une oreille à Malchus.
Je me souviens de l'ordre de mon maître;
Il fit rentrer mon fer dans son fourreau[a] :
Il m'a privé du droit brillant des armes;
Mais j'imagine un moyen tout nouveau
Pour décider de vos grandes alarmes.

« Vous, saint Denys, prenez dans ce canton
Les plus grands saints qu'ait vus naître la France;
Vous, monsieur George, allez en diligence
Prendre les saints de l'île d'Albion.
Que chaque troupe en ce moment compose
Un hymne en vers, non pas une ode en prose[b].
Houdart a tort; il faut dans ces hauts lieux
Parler toujours le langage des dieux;
Qu'on fasse, dis-je, une ode pindarique
Où le poëte exalte mes vertus,

---

[a] « Remettez votre épée en son lieu, car qui prendra l'épée périra par « l'épée. » Saint Pierre conseille ici avec une piété adroite aux Anglais de ne pas faire la guerre. (1762). — Matth., xxvi, 52. R.

[b] La Motte-Houdart, poëte un peu sec, mais qui a fait d'assez bonnes choses, avait malheureusement fait des odes en prose, en 1730; preuve nouvelle que ce poëme divin fut composé vers ce temps-là. (1762).

Ma primauté, mes droits, mes attributs,
Et que le tout soit mis vite en musique:
Chez les mortels, il faut toujours du temps
Pour rimailler des vers assez méchants;
On va plus vite au séjour de la gloire.
Allez, vous dis-je, exercez vos talents;
La meilleure ode obtiendra la victoire,
Et vous ferez le sort des combattants. »
   Ainsi parla, du plus haut de son trône,
Aux deux rivaux l'infaillible Barjone;
Cela fut dit en deux mots tout au plus,
Le laconisme est langue des élus.
En un clin d'œil, les deux rivaux célestes,
Pour terminer leurs querelles funestes,
Vont assembler les saints de leur pays
Qui sur la terre ont été beaux esprits.
   Le bon patron qu'on révère à Paris
Fit aussitôt seoir à sa table ronde
Saint Fortunat, peu connu dans le monde [a],
Et qui passait pour l'auteur du *Pange;*
Et saint Prosper, d'épithètes chargé [b],
Quoique un peu dur et qu'un peu janséniste.
Il mit aussi Grégoire dans sa liste,

---

[a] Fortunat, évêque de Poitiers, poëte. Il n'est pas l'auteur du *Pange lingua* qu'on lui attribue. (1762). — Le *Pange lingua* est de Claudien Mamert, *le plus beau génie de son siècle*, au jugement de Sidoine Apollinaire. R.

[b] Saint Prosper, auteur d'un poëme fort sec sur la grace, au cinquième siècle. (1762). — Le *Poëme* de saint Prosper *contre les ingrats*, traduit en vers français par Lemaistre de Sacy, a été souvent réimprimé avec cette traduction. L'auteur y attaque les sémi-pélagiens, ingrats, suivant lui, envers *la grace* de Jésus-Christ. R.

Le grand Grégoire, évêque tourangeau [a],
Cher au pays qui vit naître Bonneau ;
Et saint Bernard fameux par l'antithèse [b],
Qui dans son temps n'avait pas son pareil ;
Et d'autres saints pour servir de conseil :
Sans prendre avis, il est rare qu'on plaise.

George, en voyant tous ces soins de Denys,
Le regardait d'un dédaigneux souris ;
Il avisa dans le sacré pourpris
Un saint Austin, prêcheur de l'Angleterre [c],
Puis en ces mots il lui dit son avis :

« Bon homme Austin, je suis né pour la guerre,
Non pour les vers, dont je fais peu de cas ;
Je sais brandir mon large cimeterre,
Pourfendre un buste, et casser tête et bras ;
Tu sais rimer : travaille, versifie,
Soutiens en vers l'honneur de la patrie.
Un seul Anglais, dans les champs de la mort,
De trois Français triomphe sans effort.
Nous avons vu devers la Normandie,
Dans le Haut-Maine, en Guienne, en Picardie,

---

[a] Grégoire de Tours, le premier qui écrivit une *Histoire de France*, toute pleine de miracles. (1762).

[b] Saint Bernard, Bourguignon, né en 1091, moine de Cîteaux, puis abbé de Clairvaux ; il entra dans toutes les affaires publiques de son temps, et agit autant qu'il écrivit. On ne voit pas qu'il ait fait beaucoup de vers. Quant à l'antithèse dont notre auteur le glorifie, il est vrai qu'il était grand amateur de cette figure. Il dit d'Abélard : « Leonem invasimus, inci- « dimus in draconem. » Sa mère, étant grosse de lui, songea qu'elle accouchait d'un chien blanc, et on lui prédit que son fils serait moine, et aboierait contre les mondains. (1762).

[c] Saint Austin ou Augustin, moine qu'on regarde comme le fondateur de la primatie de Cantorbéry, ou Kenterbury. (1762).

Ces beaux messieurs aisément mis à bas ;
Si pour frapper nous avons meilleurs bras,
Crois, en fait d'hymne, et d'ode, et d'œuvre telle,
Quand il s'agit de penser, de rimer,
Que nous avons non moins bonne cervelle.
Travaille, Austin, cours en vers t'escrimer :
Je veux que Londre ait à jamais l'empire
Dans les deux arts de bien faire et bien dire.
Denys ameute un tas de rimailleurs
Qui tous ensemble ont très peu de génie ;
Travaille seul : tu sais les vieux auteurs ;
Courage ! allons, prends ta harpe bénie,
Et moque-toi de son académie. »

Le bon Austin, de cet emploi chargé,
Le remercie en auteur protégé.
Denys et lui, dans un réduit commode,
Vont se tapir, et chacun fit son ode.
Quand tout fut fait, les brûlants séraphins,
Les gros joufflus, têtes de chérubins,
Près de Barjone en deux rangs se perchèrent ;
Au-dessous d'eux les anges se nichèrent ;
Et tous les saints, soigneux de s'arranger,
Sur des gradins s'assirent pour juger.

Austin commence : il chantait les prodiges
Qui de l'Égypte endurcirent les cœurs ;
Ce grand Moïse, et ses imitateurs
Qui l'égalaient dans ses divins prestiges :
Les flots du Nil, jadis si bienfaisants,
D'un sang affreux dans leur course écumants ;
Du noir limon les venimeux reptiles
Changés en verge, et la verge en serpents ;

Le jour en nuit ; les déserts et les villes,
De moucherons, de vermine couverts ;
La rogne aux os, la foudre dans les airs ;
Les premiers-nés d'une race rebelle
Tous égorgés par l'ange du Seigneur ;
L'Égypte en deuil, et le peuple fidèle
De ses patrons emportant la vaisselle [a],
Et par le vol méritant son bonheur ;
Ce peuple errant pendant quarante années ;
Vingt mille Juifs égorgés pour un veau [b] ;
Vingt mille encore envoyés au tombeau
Pour avoir eu des amours fortunées [c] ;
Et puis Aod, ce Ravaillac hébreu [d],
Assassinant son maître au nom de Dieu ;
Et Samuel, qui d'une main divine
Prend sur l'autel un couteau de cuisine,
Et bravement met Agag en hachis [e],
Car cet Agag était incirconcis ;
Puis la beauté qui, sauvant Béthulie [f],
Si purement de son corps fit folie ;
Le bon Basa qui massacra Nadad [g] ;

---

[a] Les Juifs empruntèrent, comme on sait, les vases des Égyptiens, et s'enfuirent. (1762). — *Exod.*, XII, 36 et 36. R.

[b] Les lévites, qui égorgèrent vingt mille de leurs frères. (1762). — La *Bible* dit vingt-cinq mille. Voyez *Judic.*, XX, 46. R.

[c] Phinées, qui fit massacrer vingt-quatre mille de ses frères, parcequ'un d'eux couchait avec une Madianite. (1762). — *Num.*, XXV, 9. R.

[d] Aod, ou Eüd, assassina le roi Églon, mais de la main gauche. (1762). — *Judic.*, III, 21. R.

[e] Samuel coupa en morceaux le roi Agag, que Saül avait mis à rançon. (1762). — I. *Reg.*, XV, 33. R.

[f] Judith, assez connue. (1762).

[g] Basa, roi d'Israël, assassina Nadad ou Nabab, et lui succéda. (1762). III. *Reg.*, XV, 27 et 28. R.

Et puis Achab mourant comme un impie [a],
Pour n'avoir pas égorgé Benhadad;
Le roi Joas meurtri par Jozabad [b],
Fils d'Atrobad; et la reine Athalie,
Si méchamment mise à mort par Joad [c].

Longuette fut la triste litanie;
Ces beaux récits étaient entrelacés
De ces grands traits si chers aux temps passés.
On y voyait le soleil se dissoudre,
La mer fuyant, la lune mise en poudre,
Le monde en feu qui toujours tressaillait;
Dieu qui cent fois en fureur s'éveillait;
Des flots de sang, des tombeaux, des ruines;
Et cependant près des eaux argentines
Le lait coulait sous de verts oliviers;
Les monts sautaient tout comme des béliers,
Et les béliers tout comme des collines.
Le bon Austin célébrait le Seigneur,
Qui menaçait le Chaldéen vainqueur,
Et qui laissait son peuple en esclavage;
Mais des lions brisant toujours les dents,
Sous ses deux pieds écrasant les serpents,

---

[a] Achab avait eu une grosse rançon de Benhadad, roi syrien, comme Saül en avait eu une d'Agag, et fut tué pour avoir pardonné. (1762). — Benhadad vaincu envoya des députés à Achab pour lui demander la vie. « S'il vit, répondit Achab aux députés, il n'est plus que mon frère. » Cette réponse, qui, humainement parlant, est d'une naïveté touchante et sublime, attira sur Achab la colère du ciel, et surtout celle des prophètes (*Rois*, liv. III, chap. 20). K.

[b] Joas, assassiné par Jozabad. (1762). — IV. *Reg.*, xii, 21. R.

[c] Allusion à l'épigramme de Racine :

    Je pleure, hélas ! pour ce pauvre Holopherne,
    Si méchamment mis à mort par Judith.   (1762).

Parlant au Nil, et suspendant la rage
Des basilics[a] et des léviathans[b].
Austin finit. Sa pindarique ivresse
Fit élever parmi les bienheureux
Un bruit confus, un murmure douteux,
Qui n'était pas en faveur de la pièce.

Denys se lève; et, baissant ses doux yeux,
Puis les levant avec un air modeste,
Il salua l'auditoire céleste,
Parut surpris de leurs traits radieux;
Et finement sa pudeur semblait dire :
« Encouragez celui qui vous admire. »
Il salua trois fois très humblement
Les conseillers, le premier président;
Puis il chanta d'une voix douce et tendre
Cet hymne adroit que vous allez entendre :

« O Pierre! ô Pierre! ô toi sur qui Jésus
Daigna fonder son église immortelle,
Portier des cieux, pasteur de tout fidèle,
Maître des rois à tes pieds confondus,
Docteur divin, prêtre saint, tendre père,
Auguste appui de nos rois très chrétiens,
Étends sur eux ta faveur salutaire;
Leurs droits sont purs, et ces droits sont les tiens.
Le pape à Rome est maître des couronnes,
Aucun n'en doute; et si ton lieutenant

---

[a] Basilic, animal fort fameux, mais qui n'exista jamais. (1762). — *Psal.,* xc, 13. R.

[b] Léviathan, autre animal fort célèbre. Les uns disent que c'est la baleine, les autres le crocodile. (1762). — *Job.,* III, 8; XL, 20; *Isa.,* XXVII, 1. R.

A qui lui plaît fait ce petit présent,
C'est en ton nom, car c'est toi qui les donnes.
Hélas! hélas! nos gens de parlement
Ont banni Charle; ils ont impudemment
Mis sur le trône une race étrangère;
On ôte au fils l'héritage du père.
Divin portier, oppose tes bienfaits
A cette audace, à dix ans de misère;
Rends-nous les clefs de la cour du palais. »

C'est sur ce ton que saint Denys prélude;
Puis il s'arrête : il lit avec étude
Du coin de l'œil dans les yeux de Céphas,
En affectant un secret embarras.
Céphas content fit voir sur son visage
De l'amour-propre un secret témoignage,
Et rassurant les esprits interdits
Du chantre habile, il dit dans son langage:
« Cela va bien ; continuez, Denys. »

L'humble Denys repart avec prudence:
« Mon adversaire a pu charmer les cieux;
Il a chanté le Dieu de la vengeance,
Je vais bénir le Dieu de la clémence:
Haïr est bon, mais aimer vaut bien mieux. »

Denys alors d'une voix assurée
En vers heureux chanta le bon berger
Qui va cherchant sa brebis égarée,
Et sur son dos se plaît à la charger;
Le bon fermier, dont la main libérale
Daigne payer l'ouvrier négligent
Qui vient trop tard, afin que diligent
Il vienne ouvrer dès l'aube matinale;

Le bon patron qui, n'ayant que cinq pains
Et trois poissons, nourrit cinq mille humains;
Le bon prophète, encor plus doux qu'austère,
Qui donne grace à la femme adultère,
A Magdeleine, et permet que ses pieds
Soient gentiment par la belle essuyés.
Par Magdeleine Agnès est figurée.
Denys a pris ce délicat détour;
Il réussit : la grand'chambre éthérée
Sentit le trait, et pardonna l'amour.
Du doux Denys l'ode fut bien reçue;
Elle eut le prix, elle eut toutes les voix.
Du saint Anglais l'audace fut déçue;
Austin rougit, il fuit en tapinois :
Chacun en rit, le paradis le hue.
Tel fut hué dans les murs de Paris
Un pédant sec, à face de Thersite[1],
Vil délateur, insolent hypocrite,
Qui fut payé de haine et de mépris,
Quand il osa dans ses phrases vulgaires
Flétrir les arts et condamner nos frères.

Pierre à Denys donna deux beaux *agnus;*
Denys les baise, et soudain l'on ordonne,
Par un arrêt signé de douze élus,
Qu'en ce grand jour les Anglais soient vaincus
Par les Français et par Charle en personne.

En ce moment la barroise amazone
Vit dans les airs, dans un nuage épais,
De son grison la figure et les traits;

---

[1] Omer Joly de Fleury. Voyez, à la suite du poëme, les *Variantes et Imitations.* R.

Comme un soleil, dont souvent un nuage
Reçoit l'empreinte et réfléchit l'image.
Elle cria : « Ce jour est glorieux;
Tout est pour nous, mon âne est dans les cieux. »
Bedfort, surpris de ce prodige horrible,
Déjà s'arrête et n'est plus invincible.
Il lit au ciel, d'un regard consterné,
Que de saint George il est abandonné.
L'Anglais surpris, croyant voir une armée,
Descend soudain de la ville alarmée;
Tous les bourgeois, devenus valeureux,
Les voyant fuir, descendent après eux.
Charles plus loin, entouré de carnage,
Jusqu'à leur camp se fait un beau passage.
Les assiégeants, à leur tour assiégés,
En tête, en queue, assaillis, égorgés,
Tombent en foule au bord de leurs tranchées,
D'armes, de morts, et de mourants jonchées.

C'est en ces lieux, c'est dans ce champ mortel
Que tu venais exercer ta vaillance,
O dur Anglais, ô Christophe Arondel!
Ton maintien sec, ta froide indifférence,
Donnaient du prix à ton courage altier.
Sans dire un mot ce sourcilleux guerrier
Examinait comme on se bat en France :
Et l'on eût dit, à son air d'importance,
Qu'il était là pour se désennuyer.
Sa Rosamore, à ses pas attachée,
Est comme lui de fer enharnachée,
Tel qu'un beau page ou qu'un jeune écuyer :
Son casque est d'or, sa cuirasse est d'acier;

D'un perroquet la plume panachée
Au gré des vents ombrage son cimier.
Car dès ce jour où son bras meurtrier
A dans son lit décollé Martinguerre,
Elle se plaît tout-à-fait à la guerre.
On croirait voir la superbe Pallas
Quittant l'aiguille et marchant aux combats,
Ou Bradamante, ou bien Jeanne elle-même.
Elle parlait au voyageur qu'elle aime,
Et lui montrait les plus grands sentiments,
Lorsqu'un démon trop funeste aux amants,
Pour leur malheur, vers Arondel attire
Le dur Poton et le jeune La Hire,
Et Richemont qui n'a pitié de rien.
Poton, voyant le grave et fier maintien
De notre Anglais, tout indigné s'élance
Sur le causeur, et d'un grand coup de lance,
Qui par le flanc sort au milieu du dos,
D'un sang trop froid lui fait verser des flots :
Il tombe et meurt; et la lance cassée
Roule avec lui dans son corps enfoncée.

A ce spectacle, à ce moment affreux,
On ne vit point la belle Rosamore
Se renverser sur l'amant qu'elle adore,
Ni s'arracher l'or de ses blonds cheveux,
Ni remplir l'air de ses cris douloureux,
Ni s'emporter contre la Providence;
Point de soupirs : elle cria, « Vengeance ! »
Et dans l'instant que Poton se baissait
En ramassant son fer qui se cassait,
Ce bras tout nu, ce bras dont la puissance

Avait d'un coup séparé dans un lit
Un chef grison du cou d'un vieux bandit,
Tranche à Poton la main trop redoutable,
Cette main droite à ses yeux si coupable.
Les nerfs cachés sous la peau des cinq doigts
Les font mouvoir pour la dernière fois;
Poton depuis ne sut jamais écrire.

Mais dans l'instant le brave et beau La Hire
Porte au guerrier, du grand Poton vainqueur,
Un coup mortel qui lui perce le cœur.
Son casque d'or, que sa chute détache,
Découvre un sein de roses et de lis;
Son front charmant n'a plus rien qui le cache;
Ses longs cheveux tombent sur ses habits;
Ses grands yeux bleus dans la mort endormis,
Tout laisse voir une femme adorable,
Et montre un corps formé pour les plaisirs.
Le beau La Hire en pousse des soupirs,
Répand des pleurs; et d'un ton lamentable
S'écrie : « O ciel! je suis un meurtrier,
Un housard noir plutôt qu'un chevalier;
Mon cœur, mon bras, mon épée est infame :
Est-il permis de tuer une dame ? »
Mais Richemont, toujours mauvais plaisant
Et toujours dur, lui dit : « Mon cher La Hire,
Va, tes remords ont sur toi trop d'empire;
C'est une Anglaise, et le mal n'est pas grand;
Elle n'est pas pucelle comme Jeanne. »

Tandis qu'il tient un discours si profane,
D'un coup de flèche il se sentit blessé :
Et devenu plus fier, plus courroucé,

Il rend cent coups à la troupe bretonne,
Qui comme un flot le presse et l'environne.
La Hire et lui, nobles, bourgeois, soldats,
Portent partout les efforts de leurs bras :
On tue, on tombe, on poursuit, on recule,
De corps sanglants un monceau s'accumule ;
Et des mourants l'Anglais fait un rempart.

Dans cette horrible et sanglante mêlée,
Le roi disait à Dunois : « Cher bâtard,
Dis-moi, de grace, où donc est-elle allée ? »
« Qui ? » dit Dunois. Le bon roi lui repart :
« Ne sais-tu pas ce qu'elle est devenue ? »
— « Qui donc ? » — « Hélas ! elle était disparue
Hier au soir, avant qu'un heureux sort
Nous eût conduits au château de Bedfort ;
Et dans la place on est entré sans elle. »
« Nous la trouverons bien, » dit la Pucelle.
« Ciel ! dit le roi, qu'elle me soit fidèle !
Gardez-la-moi. » Pendant ce beau discours,
Il avançait et combattait toujours.

Bientôt la nuit, couvrant notre hémisphère,
L'enveloppa d'un noir et long manteau,
Et mit un terme à ce cours tout nouveau
Des beaux exploits que Charle eût voulu faire.

Comme il sortait de cette grande affaire,
Il entendit qu'on avait le matin
Vu cheminer vers la forêt voisine
Quelques tendrons du genre féminin ;
Une surtout, à la taille divine,
Aux grands yeux bleus, au minois enfantin,
Au sourire tendre, à la peau de satin,

Que sermonnait un bon dominicain.
Des écuyers brillants, à mines fières,
Des chevaliers, sur leurs coursiers fringants,
Couverts d'acier, et d'or, et de rubans,
Accompagnaient les belles cavalières.
La troupe errante avait porté ses pas
Vers un palais qu'on ne connaissait pas,
Et que jamais, avant cette aventure,
On n'avait vu dans ces lieux écartés ;
Rien n'égalait sa bizarre structure.
 Le roi, surpris de tant de nouveautés,
Dit à Bonneau : « Qui m'aime doit me suivre ;
Demain matin je veux au point du jour
Revoir l'objet de mon fidèle amour,
Reprendre Agnès, ou bien cesser de vivre. »
Il resta peu dans les bras du sommeil ;
Et quand Phosphore[a], au visage vermeil,
Eut précédé les roses de l'Aurore,
Quand dans le ciel on attelait encore
Les beaux coursiers que conduit le Soleil[b],

---

[a] Phosphore ou fosfore, porte-lumière qui précédait l'Aurore, laquelle précédait le char du Soleil. Tout était animé, tout était brillant dans l'ancienne mythologie. On ne peut trop en poésie déplorer la perte de ces temps de génie, remplis de belles fictions toutes allégoriques. Que nous sommes secs et arides en comparaison, nous autres *remués de barbares !* (1762).

[b] Les anciens donnèrent un char au Soleil. Cela était fort commun : Zoroastre traversait les airs dans un char ; Élie fut transporté au ciel dans un char lumineux. Les quatre chevaux du Soleil étaient blancs. Leurs noms étaient Pyroïs, Éoüs, Éthon, Phlégon, selon Ovide ; c'est-à-dire l'enflammé, l'oriental, l'annuel, le brûlant. Mais selon d'autres savants antiquaires, ils s'appelaient Érythrée, Actéon, Lampos, et Philogée ; c'est-à-dire le rouge, le lumineux, l'éclatant, le terrestre. Je crois que ces savants se sont trompés, et qu'ils ont pris les noms des quatre parties du jour pour

Le roi, Bonneau, Dunois, et la Pucelle,
Allégrement se remirent en selle,
Pour découvrir ce superbe palais.
Charles disait : « Voyons d'abord ma belle ;
Nous rejoindrons assez tôt les Anglais :
Le plus pressé, c'est de vivre avec elle. »

ceux des chevaux ; c'est une erreur grossière, que je démontrerai dans le prochain *Mercure*, en attendant les deux dissertations in-folio que j'ai faites sur ce sujet. (1762).

FIN DU CHANT SEIZIÈME.

CHANT DIX-SEPTIÈME.

ARGUMENT.

Comment Charles VII, Agnès, Jeanne, Dunois, La Trimouille, etc., devinrent tous fous; et comment ils revinrent en leur bon sens par les exorcismes du R. P. Bonifoux, confesseur ordinaire du roi.

Oh! que ce monde est rempli d'enchanteurs!
Je ne dirai rien des enchanteresses.
Je t'ai passé, temps heureux des faiblesses,
Printemps des fous, bel âge des erreurs;
Mais à tout âge on trouve des trompeurs,
De vrais sorciers, tout puissants séducteurs,
Vêtus de pourpre, et rayonnants de gloire.
Au haut des cieux ils vous mènent d'abord,
Puis on vous plonge au fond de l'onde noire,
Et vous buvez l'amertume et la mort.
Gardez-vous tous, gens de bien que vous êtes,
De vous frotter à de tels nécromans;
Et s'il vous faut quelques enchantements,
Aux plus grands rois préférez vos grisettes.

Hermaphrodix a bâti tout exprès
Le beau château qui retenait Agnès,
Pour se venger des belles de la France,
Des chevaliers, des ânes, et des saints
Dont la pudeur et les exploits divins
Avaient bravé sa magique puissance.

Quiconque entrait en ce maudit logis
Méconnaissait sur-le-champ ses amis,
Perdait le sens, l'esprit, et la mémoire.
L'eau du Léthé que les morts allaient boire,
Les mauvais vins, funestes aux vivants,
Ont des effets bien moins extravagants.

Sous les grands arcs d'un immense portique,
Amas confus de moderne et d'antique,
Se promenait un fantôme brillant,
Au pied léger, à l'œil étincelant,
Au geste vif, à la marche égarée,
La tête haute, et de clinquants parée.
On voit son corps toujours en action;
Et son nom est l'Imagination :
Non cette belle et charmante déesse
Qui présida, dans Rome et dans la Grèce,
Aux beaux travaux de tant de grands auteurs,
Qui répandit l'éclat de ses couleurs,
Ses diamants, ses immortelles fleurs,
Sur plus d'un chant du grand peintre d'Achille,
Sur la Didon que célébra Virgile,
Et qui d'Ovide anima les accents;
Mais celle-là qu'abjure le bon sens,
Cette étourdie, effarée, insipide,
Que tant d'auteurs approchent de si près,
Qui les inspire, et qui servit de guide
Aux Scudéri, Lemoine, Desmarets[a].

---

[a] Scudéri, auteur d'*Alaric*, poëme épique; Lemoine, jésuite, auteur du *Saint Louis*, ou *Louisiade*, poëme épique; Desmarets Saint-Sorlin, auteur de *Clovis*, poëme épique : ces trois ouvrages sont de terribles poëmes épiques. (1762).

Elle répand ses faveurs les plus chères
Sur nos romans, nos nouveaux opéra;
Et son empire assez long-temps dura
Sur le théâtre, au barreau, dans les chaires.
Près d'elle était le Galimatias,
Monstre bavard caressé dans ses bras,
Nommé jadis le docteur séraphique[a],
Subtil, profond, énergique, angélique,
Commentateur d'imagination,
Et créateur de la confusion,
Qui depuis peu fit *Marie Alacoque*[b].
Autour de lui voltigent l'Équivoque,
La louche Énigme, et les mauvais Bons Mots,
A double sens, qui font l'esprit des sots;
Les Préjugés, les Méprises, les Songes,
Les Contre-Sens, les absurdes Mensonges,
Ainsi qu'on voit aux murs d'un vieux logis
Les chats-huants et les chauves-souris.
Quoi qu'il en soit, ce damnable édifice
Fut fabriqué par un tel artifice,

---

[a] Noms que prenaient les théologiens. (1762). — Un passage de la XIIIe des *Lettres philosophiques* nous apprend les noms des docteurs séraphique, subtil, et angélique : ce sont saint Bonaventure, Jean Duns Scot, et saint Thomas-d'Aquin. Suivant M. Louis Du Bois, le docteur profond (*fundatissimus*) était Gille Colonne; et le docteur énergique, Guillaume Durand de Saint-Pourçain. R.

[b] *L'Histoire de Marie Alacoque*, ouvrage rare par l'excès du ridicule, composé par Languet, alors évêque de Soissons. Ce passage nous indique que le fameux poëme que nous commentons fut fait vers l'an 1730, temps où il était beaucoup question de Marie Alacoque. (1762). — On ferait un énorme volume de toutes les satires, chansons, et épigrammes que Languet s'attira par la publication de *la Vie de Marguerite-Marie Alacoque, religieuse de la visitation de sainte Marie du monastère de Paray-le-Monial, en Charolais;* Paris, 1729, in-4°. R.

Que tout mortel qui dans ces lieux viendra
Perdra l'esprit tant qu'il y restera.

 A peine Agnès, avec sa douce escorte,
De ce palais avait touché la porte,
Que Bonifoux, ce grave confesseur,
Devint l'objet de sa fidèle ardeur;
Elle le prend pour son cher roi de France.
« O mon héros! ô ma seule espérance!
Le juste ciel vous rend à mes souhaits.
Ces fiers Bretons sont-ils par vous défaits?
N'auriez-vous point reçu quelque blessure?
Ah! laissez-moi détacher votre armure.
Lors elle veut, d'un effort tendre et doux,
Oter le froc du père Bonifoux,
Et, dans ses bras bientôt abandonnée,
L'œil enflammé, le cou vers lui tendu,
Cherche un baiser qui soit pris et rendu.
Charmante Agnès, que tu fus consternée,
Lorsque, cherchant un menton frais tondu,
Tu ne sentis qu'une barbe tannée,
Longue, piquante, et rude, et mal peignée!
Le confesseur tout effaré s'enfuit,
Méconnaissant la belle qui le suit.
La tendre Agnès, se voyant dédaignée,
Court après lui, de pleurs toute baignée.

 Comme ils couraient dans ce vaste pourpris,
L'un se signant, et l'autre tout en larmes,
Ils sont frappés des plus lugubres cris.
Un jeune objet, touchant, rempli de charmes,
Avec frayeur embrassait les genoux
D'un chevalier qui, couvert de ses armes,

L'allait bientôt immoler sous ses coups.
Peut-on connaître à cette barbarie
Ce La Trimouille, et ce parfait amant
Qui de grand cœur, en tout autre moment,
Pour Dorothée aurait donné sa vie?
Il la prenait pour le fier Tirconel :
Elle n'avait nul trait en son visage
Qui ressemblât à cet Anglais cruel ;
Elle cherchait le héros qui l'engage,
Le cher objet d'un amour immortel ;
Et, lui parlant sans pouvoir le connaître,
Elle lui dit : « Ne l'avez-vous point vu
Ce chevalier qui de mon cœur est maître,
Qui près de moi dans ces lieux est venu?
Mon La Trimouille, hélas! est disparu.
Que fait-il donc? de grace, où peut-il être?»
Le Poitevin, à ces touchants discours,
Ne connut point ses fidèles amours.
Il croit entendre un Anglais implacable,
Qui vient sur lui prêt à trancher ses jours.
Le fer en main il se met en défense,
Vers Dorothée en mesure il avance.
« Je te ferai, dit-il, changer de ton,
Fier, dédaigneux, triste, arrogant Breton.
Dur insulaire, ivre de bière forte,
C'est bien à toi de parler de la sorte,
De menacer un homme de mon nom!
Moi petit-fils des Poitevins célèbres
Dont les exploits, au séjour des ténèbres,
Ont fait passer tant d'Anglais valeureux,
Plus fiers que toi, plus grands, plus généreux.

Eh quoi! ta main ne tire pas l'épée!
De quel effroi ta vile ame est frappée!
Fier en discours, et lâche en action,
Chevreuil anglais, Thersite d'Albion,
Fait pour brailler chez tes parlementaires,
Vite, essayons tous deux nos cimeterres;
Çà, qu'on dégaîne, ou je vais de ma main
Signer ton front, des fronts le plus vilain,
Et t'appliquer sur ton large derrière,
A mon plaisir, deux cents coups d'étrivière. »
A ce discours qu'il prononce en fureur,
Pâle, éperdue, et mourante de peur :
« Je ne suis point Anglais, dit Dorothée;
J'en suis bien loin : comment, pourquoi, par où,
Me vois-je ici par vous si maltraitée?
Dans quel danger je suis précipitée!
Je cherche ici le héros du Poitou ;
C'est une fille, hélas! bien tourmentée,
Qui baise en pleurs votre noble genou. »
Elle parlait, mais sans être écoutée;
Et La Trimouille, étant tout-à-fait fou,
Allait déjà la prendre par le cou.

Le confesseur, qui dans sa prompte fuite
D'Agnès Sorel évitait la poursuite,
Bronche en courant, et tombe au milieu d'eux;
Le Poitevin veut le prendre aux cheveux,
N'en trouve point, roule avec lui par terre;
La belle Agnès, qui le suit et le serre,
Sur lui trébuche, en poussant des clameurs
Et des sanglots qu'interrompent ses pleurs;
Et sous eux tous se débat Dorothée,

Très en désordre et fort mal ajustée.
  Tout au milieu de ce conflit nouveau,
Le bon roi Charle, escorté de Bonneau,
Avec Dunois et la fière Pucelle,
Entre à-la-fois dans ce fatal château,
Pour y chercher sa maîtresse fidèle.
O grand pouvoir! ô merveille nouvelle!
A peine ils sont de cheval descendus,
Sous le portique à peine ils sont rendus,
Incontinent ils perdent la cervelle.
Tels dans Paris tous ces docteurs fourrés,
Pleins d'arguments sous leurs bonnets carrés,
Vont gravement vers la Sorbonne antique,
Séjour de noise, antre théologique,
Où la Dispute et la Confusion
Ont établi leur sacré domicile,
Et dont jamais n'approcha la Raison.
Nos révérends arrivent à la file:
Ils avaient l'air d'être de sens rassis;
Chacun passait pour sage en son logis;
On les prendrait pour des gens fort honnêtes,
Point querelleurs et point extravagants;
Quelques uns même étaient de bonnes têtes:
Ils sont tous fous quand ils sont sur les bancs.
  Charle, enivré de joie et de tendresse,
Les yeux mouillés, tout pétillant d'ardeur,
Et ressentant un battement de cœur,
Disait, d'un ton d'amour et de langueur:
« Ma chère Agnès, ma pudique maîtresse,
Mon paradis, précis de tous les biens,
Combien de fois, hélas! fus-tu perdue!

A mes desirs te voilà donc rendue.
Perle d'amour [1], je te vois, je te tiens;
Oh! que tu fais une charmante mine!
Mais tu n'as plus cette taille si fine
Que je pouvais embrasser autrefois,
En la serrant du bout de mes dix doigts.
Quel embonpoint! quel ventre! quelles fesses!
Voilà le fruit de nos tendres caresses:
Agnès est grosse, Agnès me donnera
Un beau bâtard qui pour nous combattra.
Je veux greffer, dans l'ardeur qui m'emporte,
Ce fruit nouveau sur l'arbre qui le porte.
Amour le veut; il faut que dans l'instant
J'aille au-devant de cet aimable enfant. »
 A qui le roi se fesait-il entendre?
A qui tient-il ce discours noble et tendre?
Qui tenait-il dans ses bras amoureux?
C'était Bonneau, soufflant, suant, poudreux;
C'était Bonneau; jamais homme en sa vie
Ne se sentit l'ame plus ébahie.
Charles, pressé d'un desir violent,
D'un bras nerveux le pousse tendrement;
Il le renverse; et Bonneau pesamment
S'en va tomber sur la troupe mêlée,
Qui de son poids se sentit accablée.
Ciel! que de cris et que de hurlements!
Le confesseur reprit un peu ses sens;

---

[1] On lit dans toutes les éditions: *Parle d'amour*, ce qui me paraît ici n'avoir aucun sens. En me permettant de rectifier, sans l'autorité d'aucune édition, le vers de Voltaire, je ne crois pas avoir dépassé les droits d'un éditeur. R.

Sa grosse panse était juste portée
Dessus Agnès et dessous Dorothée;
Il se relève, il marche, il court, il fuit;
Tout haletant le bon Bonneau le suit.
Mais La Trimouille à l'instant s'imagine
Que sa beauté, sa maîtresse divine,
Sa Dorothée était entre les bras
Du Tourangeau qui fuyait à grands pas.
Il court après, il le presse, il lui crie :
« Rends-moi mon cœur, bourreau, rends-moi ma vie;
Attends, arrête. » En prononçant ces mots,
D'un large sabre il frappe son gros dos.
Bonneau portait une épaisse cuirasse,
Et ressemblait à la pesante masse
Qui dans la forge à grand bruit retentit
Sous le marteau qui frappe et rebondit.
La peur hâtait sa marche écarquillée.
Jeanne, voyant le Bonneau qui trottait,
Et les grands coups que l'autre lui portait,
Jeanne casquée, et de fer habillée,
Suit à grands pas La Trimouille, et lui rend
Tout ce qu'il donne au royal confident.
Dunois, la fleur de la chevalerie,
Ne souffre pas qu'on attente à la vie
De La Trimouille, il est son cher appui;
C'est son destin de combattre pour lui :
Il le connaît; mais il prend la Pucelle
Pour un Anglais; il vous tombe sur elle,
Il vous l'étrille ainsi qu'elle étrillait
Le Poitevin, qui toujours chatouillait
L'ami Bonneau, qui lourdement fuyait.

Le bon roi Charle, en ce désordre extrême,
Dans son Bonneau voit toujours ce qu'il aime;
Il voit Agnès. Quel état pour un roi,
Pour un amant des amants le plus tendre!
Nul ennemi ne lui cause d'effroi;
Contre une armée il voudrait la défendre.
Tous ces guerriers après Bonneau courants
Sont à ses yeux des ravisseurs sanglants.
L'épée au poing sur Dunois il s'élance;
Le beau bâtard se retourne, et lui rend
Sur la visière un énorme fendant.
Ah! s'il savait que c'est le roi de France,
Qu'il se verrait avec un œil d'horreur!
Il périrait de honte et de douleur.
En même temps Jeanne, par lui frappée,
Lui répondit de sa puissante épée;
Et le bâtard, incapable d'effroi,
Frappe à-la-fois sa maîtresse et son roi;
A droite, à gauche, il lance sur leurs têtes
De mille coups les rapides tempêtes.
Charmant Dunois, belle Jeanne, arrêtez;
Ciel! quels seront vos regrets et vos larmes,
Quand vous saurez qui poursuivent vos armes,
Et qui vous frotte, et qui vous combattez!

Le Poitevin, dans l'horrible mêlée,
De temps en temps appesantit son bras
Sur la Pucelle, et rosse ses appas.
L'ami Bonneau ne les imite pas;
Sa grosse tête était la moins troublée.
Il recevait, mais il ne rendait point.
Il court toujours; Bonifoux le précède,

Aiguillonné de la peur qui le point.
Le tourbillon que la rage possède,
Tous contre tous, assaillants, assaillis,
Battants, battus, dans ce grand chamaillis,
Criant, hurlant, parcourent le logis.
Agnès en pleurs, Dorothée éperdue,
Crie : « Au secours ! on m'égorge, on me tue. »
Le confesseur, plein de contrition,
Menait toujours cette procession.

Il aperçoit à certaine fenêtre
De ce logis le redoutable maître,
Hermaphrodix, qui contemplait gaîment
Des bons Français le barbare tourment,
Et se tenait les deux côtés de rire.
Bonifoux vit que ce fatal empire
Était, sans doute, une œuvre du démon.
Il conservait un reste de raison ;
Son long capuce et sa large tonsure
A sa cervelle avaient servi d'armure.
Il se souvint que notre ami Bonneau
Suivait toujours l'usage antique et beau,
Très sagement établi par nos pères,
D'avoir sur soi les choses nécessaires,
Muscade, clou, poivre, girofle, et sel[a].
Pour Bonifoux, il avait son missel.
Il aperçut une fontaine claire,
Il y courut, sel et missel en main,

---

[a] C'est ce qu'on appelait autrefois *cuisine de poche*, et ce que signifie ce vers d'une comédie :

    Porte cuisine en poche, et poivre concassé.   (1762).

— Le vers cité est de Regnard. Voyez *le Joueur*, acte IV, scène 9. R.

Bien résolu d'attraper le malin.
Le voilà donc qui travaille au mystère;
Il dit tout bas : « *Sanctam, Catholicam,*
Papam, Romam, aquam benedictam; »
Puis de Bonneau prend la tasse, et va vite
Adroitement asperger d'eau bénite
Le farfadet né de la belle Alix.
Chez les païens l'eau brûlante du Styx
Fut moins fatale aux ames criminelles.
Son cuir tanné fut couvert d'étincelles;
Un gros nuage, enfumé, noir, épais,
Enveloppa le maître et le palais.
Les combattants, couverts d'une nuit sombre,
Couraient encore et se cherchaient dans l'ombre.
Tout aussitôt le palais disparut;
Plus de combat, d'erreur ni de méprise,
Chacun se vit, chacun se reconnut;
Chaque cervelle en son lieu fut remise.
A nos héros un seul moment rendit
Le peu de sens qu'un seul moment perdit :
Car la folie, hélas! ou la sagesse,
Ne tient à rien dans notre pauvre espèce.
C'était alors un grand plaisir de voir
Ces paladins aux pieds du moine noir,
Le bénissant, chantant des litanies,
Se demandant pardon de leurs folies.
O La Trimouille! ô vous, royal amant!
Qui me peindra votre ravissement?
On n'entendait que ces mots, « Ah! ma belle,
Mon tout, mon roi, mon ange, ma fidèle,
C'est vous! c'est toi! jour heureux! doux moments! »

Et des baisers, et des embrassements,
Cent questions, cent réponses pressées;
Leur voix ne peut suffire à leurs pensées.
Le confesseur, d'un paternel regard,
Les lorgnait tous, et priait à l'écart.
Le grand bâtard et sa fière maîtresse
Modestement s'expliquaient leur tendresse.
De leurs amours le rare compagnon
Élève alors la tête avec le ton ;
Il entonna l'octave discordante
De son gosier de cornet à bouquin.
A cette octave, à ce bruit tout divin,
Tout fut ému : la nature tremblante
Frémit d'horreur; et Jeanne vit soudain
Tomber les murs de ce palais magique,
Cent tours d'acier et cent portes d'airain;
Comme autrefois la horde mosaïque
Fit voir, au son de sa trompe hébraïque,
De Jéricho le rempart écroulé [a],
Réduit en poudre, à la terre égalé :
Le temps n'est plus de semblable pratique.

Alors, alors ce superbe palais,
Si brillant d'or, si noirci de forfaits,
Devint un ample et sacré monastère.
Le salon fut en chapelle changé.
Le cabinet où ce maître enragé
Avait dormi dans le vice plongé
Transmué fut en un beau sanctuaire.
L'ordre de Dieu, qui préside aux destins,

---

[a] Jéricho, comme vous savez, tomba au son des cornemuses; c'est un événement très commun. (1762). — *Jos.*, VI, 20. R.

Ne changea point la salle des festins ;
Mais elle prit le nom de réfectoire ;
On y bénit le manger et le boire.
Jeanne, le cœur élevé vers les saints,
Vers Orléans, vers le sacre de Reims,
Dit à Dunois : « Tout nous est favorable
Dans nos amours et dans nos grands desseins :
Espérons tout ; soyez sûr que le diable
A contre nous fait son dernier effort. »
Parlant ainsi, Jeanne se trompait fort.

FIN DU CHANT DIX-SEPTIÈME.

CHANT DIX-HUITIÈME[1].

ARGUMENT.

Disgrace de Charles et de sa troupe dorée.

Je ne connais dans l'histoire du monde
Aucun héros, aucun homme de bien,
Aucun prophète, aucun parfait chrétien,
Qui n'ait été la dupe d'un vaurien,
Ou des jaloux, ou de l'esprit immonde.
 La Providence en tout temps éprouva
Mon bon roi Charle avec mainte détresse.
Dès son berceau fort mal on l'éleva;

---

[1] Ce chant a paru, pour la première fois, avec les *Contes de Guillaume Vadé*.

L'auteur l'a joint aux nouvelles éditions de *la Pucelle*, avec quelques changements. K. — Les *Contes de G. Vadé* furent publiés en 1764, deux ans après la première édition avouée de *la Pucelle*. Ils contiennent (pages 103-118) un *Chant détaché d'un poëme épique de la composition de Jérôme Carré, trouvé dans ses papiers après le décès dudit Jérôme*: c'est celui qui forme maintenant le dix-huitième chant de *la Pucelle*, à laquelle il ne fut réuni qu'en 1773. Voltaire le désigne ordinairement sous ce titre: *la Capilotade*. La composition en était achevée en 1761. Voltaire l'avait entrepris pour immoler à sa vengeance ses ennemis et ceux de la raison: « Frère Thieriot, écrivait-il à Dalembert le 6 janvier 1761, frère « Thieriot saura que la capilotade est achevée, et qu'elle forme un chant « de Jeanne par voie de prophétie, ou à peu près. Dieu m'a fait la grace « de comprendre que, quand on veut rendre les gens ridicules et mépri- « sables à la postérité, il faut les nicher dans quelque ouvrage qui aille à « la postérité. »

Les notes de ce chant, qui portent la date de 1764, sont empruntées au volume des *Contes de Vadé*. R.

Le Bourguignon poursuivit sa jeunesse^a;
De tous ses droits son père le priva;
Le parlement de Paris près Gonesse^b,
Tuteur des rois, son pupille ajourna^c;
De ses beaux lis un chef anglais s'orna;
Il fut errant, manqua souvent de messe
Et de dîner; rarement séjourna
En même lieu. Mère^d, oncle, ami, maîtresse,
Tout le trahit ou tout l'abandonna.
Un page anglais partagea la tendresse
De son Agnès; et l'enfer déchaîna
Hermaphrodix, qui par magique adresse
Pour quelque temps la tête lui tourna.
Il essuya des traits de toute espèce;
Il les souffrit, et Dieu lui pardonna.

De nos amants la troupe fière et leste
S'acheminait loin du château funeste
Où Belzébut dérangea le cerveau
Des chevaliers, d'Agnès, et de Bonneau.
Ils côtoyaient la forêt vaste et sombre
Qui d'Orléans porte aujourd'hui le nom.

---

^a Le duc de Bourgogne, qui assassina le duc d'Orléans. Mais le bon Charles le lui rendit bien au pont de Montereau. (1764).

^b Gonesse, village auprès de Paris, célèbre par ses boulangers et par plusieurs combats. (1764). — En 1773, Voltaire réduisit à ces mots la note qui, en 1764, se terminait ainsi : « Mais surtout par la meilleure manufac-
« ture de draps qu'il y eût alors en France. » R.

^c Charles VII, ajourné à la table de marbre par l'avocat général Desmarets. (1764). — Les quatre derniers mots ont été ajoutés en 1773. Voyez la note sur le vers 173 du premier chant. R.

^d Sa propre mère, Isabelle de Bavière, fut celle qui le persécuta le plus. Elle pressa le traité de Troyes, par lequel son gendre, le roi d'Angleterre Henri V, eut la couronne de France. (1764).

A peine encor l'épouse de Tithon
En se levant mêlait le jour à l'ombre.
On aperçut de loin des hoquetons,
Au rond bonnet, aux écourtés jupons;
Leur corselet paraissait mi-partie
De fleurs de lis et de trois léopards[a].
Le roi fit halte, en fixant ses regards
Sur la cohorte en la forêt blottie.
Dunois et Jeanne avancent quelques pas.
La tendre Agnès, étendant ses beaux bras,
Dit à son Charle : « Allons, fuyons, mon maître. »
Jeanne en courant s'approcha, vit paraître
Des malheureux deux à deux enchaînés,
Les yeux en terre, et les fronts consternés.
« Hélas! ce sont des chevaliers, dit-elle,
Qui sont captifs; et c'est notre devoir
De délivrer cette troupe fidèle.
Allons, bâtard, allons et fesons voir
Ce qu'est Dunois et ce qu'est la Pucelle. »
Lance en arrêt, ils fondent à ces mots
Sur les soldats qui gardaient ces héros.
Au fier aspect de la puissante Jeanne
Et de Dunois, et plus encor de l'âne,
D'un pas léger ces prétendus guerriers
S'en vont au loin comme des lévriers.
Jeanne aussitôt, de plaisir transportée,
Complimenta la troupe garrottée.
« Beaux chevaliers, que l'Anglais mit aux fers,
Remerciez le roi qui vous délivre;

---

[a] Ce sont les armes d'Angleterre. (1764).

Baisez sa main, soyez prêts à le suivre,
Et vengeons-nous de ces Anglais pervers. »
Les chevaliers, à cette offre courtoise,
Montraient encore une face sournoise,
Baissaient les yeux... Lecteurs impatients,
Vous demandez qui sont ces personnages
Dont la Pucelle animait les courages.
Ces chevaliers étaient des garnements
Qui, dans Paris payés pour leur mérite,
Allaient ramer sur le dos d'Amphitrite;
On les connut à leurs accoutrements.
En les voyant le bon Charles soupire :
« Hélas! dit-il, ces objets dans mon cœur
Ont enfoncé les traits de la douleur.
Quoi! les Anglais règnent dans mon empire!
C'est en leur nom que l'on rend des arrêts!
C'est pour eux seuls que l'on dit des prières!
C'est de leur part, hélas! que mes sujets
Sont de Paris envoyés aux galères!... »
Puis le bon prince avec compassion
Daigne approcher du maître compagnon
Qui de la file était mis à la tête.
Nul malandrin n'eut l'air plus malhonnête;
Sa barbe torse ombrage un long menton;
Ses yeux tournés, plus menteurs que sa bouche,
Portent en bas un regard double et louche;
Ses sourcils roux, mélangés et retors,
Semblent loger la fraude et l'imposture;
Sur son front large est l'audace et l'injure,
L'oubli des lois, le mépris des remords;
Sa bouche écume, et sa dent toujours grince.

Le sycophante, à l'aspect de son prince,
Affecte un air humble, dévot, contrit,
Baisse les yeux, compose et radoucit
Les traits hagards de son affreux visage.
Tel est un dogue au regard impudent,
Au gosier rauque, affamé de carnage;
Il voit son maître, il rampe doucement,
Lèche ses mains, le flatte en son langage,
Et pour du pain devient un vrai mouton.
Ou tel encore on nous peint le démon,
Qui, s'échappant des gouffres du Tartare,
Cache sa queue et sa griffe barbare,
Vient parmi nous, prend la mine et le ton,
Le front tondu d'un jeune anachorète,
Pour mieux tenter sœur Rose ou sœur Discrète.

Le roi des Francs, trompé par le félon,
Lui témoigna commisération,
L'encouragea par un discours affable :
« Dis-moi quel est ton métier, pauvre diable,
Ton nom, ta place, et pour quelle action
Le Châtelet, avec tant d'indulgence,
Te fait ramer sur les mers de Provence. »
Le condamné, d'un ton de doléance,
Lui répondit : « O monarque trop bon!
« Je suis de Nante, et mon nom est Frélon [a].

---

[a] Selon les chroniques de ce temps-là, il y avait un misérable de ce nom qui écrivait des feuilles sous les charniers Saints-Innocents. Il fit quelques tours de passe-passe, pour lesquels il fut enfermé plusieurs fois au Châtelet, à Bicêtre, et au For-l'Évêque. Il avait été quelque temps moine, et s'était fait chasser du couvent; il réussit beaucoup dans le nouveau métier qu'il embrassa. Plusieurs célèbres écrivains lui ont rendu justice. Il était originaire de Nantes, et exerçait à Paris la profession de gazetier satirique. Ja-

J'aime Jésus d'un feu pur et sincère ;
Dans un couvent je fus quelque temps frère ;
J'en ai les mœurs ; et j'eus dans tous les temps
Un très grand soin du salut des enfants.
A la vertu je consacrai ma vie.
Sous les charniers qu'on dit des Innocents,
Paris m'a vu travailler de génie ;
J'ai vendu cher mes feuilles à Lambert ;
Je suis connu dans la place Maubert ;
C'est là surtout qu'on m'a rendu justice.
Des indévots quelquefois par malice
M'ont reproché les faiblesses du froc,
Celles du monde et quelques tours d'escroc ;
Mais j'ai pour moi ma bonne conscience. »
  Ce bon propos toucha le roi de France.
« Console-toi, dit-il, et ne crains rien.
Dis-moi, l'ami, si chaque camarade
Qui vers Marseille allait en ambassade
Ainsi que toi fut un homme de bien. »
« Ah ! dit Frélon, sur ma foi de chrétien,
Je réponds d'eux ainsi que de moi-même :
Nous sommes tous en un moule jetés.
L'abbé Coyon[a], qui marche à mes côtés,

---

mais homme ne fut plus méprisé et plus détesté que lui, comme dit la *Chronique* de Froissart. (1773). — La majeure partie de cette note est de 1764. Voltaire avait déjà, dans l'*Écossaise*, employé le nom de *Frélon* pour désigner l'auteur de l'*Année littéraire*. R.

[a] Coyon ou Guyon, auteur du temps de Charles VII. Il composa une *Histoire romaine*, détestable à la vérité, mais qui était passable pour le temps. Il fit aussi l'*Oracle des philosophes*. C'est un tissu ridicule de calomnies. Aussi il s'en repentit sur la fin de sa vie, comme le dit Monstrelet. (1764). — Dans l'édition de 1764, le nom de Guyon est travesti en celui de *Guignon*. En 1773, Voltaire y substitua celui de Coyon. Toutes les édi-

Quoi qu'on en dise, est bien digne qu'on l'aime;
Point étourdi, point brouillon, point menteur,
Jamais méchant ni calomniateur.
Maître Chaumé^a, dessous sa mine basse,
Porte un cœur haut, plein d'une sainte audace;
Pour sa doctrine il se ferait fesser.
Maître Gauchat^b pourrait embarrasser
Tous les rabbins sur le texte et la glose.
Voyez plus loin cet avocat sans cause;
Il a quitté le barreau pour le ciel.
Ce Sabotier^c est tout pétri de miel.
Ah! l'esprit fin! le bon cœur! le saint prêtre!
Il est bien vrai qu'il a trahi son maître,
Mais sans malice et pour très peu d'argent;
Il s'est vendu, mais c'est au plus offrant.
Il trafiquait comme moi de libelles :
Est-ce un grand mal? on vit de son talent.
Employez-nous; nous vous serons fidèles.
En ce temps-ci la gloire et les lauriers
Sont dévolus aux auteurs des charniers.
Nos grands succès ont excité l'envie;
Tel est le sort des auteurs, des héros,
Des grands esprits, et surtout des dévots :

---

tions antérieures à celle de Kehl en font un auteur du temps de Charles VI. R.

^a Autre calomniateur du temps. (1764). — Chaumeix. R.

^b Autre calomniateur. (1764). — Gauchat. R.

^c L'abbé Sabotier, ou Sabatier, natif de Castres, auteur de deux espèces de dictionnaires, où il dit le pour et le contre; calomniateur effronté, et le tout pour de l'argent. Il trahit son maître, M. le comte de L......c, et fut chassé d'une manière un peu rude, dont il s'est ressenti long-temps. (1773). — Le nom de Lautrec se lit en entier dans les éditions modernes. R.

Car la vertu fut toujours poursuivie.
O mon bon roi! qui le sait mieux que vous?»
Comme il parlait sur ce ton tendre et doux,
Charle aperçut deux tristes personnages,
Qui des deux mains cachaient leurs gros visages.
« Qui sont, dit-il, ces deux rameurs honteux?»
« Vous voyez là, reprit l'homme aux semaines ª,
Les plus discrets et les plus vertueux
De ceux qui vont sur les liquides plaines.
L'un est Fantin [b], prédicateur des grands,
Humble avec eux, aux petits débonnaire :
Sa piété ménagea les vivants ;
Et, pour cacher le bien qu'il savait faire,
Il confessait et volait les mourants.
L'autre est Brizet [c], directeur de nonnettes,
Peu soucieux de leurs faveurs secrètes,

ª Frélon donnait alors toutes les semaines une feuille, dans laquelle il hasardait quelquefois de petits mensonges, de petites calomnies, de petites injures, pour lesquels il fut repris de justice, comme on l'a déjà dit. (1773).

[b] Il semble que ce chant de l'abbé Trithème soit une prophétie : en effet, nous avons vu un Fantin, docteur et curé à Versailles, qui fut aperçu volant un rouleau de cinquante louis à un malade qu'il confessait. Il fut chassé, mais il ne fut pas pendu. (1764).

[c] Autre prophétie. Tout Paris a vu un abbé Brizet, fameux directeur de femmes de qualité, dissiper en débauches sourdes l'argent qu'il extorquait de ses dévotes, et qu'on lui remettait en dépôt pour le soulagement des pauvres. Il y a grande apparence que quelque homme instruit de nos mœurs a inséré une partie de cette tirade dans cette nouvelle édition du divin poëme de l'abbé Trithème. Il aurait bien dû dire un mot de l'abbé Lacoste, condamné à être marqué d'un fer chaud, et aux galères perpétuelles, en l'an de grace 1759, pour plusieurs crimes de faux. (1764). Cet abbé Lacoste avait travaillé avec Frélon à l'*Année littéraire*. (1773). — L'abbé Brizet est le masque de Grizel. Dans l'édition qui fait partie du volume des *Contes de Guillaume Vadé*, au lieu des mots « divin poëme de l'abbé Tri-« thème, » on lisait, « divin poëme de *Jérôme Carré*. » R.

Mais s'appliquant sagement les dépôts,
Le tout pour Dieu. Son ame pure et sainte
Méprisait l'or; mais il était en crainte
Qu'il ne tombât aux mains des indévots.
Pour le dernier de la noble séquelle,
C'est mon soutien, c'est mon cher La Beaumelle[a].
De dix gredins qui m'ont vendu leur voix,
C'est le plus bas, mais c'est le plus fidèle;
Esprit distrait, on prétend que parfois,

---

[a] La Beaumelle, natif d'un village près de Castres, prédicant quelque temps à Genève, précepteur chez M. de Boisy, puis réfugié à Copenhague. Chassé de ce pays, il alla à Gotha, où l'on vola la toilette d'une dame et ses dentelles; il s'enfuit avec la femme de chambre qui avait commis ce vol, ce qui est connu de toute la cour de Gotha. Il a été mis au cachot deux fois à Paris, ensuite en a été banni : et ce malheureux a trouvé enfin de la protection. C'est lui qui est l'auteur d'un mauvais petit ouvrage intitulé *mes Pensées*, dans lequel il vomit les plus lâches injures contre presque tous les gens en place. C'est lui qui a falsifié les *Lettres de madame de Maintenon*, et les a fait imprimer avec les notes les plus scandaleuses et les plus calomnieuses. Il fit imprimer à Francfort, en quatre petits volumes, le *Siècle de Louis XIV*, qu'il falsifia et qu'il chargea de remarques, non seulement rebutantes par la plus crasse ignorance, mais punissables pour les calomnies atroces répandues contre la maison royale et contre les plus illustres maisons du royaume.

Tous ceux dont il est ici question ont écrit des volumes d'ordures contre celui qui daigne ici les faire connaitre. Il y a des gens qui sont bien aises de voir insulter, calomnier, par des gredins, les hommes célèbres dans les arts. Ils leur disent : « N'y faites pas attention, laissez crier ces misérables, afin que nous ayons le plaisir de voir des gueux vous jeter de la boue. » Nous ne pensons pas ainsi; nous croyons qu'il faut punir les gueux quand ils sont insolents et fripons, et surtout quand ils ennuient. Ces anecdotes trop véritables se trouvent en vingt endroits, et doivent s'y trouver, comme des sentences affichées contre les malfaiteurs au coin de toutes les rues « Oportet cognosci malos. » (1773). — Les faits imputés ici à La Beaumelle sont rapportés avec plus de développements dans d'autres écrits de Voltaire, notamment dans la XVIIe des *Honnêtetés littéraires*, et dans le *Supplément au Siècle de Louis XIV*, première partie, neuvième alinéa. R.

Tout occupé de ses œuvres chrétiennes,
Il prend d'autrui les poches pour les siennes.
Il est d'ailleurs si sage en ses écrits !
Il sait combien, pour les faibles esprits,
La vérité souvent est dangereuse;
Qu'aux yeux des sots sa lumière est trompeuse,
Qu'on en abuse ; et ce discret auteur,
Qui toujours d'elle eut une sage peur,
A résolu de ne la jamais dire.
Moi, je la dis à votre majesté;
Je vois en vous un héros que j'admire,
Et je l'apprends à la postérité.
Favorisez ceux que la calomnie
Voulut noircir de son souffle empesté;
Sauvez les bons des filets de l'impie;
Délivrez-nous, vengez-nous, payez-nous :
Foi de Frélon, nous écrirons pour vous. »
 Alors il fit un discours pathétique
Contre l'Anglais et pour la loi salique;
Et démontra que bientôt sans combat
Avec sa plume il défendrait l'état.
Charle admira sa profonde doctrine;
Il fit à tous une charmante mine,
Les assurant avec compassion
Qu'il les prenait sous sa protection.
 La belle Agnès, présente à l'entrevue,
S'attendrissait, se sentait tout émue.
Son cœur est bon : femme qui fait l'amour
A la douceur est toujours plus encline
Que femme prude ou bien femme héroïne.
« Mon roi, dit-elle, avouez que ce jour

Est fortuné pour cette pauvre race.
Puisque ces gens contemplent votre face,
Ils sont heureux, leurs fers seront brisés :
Votre visage est visage de grace.
Les gens de loi sont des gens bien osés
D'instrumenter au nom d'un autre maître !
C'est mon amant qu'on doit seul reconnaître;
Ce sont pédants en juges déguisés.
Je les ai vus, ces héros d'écritoire,
De nos bons rois ces tuteurs prétendus,
Bourgeois altiers, tyrans en robe noire,
A leur pupille ôter ses revenus,
Par-devant eux le citer en personne,
Et gravement confisquer sa couronne.
Les gens de bien qui sont à vos genoux
Par leurs arrêts sont traités comme vous;
Protégez-les, vos causes sont communes :
Proscrit comme eux, vengez leurs infortunes. »
De ce discours le roi fut très touché :
Vers la clémence il a toujours penché.
Jeanne, dont l'ame est d'espèce moins tendre,
Soutint au roi qu'il les fallait tous pendre ;
Que les Frélons, et gens de ce métier,
N'étaient tous bons qu'à garnir un poirier.
Le grand Dunois, plus profond et plus sage,
En bon guerrier tint un autre langage.
« Souvent, dit-il, nous manquons de soldats ;
Il faut des dos, des jambes, et des bras.
Ces gens en ont; et dans nos aventures,
Dans les assauts, les marches, les combats,
Nous pouvons bien nous passer d'écritures.

Enrôlons-les; mettons-leur dès demain,
Au lieu de rame, un mousquet à la main.
Ils barbouillaient du papier dans les villes;
Qu'aux champs de Mars ils deviennent utiles. »
Du grand Dunois le roi goûta l'avis.
A ses genoux ces bonnes gens tombèrent
En soupirant, et de pleurs les baignèrent.
On les mena sous l'auvent d'un logis
Où Charle, Agnès, et la troupe dorée,
Après dîner passèrent la soirée.
Agnès eut soin que l'intendant Bonneau
Fît bien manger la troupe délivrée;
On leur donna les restes du serdeau.

Charle et les siens assez gaîment soupèrent,
Et puis Agnès et Charles se couchèrent.
En s'éveillant chacun fut bien surpris
De se trouver sans manteau, sans habits.
Agnès en vain cherche ses engageantes,
Son beau collier de perles jaunissantes,
Et le portrait de son royal amant.
Le gros Bonneau, qui gardait tout l'argent
Bien enfermé dans une bourse mince,
Ne trouve plus le trésor de son prince.
Linge, vaisselle, habits, tout est troussé,
Tout est parti. La horde griffonnante,
Sous le drapeau du gazetier de Nante,
D'une main prompte et d'un zèle empressé,
Pendant la nuit avait débarrassé
Notre bon roi de son leste équipage.
Ils prétendaient que pour de vrais guerriers,
Selon Platon, le luxe est peu d'usage.

Puis s'esquivant par de petits sentiers,
Au cabaret la proie ils partagèrent.
Là par écrit doctement ils couchèrent
Un beau traité, bien moral, bien chrétien,
Sur le mépris des plaisirs et du bien.
On y prouva que les hommes sont frères,
Nés tous égaux, devant tous partager
Les dons de Dieu, les humaines misères,
Vivre en commun pour se mieux soulager.
Ce livre saint, mis depuis en lumière,
Fut enrichi d'un docte commentaire
Pour diriger *et l'esprit et le cœur*[1],
Avec préface et l'avis au lecteur.

Du clément roi la maison consternée
Est cependant au trouble abandonnée;
On court en vain dans les champs, dans les bois.
Ainsi jadis on vit le bon Phinée,
Prince de Thrace, et le pieux Énée[a],
Tout effarés et de frayeur pantois,

---

[1] Voyez la note de la page 134. R.

[a] Les harpies Céléno, Ocypète, et Aello, filles de Neptune et de la Terre, venaient manger tous les mets qu'on servait sur la table du roi de Thrace Phinée, et infectaient toute la maison. Zétès et Calaïs, fils de Borée, chassèrent ces harpies jusque vers les îles Strophades, près de la Grèce. Elles traitèrent Énée comme Phinée; mais Virgile en fait des prophétesses: voilà de plaisantes créatures pour *être inspirées de Dieu!*

> *Virginei volucrum vultus, fœdissima ventris*
> *Proluvies, uncæque manus, et pallida semper*
> *Ora fame.*

Elles se plaignent à Énée de ce qu'il veut leur faire la guerre pour quelques morceaux de bœuf, et lui prédisent que pour sa peine il sera contraint un jour de manger ses assiettes en Italie. Les amateurs des anciens disent que cette fiction est fort belle. (1764). — Voyez *Æneid.*, III, 316-318. R.

Quand à leur nez les gloutonnes harpies,
Juste à midi de leurs antres sorties,
Vinrent manger le dîner de ces rois.
Agnès timide, et Dorothée en larmes,
Ne savent plus comment couvrir leurs charmes;
Le bon Bonneau, fidèle trésorier,
Les fesait rire à force de crier.
« Ah! disait-il, jamais pareille perte
Dans nos combats ne fut par nous soufferte.
Ah! j'en mourrai; les fripons m'ont tout pris.
Le roi mon maître est trop bon, quand j'y pense;
Voilà le prix de son trop d'indulgence,
Et ce qu'on gagne avec les beaux esprits. »
La douce Agnès, Agnès compatissante,
Toujours accorte et toujours bien disante,
Lui répliqua : « Mon cher et gros Bonneau,
Pour Dieu, gardez qu'une telle aventure
Ne vous inspire un dégoût tout nouveau
Pour les auteurs et la littérature :
Car j'ai connu de très bons écrivains,
Ayant le cœur aussi pur que les mains,
Sans le voler aimant le roi leur maître,
Fesant du bien sans chercher à paraître,
Parlant en prose, en vers mélodieux,
De la vertu, mais la pratiquant mieux;
Le bien public est le fruit de leurs veilles;
Le doux plaisir, déguisant leurs leçons,
Touche les cœurs en charmant les oreilles;
On les chérit; et, s'il est des frelons
Dans notre siècle, on trouve des abeilles. »
  Bonneau reprit : « Eh! que m'importe, hélas!

Frelon, abeille, et tout ce vain fatras?
Il faut dîner, et ma bourse est perdue. »
On le console; et chacun s'évertue,
En vrais héros endurcis aux revers,
A réparer les dommages soufferts.
On s'achemine aussitôt vers la ville,
Vers ce château, le noble et sûr asile
Du grand roi Charle et de ses paladins,
Garni de tout, et fourni de bons vins.
Nos chevaliers à moitié s'équipèrent,
Fort simplement les dames s'ajustèrent.
On arriva mal en point, harassé,
Un pied tout nu, l'autre à demi chaussé.

FIN DU CHANT DIX-HUITIÈME.

CHANT DIX-NEUVIÈME.

ARGUMENT.

Mort du brave et tendre La Trimouille et de la charmante Dorothée. Le dur Tirconel se fait chartreux.

Sœur de la Mort, impitoyable Guerre,
Droit des brigands que nous nommons héros,
Monstre sanglant, né des flancs d'Atropos,
Que tes forfaits ont dépeuplé la terre!
Tu la couvris et de sang et de pleurs.
Mais quand l'Amour joint encor ses malheurs
A ceux de Mars; lorsque la main chérie
D'un tendre amant de faveurs enivré
Répand un sang par lui-même adoré,
Et qu'il voudrait racheter de sa vie;
Lorsqu'il enfonce un poignard égaré
Au même sein que ses lèvres brûlantes
Ont marqueté d'empreintes si touchantes;
Qu'il voit fermer à la clarté du jour
Ces yeux aimés qui respiraient l'amour:
D'un tel objet les peintures terribles
Font plus d'effet sur les cœurs nés sensibles,
Que cent guerriers qui terminent leur sort,
Payés d'un roi pour courir à la mort.

Charle, entouré de la troupe royale,
Avait repris cette raison fatale,

Présent maudit dont on fait tant de cas,
Et s'en servait pour chercher les combats.
Ils cheminaient vers les murs de la ville,
Vers ce château, son noble et sûr asile,
Où se gardaient ces magasins de Mars,
Ce long amas de lances et de dards,
Et les canons que l'enfer en sa rage
Avait fondus pour notre affreux usage.
Déjà des tours le faîte paraissait;
La troupe en hâte au grand trot avançait;
Pleine d'espoir ainsi que de courage :
Mais La Trimouille, honneur des Poitevins
Et des amants, allant près de sa dame
Au petit pas, et parlant de sa flamme,
Manqua sa route et prit d'autres chemins.

Dans un vallon qu'arrose une onde pure,
Au fond d'un bois de cyprès toujours verts,
Qu'en pyramide a formés la nature,
Et dont le faîte a bravé cent hivers,
Il est un antre où souvent les Naïades
Et les Sylvains viennent prendre le frais.
Un clair ruisseau, par des conduits secrets,
Y tombe en nappe, et forme vingt cascades.
Un tapis vert est tendu tout auprès;
Le serpolet, la mélisse naissante,
Le blanc jasmin, la jonquille odorante,
Y semblent dire aux bergers d'alentour :
« Reposez-vous sur ce lit de l'Amour. »
Le Poitevin entendit ce langage
Du fond du cœur. L'haleine des zéphyrs,
Le lieu, le temps, sa tendresse, son âge,

Surtout sa dame, allument ses desirs.
Les deux amants de cheval descendirent,
Sur le gazon côte à côte se mirent,
Et puis des fleurs, puis des baisers cueillirent :
Mars et Vénus, planant du haut des cieux,
N'ont jamais vu d'objets plus dignes d'eux ;
Du fond des bois les Nymphes applaudirent ;
Et les moineaux, les pigeons de ces lieux,
Prirent exemple, et s'en aimèrent mieux.
Dans le bois même était une chapelle,
Séjour funèbre à la mort consacré,
Où l'avant-veille on avait enterré
De Jean Chandos la dépouille mortelle.
Deux desservants, vêtus d'un blanc surplis,
Y dépêchaient de longs *De profundis*.
Paul Tirconel assistait au service,
Non qu'il goûtât ce dévot exercice,
Mais au défunt il était attaché.
Du preux Chandos il était frère d'armes,
Fier comme lui, comme lui débauché,
Ne connaissant ni l'amour ni les larmes.
Il conservait un reste d'amitié
Pour Jean Chandos ; et dans sa violence
Il jurait Dieu qu'il en prendrait vengeance,
Plus par colère encor que par pitié.

Il aperçut du coin d'une fenêtre
Les deux chevaux qui s'amusaient à paître ;
Il va vers eux : ils tournent en ruant
Vers la fontaine, où l'un et l'autre amant
A ses transports en secret s'abandonne,
Occupés d'eux, et ne voyant personne.

Paul Tirconel, dont l'esprit inhumain
Ne souffrait pas les plaisirs du prochain,
Grinça des dents, et s'écria : « Profanes,
C'est donc ainsi, dans votre indigne ardeur,
Que d'un héros vous insultez les mânes !
Rebut honteux d'une cour sans pudeur,
Vils ennemis, quand un Anglais succombe
Vous célébrez ce rare événement;
Vous l'outragez au sein du monument,
Et vous venez vous baiser sur sa tombe !
Parle, est-ce toi, discourtois chevalier,
Fait pour la cour et né pour la mollesse,
Dont la main faible aurait, par quelque adresse,
Donné la mort à ce puissant guerrier?
Quoi ! sans parler tu lorgnes ta maîtresse !
Tu sens ta honte, et ton cœur se confond. »
 A ce discours La Trimouille répond:
« Ce n'est point moi; je n'ai point cette gloire.
Dieu, qui conduit la valeur des héros,
Comme il lui plaît accorde la victoire.
Avec honneur je combattis Chandos;
Mais une main qui fut plus fortunée
Aux champs de Mars trancha sa destinée;
Et je pourrai peut-être dès ce jour
Punir aussi quelque Anglais à mon tour. »
 Comme un vent frais d'abord par son murmure
Frise en sifflant la surface des eaux,
S'élève, gronde, et, brisant les vaisseaux,
Répand l'horreur sur toute la nature :
Tels La Trimouille et le dur Tirconel
Se préparaient au terrible duel

Par ces propos pleins d'ire et de menace.
Ils sont tous deux sans casque et sans cuirasse.
Le Poitevin sur les fleurs du gazon
Avait jeté près de sa Milanaise
Cuirasse, lance, et sabre, et morion,
Tout son harnois, pour être plus à l'aise;
Car de quoi sert un grand sabre en amours?
Paul Tirconel marchait armé toujours;
Mais il laissa dans la chapelle ardente
Son casque d'or, sa cuirasse brillante,
Ses beaux brassards aux mains d'un écuyer.
Il ne garda qu'un large baudrier
Qui soutenait sa lame étincelante.
Il la tira. La Trimouille à l'instant,
Prêt à punir ce brutal insulaire,
D'un saut léger à son arme sautant,
La ramassa tout bouillant de colère,
Et s'écriant : « Monstre cruel, attends,
Et tu verras bientôt ce que mérite
Un scélérat qui, fesant l'hypocrite,
S'en vient troubler un rendez-vous d'amants. »
Il dit, et pousse à l'Anglais formidable.
Tels en Phrygie Hector et Ménélas
Se menaçaient, se portaient le trépas,
Aux yeux d'Hélène affligée et coupable[a].

[a] Vous savez, mon cher lecteur, qu'Hector et Ménélas se battirent, et qu'Hélène les regardait faire tranquillement. Dorothée a bien plus de vertu: aussi notre nation est bien plus vertueuse que celle des Grecs. Nos femmes sont galantes, mais au fond elles sont beaucoup plus tendres, comme je le prouve dans mon *Philosophe chrétien*, tome XII, page 169. (1762). — On ne connaît de l'auteur de *la Pucelle* aucun écrit portant le titre de *Philosophe chrétien*. Il est présumable qu'il y a ici de sa part, comme dans

L'antre, le bois, l'air, le ciel retentit
Des cris perçants que jetait Dorothée :
Jamais l'amour ne l'a plus transportée;
Son tendre cœur jamais ne ressentit
Un trouble égal. «Eh quoi! sur le pré même
Où je goûtais les pures voluptés,
Dieux tout puissants, je perdrais ce que j'aime!
Cher La Trimouille! Ah! barbare, arrêtez;
Barbare Anglais, percez mon sein timide.»
   Disant ces mots, courant d'un pas rapide,
Les bras tendus, les yeux étincelants,
Elle s'élance entre les combattants.
De son amant la poitrine d'albâtre,
Ce doux satin, ce sein qu'elle idolâtre,
Était déjà vivement effleuré
D'un coup terrible à grand'peine paré.
Le beau Français, que sa blessure irrite,
Sur le Breton vole et se précipite.
Mais Dorothée était entre les deux.
O dieu d'amour! ô ciel! ô coup affreux!
O quel amant pourra jamais apprendre,
Sans arroser mes écrits de ses pleurs,
Que des amants le plus beau, le plus tendre,
Le plus comblé des plus douces faveurs,
A pu frapper sa maîtresse charmante!
Ce fer mortel, cette lame sanglante

---

quelques autres endroits, *un peu d'ironie.* Il serait possible qu'il eût voulu ridiculiser l'exactitude niaise avec laquelle Formey, le *secrétaire éternel,* citait les tomes et les pages de ses écrits, que personne ne lisait. On a de lui, en effet, *le Philosophe chrétien,* 1750-56, quatre volumes in-12. C'est un recueil de sermons. R.

Perçait ce cœur, ce siége des amours,
Qui pour lui seul fut embrasé toujours :
Elle chancelle, elle tombe expirante,
Nommant encor La Trimouille ;... et la mort,
L'affreuse mort déjà s'emparait d'elle :
Elle le sent ; elle fait un effort,
Rouvre les yeux qu'une nuit éternelle
Allait fermer ; et de sa faible main,
De son amant touchant encor le sein,
Et lui jurant une ardeur immortelle,
Elle exhalait son ame et ses sanglots :
Et « J'aime... J'aime... » étaient les derniers mots
Que prononça cette amante fidèle.
C'était en vain. Son La Trimouille, hélas!
N'entendait rien. Les ombres du trépas
L'environnaient ; il est tombé près d'elle
Sans connaissance : il était dans ses bras
Teint de son sang, et ne le sentait pas.
A ce spectacle épouvantable et tendre,
Paul Tirconel demeura quelque temps
Glacé d'horreur ; l'usage de ses sens
Fut suspendu. Tel on nous fait entendre
Que cet Atlas, que rien ne put toucher[a],
Prit autrefois la forme d'un rocher.

Mais la pitié que l'aimable nature
Mit de sa main dans le fond de nos cœurs,
Pour adoucir les humaines fureurs,

---

[a] Je crois que notre auteur entend par ces mots, *que rien ne put toucher,* la dureté de cœur que fit paraître Atlas quand il refusa l'hospitalité à Persée. Il le laissa coucher dehors, et Jupiter l'en punit, comme chacun sait, en le changeant en montagne. (1762).

Se fit sentir à cette ame si dure :
Il secourut Dorothée ; il trouva
Deux beaux portraits tous deux en miniature,
Que Dorothée avec soin conserva
Dans tous les temps et dans toute aventure.
On voit dans l'un La Trimouille aux yeux bleus,
Aux cheveux blonds ; les traits de son visage
Sont fiers et doux : la grace et le courage
Y sont mêlés par un accord heureux.
Tirconel dit : « Il est digne qu'on l'aime. »
Mais que dit-il, lorsqu'au second portrait
Il aperçut qu'on l'avait peint lui-même ?
Il se contemple, il se voit trait pour trait.
Quelle surprise ! en son ame il rappelle
Que vers Milan voyageant autrefois,
Il a connu Carminetta la belle,
Noble et galante, aux Anglais peu cruelle ;
Et qu'en partant au bout de quelques mois,
La laissant grosse, il eut la complaisance
De lui donner, pour adoucir l'absence,
Ce beau portrait que du Lombard Bélin[a]
La main savante a mis sur le vélin.
De Dorothée, hélas ! elle fut mère ;
Tout est connu : Tirconel est son père.

Il était froid, indifférent, hautain,
Mais généreux, et dans le fond humain.
Quand la douleur à de tels caractères
Fait éprouver ses atteintes amères,

---

[a] Ce Bélin était en effet un contemporain ; ce fut lui qui depuis peignit Mahomet II. (1773). — Gentile Bellini, né à Venise en 1421, mourut dans cette ville en 1501. R.

Ses traits sur eux font des impressions
Qui n'entrent point dans les cœurs ordinaires,
Trop aisément ouverts aux passions.
L'acier, l'airain plus fortement s'allume
Que les roseaux qu'un feu léger consume.
Ce dur Anglais voit sa fille à ses pieds,
De son beau sang la mort s'est assouvie ;
Il la contemple, et ses yeux sont noyés
Des premiers pleurs qu'il versa de sa vie.
Il l'en arrose, il l'embrasse cent fois,
De hurlements il étonne les bois,
Et, maudissant la fortune et la guerre,
Tombe à la fin sans haleine et sans voix.

 A ces accents tu rouvris la paupière,
Tu vis le jour, La Trimouille, et soudain
Tu détestas ce reste de lumière.
Il retira son arme meurtrière
Qui traversait cet adorable sein ;
Sur l'herbe rouge il pose la poignée,
Puis sur la pointe avec force élancé,
D'un coup mortel il est bientôt percé,
Et de son sang sa maîtresse est baignée.

 Aux cris affreux que poussa Tirconel,
Les écuyers, les prêtres accoururent ;
Épouvantés du spectacle cruel,
Ces cœurs de glace ainsi que lui s'émurent ;
Et Tirconel aurait suivi sans eux
Les deux amants au séjour ténébreux.

 Ayant enfin de ce désordre extrême
Calmé l'horreur, et rentrant en lui-même,
Il fit poser ces amants malheureux

Sur un brancard que des lances formèrent :
Au camp du roi des guerriers les portèrent,
Et de leurs pleurs les chemins arrosèrent.
 Paul Tirconel, homme en tout violent,
Prenait toujours son parti sur-le-champ.
Il détesta, depuis cette aventure,
Et femme, et fille, et toute la nature.
Il monte un barbe; et, courant sans valets,
L'œil morne et sombre, et ne parlant jamais,
Le cœur rongé, va dans son humeur noire
Droit à Paris, loin des rives de Loire.
En peu de jours il arrive à Calais,
S'embarque, et passe à sa terre natale :
C'est là qu'il prit la robe monacale
De saint Bruno[a]; c'est là qu'en son ennui
Il mit le ciel entre le monde et lui,
Fuyant ce monde, et se fuyant lui-même;
C'est là qu'il fit un éternel carême;
Il y vécut sans jamais dire un mot,
Mais sans pouvoir jamais être dévot.
 Quand le roi Charle, Agnès, et la guerrière,
Virent passer ce convoi douloureux,
Qu'on aperçut ces amants généreux,
Jadis si beaux et si long-temps heureux,
Souillés de sang et couverts de poussière,
Tous les esprits parurent effrayés,

---

[a] Vous savez que Bruno fonda les chartreux, après avoir vu ce chanoine de Magdebourg qui parlait après sa mort. (1762). — Les éditeurs de Kehl ont rectifié Voltaire, qui fait erreur en supposant que le chanoine auquel les chartreux attribuaient la conversion de leur fondateur était de Magdebourg : il était de Paris, suivant les historiens de la Vie de saint Bruno. R.

Et tous les yeux de pleurs furent noyés.
On pleura moins dans la sanglante Troie,
Quand de la mort Hector devint la proie,
Et lorsqu'Achille, en modeste vainqueur,
Le fit traîner avec tant de douceur[a];
Les pieds liés et la tête pendante,
Après son char qui volait sur des morts;
Car Andromaque au moins était vivante,
Quand son époux passa les sombres bords.

La belle Agnès, Agnès toute tremblante,
Pressait le roi, qui pleurait dans ses bras,
Et lui disait : « Mon cher amant, hélas!
Peut-être un jour nous serons l'un et l'autre
Portés ainsi dans l'empire des morts :
Ah! que mon ame, aussi bien que mon corps,
Soit à jamais unie avec la vôtre! »

A ces propos, qui portaient dans les cœurs
La triste crainte et les molles douleurs,
Jeanne, prenant ce ton mâle et terrible,
Organe heureux d'un courage invincible,
Dit : « Ce n'est point par des gémissements,
Par des sanglots, par des cris, par des larmes,
Qu'il faut venger ces deux nobles amants;
C'est par le sang : prenons demain les armes.
Voyez, ô roi, ces remparts d'Orléans,
Tristes remparts que l'Anglais environne.
Les champs voisins sont encor tout fumants
Du sang versé que vous-même en personne
Fîtes couler de vos royales mains.

---

[a] Je soupçonne un peu d'ironie dans notre grave auteur. (1762).

Préparons-nous ; suivez vos grands desseins :
C'est ce qu'on doit à l'ombre ensanglantée
De La Trimouille et de sa Dorothée :
Un roi doit vaincre, et non pas soupirer.
Charmante Agnès, cessez de vous livrer
Aux mouvements d'une ame douce et bonne.
A son amant Agnès doit inspirer
Des sentiments dignes de sa couronne. »
Agnès reprit : « Ah ! laissez-moi pleurer ! »

FIN DU CHANT DIX-NEUVIÈME.

CHANT VINGTIÈME.

ARGUMENT.

Comment Jeanne tomba dans une étrange tentation ; tendre témérité de son âne ; belle résistance de la Pucelle.

L'homme et la femme est chose bien fragile ;
Sur la vertu gardez-vous de compter :
Ce vase est beau, mais il est fait d'argile,
Un rien le casse : on peut le rajuster,
Mais ce n'est pas entreprise facile.
Garder ce vase avec précaution,
Sans le ternir, croyez-moi, c'est un rêve :
Nul n'y parvient ; témoin le mari d'Ève,
Et le vieux Loth, et l'aveugle Samson,
David le saint, le sage Salomon,
Et vous surtout, sexe doux, sexe aimable,
Tant du nouveau que du vieux Testament,
Et de l'histoire, et même de la fable.
Sexe dévot, je pardonne aisément
Vos petits tours et vos petits caprices,
Vos doux refus, vos charmants artifices ;
Mais j'avouerai qu'il est de certains cas,
De certains goûts que je n'excuse pas.
J'ai vu parfois une bamboche, un singe,
Gros, court, tanné, tout velu sous le linge,
Comme un blondin caressé dans vos bras :

J'en suis fâché pour vos tendres appas.
Un âne ailé vaut cent fois mieux peut-être
Qu'un fat en robe et qu'un lourd petit-maître.
Sexe adorable, à qui j'ai consacré
Le don des vers dont je fus honoré,
Pour vous instruire il est temps de connaître
L'erreur de Jeanne, et comme un beau grison
Pour un moment égara sa raison :
Ce n'est pas moi, c'est le sage Trithême,
Ce digne abbé, qui vous parle lui-même.

 Le gros damné de père Grisbourdon,
Terrible encore au fond de sa chaudière,
En blasphémant cherchait l'occasion
De se venger de la Pucelle altière,
Par qui là-haut d'un coup d'estramaçon
Son chef tondu fut privé de son tronc.
Il s'écriait : « O Belzébuth ! mon père,
Ne pourrais-tu dans quelque gros péché
Faire tomber cette Jeanne sévère?
J'y crois, pour moi, ton honneur attaché.
Comme il parlait, arriva plein de rage
Hermaphrodix au ténébreux rivage,
Son eau bénite encor sur le visage.
Pour se venger, l'amphibie animal
Vint s'adresser à l'auteur de tout mal.
Les voilà donc tous les trois qui conspirent
Contre une femme. Hélas! le plus souvent,
Pour les séduire il n'en fallut pas tant.
Depuis long-temps tous les trois ils apprirent
Que Jeanne d'Arc dessous son cotillon
Gardait les clefs de la ville assiégée,

Et que le sort de la France affligée
Ne dépendait que de sa mission.
L'esprit du diable a de l'invention :
Il courut vite observer sur la terre
Ce que fesaient ses amis d'Angleterre;
En quel état, et de corps et d'esprit,
Se trouvait Jeanne après le grand conflit.
Le roi, Dunois, Agnès alors fidèle,
L'âne, Bonneau, Bonifoux, la Pucelle,
Étaient entrés vers la nuit dans le fort,
En attendant quelque nouveau renfort.
Des assiégés la brèche réparée
Aux assaillants ne permet plus l'entrée.
Des ennemis la troupe est retirée.
Les citoyens, le roi Charle, et Bedfort,
Chacun chez soi soupe en hâte et s'endort.
Muses, tremblez de l'étrange aventure
Qu'il faut apprendre à la race future;
Et vous, lecteurs, en qui le ciel a mis
Les sages goûts d'une tendresse pure,
Remerciez et Dunois et Denys
Qu'un grand péché n'ait pas été commis.

Il vous souvient que je vous ai promis
De vous conter les galantes merveilles
De ce Pégase aux deux longues oreilles,
Qui combattit, sous Jeanne et sous Dunois,
Les ennemis des filles et des rois.
Vous l'avez vu sur ses ailes dorées
Porter Dunois aux lombardes contrées :
Il en revint; mais il revint jaloux.
Vous savez bien qu'en portant la Pucelle,

20.

Au fond du cœur il sentit l'étincelle
De ce beau feu, plus vif encor que doux,
Ame, ressort, et principe des mondes,
Qui dans les airs, dans les bois, dans les ondes,
Produit les corps et les anime tous.
Ce feu sacré, dont il nous reste encore
Quelques rayons dans ce monde épuisé,
Fut pris au ciel pour animer Pandore.
Depuis ce temps le flambeau s'est usé :
Tout est flétri ; la force languissante
De la nature, en nos malheureux jours,
Ne produit plus que d'imparfaits amours.
S'il est encore une flamme agissante,
Un germe heureux des principes divins,
Ne cherchez pas chez Vénus Uranie,
Ne cherchez pas chez les faibles humains,
Adressez-vous aux héros d'Arcadie.

Beaux Céladons, que des objets vainqueurs
Ont enchaînés par des liens de fleurs ;
Tendres amants en cuirasse, en soutane ;
Prélats, abbés, colonels, conseillers,
Gens du bel air, et même cordeliers,
En fait d'amour, défiez-vous d'un âne.
Chez les Latins le fameux âne d'or,
Si renommé par sa métamorphose,
De celui-ci n'approchait pas encor :
Il n'était qu'homme, et c'est bien peu de chose.

L'abbé Trithême, esprit sage et discret,
Et plus savant que le pédant Larchet[a],

---

[a] Le pédant Larchet, mazarinier ridicule, homme de collége qui, dans un livre de critique, assure, d'après Hérodote, qu'à Babylone toutes les

Modeste auteur de cette noble histoire,
Fut effrayé plus qu'on ne saurait croire,
Quand il fallut, aux siècles à venir,
De ces excès transmettre la mémoire.
De ses trois doigts il eut peine à tenir
Sur son papier sa plume épouvantée;
Elle tomba : mais son ame agitée
Se rassura, fesant réflexion
Sur la malice et le pouvoir du diable.

Du genre humain cet ennemi coupable
Est tentateur de sa profession.
Il prend les gens en sa possession;
De tout péché ce père formidable,
Rival de Dieu, séduisit autrefois
Ma chère mère, un soir au coin d'un bois[a],
Dans son jardin. Ce serpent hypocrite
Lui fit manger d'une pomme maudite :
Même on prétend qu'il lui fit encor pis.
On la chassa de son beau paradis.
Depuis ce jour, Satan dans nos familles

dames se prostituaient dans le temple par dévotion, et que tous les jeunes Gaulois étaient sodomites. (1773). — Larchet désigne P. H. Larcher. R.

[a] Voilà comment il convient de parler du diable, et de tous les diables qui ont succédé aux furies, et de toutes les impertinences qui ont succédé aux impertinences antiques. On sait assez que Satan, Belzébuth, Astaroth, n'existent pas plus que Tisiphone, Alecton, et Mégère. Le sombre et fanatique Milton, de la secte des indépendants, détestable secrétaire en langue latine du parlement nommé le *Croupion*, et détestable apologiste de l'assassinat de Charles Ier, peut, tant qu'il voudra, célébrer l'enfer, et peindre le diable déguisé en cormoran et en crapaud, et faire tenir tous les diables en pygmées dans une grande salle; ces imaginations dégoûtantes, affreuses, absurdes, ont pu plaire à quelques fanatiques comme lui. Nous déclarons que nous avons ces facéties abominables en horreur. Nous ne voulons que nous réjouir. (1773).

A gouverné nos femmes et nos filles.
Le bon Trithême en avait dans son temps
Vu de ses yeux des exemples touchants.
Voici comment ce grand homme raconte
Du saint baudet l'insolence et la honte.

La grosse Jeanne, au visage vermeil,
Qu'ont rafraîchi les pavots du sommeil,
Entre ses draps doucement recueillie,
Se rappelait les destins de sa vie.
De tant d'exploits son jeune cœur flatté
A saint Denys n'en donna pas la gloire;
Elle conçut un grain de vanité.
Denys, fâché, comme on peut bien le croire,
Pour la punir, laissa quelques moments
Sa protégée au pouvoir de ses sens.
Denys voulut que sa Jeanne, qu'il aime,
Connût enfin ce qu'on est par soi-même,
Et qu'une femme, en toute occasion,
Pour se conduire a besoin d'un patron.
Elle fut prête à devenir la proie [1]
D'un piége affreux que tendit le démon :
On va bien loin sitôt qu'on se fourvoie.

Le tentateur, qui ne néglige rien,
Prenait son temps; il le prend toujours bien.

---

[1] M. Louis Du Bois a remarqué avec raison qu'aujourd'hui l'on dirait *près de*, ce qui d'ailleurs offrirait un sens plus honnête; mais l'usage contraire était établi du temps de Voltaire. Il dit même positivement (*Commentaire sur Corneille, les Horaces,* act. I, sc. 1, v. 3) que « *près de* veut un « substantif. » L'inconvénient qu'offre le vers, objet de cette note, de laisser planer quelque doute sur la pureté des desirs de Jeanne, était moins grave sans doute à ses yeux que le rapprochement cacophonique des deux syllabes *de* : « près *de devenir.* » R.

Il est partout : il entra par adresse
Au corps de l'âne, il forma son esprit,
Valeur des sons à sa langue il apprit,
De sa voix rauque adoucit la rudesse,
Et l'instruisit aux finesses de l'art
Approfondi par Ovide et Bernard [a].

L'âne éclairé surmonta toute honte;
De l'écurie adroitement il monte
Au pied du lit où, dans un doux repos,
Jeanne en son cœur repassait ses travaux;
Puis doucement s'accroupissant près d'elle,
Il la loua d'effacer les héros,
D'être invincible, et surtout d'être belle.
Ainsi jadis le serpent séducteur,
Quand il voulut subjuguer notre mère,
Lui fit d'abord un compliment flatteur :
L'art de louer commença l'art de plaire.

« Où suis-je ? ô ciel ! s'écria Jeanne d'Arc :
Qu'ai-je entendu ? par saint Luc ! par saint Marc !
Est-ce mon âne ? ô merveille ! ô prodige !
Mon âne parle, et même il parle bien ! »
L'âne à genoux, composant son maintien,
Lui dit : « O d'Arc ! ce n'est point un prestige;
Voyez en moi l'âne de Canaan :
Je fus nourri chez le vieux Balaam;
Chez les païens Balaam était prêtre,

---

[a] Bernard, auteur de l'opéra de *Castor et Pollux*, et de quelques pièces fugitives, a fait un *Art d'aimer* comme Ovide, mais cet ouvrage n'est pas encore imprimé. (1773). — Le poëme de l'*Art d'aimer*, qui était encore inédit lorsque Voltaire écrivait cette note, fut publié en 1775, avec quelques autres poésies du même auteur. R.

Moi j'étais Juif; et sans moi mon cher maître
Aurait maudit tout ce bon peuple élu,
Dont un grand mal fût sans doute advenu.
Adonaï récompensa mon zèle;
Au vieil Énoc bientôt on me donna :
Énoc avait une vie immortelle;
J'en eus autant; et le maître ordonna
Que le ciseau de la Parque cruelle..
Respecterait le fil de mes beaux ans.
Je jouis donc d'un éternel printemps.
De notre pré le maître débonnaire
Me permit tout, hors un cas seulement :
Il m'ordonna de vivre chastement.
C'est pour un âne une terrible affaire.
Jeune et sans frein dans ce charmant séjour,
Maître de tout, j'avais droit de tout faire,
Le jour, la nuit, tout, excepté l'amour.
J'obéis mieux que ce premier sot homme,
Qui perdit tout pour manger une pomme.
Je fus vainqueur de mon tempérament;
La chair se tut; je n'eus point de faiblesses;
Je vécus vierge : or savez-vous comment?
Dans le pays il n'était point d'ânesses.
Je vis couler, content de mon état,
Plus de mille ans dans ce doux célibat.

« Lorsque Bacchus vint du fond de la Grèce
Porter le thyrse, et la gloire, et l'ivresse,
Dans les pays par le Gange arrosés,
A ce héros je servis de trompette :
Les Indiens par nous civilisés
Chantent encor ma gloire et leur défaite.

Silène[a] et moi nous sommes plus connus
Que tous les grands qui suivirent Bacchus.
C'est mon nom seul, ma vertu signalée,
Qui fit depuis tout l'honneur d'Apulée[b].

« Enfin là-haut, dans ces plaines d'azur,
Lorsque saint George, à vos Français si dur,
Ce fier saint George, aimant toujours la guerre,
Voulut avoir un coursier d'Angleterre;
Quand saint Martin, fameux par son manteau[c],
Obtint encore un cheval assez beau;
Monsieur Denys, qui fait comme eux figure,
Voulut, comme eux, avoir une monture :
Il me choisit, près de lui m'appela;
Il me fit don de deux brillantes ailes;
Je pris mon vol aux voûtes éternelles:
Du grand saint Roch[d] le chien me festoya;
J'eus pour ami le porc de saint Antoine,
Céleste porc, emblème de tout moine;
D'étrilles d'or mon maître m'étrilla;
Je fus nourri de nectar, d'ambrosie :

[a] C'est l'âne de Silène, qui est assez connu; on tient qu'il servit de trompette. (1762).

[b] L'âne d'Apulée ne parla point; il ne put jamais prononcer que *oh* et *non :* mais il eut une bonne fortune avec une dame, comme on peut le voir dans l'*Apuleïus* en deux volumes in-4°, « cum notis, ad usum Delphini. » Au reste, on attribua de tout temps les mêmes sentiments aux bêtes qu'aux hommes. Les chevaux pleurent dans *l'Iliade* et dans *l'Odyssée;* les bêtes parlent dans Pilpay, dans Lokman, et dans Ésope, etc. (1762).

[c] Les hérétiques doivent savoir que le diable demandant l'aumône à Martin, ce Martin lui donna la moitié de son manteau. (1773).

[d] Saint Roch, qui guérit de la peste, est toujours peint avec un chien; et saint Antoine est toujours suivi d'un cochon. (1762). —Tous les bons chrétiens connaissent l'aigle de saint Jean, le bœuf de saint Luc, et les autres bêtes du paradis. K.

Mais, ô ma Jeanne! une si belle vie
N'approche pas du plaisir que je sens
Au doux aspect de vos charmes puissants.
Le chien, le porc, et George, et Denys même,
Ne valent pas votre beauté suprême.
Croyez surtout que de tous les emplois
Où m'éleva mon étoile bénigne,
Le plus heureux, le plus selon mon choix,
Et dont je suis peut-être le plus digne,
Est de servir sous vos augustes lois.
Quand j'ai quitté le ciel et l'empyrée,
J'ai vu par vous ma fortune honorée.
Non, je n'ai pas abandonné les cieux,
J'y suis encor; le ciel est dans vos yeux. »
A ce discours, peut-être téméraire,
Jeanne sentit une juste colère.
Aimer un âne, et lui donner sa fleur !
Souffrirait-elle un pareil déshonneur,
Après avoir sauvé son innocence,
Des muletiers et des héros de France,
Après avoir, par la grace d'en-haut,
Dans le combat mis Chandos en défaut?
Mais que cet âne, ô ciel ! a de mérite !
Ne vaut-il pas la chèvre favorite
D'un Calabrois, qui la pare de fleurs ?
« Non, disait-elle, écartons ces horreurs. »
Tous ces pensers formaient une tempête
Au cœur de Jeanne, et confondaient sa tête.
Ainsi qu'on voit sur les profondes mers
Les fiers tyrans des ondes et des airs,
L'un accourant des cavernes australes,

L'autre sifflant des glaces boréales,
Battre un vaisseau cinglant sur l'Océan
Vers Sumatra, Bengale, ou Ceïlan :
Tantôt la nef aux cieux semble portée,
Près des rochers tantôt elle est jetée,
Tantôt l'abîme est prêt à l'engloutir,
Et des enfers elle paraît sortir.

    L'enfant malin qui tient sous son empire
Le genre humain, les ânes, et les dieux,
Son arc en main, planait au haut des cieux,
Et voyait Jeanne avec un doux sourire.
De Jeanne d'Arc le grand cœur en secret
Était flatté de l'étonnant effet
Que produisait sa beauté singulière
Sur le sens lourd d'une ame si grossière.
Vers son amant elle avança la main,
Sans y songer ; puis la tira soudain.
Elle rougit, s'effraie, et se condamne ;
Puis se rassure, et puis lui dit : « Bel âne,
Vous concevez un chimérique espoir ;
Respectez plus ma gloire et mon devoir ;
Trop de distance est entre nos espèces ;
Non, je ne puis approuver vos tendresses ;
Gardez-vous bien de me pousser à bout. »

    L'âne reprit : « L'amour égale tout.
Songez au cygne à qui Léda fit fête[a],
Sans cesser d'être une personne honnête.
Connaissez-vous la fille de Minos[b],

---

[a] Léda, ayant donné ses faveurs à son cygne, accoucha de deux œufs. (1762).

[b] Pasiphaé, amoureuse d'un taureau, en eut le Minotaure. Philyre eut

Pour un taureau négligeant des héros,
Et soupirant pour son beau quadrupède?
Sachez qu'un aigle enleva Ganymède,
Et que Philyre avait favorisé
Le dieu des mers en cheval déguisé. »

Il poursuivait son discours; et le diable,
Premier auteur des écrits de la fable,
Lui fournissait ces exemples frappants,
Et mettait l'âne au rang de nos savants.

Tandis qu'il parle avec tant d'élégance,
Le grand Dunois, qui près de là couchait,
Prêtait l'oreille, était tout stupéfait
Des traits hardis d'une telle éloquence.
Il voulut voir le héros qui parlait,
Et quel rival l'Amour lui suscitait.
Il entre, il voit (ô prodige! ô merveille!)
Le possédé porteur de longue oreille,
Et ne crut pas encor ce qu'il voyait.

Jadis Vénus fut ainsi confondue,
Lorsqu'en un rets formé de fils d'airain,
Aux yeux des dieux le malheureux Vulcain
Sous le dieu Mars la montra toute nue.
Jeanne, après tout, n'a point été vaincue;
Le bon Denys ne l'abandonnait pas;
Près de l'abîme il affermit ses pas;
Il la soutint dans ce péril extrême.
Jeanne s'indigne et rentre en elle-même:

---

d'un cheval le centaure Chiron, précepteur d'Achille: ce ne fut point
Neptune, mais Saturne, qui prit la forme d'un cheval; notre auteur se
trompe en ce point. Je ne nie pas que quelques doctes ne soient de son
avis. (1762).

CHANT XX.

Comme un soldat dans son poste endormi,
Qui se réveille aux premières alarmes,
Frotte ses yeux, saute en pied, prend les armes,
S'habille en hâte, et fond sur l'ennemi.
 De Débora la lance redoutable
Était chez Jeanne auprès de son chevet,
Et de malheur souvent la préservait.
Elle la prend; la puissance du diable
Ne tint jamais contre ce fer divin.
Jeanne et Dunois fondent sur le malin.
Le malin court, et sa voix effrayante
Fait retentir Blois, Orléans, et Nante;
Et les baudets dans le Poitou nourris
Du même ton répondaient à ses cris.
Satan fuyait; mais dans sa course prompte
Il veut venger les Anglais et sa honte;
Dans Orléans il vole comme un trait
Droit au logis du président Louvet.
Il s'y tapit dans le corps de madame :
Il était sûr de gouverner cette ame;
C'était son bien; le perfide est instruit
Du mal secret qui tient la présidente,
Il sait qu'elle aime, et que Talbot l'enchante.
Le vieux serpent en secret la conduit,
Il la dirige, il l'enflamme, il espère
Qu'elle pourra prêter son ministère
Pour introduire aux remparts d'Orléans
Le beau Talbot et ses fiers combattants :
En travaillant pour les Anglais qu'il aime,
Il sait assez qu'il combat pour lui-même.

FIN DU CHANT VINGTIÈME.

CHANT VINGT ET UNIÈME.

ARGUMENT.

Pudeur de Jeanne démontrée. Malice du diable. Rendez-vous donné par la présidente Louvet au grand Talbot. Services rendus par frère Lourdis. Belle conduite de la discrète Agnès. Repentir de l'âne. Exploits de la Pucelle. Triomphe du grand roi Charles VII.

Mon cher lecteur sait par expérience
Que ce beau dieu qu'on nous peint dans l'enfance,
Et dont les jeux ne sont pas jeux d'enfants,
A deux carquois tout-à-fait différents :
L'un a des traits dont la douce piqûre
Se fait sentir sans danger, sans douleur,
Croît par le temps, pénètre au fond du cœur,
Et vous y laisse une vive blessure.
Les autres traits sont un feu dévorant
Dont le coup part et brûle au même instant.
Dans les cinq sens ils portent le ravage,
Un rouge vif allume le visage,
D'un nouvel être on se croit animé,
D'un nouveau sang le corps est enflammé,
On n'entend rien ; le regard étincelle.
L'eau sur le feu bouillonnant à grand bruit,
Qui sur ses bords s'élève, échappe, et fuit,
N'est qu'une image imparfaite, infidèle,
De ces desirs, dont l'excès vous poursuit.

Profanateurs indignes de mémoire,
Vous qui de Jeanne avez souillé la gloire,
Vils écrivains, qui, du mensonge épris,
Falsifiez les plus sages écrits,
Vous prétendez que ma Pucelle Jeanne
Pour son grison sentit ce feu profane;
Vous imprimez qu'elle a mal combattu*;
Vous insultez son sexe et sa vertu.
D'écrits honteux compilateurs infames,
Sachez qu'on doit plus de respect aux dames.
Ne dites point que Jeanne a succombé:
Dans cette erreur nul savant n'est tombé,
Nul n'avança des faussetés pareilles.
Vous confondez et les faits et les temps,
Vous corrompez les plus rares merveilles;
Respectez l'âne et ses faits éclatants;
Vous n'avez pas ses fortunés talents,
Et vous avez de plus longues oreilles.
Si la Pucelle, en cette occasion,
Vit d'un regard de satisfaction
Les feux nouveaux qu'inspirait sa personne,
C'est vanité qu'à son sexe on pardonne,
C'est amour-propre, et non pas l'autre amour.
   Pour achever de mettre en tout son jour
De Jeanne d'Arc le lustre internissable,
Pour vous prouver qu'aux malices du diable,

---

[a] L'auteur du *Testament du cardinal Albéroni*, et de quelques autres livres pareils, s'avisa de faire imprimer *la Pucelle* avec des vers de sa façon, qui sont rapportés dans notre Préface. Ce malheureux était un capucin défroqué, qui se réfugia à Lausanne et en Hollande, où il fut correcteur d'imprimerie. (1773). — Voyez la note *a* de la page 8. R.

Aux fiers transports de cet âne éloquent,
Son noble cœur était inébranlable,
Sachez que Jeanne avait un autre amant.
C'était Dunois, comme aucun ne l'ignore;
C'est le bâtard que son grand cœur adore.
On peut d'un âne écouter les discours,
On peut sentir un vain desir de plaire;
Cette passade, innocente et légère,
Ne trahit point de fidèles amours.

C'est dans l'histoire une chose avérée
Que ce héros, ce sublime Dunois
Était blessé d'une flèche dorée,
Qu'Amour tira de son premier carquois.
Il commanda toujours à sa tendresse;
Son cœur altier n'admit point de faiblesse;
Il aimait trop et l'état et le roi;
Leur intérêt fut sa première loi.

O Jeanne! il sait que ton beau pucelage
De la victoire est le précieux gage;
Il respectait Denys et tes appas:
Semblable au chien courageux et fidèle,
Qui, résistant à la faim qui l'appelle,
Tient la perdrix et ne la mange pas.
Mais quand il vit que le baudet céleste
Avait parlé de sa flamme funeste,
Dunois voulut en parler à son tour.
Il est des temps où le sage s'oublie.

C'était, sans doute, une grande folie
Que d'immoler sa patrie à l'amour.
C'était tout perdre; et Jeanne, encor honteuse
D'avoir d'un âne écouté les propos,

Résistait mal à ceux de son héros.
L'amour pressait son ame vertueuse :
C'en était fait, lorsque son doux patron
Du haut du ciel détacha son rayon,
Ce rayon d'or, sa gloire et sa monture,
Qui transporta sa béate figure,
Quand il chercha, par ses soins vigilants,
Un pucelage aux remparts d'Orléans.
Ce saint rayon, frappant au sein de Jeanne,
En écarta tout sentiment profane.
Elle cria : « Cher bâtard, arrêtez ;
Il n'est pas temps, nos amours sont comptés :
Ne gâtons rien à notre destinée.
C'est à vous seul que ma foi s'est donnée ;
Je vous promets que vous aurez ma fleur :
Mais attendons que votre bras vengeur,
Votre vertu, sous qui le Breton tremble,
Ait du pays chassé l'usurpateur :
Sur des lauriers nous coucherons ensemble. »

A ce propos le bâtard s'adoucit ;
Il écouta l'oracle et se soumit.
Jeanne reçut son pur et doux hommage
Modestement, et lui donna pour gage
Trente baisers chastes, pleins de pudeur,
Et tels qu'un frère en reçoit de sa sœur.
Dans leurs desirs tous deux ils se continrent,
Et de leurs faits honnêtement convinrent.
Denys les voit ; Denys, très satisfait,
De ses projets pressa le grand effet.

Le preux Talbot devait, cette nuit même,
Dans Orléans entrer par stratagème ;

Exploit nouveau pour ses Anglais hautains,
Tous gens sensés, mais plus hardis que fins.
 O dieu d'amour! ô faiblesse! ô puissance!
Amour fatal, tu fus près de livrer
Aux ennemis ce rempart de la France.
Ce que l'Anglais n'osait plus espérer,
Ce que Bedfort et son expérience,
Ce que Talbot et sa rare vaillance
Ne purent faire, Amour, tu l'entrepris!
Tu fais nos maux, cher enfant, et tu ris!
 Si dans le cours de ses vastes conquêtes
Il effleura de ses flèches honnêtes
Le cœur de Jeanne, il lança d'autres coups
Dans les cinq sens de notre présidente.
Il la frappa de sa main triomphante
Avec les traits qui rendent les gens fous.
Vous avez vu la fatale escalade,
L'assaut sanglant, l'horrible canonnade,
Tous ces combats, tous ces hardis efforts,
Au haut des murs, en dedans, en dehors,
Lorsque Talbot et ses fières cohortes
Avaient brisé les remparts et les portes,
Et que sur eux tombaient du haut des toits
Le fer, la flamme, et la mort à-la-fois.
L'ardent Talbot avait, d'un pas agile,
Sur des mourants pénétré dans la ville,
Renversant tout, criant à haute voix:
« Anglais! entrez : bas les armes, bourgeois! »
Il ressemblait au grand dieu de la guerre,
Qui sous ses pas fait retentir la terre,
Quand la Discorde, et Bellone, et le Sort,

Arment son bras, ministre de la mort.
　　La présidente avait une ouverture
Dans son logis auprès d'une masure,
Et par ce trou contemplait son amant,
Ce casque d'or, ce panache ondoyant,
Ce bras armé, ces vives étincelles
Qui s'élançaient du rond de ses prunelles,
Ce port altier, cet air d'un demi-dieu.
La présidente en était tout en feu,
Hors de ses sens, de honte dépouillée.
Telle autrefois, d'une loge grillée,
Madame Audou[a], dont l'Amour prit le cœur,
Lorgnait Baron, cet immortel acteur ;
D'un œil ardent dévorait sa figure,

---

[a] On sent bien qu'ici le nom de madame Audou est substitué au nom d'une grande dame de la cour qui, en effet, avait eu de la passion pour Baron le comédien. (1773). — C'est probablement mademoiselle de La Force que Voltaire veut désigner ici. Il était trop au courant de la chronique scandaleuse de la cour de Louis XIV pour ignorer l'anecdote suivante, dont le récit, extrait d'un recueil manuscrit formé par M. de Brienne, a été communiqué par M. Van-Praët à M. Walckenaër. « La célèbre made- « moiselle de La Force, parmi toutes ses galanteries, connues de tout le « monde, en a eu une avec Baron le père, qui fit beaucoup de bruit. Un « jour, après avoir passé la nuit avec elle, il était sorti de grand matin pour « éviter le scandale ; mais, ayant oublié de lui dire quelque chose qui était « très pressé, il retourna chez elle à son lever, et comme il était fort fami- « lier, il entra dans la chambre où elle était encore au lit, sans se faire « annoncer. La demoiselle se crut obligée de se fâcher, parcequ'elle avait « auprès d'elle deux prudes qui auraient pu s'en scandaliser ; en sorte que, « prenant un ton sérieux, elle demanda brusquement à Baron de quel droit « il se donnait les airs d'entrer si familièrement chez elle et dans sa cham- « bre. Baron, piqué de la réprimande, répondit froidement : Je vous de- « mande excuse ; c'est que je venais chercher mon bonnet de nuit que « j'avais oublié ici ce matin. » Voyez *Histoire de la vie et des ouvrages de J. de La Fontaine;* Paris, 1820, in-8°, page 475. R.

Son beau maintien, ses gestes, sa parure;
Mêlait tout bas sa voix à ses accents,
Et recevait l'amour par tous les sens.
Chez la Louvet vous savez que le diable
Était entré sans se rendre importun;
Et que le diable et l'Amour, c'est tout un.
L'archange noir, de mal insatiable,
Prit la cornette et les traits de Suzon,
Qui dès long-temps servait dans la maison;
Fille entendue, active, nécessaire,
Coiffant, frisant, portant des billets doux,
Savante en l'art de conduire une affaire,
Et ménageant souvent deux rendez-vous,
L'un pour sa dame, et puis l'autre pour elle.
Satan, caché sous l'air de la donzelle,
Tint ce discours à notre grosse belle:
« Vous connaissez mes talents et mon cœur:
Je veux servir votre innocente ardeur;
Votre intérêt d'assez près me concerne.
Mon grand cousin est de garde ce soir,
En sentinelle à certaine poterne;
Là, sans risquer que votre honneur soit terne,
Le beau Talbot peut en secret vous voir.
Écrivez-lui; mon grand cousin est sage,
Il vous fera très bien votre message. »
La présidente écrit un beau billet,
Tendre, emporté: chaque mot porte à l'ame
La volupté, les desirs, et la flamme:
On voyait bien que le diable dictait.
Le grand Talbot, habile ainsi que tendre,
Au rendez-vous fit serment de se rendre:

Mais il jura que, dans ce doux conflit,
Par les plaisirs il irait à la gloire;
Et tout fut prêt afin qu'au saut du lit
Il ne fît plus qu'un saut à la victoire.

Il vous souvient que le frère Lourdis
Fut envoyé, par le grand saint Denys,
Chez les Anglais pour lui rendre service.
Il était libre et chantait son office,
Disait sa messe, et même confessait.
Le preux Talbot sur sa foi le laissait,
Ne jugeant pas qu'un rustre, un imbécile,
Un moine épais, excrément de couvent,
Qu'il avait fait fesser publiquement,
Pût traverser un général habile.
Le juste ciel en jugeait autrement.
Dans ses décrets il se complaît souvent
A se moquer des plus grands personnages.
Il prend les sots pour confondre les sages.
Un trait d'esprit, venant du paradis,
Illumina le crâne de Lourdis.
De son cerveau la matière épaissie
Devint légère, et fut moins obscurcie;
Il s'étonna de son discernement.
Las! nous pensons, le bon Dieu sait comment!
Connaissons-nous quel ressort invisible
Rend la cervelle ou plus ou moins sensible?
Connaissons-nous quels atomes divers
Font l'esprit juste ou l'esprit de travers,
Dans quels recoins du tissu cellulaire
Sont les talents de Virgile ou d'Homère,
Et quel levain, chargé d'un froid poison,

Forme un Thersite, un Zoïle, un Fréron?
Un intendant de l'empire de Flore
Près d'un œillet voit la ciguë éclore;
La cause en est au doigt du Créateur;
Elle est cachée aux yeux de tout docteur :
N'imitons pas leur babil inutile.
Lourdis d'abord devint très curieux;
Utilement il employa ses yeux.
Il vit marcher sur le soir, vers la ville,
Des cuisiniers qui portaient à la file
Tous les apprêts pour un repas exquis;
Truffes, jambons, gelinottes, perdrix;
De gros flacons à panse ciselée
Rafraîchissaient, dans la glace pilée,
Ce jus brillant, ces liquides rubis
Que tient Cîteaux[a] dans ses caveaux bénis.
Vers la poterne on marchait en silence;
Lourdis alors fut rempli de science,
Non de latin, mais de cet art heureux
De se conduire en ce monde scabreux.
Il fut doué d'une douce faconde,
Devint accort, attentif, avisé,
Regardant tout du coin d'un œil rusé,
Fin courtisan, plein d'astuce profonde,
Le moine, enfin, le plus moine du monde.
Ainsi l'on voit en tout temps ses pareils
De la cuisine entrer dans les conseils;

---

[a] Il y a dans Cîteaux et dans Clairvaux une grosse tonne, semblable à celle d'Heidelberg : c'est la plus belle relique du couvent. (1762). — La tonne si célèbre que l'on voyait dans la ville d'Heidelberg contenait huit cents muids. R.

Brouillons en paix, intrigants dans la guerre,
Régnant d'abord chez le grossier bourgeois,
Puis se glissant au cabinet des rois,
Et puis enfin troublant toute la terre ;
Tantôt adroits et tantôt insolents,
Renards ou loups, ou singes ou serpents :
Voilà pourquoi les Bretons mécréants
De leur engeance ont purgé l'Angleterre.
   Notre Lourdis gagne un petit sentier,
Qui par un bois mène au royal quartier.
En son esprit roulant ce grand mystère,
Il va trouver Bonifoux son confrère.
Dom Bonifoux, en ce même moment,
Sur les destins rêvait profondément ;
Il mesurait cette chaîne invisible
Qui tient liés les destins et les temps,
Les petits faits, les grands événements,
Et l'autre monde, et le monde sensible.
Dans son esprit il les combine tous,
Dans les effets voit la cause et l'admire ;
Il en suit l'ordre : il sait qu'un rendez-vous
Peut renverser ou sauver un empire.
Le confesseur se souvenait encor
Qu'on avait vu les trois fleurs de lis d'or
En champ d'albâtre à la fesse d'un page,
D'un page anglais : surtout il envisage
Les murs tombés du mage Hermaphrodix.
Ce qui surtout l'étonne davantage,
C'est le bon sens, c'est l'esprit de Lourdis.
Il connut bien qu'à la fin saint Denys
De cette guerre aurait tout l'avantage.

Lourdis se fait présenter poliment
Par Bonifoux à la royale amie;
Sur sa beauté lui fait son compliment,
Et sur le roi; puis il lui dit comment
Du grand Talbot la prudence endormie
A pour le soir un rendez-vous donné
Vers la poterne, où ce déterminé
Est attendu par la Louvet qui l'aime.
« On peut, dit-il, user d'un stratagème,
Suivre Talbot, et le surprendre là,
Comme Samson le fut par Dalila.
Divine Agnès, proposez cette affaire
Au grand roi Charle. » « Ah! mon révérend père,
Lui dit Agnès, pensez-vous que le roi
Puisse toujours être amoureux de moi? »
« Je n'en sais rien : je pense qu'il se damne,
Répond Lourdis; ma robe le condamne,
Mon cœur l'absout. Ah! qu'ils sont fortunés
Ceux qui pour vous seront un jour damnés! »,
Agnès reprit : « Moine, votre réponse
Est bien flatteuse, et de l'esprit annonce. »
Puis dans un coin le tirant à l'écart,
Elle lui dit: « Auriez-vous par hasard
Chez les Anglais vu le jeune Monrose? »
Le moine noir l'entendit finement :
« Oui, je l'ai vu, dit-il, il est charmant. »
Agnès rougit, baisse les yeux, compose
Son beau visage; et prenant par la main
L'adroit Lourdis, le mène avant nuit close
Au cabinet de son cher suzerain.
    Lourdis y fit un discours plus qu'humain.

Le roi Charlot, qui ne le comprit guère,
Fit assembler son conseil souverain,
Ses aumôniers et son conseil de guerre.
Jeanne, au milieu des héros ses pareils,
Comme au combat assistait aux conseils.
La belle Agnès, d'une façon gentille,
Discrètement travaillant à l'aiguille,
De temps en temps donnait de bons avis,
Qui du roi Charle étaient toujours suivis.

On proposa de prendre avec adresse
Sous les remparts Talbot et sa maîtresse :
Tels dans les cieux le Soleil et Vulcain
Surprirent Mars avec son Aphrodise[a].
On prépara cette grande entreprise,
Qui demandait et la tête et la main.
Dunois d'abord prit le plus long chemin,
Fit une marche et pénible et savante,
Effort de l'art, que dans l'histoire on vante.
Entre la ville et l'armée on passa,
Vers la poterne enfin on se plaça.
Talbot goûtait avec sa présidente
Les premiers fruits d'une union naissante,
Se promettant que du lit aux combats,
En vrai héros, il ne ferait qu'un pas.
Six régiments devaient suivre à la file.
L'ordre est donné. C'était fait de la ville.
Mais ses guerriers, de la veille engourdis,

---

[a] *Aphrodise* est le nom grec de Vénus : cela ne veut dire qu'*écume*. Mais que les noms grecs sont sonores ! que cette écume est une belle allégorie ! Voyez Hésiode. Vous ne douterez pas que les anciennes fables ne soient souvent l'emblème de la vérité. (1762).

Pétrifiés d'un sermon de Lourdis,
Bâillaient encore et se mouvaient à peine;
L'un contre l'autre ils dormaient dans la plaine.
O grand miracle! ô pouvoir de Denys!
   Jeanne et Dunois, et la brillante élite
Des chevaliers qui marchaient à leur suite,
Bordaient déjà, sous les murs d'Orléans,
Les longs fossés du camp des assiégeants.
Sur un cheval venu de Barbarie,
Le seul que Charle eût dans son écurie,
Jeanne avançait, en tenant d'une main
De Débora l'estramaçon divin;
A son côté pendait la noble épée
Qui d'Holopherne a la tête coupée.
Notre Pucelle, avec dévotion,
Fit à Denys tout bas cette oraison :
   « Toi qui daignas à ma faiblesse obscure,
Dans Domremi, confier cette armure,
Sois le soutien de ma fragilité.
Pardonne-moi, si quelque vanité
Flatta mes sens quand ton âne infidèle
S'émancipa jusqu'à me trouver belle.
Mon cher patron, daigne te souvenir
Que c'est par moi que tu voulus punir
De ces Anglais les ardeurs enragées,
Qui polluaient des nonnes affligées.
Un plus grand cas se présente aujourd'hui :
Je ne puis rien sans ton divin appui.
Prête ta force au bras de ta servante;
Il faut sauver la patrie expirante,
Il faut venger les lis de Charles sept,

Avec l'honneur du président Louvet.
Conduis à fin cette aventure honnête ;
Ainsi le ciel te conserve la tête ! »

Du haut du ciel saint Denys l'entendit,
Et dans le camp son âne la sentit :
Il sentit Jeanne ; et d'un battement d'aile,
La tête haute, il s'envole vers elle.
Il s'agenouille, il demande pardon
Des attentats de sa tendresse impure.
« Je fus, dit-il, possédé du démon ;
Je m'en repens. » Il pleure, il la conjure
De le monter ; il ne saurait souffrir
Que sous sa Jeanne un autre ose courir.
Jeanne vit bien qu'une vertu divine
Lui ramenait la volatile asine.
Au pénitent sa grace elle accorda,
Fessa son âne, et lui recommanda
D'être à jamais plus discret et plus sage.
L'âne le jure, et, rempli de courage,
Fier de sa charge, il la porte dans l'air.

Sur les Anglais il fond comme un éclair,
Comme un éclair que la foudre accompagne.
Jeanne en volant inonde la campagne
De flots de sang, de membres dispersés,
Coupe cent cous l'un sur l'autre entassés.

Dans son croissant de la nuit la courrière
Lui fournissait sa douteuse lumière.
L'Anglais surpris, encor tout étourdi,
Regarde en haut d'où le coup est parti ;
Il ne voit point la lance qui le tue.
La troupe fuit, égarée, éperdue,

Et va tomber dans les mains de Dunois.
Charles se voit le plus heureux des rois.
Ses ennemis à ses coups se présentent,
Tels que perdreaux en l'air éparpillés,
Tombant en foule et par le chien pillés,
Sous le fusil la bruyère ensanglantent.
La voix de l'âne inspire la terreur;
Jeanne d'en-haut étend son bras vengeur,
Poursuit, pourfend, perce, coupe, déchire;
Dunois assomme; et le bon Charles tire
A son plaisir tout ce qui fuit de peur.

Le beau Talbot, tout enivré des charmes
De sa Louvet, et de plaisirs rendu,
Sur son beau sein mollement étendu,
A sa poterne entend le bruit des armes;
Il en triomphe. Il disait à part soi:
« Voilà mes gens, Orléans est à moi. »
Il s'applaudit de ses ruses habiles.
« Amour, dit-il, c'est toi qui prends les villes. »
Dans cet espoir Talbot encouragé
Donne à sa belle un baiser de congé.
Il sort du lit, il s'habille, il s'avance,
Pour recevoir les vainqueurs de la France.

Auprès de lui le grand Talbot n'avait
Qu'un écuyer, qui toujours le suivait;
Grand confident et rempli de vaillance,
Digne vassal d'un si galant héros,
Gardant sa lance ainsi que les manteaux.
« Entrez, amis, saisissez votre proie, »
Criait Talbot; mais courte fut sa joie.
Au lieu d'amis, Jeanne, la lance en main,

Fondait vers lui sur son âne divin.
Deux cents Français entrent par la poterne;
Talbot frémit, la terreur le consterne.
Ces bons Français criaient: « Vive le roi!
A boire, à boire, avançons; marche à moi!
A moi, Gascons, Picards! qu'on s'évertue,
Point de quartier! les voilà, tire, tue! »

Talbot, remis du long saisissement
Que lui causa le premier mouvement,
A sa poterne ose encor se défendre:
Tel, tout sanglant, dans sa patrie en cendre,
Le fils d'Anchise attaquait son vainqueur.
Talbot combat avec plus de fureur,
Il est Anglais; l'écuyer le seconde:
Talbot et lui combattraient tout un monde.
Tantôt de front, et tantôt dos à dos,
De leurs vainqueurs ils repoussent les flots;
Mais à la fin leur vigueur épuisée
Cède au Français une victoire aisée.
Talbot se rend, mais sans être abattu.
Jeannet Dunois prisèrent sa vertu.
Ils vont tous deux, de manière engageante,
Au président rendre la présidente.
Sans nul soupçon il la reçoit très bien:
Les bons maris ne savent jamais rien.
Louvet toujours ignora que la France
A sa Louvet devait sa délivrance.

Du haut des cieux Denys applaudissait;
Sur son cheval saint George frémissait;
L'âne entonnait son octave écorchante,
Qui des Bretons redoublait l'épouvante.

Le roi, qu'on mit au rang des conquérants,
Avec Agnès soupa dans Orléans.
La même nuit, la fière et tendre Jeanne,
Ayant au ciel renvoyé son bel âne,
De son serment accomplissant les lois,
Tint sa parole à son ami Dunois.
Lourdis, mêlé dans la troupe fidèle,
Criait encore: « Anglais! elle est pucelle! »

FIN DU CHANT VINGT ET UNIÈME ET DERNIER.

VARIANTES ET IMITATIONS[1].

CHANT PREMIER.

V. 2.   Ma lyre ou vielle est tant soit peu profane.

V. 5.   Elle affermit de ses pucelles mains
Des lis fameux les tiges gallicanes;
Sauva son roi des fureurs anglicanes...

V. 15. Bien le verrez, si lisez cet ouvrage.

V. 22. Si rauquement a raclé son histoire.

V. 26. Il y a dans l'édition de 1756 :

* Quand *l'Iliade* est par lui travestie,
Ou par quelqu'un de son académie. K.

[1] Les éditeurs de Kehl et leurs successeurs avaient confondu ensemble les notes et les variantes. M. Louis Du Bois, le premier, en fit la séparation. J'ai suivi son exemple, et crois avoir fait mieux encore que lui en plaçant au bas du texte même les notes qui s'y rapportent : cette disposition évite au lecteur la peine et l'ennui de recourir trop fréquemment aux endroits du volume où elles auraient pu être reléguées. Un grand nombre de variantes assez importantes avaient été recueillies par les éditeurs de Kehl, et M. Louis Du Bois a beaucoup ajouté à leurs recherches. J'ai mis à profit leurs travaux, auxquels j'ai réuni ceux de M. Thomas, qui a relevé, avec la plus scrupuleuse exactitude, les différences que lui ont offertes les éditions de 1756, 1762 et 1775, comparées entre elles et avec un manuscrit ayant appartenu à M. Seguier, premier avocat général au parlement de Paris. Les variantes tirées de l'édition de Kehl sont suivies de la lettre K : celles qui ont été communiquées par M. Thomas, et auxquelles j'ai rarement pu ajouter, portent la signature R : enfin celles qu'a relevées M. L. Du Bois sont et devaient être sans signature. L'astérisque placé au-devant de quelques vers indique qu'ils se retrouvent dans le texte du poëme. R.

V. 17. Peut-être n'aurais-je pas dû omettre de dire que ce vers et les douze suivants ont été mis en musique par M. Rouget de Lisle, auteur de l'*Hymne des Marseillais*. R.

V. 30. Avait trouvé, pour le mal de la France. R.

V. 40. La voir, l'aimer, sentir l'ardeur brûlante
Des doux desirs en leur chaleur naissante. R.

V. 53. Donc, pour cacher comme on put cette affaire.

V. 55. Rusé matois, encor que Tourangeau.

V. 58. Gens délicats nomment l'ami du prince.

V. 60. Les gens grossiers appellent maquereau.

Voltaire, dans une lettre du 31 juillet 1755, au maréchal de Richelieu, se plaint des interpolations qu'on a fait subir à son poëme, entre autres de celle-ci :

Et qu'à la ville, et surtout en province,
Les Richelieux ont nommé maquereau.

Je n'ai vu aucune édition, aucun manuscrit qui contînt ce dernier vers[1]. R.

V. 76. On lit dans l'édition de 1756 :

Et du genou, du genou la pressait.

Et dans un manuscrit :

Et du genou le genou lui pressait. R.

V. 82. De cent héros qu'amour avait domptés,
*Et qui pour plaire à de tendres beautés
Avaient quitté les faveurs de la gloire. R.

V. 87. La belle Agnès, modeste et retenue. R.

---

[1] J'ai aussi vainement cherché, dans les éditions subreptices et les manuscrits, les vers suivants, dont il est question dans la même lettre et dans celle à Thieriot, du 10 septembre suivant. Je les place ici par occasion, et parceque rien ne m'indique à quel chant du poëme ils pouvaient appartenir.

....
Qui, des Valois rompant la destinée,
A la gard' Dieu laisse aller son armée,
Chasse le jour; le soir est en festin,
Toute la nuit fait encor pire train;
Car saint Louis, là-haut, ce bon apôtre,
A ses Bourbons en pardonne bien d'autre. R.

VARIANTES ET IMITATIONS.

V. 104. Moment charmant de joie et de tendresse.

V. 115. Leur boutonnet est de couleur de rose.
Téton charmant! qui jamais ne repose... R.

V. 118. L'œil à vous voir, la bouche à vous sucer. R.

V. 123. Manuscrit :

* Vient arrêter mes pinceaux trop hardis.
Tout répondait, lecteur, tu peux m'en croire,
A la beauté de sa gorge d'ivoire.
* La volupté... K.

V. 146. Manuscrit :

* Et du Tokai la liqueur jaunissante
Dans le cerveau portent un feu brillant;
Mille bons mots en partent à l'instant.
Après dîner, on digère, on raisonne,
On parle, on lit, on médit du prochain,
* On fait brailler... K.

V. 172. Vaincre et régner n'est rien qu'une folie. R.

V. 186. Lance en arrêt, abaissant la visière,
Foulait aux pieds la France prisonnière.

V. 227. * Un jour ces gens raisonneurs et mutins
Feront la nique à tous nos auteurs saints,
* Se gausseront des saintes décrétales,
Et traiteront nos vierges de catins;
* Déchireront...

V. 238. De maudissons lardant sa patenôtre.

Réminiscence de ces vers de J.-B. Rousseau :

Pour un procès tous deux s'étant émus,
De maudissons lardaient leurs orémus.
ÉPIGRAMMES, I, XVIII. R.

V. 239. Et cependant que seul il raisonnait.

V. 255. Pour La Trimouille, il disait : « Attendons
Jusqu'à demain, et beau jeu nous verrons. »
* Le président Louvet...

V. 287. Le bon Denys dessus son chef avait.

V. 334. « Montrez le nid où convient de chercher
* Ce vrai phénix que je veux dénicher. »
A tant se tut le vénérable sire.

V. 345. Un pucelage est assez inutile.

V. 356. Manuscrit :

> Ainsi, vieux fou, pour finir nos querelles,
> * Cherchez ailleurs, s'il vous plait, des pucelles. K.

V. 367. Avoir le don de trouver ce qu'il cherche.

CHANT DEUXIÈME.

V. 3. C'est, à mon sens, le plus cher avantage. R.

V. 6. Édition de 1756 :

> * C'est à l'Amour à nous cueillir la rose ;
> Mes chers amis, ayons tous cet honneur ;
> Ainsi soit-il ; mais parlons d'autre chose.
> * Vers les confins... K.

V. 78. On lit dans quelques manuscrits :

> Voici le fait : Le père Grisbourdon,
> Grand cordelier, grand chercheur d'aventure,
> Prècheur de nonne, écumant de luxure,
> Avait juré son froc et son cordon,
> * Son Dieu, son diable, et saint François d'Assise,
> Que dans ses lacs Jeannette serait prise.
> D'une autre part, un large muletier
> Non moins hardi, non moins franc du collier,
> Grossièrement soupirait pour la belle,
> Et par état se croyait né pour elle.
> * L'occasion, la douce égalité,
> * Fesaient pencher Jeanne de son côté.
> * Mais sa pudeur triomphait de la flamme
> * Qui par les yeux se glissait dans son ame.
> Le franciscain vit sa naissante ardeur ;
> * Mieux qu'elle encore il lisait dans son cœur.
> Ce moine était grand clerc dans l'art magique,
> Art cultivé dans ce beau siècle antique,
> De nos savants en nos jours ignoré ;
> Car aujourd'hui tout a dégénéré.
> * En feuilletant... K.

VARIANTES ET IMITATIONS.

V. 99. Édition de 1762 :

* Qu'il saisirait ce beau palladion.
« J'aurai, dit-il, ma Jeanne en ma puissance;
Je suis Anglais : je dois faire le bien
De mon pays; mais plus encor le mien. »
* Au même temps... K.

V. 108. Il y a dans un autre manuscrit :

Le jour, la nuit, montrant sans fin, sans terme,
Signes certains de l'amour le plus ferme.
Même on a cru qu'à ce puissant objet
Notre héroïne enfin s'apprivoisait;
Qu'elle sentait une subtile flamme
* Qui par les yeux se glissait dans son ame.
Je n'en crois rien : mais notre cordelier,
Hardi paillard, étant de plus sorcier,
Alla trouver ce rival si terrible;
* Puis il lui tint ce discours très plausible... K.

V. 120. « Je sais combien Jeannette vous est chère;
Je l'aime aussi d'une amour non légère.
* Elle a mon cœur, comme elle a tous vos vœux.
* Rivaux ardents, nous nous craignons tous deux;
En bons amis accordons-nous pour elle;
Amants unis et rivaux sans querelle,
* Tâtons tous deux...

V. 131. Incontinent le mage en capuchon.

V. 156. Ont de Jeannette ôté la couverture.

V. 162. Embrasse Jeanne... O soudaine merveille!

V. 176. Puis il lui dit : « *Vase d'élection.* »

Comparaison empruntée de la *Bible*, où saint Paul est désigné (*Act. Apost.*, IX, 15) par la même qualification : « *Vas electionis.* » R.

V. 189. * « Suis-moi; renonce à tes humbles travaux.
Charle est un Jean, et Jeanne est un héros. »
* A ce discours terrible et pathétique,
Et qui n'est point en style académique,
* Jeanne étonnée, ouvrant un large bec,
* Crut quelque temps que l'on lui parlait grec.
Dans ce moment un rayon de la grace
* Dans son esprit.... K.

V. 191. A ce discours consolant et terrible,
Pris mot à mot des cahiers de la Bible... K.

V. 206. * Et les petits l'appellent monseigneur.

J'ai reporté dans le texte onze vers qui viennent après celui-ci, et que les éditeurs de Kehl et leurs successeurs avaient placés parmi les variantes. R.

V. 232. Édition de 1756, et manuscrit :

* Lorsqu'il se vit vendu par sa donzelle ;
Ces pots brillants dont Gédéon défit
De Madian la cohorte infidèle,
Le couperet de la belle Judith,
Cette beauté si saintement perfide
Qui, pour le ciel galamment homicide,
* Son cher amant massacra dans son lit ;
Plus d'abondant le sacré cimeterre
Dont le Sauveur voulut que s'armât Pierre,
Pour lui donner une oreille à guérir,
Et de son nom laisser un souvenir.
A ces objets Jeannette émerveillée,
* De cette armure... K.

V. 281. Ces fiers Bretons, ayant bu largement.

V. 286. L'autre ronflait, près d'un page étendu.

V. 348. * Du monde entier feraient bientôt le tour !
Cette nuit même, et dès le point du jour,
* Jeanne et Denys...

V. 378. Suivez du moins cette auguste amazone :
C'est votre appui, c'est le soutien du trône.

Ici Voltaire s'est imité lui-même : il avait déjà dit dans *la Henriade*, VII, 269 :

. . . . Et vous, brave amazone,
La honte des Anglais et le soutien du trône. R.

V. 390. Édition de 1756 :

Un roi de France a toujours dans le cœur,
Malgré le vice, un très grand fonds d'honneur ;
Vous l'avez vu dernièrement, mes frères,
Lorsque Louis, se dérobant des bras

VARIANTES ET IMITATIONS. 341

> De la beauté ¹ qu'exorcisait Linières ²,
> Au bord du Rhin, du fond des Pays-Bas,
> Vint cogner Charle et braver le trépas.
> * Du vieux soldat le discours pathétique
> Frappa le prince, amant des blonds appas,
> * Ainsi qu'un ange... K.

¹ V. 412. Jeanne lui dit: « O grand prince, ordonnez. R.
V. 420. Oh! bien, dit-il, si vous en savez tant. R.

CHANT TROISIÈME.

V. 12 et 13. Dans l'édition de 1756, au lieu de ces deux vers, on lit :

> * Le grand Condé fut battu par Turenne;
> Créqui vaincu fut ensuite vainqueur;
> L'heureux Villars, fanfaron plein de cœur,
> Gagna le quitte ou double avec Eugène.
> * De Stanislas...

Il est aisé de voir que *gagna le quitte ou double*, et le *fanfaron plein de cœur*, ne sont pas de M. de Voltaire. K.—L'auteur de l'article VILLARS de la *Biographie universelle* (XLVIII, 549) trouve dans ce vers,

> L'heureux Villars, fanfaron plein de cœur,

qu'il attribue à Voltaire, une *juste* appréciation du vainqueur de Denain. R.

V. 22. Après « un divin caractère », on lisait dans l'édition de 1756 :

> Avec cela tout est humble et soumis.
> Voyons comment, dans la grande chronique,
> Du fin Jéthro le gendre politique
> S'y prit jadis pour être plus que roi.
> Aux bonnes gens dont Jacob fut le père,
> Gens d'esprit faible et de robuste foi,
> Il dit que Dieu, lui montrant son derrière,

¹ Madame de Châteauroux. R. — ² Jésuite, confesseur du roi. R.

L'endoctrinait sur l'admirable loi
Qui le devait, et les fils de son frère,
Entretenir pour jamais à rien faire;
Qu'il lui dictait tous les importants cas
Où les lépreux, les femmes bien apprises,
Devaient changer de robe et de chemises,
Paraître en rue ou rester dans les draps.
De vingt pétards et d'autant de fusées
Le feu saillant et les brillants éclats,
Sur un rocher caché dans les nuées,
Dont une garde et des ordres exprès
Aux curieux interdisaient l'accès,
Pour les idiots furent une tempête;
Le peuple, au loin admirant le fracas,
Du Tout-Puissant crut connaître le bras,
Et tressaillit pour le hardi prophète.
Le drôle avait étudié sa bête.
Seul au sommet du mystérieux mont,
Comme il voulut il fit la quarantaine;
Puis tout-à-coup se montra dans la plaine,
Cornes de bouc flamboyantes au front.
Du physicien le brillant phénomène
Sur les esprits fit un effet fort prompt.
Il dit que Dieu, roulé dans un buisson,
A lui chétif avait donné leçon.
C'en fut assez; il vit en révérence
Tout un chacun recevoir son sermon.
On crut du ciel encourir la vengeance,
Si l'on osait manquer d'obéissance
Et de respect à monsieur Aaron;
Et des statuts dont l'auteur malhabile
Eût mérité les Petites-Maisons
Furent des lois que ce peuple imbécile
Crut renfermer le sort des nations.
Le bon Numa de sa nymphe subtile
S'aida très bien chez les enfants de Mars;
* Le grand Bacchus, qui mit l'Asie en cendre,
* L'antique Hercule, et le fier Alexandre,
Et le premier de ces fameux Césars,
De quelque dieu prétendirent descendre.
Ces fiers Romains, à qui tout fut soumis,
* Domptaient l'Europe...

VARIANTES ET IMITATIONS.

Ces vers sont encore bien moins dans le style de M. de Voltaire que dans celui du capucin Maubert, ou du proposant La Beaumelle. K.—Voltaire, qui avait d'abord accusé La Beaumelle d'être l'un des éditeurs du poëme de *la Pucelle* avec des interpolations perfides, paraît avoir abandonné ces soupçons, ainsi que je l'ai dit dans la note 1 de la page 2. R.

V. 29. Le grand Bacchus, qui mit l'Asie en cendre.

Boileau (satire VIII, 100) avait dit :

Qui ? cet écervelé *qui mit l'Asie en cendre ?* R.

V. 36. On lit dans les manuscrits :

* Denys suivit ces exemples fameux :
Du merveilleux il se servit comme eux ;
* Il prétendit que Jeanne la pucelle
* Chez les Anglais passât même pour telle,
Et que Bedford, et Talbot, et Chandos,
Et Tirconel, qui n'étaient pas des sots,
* Crussent la chose... K.

V. 65, 66. Au lieu de ces deux vers, on en trouve deux autres dans quelques manuscrits :

Oreille longue avec le chef pointu,
Bouche béante, œil louche, pied tortu.
* De l'Ignorance... K.

V. 116. Édition de 1756 :

* Donne à baiser une bulle divine ;
Plus d'un prélat la met dévotement
Tout à côté du Nouveau Testament.
Ciel ! à leurs yeux une cohorte fière
En même temps s'en torche le derrière ;
L'ignacien, furieux, éperdu,
Court se saisir du sacré torche-cu.
Dieux ! quels combats ! quels flots d'encre et de bile !
On prêche, on court, on barbouille, on exile.
* Toi qui jadis des grenouilles... K.

V. 130. Ciel ! que d'écrits et de discussions ! R.

V. 189. Qu'aux gens d'esprit notre France est fatale ! R.

V. 209. Édition de 1756 :

* Aucun de vous n'est sorcier, je vous jure.

Lourdis était aussi dans ce tableau :
Mais à ses yeux il n'en put rien paraître ;
Il ne vit rien. Le cas n'est pas nouveau :
Le plus habile a peine à s'y connaître.
    Quand vers la lune ainsi l'on préparait
* Contre l'Anglais... K.

V. 266. Édition de 1756 :

« Jeanne en ces lieux conduite par l'Envie,
* Non des Anglais, mais d'Agnès ennemie,
Portant culotte et brayette au-devant,
Large brayette, inutile ornement ;
Jeanne la brune, en gendarme vêtue,
Va désormais lui fasciner la vue :
Jeanne plaira, moi je serai perdue. »
* Disant ces mots... K.

V. 370. Édition de 1756 :

* . . . . Et gigots à la braise.
La dame Alix, malgré son teint flétri,
Parut encore à la troupe bretonne
De bonne prise ; et Robert Makarti,
Brave Écossais, vaillant chef de parti,
Dedans sa tente emmena tôt la bonne.
* Monsieur Chandos... K.

CHANT QUATRIÈME.

V. 53.   Certain Anglais, écumant de colère. R.

V. 69.   La froide crainte et la confusion
Sur les Anglais répandent leur poison.
Les cris perçants et les clameurs qu'ils jettent,
Les hurlements que les échos répètent,
Et la trompette, et le son des tambours,
Font un vacarme à rendre les gens sourds.
Le grand Chandos, toujours plein d'assurance,
Leur crie : « Enfants, conquérants de la France,
* Marchez à droite... K.

V. 284. Dans l'édition de 1756, et dans presque toutes les

autres, ce génie se nommait Conculix[1]. Après *de sa double nature*, on lisait :

Mais Conculix avait oublié net
* De demander un don plus nécessaire,
* Un don sans quoi nul plaisir n'est parfait,
* Un don charmant; eh quoi? celui de plaire.
Dieu, pour punir ce génie effréné,
Le rendit laid comme un diable incarné;
Et l'impudique avait dessous le linge
Odeur de bouc, et poil gris d'un vieux singe :
Pour comble enfin, de lui-même charmé,
Il se croyait tout fait pour être aimé.
De tous côtés on lui cherchait des belles,
Des bacheliers, des pages, des pucelles;
Et si quelqu'un à ce monstre lascif
N'accordait pas le plaisir malhonnête,
Bouchait son nez ou détournait la tête,
* Il était sûr d'être empalé tout vif.
  Le soir venu, Conculix étant femme,
Un farfadet, de la part de madame,
S'en vint prier monseigneur le bâtard
A manger caille, oie, et bœuf au gros lard ;
* Dans l'entresol, tandis qu'en compagnie
* Jeanne soupait avec cérémonie.
* Le beau Dunois tout parfumé descend;
Chez Conculix un souper fin l'attend.
* Madame avait prodigué la parure... K.

V. 384. Il se disait : « J'en aurai plus d'honneur. »

La position critique du brave Dunois, et son intention de sortir avec honneur de ce pas difficile, rappellent, ainsi que l'a remarqué M. Louis Du Bois, un tableau de même genre tracé par la même main. Dans le conte intitulé *Ce qui plaît aux Dames*, Robert, sommé par la vieille fée dont il est de-

---

[1] Voltaire avait conservé, dans l'édition de 1762, ce nom, qu'il s'est depuis décidé à changer. « Plusieurs vertueuses dames ont été, disait-il, effarouchées du nom de Conculix; mais nous croyons, avec tous les savants de l'Europe, que c'est une fausse délicatesse: car il faudrait, sur ce principe, proscrire *convive, concurrence, concupiscence*, et cent autres mots de cette espèce. » R.

venu l'époux d'accomplir le devoir conjugal, s'y résout enfin par point d'honneur :

> Le chevalier, amoureux de la gloire,
> Voulut enfin tenter cette victoire;
> Il obéit, et, se piquant d'honneur,
> N'écoutant plus que sa rare valeur,
> Aidé du ciel, trouvant dans sa jeunesse
> Ce qui tient lieu de beauté, de tendresse,
> Fermant les yeux, se mit à son devoir. R.

V. 387. Édition de 1756 :

> Lors Conculix, qui le crut impuissant,
> Chassa du lit le guerrier languissant,
> Et prononça la sentence fatale,
> Criant aux siens : « Sergents, qu'on me l'empale. »
> Le beau Dunois vit faire incontinent
> * Tous les apprêts de ce grand châtiment.
> Ce fier guerrier, l'honneur de sa patrie,
> S'en va périr au printemps de sa vie.
> Dedans la cour il est conduit tout nu,
> * Pour être assis sur un bâton pointu.
> * Déjà du jour la belle avant-courrière... K.

V. 403. Édition de 1756 :

> * . . . . Et lui fourrant au sein
> Les doigts velus d'une gluante main,
> Il a déjà l'héroïne empestée
> D'un gros baiser de sa bouche infectée.
> * Plus il s'agite, et plus il devient laid.
> * Jeanne, qu'anime une chrétienne rage,
> D'un bras nerveux lui décharge un soufflet,
> * A poing fermé, sur son vilain visage.
> Le magot tombe, et roule en bas du lit;
> Les yeux se poche, et le nez se meurtrit.
> Il crie, il hurle. Une troupe profane
> Vient à son aide; on vous empoigne Jeanne;
> On va punir sa fière cruauté
> Par l'instrument chez les Turcs usité.
> * De sa chemise aussitôt dépouillée... K.

V. 472. Manuscrit :

> * Leur nudité, leur beauté, leur jeunesse,
> Dans leur pitié mêlait trop de tendresse.

    Leur feu secret, par un destin nouveau,
   * Ne s'échappait qu'au bord de leur tombeau;
    Même en Dunois l'aiguillon de la chair,
    Pour Conculix si long-temps indocile,
    Et qu'on eût cru de la plus molle argile,
    En ce moment semblait forgé de fer.
      Le négromant, piqué d'un tel outrage,
    En redoubla son dépit et sa rage;
    * Et cependant l'animal amphibie
    A son dépit joignit la jalousie,
    Fesant aux siens l'effroyable signal
    Qu'on embrochât ce couple déloyal.
    * Dans ce moment... R.

V. 496. Ainsi l'enfant de saint François d'Assise
    De la Pucelle a suivi le fumet,
    Et sur ses pas porté sur son mulet
    Courut sans cesse, et ne lâcha point prise. R.

V. 506. Édition de 1756 :

    * Si ce guerrier et si cette pucelle
    N'ont pu remplir avec toi leur devoir,
    * Je tiendrai lieu de ce couple rebelle;
    D'un cordelier éprouve le pouvoir.
    * Tu vois... » K.

V. 512. De ses exploits tu seras satisfait. R.

V. 516. Sur elle seule il faut nous signaler,
    Et c'est à nous, seigneur, de l'empaler. R.

V. 518. Édition de 1756 :

    On vous dira qu'il n'est point de femelle,
    Tant pudibonde et tant vierge fût-elle,
    Qui n'eût été fort aise en pareil cas;
    Mais la Pucelle aimait mieux le trépas,
    Et ce secours infernal et lubrique
    Semblait horrible à son ame pudique.
    *Elle pleurait... K.

V. 534. Édition de 1756 et manuscrits :

    Pour Conculix, le discours énergique
    Du cordelier fit sur lui grand effet;
    Il accepta le marché séraphique.
    * « Ce soir, dit-il, vous et votre mulet

>   Tenez-vous prêts; cependant je pardonne
>   A ces marmots, et vous les abandonne. »
>   Le moine alors, d'un air d'autorité,
>   Frappa trois coups sur l'animal bâté,
>   Puis fit un cercle, et prit de la poussière
>   * Que sur la bête... K.

V. 565. Édition de 1756 :

>   * Denys voyait avec des yeux de père
>   De Jeanne d'Arc le triste et piteux cas;
>   Faire eût-il dû de Vulcain le faux pas,
>   Il eût voulu s'élancer sur la terre.
>   * Mais il était lui-même... K.

V. 576.
>   * Piqués au vif, en vinrent aux gros mots.
>   Chacun là-haut prit part à la querelle :
>   L'un pour Denys, l'autre pour George était;
>   Le paradis entre eux se partageait,
>   L'un pour l'Anglais, l'autre pour la Pucelle.
>   * Les saints anglais... R.

V. 586. Le dénouement de cette grande affaire. R.

CHANT CINQUIÈME.

V. 17. Où voulez-vous, monsieur, qu'on vous enterre?

Ce vers est emprunté au *Légataire universel* de Regnard. Le notaire Scrupule dit à Crispin (act. IV, sc. 6) :

>   Fort bien!... Où voulez-vous, monsieur, qu'on vous enterre? R.

V. 36. Dans les premières éditions on lisait :

>   * D'un roi du Nord, de quatorze chanoines,
>   De deux curés, et de quarante moines. K.

V. 104. Or ce Clovis, dans le crime empâté.

Il y a ici réminiscence malheureuse des fameux couplets attribués à Rousseau, dans lesquels Vassaint est traité de

>   B..... *dans le crime empâté.* R.

VARIANTES ET IMITATIONS.

V. 116. Lors Constantin dit ces tristes paroles.

V. 135. Édition de 1756 :

* « Si comme toi Constantin est damné !
Ainsi que lui vingt rois fêtés à Rome
Dans ces bas lieux brûleront à jamais.
Le pape eut beau, pour payer leurs bienfaits,
Les mettre en rouge au livre qu'on renomme,
Leur donner jour, et vouloir qu'on les chôme,
Le diable rit de tous ces beaux décrets.
D'après leur vie il leur lut leurs arrêts ;
Et chacun d'eux, jugé sur ses forfaits,
Rôtit ou bout, comme il fut méchant homme. »
Riant au nez du sire Constantin,
Le cordelier, en fort mauvais latin,
Fit compliment, puis en marchant admire
* Tous les secrets du ténébreux empire.

En même rang que ces fameux brigands
Si sottement célébrés sur la terre,
Et justement dévoués aux tourments
Dans les enfers, le très révérend frère
Vit saint Louis, la fleur de nos patrons,
Ce saint Louis, le père des Bourbons.
Il maudissait la cruelle manie
Qui, sur la foi d'un fourbe ultramontain,
Lui fit laisser à son mauvais destin,
Sans nuls galants, sa femme tant jolie,
Pour s'en aller dans la turque Syrie [1]
Assassiner le pauvre Sarrasin.
Ce roi bigot, insensé paladin,
Qui dans le ciel aurait eu belle place
S'il eût été tout simplement chrétien,
Grillait là-bas, et le méritait bien.
Homme pieux sans être homme de bien,
Laissant le vrai pour prendre la grimace,
Il fut toujours au-delà de la grace,
Et bien plus loin que les commandements.
Il se fessa, se couvrit de la haire,

---

[1] C'est en Égypte que saint Louis alla faire la guerre, et il mena sa femme avec lui. Voyez Joinville, et concluez que M. de Voltaire, qui l'avait lu, n'a pu faire ces vers, d'ailleurs si peu dignes de lui. K.

Il but de l'eau, fit fort mauvaise chère,
Onc ne tâta de bisques, d'ortolans,
Onc ne mangea ni perdrix ni faisans.
Sur un châlit, sans fermer la paupière,
L'esprit au ciel, la discipline en main,
Il attendit souvent le lendemain.
Il eût mieux fait certes, le pauvre sire,
De se gaudir avec sa Margoton
Tranquillement au sein de son empire.
C'est, sur ma foi, pour aller au démon
Un sot chemin que celui du martyre.

Cet innocent renta les Quinze-Vingts,
Pour le moutier dota cent pauvres filles,
Et fonda gîte aux dévots pèlerins :
C'est bien de quoi le mettre au rang des saints !
Mais sans remords, dans le sein des familles,
Il répandit de ses dévotes mains
Les tristes fruits des combats inhumains,
Et le trépas, et l'affreuse indigence ;
Il appauvrit, il dévasta la France,
Il la remplit de veuves, d'orphelins :
Quel diable eût fait plus de mal aux humains ?
Le Grisbourdon le vit, et sut se taire.
Dans un réduit, à feu de réverbère,
Il vit bouillir maints grands prédicateurs,
* Riches prélats, casuistes, docteurs,
* Moines d'Espagne et nonnains d'Italie,
De tous les rois les graves confesseurs,
De nos beautés les paillards directeurs :
* Le paradis ils ont eu dans leur vie.

Dans le foyer d'un grand feu de charbon,
La tête hors d'un énorme chaudron,
Sous un grand feutre en forme de galère,
Le moine vit le féroce Calvin [1],
Qui des deux yeux, au défaut de la main,

---

[1] Voltaire, en désavouant ce passage, qu'il attribue à Maubert, relève l'absurdité d'avoir placé Calvin au temps de Charles VII ; mais il est juste de remarquer que le reproche d'absurdité n'est pas fondé, puisque l'auteur de ces vers, quel qu'il soit, dit plus bas que ce fut par un effet de l'art magique de Lucifer que le moine Grisbourdon crut voir Calvin, et pénétra ainsi les secrets de l'avenir. R.

Fesait la nique à Luther son confrère,
Puis menaçait un pontife romain.
A son regard farouche, atrabilaire,
On connaissait de l'orgueilleux sectaire
Le mauvais cœur, l'esprit intolérant,
L'ame jalouse, et digne d'un tyran.
Tout en cuisant, il semblait être encore
Dans sa cité, qu'un galant homme abhorre,
Et que redoute un esprit dégagé
Des contes vieux et du sot préjugé,
A voir rôtir Servet le grand apôtre,
Juste ennemi, toutefois indiscret,
De maint cafard, diseur de patenôtre,
Rival haï, dont tout le crime était
De raisonner mieux que lui ne fesait.
Maître Calvin, les yeux chargés d'envie,
Semblait entendre et voir à ses genoux
Lui crier grace, et demander la vie,
Ce Nivernois [1] dont il fut si jaloux,
Ce sot prélat feseur de boutonnières,
Galant chéri des jeunes chambrières,
Qui préféra les cafards genevois
Aux bonnes gens du pays champenois.
« Pendez, pendez, » le vilain semblait dire ;
Baiser soubrette est péché dont ma loi
Ne permet point aux huguenots de rire ;
Et ce paillard doit périr, sur ma foi,
Pour avoir eu plus de plaisir que moi.
   Le cordelier, d'une voix de tonnerre,
Qu'accompagnait un regard furieux,
Lui dit : « Maraud, de quel droit sur la terre
Prétendis-tu punir l'amour heureux ?
Qui t'avoua de la nouvelle guerre
Que tu livras à ces enfants des cieux
Qu'un zèle ardent pour la paix des familles
Consacre au soin de soulager les filles ? »

---

[1] Spifame, évêque de Nevers, décapité à Genève en 1566. Calvin est mort en 1564, et il n'était point question de chambrières dans le procès de Spifame, qui n'était point réduit à la condition d'artisan, mais était devenu membre du conseil des deux cents et de celui des soixante. Ceux qui ont fait ces vers n'étaient pas au courant. K.

Dans la fureur dont il était atteint,
Certes le moine allait faire tapage,
Et de Genève à mal mettre le saint,
Quand il connut qu'il était dans la cage
Où de sa main Lucifer même a peint
Tous les damnés que fournira chaque âge.
Quiconque entrait dans ce damné réduit
Se sentait tôt animé de l'esprit ;
Il croyait voir, il lui semblait entendre
Se démener et gémir les portraits.
De l'avenir pénétrant les secrets
Comme présents, sans jamais s'y méprendre,
Il les avait dans son cerveau frappé ;
Et des damnés, chez les races futures,
Il devinait les noires aventures
Mieux que prophète ou démon incarné.
Le Grisbourdon dedans la galerie
Venant calmer sa claustrale furie :
* Il aperçut dans le fond d'un dortoir... K.

V. 169. Infortunés, tourmentés où nous sommes,
Loués, fêtés où nous ne sommes pas.

M. Louis Du Bois fait remarquer, dans ces vers, une imitation de la phrase suivante, qu'il attribue à saint Augustin : « Cruciantur ubi sunt, laudantur ubi non sunt. » Je n'ai pu vérifier l'exactitude de ce renseignement. R.

V. 179. Édition de 1756 :

* « Et je suis cuit pour les avoir fait cuire.
Non que je sois condamné sans retour ;
J'espère encor me trouver quelque jour
Avec les saints au séjour de la gloire ;
Mais en ce lieu je fais mon purgatoire. »
* Oh ! quand j'aurais... K.

V. 206. Après ce vers on lit dans un manuscrit :

Et tous les deux sur ce vilain génie
Nous avions fait un excès d'œuvre pie.
Le Couculix, ravi d'un tel effort... R.

V. 213. Manuscrit :

* . . . . De bon cœur ricanait.

VARIANTES ET IMITATIONS.

> Je me sentais un courage héroïque,
> Et je vous jure, ô cohorte lubrique,
> Que si j'avais pu vivre encore un jour,
> Le beau Dunois lui-même eût eu son tour.
> * Mais croirez-vous... R.

V. 219. * Cet animal qui porte longue oreille,
> Sur qui jadis votre ennemi monta
> Quand dans Salem en triomphe il entra,
> * Et qui jadis à Balaam parla... R.

CHANT SIXIÈME.

V. 14. Et l'Intérêt, ce vil roi de la terre,
> Pour qui l'on fait et la paix et la guerre,
> Triste et pensif auprès d'un coffre-fort,
> Vend le plus faible aux crimes du plus fort.

La même pensée se trouve exprimée presque en mêmes termes dans *Mérope* (acte I, scène 2):

> Et le vil intérêt, cet arbitre du sort,
> Vend toujours le plus faible aux crimes du plus fort. R.

V. 30. On lit dans un manuscrit:

> * En paradis tout saint n'est pas pucelle.
> * Quand Jeanne d'Arc défendait son honneur,
> Que veut ravir un infame vainqueur,
> * Et que du fil...

Et dans un autre manuscrit:

> * En paradis tout saint n'est pas pucelle.
> Nul n'est exclu du céleste bonheur.

V. 31. Le repentir est vertu du pécheur.

Voici encore une pensée que Voltaire a reproduite, en termes peu différents, dans l'un de ses ouvrages dramatiques. On lit dans *Olympie* (acte II, scène 2):

> Dieu fit du repentir la vertu des mortels.

Chénier a exprimé, avec non moins de bonheur, la même idée dans son *Calas* (acte V, scène 6):

> ....Un Dieu plein de clémence,
> Pour qui le repentir est encor l'innocence. R.

V. 43. Quel trait de flamme et quelle idée *hardie*.

Et plus bas, vers 196 :

> Son corps divin, de fati*gue h*arassé.

C'est par licence poétique, fort excusable dans un poëme du genre de *la Pucelle*, que Voltaire ne tient pas compte de l'*h* aspirée des mots *hardie* et *harassé*. Peut-être n'aurait-il pas dû se permettre les mêmes licences dans *la Henriade*, où se trouve (chant IX, vers 18) ce vers :

> Les biens du premier â*ge, hors* la seule innocence.

L'édition de 1761 fournit cette variante irréprochable :

> Quel doux espoir, quelle flamme hardie... R.

V. 44. Après ce vers, un manuscrit porte :

> Il prend son vol, et Dunois stupéfait
> A tire d'aile est porté comme un trait.

V. 80. De ses deux mains il frotte, il se démène.

V. 106. Édition de 1756 :

> Pour Conculix, honteux, plein de colère,
> Il s'en alla murmurer chez son père.
> * Mais que devint... K.

V. 233. Et le lorgnait sans crainte et sans effroi.

V. 237. De cheminer jusqu'en un bourg voisin.

J'ai reproduit le texte de l'édition de 1756 et de quelques manuscrits :

> De cheminer jusques au bourg voisin.

Le rétablissement de ce dernier vers m'a paru exigé par ce qui suit :

> Dedans *ce* bourg nul soldat ne demeure. R.

V. 260. De contes vieux et de galanterie.

V. 265. ....Ce jeune homme de bien
> Voulait beaucoup et ne demandait rien.

Imitation de ces vers du Tasse (*Gerus. lib.*, c. II, st. 16) :

> Ei che modesto è sì com' essa è bella,

VARIANTES ET IMITATIONS.

> Brama assai, poco spera, e nulla chiede.

M. Louis Du Bois, auquel cette imitation n'a pas échappé, observe que M. Baour-Lormian a rendu avec beaucoup de bonheur le dernier vers :

> L'infortuné languit dans son cruel lien,
> Desire, a peu d'espoir, et ne demande rien.

Il aurait dû faire honneur de cette traduction à Dalembert, qui, long-temps avant M. Baour, avait rendu dans les mêmes termes la pensée du Tasse. Voyez, dans ses *OEuvres*, le morceau qui a pour titre *Sur la tombe de mademoiselle de Lepinasse*. R.

V. 279. Manuscrit :

> Dans ce logis était un aumônier,
> Fier, peu soigneux de dire son psautier.
> * Tout aumônier... K.

Un autre manuscrit porte :

> Dans ce logis (ciel ! que vais-je avouer?). R.

V. 336. Édition de 1756 et manuscrit :

> * De ce fatras de volumes nouveaux,
> Vers de Danchet, prose de Marivaux,
> Nouveau Cyrus [1], voyage de Séthos [2],
> Tous fort loués, et qu'on ne saurait lire;
> * Qui, l'un par l'autre... K.

V. 385. De ses malheurs je prétends être instruit. R.

V. 471. S'en vint parler d'un air noble et courtois.
> Et cependant que la belle lui conte
> En soupirant ses malheurs et sa honte,
> * L'âne divin...

---

[1] Les *Voyages de Cyrus*, que Voltaire appelle *Nouveau Cyrus* parceque cet ouvrage est fait à l'imitation de la *Cyropédie* de Xénophon, et pour la compléter, parurent en 1727, et obtinrent alors un succès que le temps n'a pas confirmé. Ce roman est de Ramsay. R.

[2] *Séthos, Histoire ou Vie tirée des monuments-anecdotes de l'ancienne Égypte;* Paris, 1731, trois volumes in-12. L'abbé Terrasson, auteur de cet ouvrage, a été souvent en butte aux critiques de Voltaire. R.

CHANT SEPTIÈME.

V. 4. Je détestai l'empire des amours.

V. 21. Ce fier prélat qu'amour rendit barbare.

V. 68. Me fit d'abord sa déclaration.

V. 94. Édition de 1756 :

> * « Ce grand Dunois, ce bras à qui tout cède!
> Gentil guerrier, noble fils de l'amour,
> Eh quoi! c'est vous, vous l'espoir de la France,
> Qui me sauvez et l'honneur et le jour!
> Votre nom seul aurait ma confiance.
> * Vous saurez donc... K.

V. 143. Ce tendre fruit de mon furtif amour.

J'ai donné le texte de l'édition de 1756 et de plusieurs manuscrits. Il y a trop long-temps que Dorothée a nommé ou désigné son fils pour que le pronom *ce* soit ici bien placé. R.

V. 199. On vient au bruit; l'archevêque à l'instant.

V. 227. Dans les premières éditions on lisait :

> * Contre l'Église ils n'ont point de courage,
> Ardents au mal, de glace pour le bien.
> * Qu'attendre, hélas !... K.

V. 361. Car je suis homme, et je me fais honneur
D'avoir ma part aux humaines faiblesses.

M. Louis Du Bois rappelle, à l'occasion de ces deux vers, que Térence avait dit dans l'*Heautontimorumenos*, act. I, sc. 1 :

> Homo sum : humani nihil a me alienum puto.

Mais est-ce bien réellement la même pensée qu'a voulu exprimer Voltaire? R.

CHANT HUITIÈME.

V. 25. Le vrai me plaît, le vrai seul est durable.

Ce vers, par sa tournure et par l'idée qu'il exprime, rappelle celui-ci de Boileau (épît. IX, v. 43):

> Rien n'est beau que le vrai; le vrai seul est aimable. R.

CHANT DIXIÈME.

V. 8. Édition de 1756 :

> Va donc, Voltaire, au fait plus rondement;
> * C'est mon avis...

Ce vers est une nouvelle preuve que M. de Voltaire n'eut aucune part à la publication des premières éditions de ce poëme, et qu'elles furent faites par ses ennemis. K.

V. 23. Lorsqu'il fut seul en sa chambre enfermé.

V. 30. Le gros Louvet, qui long-temps harangua.

V. 36. Messire Hugon, gentilhomme ordinaire.

V. 56. Perdre à-la-fois sa couronne et sa belle!

V. 64. Et respectez cet objet de mes vœux.

V. 76. A leurs transports si tu n'es pas sensible.

V. 98, 99. Édition de 1756 :

> Il n'est aucun qui doute de son art;
> Aucun ne croit qu'un diable n'y prend part.
> * Aux yeux du prince... K.

V. 107. Édition de 1756, avant ce vers :

> Ils se trompaient, hélas! les bonnes gens :
> Agnès aimait, Agnès était saillie;
> * Puis fiez-vous... K.

V. 111. Édition de 1756 :

> * Il triomphait de ses jeunes attraits ;
> Et, l'accablant de sa mâle éloquence,
> * Il ravissait des plaisirs imparfaits :
> Volupté triste et fausse jouissance,
> *Plaisirs honteux... K.

V. 112. Manuscrit :

> *. . . . . Des plaisirs imparfaits,
> Volupté triste et fausse jouissance,
> Vide d'appas, brutale violence,
> Honteux plaisir qu'amour ne connaît pas ;
> * Car qui voudrait...

V. 119. Édition de 1756, après ce vers on lit :

> A ses baisers il veut que l'on riposte,
> Et qu'on l'invite à courir chaque poste.
> * Il n'est heureux...

On retrouve ici le style des éditeurs, et l'on voit que ces vers ont été interpolés. K.

V. 132. Se démenait, étendu sur sa proie.

V. 137. Après ce vers on lit dans un manuscrit :

> Plein de courroux, et d'un bras furibond.

V. 229. Manuscrit :

> * « C'est lui qui parle, et vous devez l'entendre :
> Vous soupirez ; il est temps de vous rendre. » R.

V. 249. On monte ; on cogne, on enfonce la porte.

V. 251. Édition de 1756 :

> * C'est l'aumônier qui vous joua ce tour.
> On prend Agnès, on prend son ami tendre ;
> Devers Chandos on s'en va les mener.
> Certes au diable il me faudrait donner,
> Pour vous décrire et pour vous bien apprendre
> L'effroi, le trouble, et la confusion,
> Le désespoir, la désolation,
> L'amas d'horreurs, l'état épouvantable
> Qui le beau page et son Agnès accable.
> * Ils rougissaient... K.

V. 263. Le dixième chant de l'édition de 1762 est divisé

en deux dans l'édition de 1756, où le huitième chant finit par
ce vers :

> A Jean Chandos que diront-ils tous deux?

Et le neuvième commence par celui-ci :

> Dans le chemin advint que de fortune. K.

V. 342. Il n'est qu'un pas : l'un et l'autre est tendresse.

V. 375. Cellule propre et bien enluminée.

V. 380. Dit : « Qu'il est doux de faire pénitence! » R.

V. 399. Qui d'un Hercule eut la force en partage,
Et d'Adonis le gracieux visage.

Le chevalier Robert, dans *Ce qui plaît aux Dames*, est doué des mêmes qualités physiques que la prétendue sœur Besogne :

> ...Il avait reçu pour apanage
> Les dons brillants de la fleur du bel âge,
> Force d'Hercule et grace d'Adonis. R.

V. 424. Manuscrit :

> Ciel! c'est en vain que j'aurai dans la tête
> * Le beau projet d'être une femme honnête,
> J'aurai beau faire, et tel est mon destin
> D'aimer l'honneur, et d'être une catin. R.

V. 427. N'est pas toujours femme de bien qui veut.

Ce vers et le précédent rappellent, ainsi que l'a remarqué madame de Graffigny (*Vie privée de Voltaire et de madame du Châtelet*, page 104), ceux que Quinault met dans la bouche de Médée :

> Le destin de Médée est d'être criminelle,
> Mais son cœur était fait pour aimer la vertu.

Voltaire a placé dans *la Prude* (act. III, sc. 10) la pensée et le vers qui terminent ce dixième chant de *la Pucelle*. R.

CHANT ONZIÈME.

V. 34. Vous embrassez de vos mains impuissantes.

V. 42. Qu'au doux Jésus votre bouche a jurée.

V. 55. Mêlent l'horreur avec la volupté,
Et font l'amour avec férocité.

V. 61. Et qu'on prendrait, dans leurs fureurs étranges,
Pour des démons qui violent des anges.

Voltaire avait déjà employé ces vers dans le portrait de l'abbé Desfontaines, dont il dit

Qu'on le prendrait, à ses fureurs étranges,
Pour un démon qui viole des anges. R.

V. 64. Contemple à nu ces dévotes beautés.
Sœur Rebondi si discrète et si sage.

V. 71. Se débattant entre Bard et Curton.

V. 89. Crut échapper aux soupçons inquiets.

J'ai adopté le texte de l'édition de 1756, qui est conforme à celui de quelques manuscrits. L'édition de 1762 et les suivantes portent:

Sut échapper aux soupçons inquiets.

Le sens de la leçon que j'ai rétablie me semble préférable. En effet, on voit un peu plus bas, vers 203 et suivants, que saint Georges n'avait point abandonné ses soupçons, et que saint Denys avait *cru*, mais n'avait pas *su* y échapper. R.

V. 95. Il s'en alla vers le dieu du mystère.

Ce vers et les suivants sont, à quelques mots près, empruntés à la lettre en vers et en prose que Voltaire adressa, en 1716, au prince de Vendôme; on y lit:

Il alla donc vers ce dieu du mystère,
Dieu des Normands, par moi très peu fêté,
Qui parle bas quand il ne peut se taire,
Baisse les yeux et marche de côté.

VARIANTES ET IMITATIONS.

Il favorise (et certes c'est dommage).
Force fripons; mais il conduit le sage.
Il est au bal; à l'église, à la cour;
Au temps jadis il a guidé l'amour. R.

V. 125. Qui polluaient ces vénérables dames.

V. 158. * Le fier Warton, dont la lubrique rage
Avait en bref consommé son ouvrage,
Le fier Warton fut le seul écuyer
* Qui de sa nonne...

V. 179. Édition de 1756:

* Prit cette armure et s'en couvrit le dos;
Et Dieu permit qu'en ce jour la Pucelle
Contre Warton combattit pour icelle.
* Le fier Anglais, de fer enharnaché,
Eut à son tour l'ame bien stupéfaite
Quand il se vit si vivement chargé
* Par une jeune... K.

Un manuscrit porte:

* Prit cette armure et s'en couvrit le dos;
Et Dieu permit qu'en ce jour la Pucelle
Contre Warton combattit pour icelle.
Le bras tendu, le corps en son profil,
La tête haute, et le fer de droit fil [1],
Jeanne d'abord combat avec mesure;
Car son épée était sa seule armure.
L'Anglais recule, et la belle en courroux
Du fer tranchant lui porte de grands coups.
* Au mont Etna... R.

V. 188. Au mont Etna, dans leur forge brûlante, etc.

Cette comparaison se retrouvera dans le chant de *Corisandre* (191-196), après les variantes du XIIIe. R.

V. 198. La voyant nue, il eut de grands remords
De ferrailler contre ce gentil corps.

V. 199. * Sa main tremblait de blesser ce beau corps.
Et de sa belle admirant les trésors,

---

[1] Ce vers et le précédent appartiennent au chant VIII (309-310), et se retrouvent encore dans l'épisode de *Corisandre* (185-186). R.

>   Saisi d'amour, de crainte, et de colère,
>   Il recula quatre pas en arrière.
>   Bref, il croit voir un ange de lumière.

V. 253. Lui répondit d'un ton tendre et piteux.

V. 284. * Son âne ailé, sa joie et son secours,
>   Sur qui monté Denys combat toujours.
>   « Viens, criait-il, viens défendre ma vie ;
>   Contre un méchant viens protéger mes jours. »
>   L'animal saint revenait d'Italie.

V. 301. Et de ses coups fait tomber la tempête.

V. 309. Par tant d'efforts ces rivaux plus ardents
>   Tenaient tous deux la victoire en suspens.

V. 310. Édition de 1756 :
>   Paul pour Denys gageait contre Vincens,
>   * Quand de sa voix...

Vers ridicule de l'éditeur Maubert. K.

V. 381. * Où de nectar on leur verse rasade ;
>   Et tous les saints, attroupés autour d'eux,
>   Le verre en main, chantaient une enfilade
>   De *Te Deum*, Sabaoth, Hosanna,
>   *Te laudamus*, Amen, Alleluia.
>   Jusques au soir dura la sérénade.
>   * Peu de lecteurs croiront...

V. 386. N'a-t-on pas vu chez le sage Milton.

V. 390. Édition de 1756 :
>   * Et qui pis est avoir du gros canon ?
>   Pardonnez-moi ce peu de fiction,
>   Qui, sous les noms de Denys et de George,
>   Vous a dépeint le peuple d'Albion
>   Et les Français qui se coupaient la gorge.
>   * Mais dans le ciel... K.

V. 395. * Mais dans le ciel si la paix revenait,
>   Si des bons saints la cohorte chantait,
>   * Il en était autrement... R.

V. 404. Dont cet Anglais pollua le couvent.

V. 413. * Sœur Rebondi, qui dans la sacristie
>   A succombé sous ce vainqueur impie,

Dessous son voile en secret larmoyait ;
Elle avait su ce que Warton valait,
Pleurait le traître... R.

CHANT DOUZIÈME.

V. 1. Ce fragment, trouvé dans les papiers de l'auteur, paraît être une variante du commencement de ce douzième chant. Il y manque quelques vers[1].

Oui, j'ai juré de ne plus discourir,
De conter net, de bannir la harangue ;
Mais quels serments, hélas ! puis-je tenir ?
Le tendre Amour est maître de ma langue ;
L'Amour m'inspire, il lui faut obéir.
Ce dieu charmant est venu me sourire,
Lorsque ma main n'osait plus l'encenser ;
Quand je fuyais ses traits et son empire,
Du haut du ciel il vint me caresser.
« Quoi ! m'a-t-il dit, faut-il que la tristesse
File aujourd'hui la trame de tes jours ?
Quand tu serais dans la froide vieillesse,
Encor faudrait implorer mon secours :
Mais dans l'été, c'est une ignominie
Que de m'ôter l'empire de ton sort.
Vivre sans moi, c'est être déjà mort :
Laisse-moi donc renouveler ta vie. »
A ce discours l'Amour ne s'est tenu.
Il m'a donné la plus belle maîtresse,
Qui tout-à-coup, par un charme inconnu,
A dans mon cœur ramené l'allégresse.
De ses faveurs elle enivre mes sens,
Son tendre amour devient l'eau de Jouvence,
Et dans ses bras j'ai trouvé mon printemps.
Je conclus donc, cher lecteur, quand j'y pense,
Qu'on peut aimer au-delà de trente ans. K.

[1] Ils ont été restitués par M. Louis Du Bois : ce sont les 20e et 21e. R.

V. 58. Entre ce vers et le suivant, on lit dans un manuscrit:

> Cher à l'amour encor plus qu'à Cutendre.

V. 73. Allait cherchant les restes de sa proie
Qu'on lui ravit lorsqu'il était en joie.

V. 89. Il suit des yeux cette espèce emplumée.

V. 104. Pour dire *Ave* venant du haut du ciel.

V. 166. * Il lui disait, d'un ton dévot et doux :
« O mon bon roi, fils aîné de l'Église,
Je vois que l'ame à la chair est soumise.
* Que je vous plains... R.

V. 172. Chez les Hébreux, malgré le Décalogue.

V. 186. Un beau matin, par grace singulière.

V. 191. Était pourtant le plus paillard des rois.

V. 212. . . . . Quels lieux
Sont embellis, éclairés par ses yeux ?

La Fontaine avait dit (liv. IX, fab. 2) :

. . . . Les lieux
Honorés par les pas, *éclairés par les yeux*
De l'aimable et jeune bergère... R.

V. 228. Édition de 1756 :

> * Et du couvent le sac incestueux.
> Ainsi Louis, se perdant à la chasse
> Dans les taillis de son Fontainebleau,
> De questions fatigue son Bonneau,
> A son retour lui demande la trace
> De la beauté qui captive son cœur,
> Veut que de rien il ne lui fasse grace,
> Et n'en apprend que tout bien, tout honneur.
> * Après avoir... K.

V. 248. Guettait toujours l'objet de son voyage.

V. 286. Ainsi Monrose, approchant de sa belle.

V. 319. Louis-François Prault, imprimeur-libraire à Paris, a composé trente-six vers destinés à prendre place après celui-ci, et dans lesquels il décrit les transports amoureux d'Agnès et du beau page. Ce morceau, qui n'a été imprimé qu'à un seul exemplaire, est aujourd'hui en la possession de M. Eckard. Je n'ai pas cru devoir le comprendre dans les variantes d'un poëme auquel il n'appartient pas. R.

V. 361. Il fait du bruit, et la *table* remue.

Cette étrange faute se trouve dans presque toutes les éditions, depuis celle de 1762. Elle aurait dû être évitée par M. Louis Du Bois, qui a mis la bonne leçon en variante. R.

V. 375. * Ce qu'Adrien mit dans le Panthéon,
Ce qu'un beau duc montra souvent, dit-on,
A l'Angeli qui lui sert de maîtresse.
* Que les héros, ô ciel...

CHANT TREIZIÈME.

V. 52-54. Édition de 1756, au lieu de ces trois vers on lisait :
Témoin Ajax et certain général,
Duc, bel esprit, ministre; maréchal;
L'un sur le Rhin, l'autre aux bords du Scamandre,
Un beau matin s'avisèrent de prendre
Des moutons blancs pour autant d'ennemis,
Sans que l'honneur fût en rien compromis.
* Ce n'étaient point...

M. de Voltaire a pris constamment contre La Beaumelle la défense de ce général (le maréchal de Noailles) et de sa famille; ainsi l'on peut facilement juger auquel des deux appartiennent ces vers. K.

V. 58. Le grand Dunois à Jeanne si connu,
Qui ramenait la belle Dorothée.

V. 62. Car elle était auprès de son amant.

V. 63. Édition de 1756 :
* Ce cher amant, ce tendre La Trimouille
Pour qui son œil de pleurs souvent se mouille,
L'ayant cherchée à travers cent combats,

L'avait trouvée, et ne la quittait pas.
* En nombre pair... K.

V. 77. Édition de 1756 :

* Il te fallut rhabiller promptement :
Sur le satin de ton cul ferme et blanc
* Tu rajustas... K.

V. 88. * Qui lui donnait de la distraction,
Car il tenait un peu du grec, dit-on. R.

V. 109. Les saints là-haut aiment souvent à rire
Des passions du sublunaire empire ;
Ils regardaient cheminer dans les champs.

V. 165. Édition de 1756 :

« Décide ici qui de nous sait le mieux
Pousser sa lance et plaire à deux beaux yeux.
Que la valeur soit notre seule chance,
* Que de vous tous... K.

V. 204. Manuscrit :

* Branlant sa lance et serrant les genoux.
Le fier Chandos se targuait dans sa gloire,
De deux combats espérant la victoire,
Jurant ce mot lequel commence en F.
Jeanne invoquait l'épouse de Joseph,
Mère de Dieu, reine du pucelage.
L'un contre l'autre ils volent avec rage ;
Les deux coursiers, bardés, coiffés de fer,
* Sous l'éperon... K.

V. 237. Sur son beau dos, sur sa croupe gentille.

V. 256. Que saint Denys me regarde et m'excuse.

V. 257. Édition de 1756 et manuscrit :

* « Mars et l'Amour sont mes droits, et j'en use. »
Puis se tournant devers son écuyer :
« Je vois, dit-il, qu'elle est hors d'elle-même ;
J'ai ces deux bras pour combattre et tuer ;
Pour la guérir je prendrai le troisième. »
Jamais Chandos ne promit rien en vain.
Comme il le dit, il prend ce bras soudain.
* Le grand Dunois, d'un courage héroïque... K.

V. 282. Édition de 1756:

> * Très peu connus des ânes d'ici-bas;
> Il soupirait en voyant les trois bras.
> * Le confesseur... K.

V. 294. Le treizième chant de l'édition de 1762 est divisé en deux dans celle de 1756, où le douzième chant finit par ce vers:

> Du doux péché qu'aucuns nomment luxure.

Et le treizième commence ainsi:

> En méditant avec attention... K.

V. 298. Manuscrit:

> De ce Jacob, le patron du mensonge,
> * Pate-pelu, dout l'esprit lucratif
> Trompa Laban, qu'il vola comme un Juif.
> * Ce vieux Jacob... K.

V. 301. Édition de 1756:

> Ce vieux Jacob (admirez bien, mes frères,
> Du livre saint les sublimes mystères)
> * Devers l'Euphrate... K.

V. 305. Édition de 1756:

> *Le moine vit de plus plaisants objets;
> Il vit très bien, ou crut voir, le bon père,
> Ce qu'aucun saint n'obtint de voir jamais:
> *Il vit courir à la même aventure,
> Il vit aux pieds des futures Agnès
> Les demi-dieux de la race future;
> Il observa les différents attraits
> De ces beautés dont l'adresse féconde
> Fesait danser tous les maîtres du monde:
> Chacune était juste sous son héros,
> Partant ensemble, et disant les grands mots;
> Chacune avait son trot et son allure;
> Chacun piquait à l'envi sa monture;
> Tous excellaient à ce jeu des deux dos.
> * Tels, au retour de Flore...

On voit sans peine que ces trois derniers vers sont du capucin. Ce chant est un de ceux où il en a ajouté le plus. K.

V. 313. Tels, au retour de Flore et du Zéphyre.

Ici encore j'ai préféré le texte de l'édition de 1756. Zéphyre, dans ce vers, étant une divinité, ne doit pas être précédé de l'article. R.

V. 320. Manuscrit :

> * C'est là qu'il vit le beau François premier,
> Roi malheureux, mais galant chevalier,
> Qui sur un lit fait goûter à deux belles
> Tous les plaisirs que François reçoit d'elles.
> * Là Charles-Quint... K.

V. 321. Roi malheureux, mais brave chevalier,
Avec Étampe il se pâme; il oublie.

V. 329. Édition de 1756 :

> * Aux mouvements que l'amour lui fit faire
> Quand dans ses bras décharnés et flétris,
> Ivre d'amour, tendrement elle serre,
> * En se pâmant, le second des Henris.
> De la débauche un long et triste usage
> De la beauté lui fait avoir le prix.
> * De Charles neuf... K.

V. 338. Édition de 1756 :

> * Là, sans tiare, et d'amour transporté,
> Tournant le dos, troussant sa soutanelle,
> Avec Vanose il se fait la femelle;
> * Un peu plus bas on voit sa sainteté,
> Pour ses plaisirs convoitant sa famille,
> Donner l'assaut à Lucrèce sa fille.
> * O Léon dix! ô sublime Paul trois!
> Jules second! et toi Monte[1] le drille!
> * A ce beau jeu...

On voit clairement ici que le capucin, ayant lu *la femelle* au lieu de *sa famille*, a voulu suppléer les rimes qui manquaient.

---

[1] Jean-Marie Giocchi, élevé à la papauté le 8 février 1550, régna sous le nom de Jules III. Il était auparavant connu sous celui de cardinal del Monte, et s'était distingué comme légat du Saint-Siége au concile de Trente. « Il passait, dit Voltaire, pour très voluptueux. » Voyez les *Annales de l'Empire*. R.

VARIANTES ET IMITATIONS.

Un manuscrit porte :

* Un peu plus bas on voit sa sainteté
Faire un enfant à Lucrèce sa fille... K.

V. 348. Édition de 1756 :

* Que par vingt ans de travaux et d'exploits.
Le moine vit des doges de Venise,
Et ces grands ducs, fiers oppresseurs de Pise,
Avec les boucs partageant leurs plaisirs;
Mais les laissant à leurs puants desirs,
* Bientôt on voit... K.

V. 364. Édition de 1756 :

* Et l'autre attend le moment du plaisir.
Mais tout à coup quelle métamorphose!
D'un long froc noir lugubrement paré,
L'Amour met bas sa couronne de rose;
Son front se perd sous un bonnet carré.
Le sot Scrupule et la froide Décence
Masquent les traits de sa riante enfance.
L'Hymen le suit à pas mystérieux;
Les deux flambeaux brûlent des mêmes feux,
Feux sans éclat, dont la pâle lumière
Porte l'ennui dans les lieux qu'elle éclaire.
A la lueur de ces tristes flambeaux,
Suivi d'un prêtre et de deux maquereaux,
Pour guide un diable en noire soutanelle,
Le grand Louis, couronné de pavots,
Vient épouser sa vieille maquerelle [1].
Le moine vit ce phénix des Bourbons,
Ensorcelé de deux flasques tétons,
Sur un sofa piquer sa haridelle.
L'Amour en pleurs, et sa suite fidèle,
Les Jeux, les Ris, s'envolent à Paphos.
Paris, la cour, sont en proie aux dévots.
Une grossière et maussade luxure
Rappelle aux sens toute la volupté.
Sous l'air cafard un cynisme effronté
Met Diogène où régnait Épicure.
Dans les excès d'une crapule obscure

---

[1] Voyez le *Siècle de Louis XIV*, chap. XXVII. R.

Le courtisan cherche la liberté.
Hercule en froc et Priape en soutane
Dans les palais portent l'obscénité;
Tout leur fait joug, et le couple profane,
Recommandé par sa brutalité,
A son plaisir patine la beauté[1].
C'en était fait du tendre Amour en France,
Quand la Fortune ou bien la Providence
A Saint-Denis logea ce roi bigot.
Le moine voit, à ce règne cagot,
Dans les destins succéder la Régence,
* Temps fortuné, marqué par la licence,
* Où la Folie, agitant son grelot,
Jette sur tout un vernis d'innocence;
Où le cafard n'est prisé que du sot.
Tendre Argenton[2], folâtre Parabère[3],
C'est par vos soins que le dieu de Cythère,
Régnant en maître au palais d'Orléans,
Sur ses autels revoit fumer l'encens.
Le dieu du goût, son seul et digne émule,
Tâche d'unir les graces aux talents.
Faune et Priape, et le brutal Hercule,
Forcés de fuir, rentrent dans les couvents;
Ils n'osent plus se faire voir en France
Que sous les traits de Rieux[4] ou de Vence.
Le bon Régent... K.

[1] VAR. Règne en tyran sur la frêle beauté.

[2] Marie-Louise-Magdeleine-Victoire Le Bel de La Boissière de Séry, fille d'honneur de la mère du Régent, fut l'une des premières maîtresses de ce prince, et celle qui eut le plus d'empire sur lui. Elle obtint le titre de comtesse; prit le nom de la terre d'Argenton que son amant lui donna; et elle le fit consentir à la légitimation d'un fils (Jean-Philippe d'Orléans, grand-prieur de France) qu'elle avait eu de lui en 1702. Elle mourut quelques mois avant ce fils, le 4 mars 1748. R.

[3] Marie-Magdeleine de La Vieuville, autre maîtresse du Régent, avait épousé, en 1711, César de Baudéan, comte de Parabère. Elle naquit à Paris le 6 octobre 1693, et mourut en cette ville le 14 août 1755. R.

[4] Gabriel Bernard, comte de Rieux, président au parlement de Paris, célèbre par le scandale et la multiplicité de ses aventures galantes. Il mourut à Paris, le 13 décembre 1745, de la petite-vérole. Les vers suivants coururent dans Paris le lendemain même de sa mort:

Une fille du Styx, compagne des héros,

VARIANTES ET IMITATIONS.

V. 372. * Des voluptés donne à tous le signal.
On l'admirait dans son délire aimable.
Tu l'entendais du fond du Luxembourg,
Toi que Bacchus et le dieu de l'amour
Mettent au lit en sortant de la table,
Jeune Berri, bel astre de la cour!

V. 377. Édition de 1756 :

* Mènent au lit, escortés par l'Amour.
Près de Paris, sous la pourpre romaine...
Mais je m'arrête; un semblable tableau
Pourrait au peintre attirer dure aubaine :
Il y faudrait placer plus d'un Bonneau
En robe courte. Or, dans ce dernier âge,
Homme d'épée est un fier maquereau;
Et moi, chétif, j'abhorre le tapage.
Je tiendrai donc contre l'appât flatteur;
Je me tairai, n'en déplaise au lecteur.
O Rambouillet!...

Il y a eu encore ici des vers ajoutés, et, comme ci-dessus (première variante de ce chant), dans la charitable intention de faire à l'auteur des ennemis puissants. K. — Ce sont les suivants :

V. 380. Édition de 1756 :

* Trop de péril suit ce charme flatteur.
Je me tairai, n'en déplaise au lecteur.
O Rambouillet, asile du mystère!
Meudon, Choisy, réduits délicieux,
Que les Plaisirs, les Amours, et les Jeux
Ont si souvent préférés à Cythère,

Vainement de Bernard entreprit la défaite :
   Pendant trente ans tous ses assauts
   Ne purent la rendre complète;
   Mais une perfide cadette
   En huit jours le mit aux abois,
   Et termina sa destinée.
   Petite, vous êtes cent fois
   Plus mutine que votre aînée.

Le comte de Rieux était fils du fameux Samuel Bernard. R.

Sur vos secrets, censurés par Lignière [1],
Et respectés de son prudent recteur,
Ma chaste muse est forcée à se taire.
* Le temps présent est l'arche du Seigneur;
* Qui la touchait d'une main trop hardie,
* Puni du ciel, tombait en léthargie.
* Je me tairai. Mais si j'osais pourtant,
* O des beautés aujourd'hui la plus belle!
* O tendre objet, noble, simple, touchant!
O potelée et douce La Tournelle [2]!
* Si j'osais mettre à vos genoux charnus
* Ce grain d'encens que l'on doit à Vénus;
Si je chantais cette haute fortune,

---

[1] Lignière était un jésuite confesseur de Louis XV, mais confesseur heureusement moins connu que Le Tellier et La Chaise. K. — Son nom a été plus correctement écrit Linières dans les Variantes du deuxième chant, vers 391. R.

[2] Madame de La Tournelle, née Mailly*, prit le titre de duchesse de Châteauroux, en acceptant la place de maîtresse du roi. Elle était d'une beauté singulière. On sait avec quelle rudesse de zèle l'évêque de Soissons, Fitz-James, petit-fils de mademoiselle de Churchill, maîtresse de Jacques II, traita une femme qui avait en France la même dignité que sa grand'mère avait eue en Angleterre.

Cet évêque était un homme simple, tolérant, bon, et sans intrigue; mais par-là même très propre à se rendre, sans le savoir, l'instrument des intrigants de la cour. On lui fit accroire qu'il était obligé en conscience de forcer le roi à traiter sa maîtresse avec une rigueur à peine excusable s'il eût été question de chasser de la cour un ministre qui aurait trahi l'état ou corrompu le monarque.

Madame de Châteauroux fut rappelée bientôt après; le roi envoya chez elle un ministre d'état (M. le comte de Maurepas, son ennemi) la prier de sa part de vouloir bien reprendre ses places à la cour. Elle tomba malade le jour même, et mourut. On attribua sa mort aux violentes émotions qu'elle avait éprouvées. Dans le moment de sa faveur, on se déchaîna contre elle, comme c'est l'usage. « La pauvre femme! disait un de ses amis, elle n'est qu'à plaindre; c'est une tuile qui lui est tombée sur la tête. » Il avait raison : la faveur ne valut à madame de Châteauroux que de la contrainte, des chagrins, et une mort prématurée. K.

* Marie-Anne de Mailly de Neelle, née à Paris le 5 octobre 1717; mariée en 1734 au marquis de La Tournelle; morte le 8 décembre 1744. R.

L'objet des vœux de Flavacourt la brune[1];
*Si je chantais ce tendre et doux lien,
Ce nœud si cher quoique si peu chrétien,
Formé, béni par la vieille éminence,
Maudit, rompu par ce prélat bigot,
Et resserré par ce grand roi de France,
Malgré l'avis et les sermons d'un sot[2];
Si de l'Amour je déployais les armes;
Si je disais... non, je ne dirai mot;
* Je serais trop au-dessous de vos charmes.
 * Dans son extase enfin le moine noir
* Vit à plaisir ce que je n'ose voir.
* D'un œil avide, et toujours très modeste,
* Il contemplait le spectacle céleste
De tous ces rois accouplés bout à bout:
Charles second sur la belle Portsmouth;
George second sur la tendre Yarmouth;
Et ce dévot roi de Lusitanie[3]
En priant Dieu se pâmant sur sa mie;
Et ce Victor[4], attrapé tour-à-tour
Par son orgueil, par son fils, par l'amour.
Mais quand au bout de l'auguste enfilage
Il aperçut, entre Iris et son page,
Perçant un cul qu'il serrait des deux mains,
Cet auteur roi, si dur et si bizarre,
Que dans le Nord on admire, on compare
A Salomon, ainsi que les Germains

[1] Madame de Flavacourt* était sœur de madame de Châteauroux. On prétendait qu'elle aspirait à la même place; et les courtisans attribuaient à ses vues ambitieuses la résistance qu'elle avait opposée au goût passager du roi. K.

[2] Ces vers de l'édition de 1756 furent faits pendant le siége de Fribourg, époque du raccommodement; mais la nouvelle faveur de madame de Châteauroux n'ayant duré qu'un moment, l'auteur a cru devoir les changer. K.

[3] Jean V, roi de Portugal. Voltaire a dit de ce prince que ses fêtes étaient des processions, ses édifices des monastères, et ses maîtresses des religieuses. R.

[4] Victor-Amédée, roi de Sardaigne. R.

* Hortense-Félicité de Mailly de Neelle, née à Paris le 11 février 1715, épousa, en 1739, François-Marie de Fouilleuse, marquis de Flavacourt. R.

Leur empereur au César des Romains [1] :
*Hélas! dit-il... K.

V. 403. Édition de 1756 :

*Dois-je gémir que Jean Chandos se mette
Les deux gigots sur sa belle brunette?

Vers enjolivé par le capucin. K.

V. 425. Édition de 1756 :

*Le fier Anglais dans ses droits de conquête.
Chandos, suant, et soufflant comme un bœuf,
Cherche du doigt si l'autre est une fille :
« Au diable soit, dit-il, la sotte aiguille! »
Bientôt le diable emporte l'étui neuf;
Il veut encor secouer sa guenille.
*Jeanne échappant...

On reconnaît encore ici les vers du capucin. Les lecteurs qui ont du goût distingueront sans peine tous ces embellissements étrangers; nous nous dispenserons d'en faire aussi souvent la remarque. K.

CHANT QUATORZIÈME [2]
DE L'ÉDITION DE 1756.

CORISANDRE.

*Mon cher lecteur sait par expérience
*Que ce beau dieu qu'on nous peint dans l'enfance,

---

[1] Ces vers ne sont pas de M. de Voltaire. *Entre Iris et son page* n'est qu'une répétition du vers (333) sur Henri III :

Quitte en riant sa Chloris pour un page.

Le nom de Salomon du Nord, dont on se moque ici, n'a pas été donné par les gens du Nord, mais par M. de Voltaire lui-même* ; et nous avons d'ailleurs des raisons décisives pour croire que ces vers n'ont pu être que des éditeurs, soit capucins, soit proposants. K.

[2] Ce chant ne se trouve que dans les premières éditions, et il y fourmille

* Le Salomon du Nord en est donc l'Alexandre.
(*Lettre au roi de Prusse*; 26 mai 1742.)

* Et dont les jeux ne sont point jeux d'enfants,
* A deux carquois tout-à-fait différents.
* L'un a des traits dont la douce piqûre
* Se fait sentir sans danger, sans douleur,
* Croît par le temps, pénètre au fond du cœur,
* Et vous y laisse une vive blessure.
* Les autres traits sont un feu dévorant,
* Dont le coup part et brûle au même instant;
* Dans les cinq sens il porte le ravage;
* Un rouge vif allume le visage,
* D'un nouvel être on se croit animé,
* D'un nouveau sang le corps est enflammé;
* On n'entend rien, le regard étincelle [1].
* L'eau sur le feu bouillonnant à grand bruit,
* Qui sur ses bords s'élève, échappe, et fuit,
* N'est qu'une image imparfaite, infidèle,
* De ces desirs dont l'excès vous poursuit [2].
Vous connaissez tous ces états, mes frères;
Mais ce tyran de nos ames légères,
Ce dieu fripon, cet étourdi d'Amour,
Fesait alors un bien plus plaisant tour.
 Il fit loger, entre Blois et Cutendre,
Une beauté dont les aimables traits
Auraient passé tous les charmes d'Agnès,
Si cette belle avait eu le cœur tendre,
Beau don qui vaut tous les autres attraits.

de fautes. Il paraît ici, pour la première fois, imprimé correctement, d'après le manuscrit de l'auteur. Il a été supprimé dans l'édition de 1762 et les suivantes. K. — Le chant de *Corisandre* parut pour la première fois dans l'édition de 1756. R.

[1] VAR. Édition de 1756:

> Sans réfléchir, le geste et l'acte suit.
> L'eau sur le feu bouillonnant à grand bruit,
> Qui, sur les bords du broc qui la recèle,
> S'élève, court, s'échappe, tombe, et fuit,
> N'est qu'une image imparfaite, infidèle,
> Du feu d'amour quand en nous il agit.
> Vous connaissez... K.

[2] Quelques vers qui appartenaient primitivement au chant de *Corisandre*, ont été transportés par Voltaire dans d'autres endroits de son poëme quand il se décida à supprimer en entier cet épisode. Ainsi les dix-neuf vers qui précèdent servent aujourd'hui d'argument au chant vingt et unième. Ils fesaient partie du chant XV dans les éditions de 1755. R.

C'était la jeune et sotte Corisandre.
  L'Amour voulut que tout roi, chevalier,
Homme d'église, et jeune bachelier,
Dès qu'il verrait cette belle imbécile,
Perdit le sens à se faire lier.
Mais les valets, le peuple, espèce vile,
Étaient exempts de la bizarre loi :
Il fallait être ou noble, ou prêtre, ou roi,
Pour être fou. Ce n'est pas tout encore :
L'art d'Esculape et cent grains d'ellébore
Contre ce mal étaient un vain secours ;
Et la cervelle empirait tous les jours,
Jusqu'au moment où la belle innocente
Pour quelque amant serait compatissante :
Et ce moment du ciel était prescrit
Pour que la sotte eût enfin de l'esprit.
  Plus d'un galant né sur les bords de Loire,
Pour avoir vu Corisandre une fois,
Avait perdu le sens et la mémoire.
L'un se croit cerf, et broute dans les bois :
L'autre imagine avoir un cul de verre ;
Dès qu'un passant le heurte en son chemin,
Il va criant qu'on casse son derrière :
Bertaud se croit du sexe féminin,
Porte une jupe, et se meurt de tristesse
Qu'à la trousser nul amant ne s'empresse :
D'un large bât Mérardon s'est chargé ;
Il se croit âne, et ne se trompe guère,
Veut qu'on le charge, et ne cesse de braire :
Culand[1] se croit en marmite changé,
Marche à trois pieds ; une main pose à terre,
L'autre fait l'anse. Hélas ! chacun de nous
Pourrait fort bien se mettre au rang des fous,
Sans avoir vu la belle Corisandre.
Quel bon esprit ne se laisse surprendre
A ses desirs ? et qui n'a ses travers ?
Chacun est fou, tant en prose qu'en vers.
  Or Corisandre avait une grand'mère,

---

[1] Les premiers éditeurs n'avaient pas manqué de changer ces noms, pour susciter des ennemis à M. de Voltaire. K. — Au lieu de Bertaud, Mérardon, et Culand, on lisait Goyon, Valori, et Sablé. R.

Femme de bien, d'une humeur peu sévère,
Dont en secret l'orgueil se complaisait
A voir les fous que sa fille fesait.
Mais de scrupule à la fin obsédée,
Elle eut pitié d'un si triste fléau :
Notre beauté, si fatale au cerveau,
Fut dans sa chambre étroitement gardée ;
On fit poster, pour garder le château,
Deux champions à la mine assurée,
Qui défendaient l'accès de la maison
A tout venant qui risquait sa raison.

La belle sotte, ainsi claquemurée,
Filait, cousait, et chantait sans penser,
Sans nul regret qui vint la traverser,
Sans goût, sans soin, et sans la moindre envie
De s'appliquer à guérir la folie
De ses amants ; ce qui n'aurait tenu
Qu'à dire oui, si la belle eût voulu.

Le fier Chandos, encor tout en colère
D'avoir manqué sa gentille adversaire,
Vers ses Anglais retournait en grondant,
Semblable au chien dont la vorace dent
Saisit en vain le lièvre qui s'échappe ;
Il tourne, il crie, il vire, il pleure, il jappe,
Puis vers son maître approche à petits pas,
Portant la queue et l'oreille fort bas.
Chandos maudit son animal revèche,
Qui lui fit faute en ce brave duel.
Son général cependant lui dépêche,
Pour le hâter, un jeune colonel,
Brave Irlandais, nommé Paul Tirconel,
Portant l'air haut, une large poitrine,
Jarrets tendus, bras nerveux, double échine,
Au sourcil fier ; on voit bien à sa mine
Qu'il n'a jamais essuyé cet affront
Qui de Chandos fesait rougir le front.

Ces deux guerriers, avec leur noble escorte,
De Corisandre arrivant à la porte,
Veulent entrer, quand des deux portiers l'un
Crie : « Arrêtez ! gardez-vous d'entreprendre
De pénétrer jusques à Corisandre,
Si vous voulez garder le sens commun. »

Le fier Chandos, qui croit qu'on l'injurie,
Pousse en avant, et, frappant en furie,
D'un coup d'estoc renverse à douze pas
Un des huissiers, qui se démet le bras,
Et, tout meurtri, roule au loin sur le sable.
Paul Tirconel, non moins impitoyable,
De l'éperon donne à-la-fois deux coups,
Lâche la bride, et serre les genoux.
Son beau coursier, plus prompt que la tempête,
Saute, bondit, et passe sur la tête
De l'autre huissier, qui lève un œil confus,
Reste un moment interdit et perclus,
Et, se tournant, reçoit une ruade
Qui vous l'étend près de son camarade.
Tel en province un brillant officier,
Jeune, galant, aigrefin, petit-maître,
Court au spectacle, et rosse le portier,
Gagne une loge, et, placé sans payer,
Siffle par air tout ce qu'il voit paraître.
La suite anglaise arrive dans la cour:
La vieille dame y descend éplorée.
A ce grand bruit, Corisandre effarée
Prend un jupon, sort de la chambre, accourt.
Chandos leur fait un compliment fort court,
En digne Anglais, qui de parler n'a cure.
Mais observant l'innocente figure,
Ce teint de lis, ces charmes succulents,
Ces bras d'ivoire, et ces tétons naissants
Que de ses mains arrondit la Nature,
Il s'en promet une heureuse aventure;
Et Corisandre, à l'hébété maintien,
Jette au hasard un œil qui ne dit rien.
Pour Tirconel, d'une façon gentille
Il salua la grand'mère et la fille,
Et pour sa part fit aussi les yeux doux.
Qu'arrive-t-il? les voilà tous deux fous.
Chandos atteint de cette maladie,
En maquignon, natif de Normandie,
Pour un cheval prend la jeune beauté,
Prétend qu'il soit sellé, bridé, monté;
Et puis claquant sa croupe rebondie,
D'un demi-tour s'élance sur son dos.

La belle plie, et tombe sous Chandos;
Quand Tirconel, par une autre manie,
Au même instant se croit cabaretier,
Et prend la belle à genoux accroupie [1]
Pour un tonneau; prétend le relier
Et le percer, et surtout essayer
De la liqueur que Bacchus a rougie.
Tout chevauchant, alors Chandos lui crie :
« Vous êtes fou! God dam! L'esprit malin
A détraqué, je crois, votre cervelle.
Quoi! vous prenez pour un tonneau de vin
Mon cheval blanc à crinière isabelle! »
— « C'est mon tonneau, j'en porte le bondon. »
— « C'est mon cheval. » — « C'est mon tonneau, mon frère. »
Également tous deux avaient raison [2].
Chacun soutient sa brave opinion.
Un jacobin se met moins en colère
Pour saint Thomas, ou tel autre saint père,
Et d'Olivet pour son cher Cicéron.
Des démentis en réplique et duplique,
Et certains mots que, grace à ma pudeur,
Mon style honnête épargne à mon lecteur,
Mots effrayants pour qui d'honneur se pique [3],
Font que déjà nos illustres Bretons
Ont dégainé leurs fiers estramaçons.

[1] Var. Édition de 1756 :

> Pour un tonneau qu'il convient préparer
> Pour le percer et pour le soutirer,
> Par l'orifice, au clair jusqu'à la lie.
> Tout chevauchant... K.

[2] Var. Édition de 1756 :

> Ils soutenaient leur folle opinion,
> Avec l'ardeur dont un moine en colère
> Plaide en faveur du dévot scapulaire,
> Et d'Olivet... K.

[3] Var. Édition de 1756 :

> Mirent en feu nos illustres Bretons,
> Qui se narguaient de leurs estramaçons.
>   Comme le vent, d'abord faible, murmure,
> S'élève, gronde, et, brisant les vaisseaux
> Trop agités pour résister aux eaux,
> Répand l'horreur... K.

Comme le vent, dans son faible murmure,
Frise d'abord la surface des eaux,
S'élève, gronde, et, brisant les vaisseaux,
Répand l'horreur sur toute la nature;
Ainsi l'on vit nos deux Anglais d'abord
Se plaisanter, faire semblant de rire,
Puis se fâcher; puis, dans leur noir délire,
Se menacer et se porter la mort.
Tous deux en garde, en la même posture,
*Le bras tendu, le corps en son profil,
*La tête haute, et le fer de droit fil [1],
En quarte, en tierce, ils tâtent leur peau dure.
Mais aussitôt, sans règle ni mesure,
Plus acharnés, plus fiers, plus en courroux,
Du fer tranchant ils portent de grands coups.

*Au mont Etna, dans leur forge brûlante,
*Du noir cocu les borgnes compagnons
*Font retentir l'enclume étincelante
*Sous des marteaux moins redoublés, moins prompts,
*En préparant au maître du tonnerre
*Le gros canon dont se moque la terre [2].

Des deux côtés le sang est répandu
Du bras, du col, et du crâne fendu,
Malgré l'acier de leur brillante armure,
Sans qu'un seul cri succède à la blessure.
La bonne mère en gémit de douleur,
Dit son *Pater,* demande un confesseur;
Et cependant sa fille avec langueur,
Se rengorgeant, rajuste sa coiffure.
Nos deux Anglais, lassés, sanglants, rendus,
Gisaient tous deux sur la terre étendus,
Quand arriva notre bon roi de France,
Et ces héros, brillants porteurs de lance,
Et ces beautés qui formaient une cour
Digne de Mars et du dieu de l'amour.
La belle sotte au-devant d'eux s'avance,
Fait gauchement une humble révérence,

---

[1] Voyez chant VIII, vers 308-309, et les variantes du chant XI, vers 179. R.

[2] Ces vers se retrouvent, à quelques mots près, au chant XI, vers 188-193. R.

Nonchalamment leur donne le bonjour,
Et les voit tous avec indifférence.
Qui l'aurait cru, que la nature mît
Tant de poison dans des yeux sans esprit!
Des beaux Français les têtes détraquées
Sont par la belle à peine remarquées.
Les dons du ciel versés bénignement
Sont des mortels reçus différemment;
Tout se façonne à notre caractère;
Diversement sur nous la grace opère;
Le même suc, dont la terre nourrit
Des fruits divers les semences écloses,
Fait des œillets, des chardons, et des roses.
D'Argens soupire alors que Darget rit;
Et Maupertuis débite des fadaises,
Comme Newton ses doctes hypothèses;
Et certain roi fait servir ses soldats
A ses amours ainsi qu'à ses combats [1].
Tout se varie; une tête française
Tourne autrement qu'une cervelle anglaise.
Chacun se sent des mœurs de son pays:
Chez les Anglais, sombres et durs esprits,
Toute folie est noire, atrabilaire;
Chez les Français elle est vive et légère.
    D'abord nos gens, se prenant par la main,
Dansent en rond, et chantent le refrain.
Le gros Bonneau lourdement se démène,
Hors de cadence ainsi que hors d'haleine.
Bréviaire en main, le père Bonifoux
A pas plus lents danse avec tous ces fous [2];

[1] Ces cinq vers ne sont pas de M. de Voltaire, mais bien des éditeurs, qui savaient les querelles qu'il avait eues récemment à Berlin, et qui le fesaient parler comme ils auraient parlé eux-mêmes dans des circonstances semblables. K. — N'en déplaise aux éditeurs de Kehl, ces vers qu'ils avaient mis en variantes me semblent être incontestablement de Voltaire; aussi les ai-je reportés dans le texte, où ils sont indispensables pour la rime. R.

[2] Var. Édition de 1756:

Mais se plaisant surtout avec le page:
A son souris, à son dévot langage,
A ses yeux doux, à son geste, à son ton,
On croit au père un reste de raison.
Le mal nouveau... K.

Il s'est placé tout auprès du beau page,
D'un air dévot lorgnant ce beau visage [1];
A son souris, à son dévot langage,
A ses yeux doux, à ses mains, à son ton,
On lui croirait un reste de raison.
  Le mal nouveau qui fascine la vue
De la royale et dansante cohue
Leur fait penser que la cour du château
Est un jardin avec un bassin d'eau;
Et, voulant tous s'y baigner, ils dépouillent
Leurs corselets, et, nus sur le gazon,
Nageant à vide et levant le menton,
Dans l'onde claire ils pensent qu'ils se mouillent.
Et remarquez que le moine engageant
Près de Monrose allait toujours nageant [2].
  A cet amas de têtes sans cervelle,
A ces objets, à tant de nudités,
On vit d'abord nos pudiques beautés,
La Dorothée, Agnès, et la Pucelle,
Qui détournaient leur discrète prunelle
Puis regardaient, et puis levaient les yeux
Avec le cœur et les mains vers les cieux.
  « Quoi ! s'écria l'inébranlable Jeanne,
J'aurai pour moi saint Denys et mon âne;
J'aurai battu plus d'un Anglais profane,
Vengé mon prince, et sauvé des couvents;
J'aurai marché vers les murs d'Orléans,
Le tout en vain ! Le destin nous condamne
A voir périr nos travaux impuissants,
Et nos héros à perdre le bon sens! »
  La douce Agnès, la tendre Dorothée,
De nos nageurs se tenaient à portée,
Pleuraient tantôt, et riaient quelquefois,
De voir si fous des héros et des rois.
  Mais que résoudre? où fuir? quel parti prendre?

---

[1] Var. Manuscrit :

  D'un air bénin lorgnant ce beau visage.

[2] Var. Manuscrit :

  Et remarquez que le moine nageant
  Allait toujours près du page engageant.

On regrettait le château de Cutendre.
Une servante en secret leur apprit
Comme on trouvait au logis de la belle
L'art de guérir ceux qui perdaient l'esprit.
« La Providence a décrété, dit-elle,
Que le bon sens ne peut être hébergé
Chez les cerveaux dont il a délogé
Que quand enfin la belle Corisandre
Aux lacs d'amour se laissera surprendre. »
 Ce bon avis ne fut pas sans profit.
Le muletier par bonheur l'entendit :
Car vous saurez que ce valet terrible,
Pour Jeanne d'Arc étant toujours sensible,
Jaloux de l'âne, avait d'un pied discret
Suivi de loin l'amazone en secret.
Il se sentit la noble confiance
De secourir et son prince et la France.
La belle était justement dans un coin
Propre au mystère : il l'aperçut de loin [1].

---

[1] Var. Édition de 1756 :

Propre au mystère : il la guette de loin,
Puis court vers elle, armé, plein de courage.
On le crut fou ; mais c'était le seul sage.
 O muletier ! de quels rares trésors
La juste main de la riche nature
T'avait payé la trop commune injure
De la fortune ! En un seul haut-le-corps
Il met à bas la belle créature ;
Il la subjugue, et d'un rein vigoureux
Fesant jouer le belier monstrueux,
Il force, il rompt les quatre barricades ;
Puis redoublant ses vives estocades,
Il loge enfin dans toute sa longueur,
Jusques au fond, son braquemart vainqueur.
Du brusque assaut la jeune Corisandre
N'avait pas eu le temps de se défendre :
Les poings fermés, tout le corps en arrêt,
Serrant les dents, retirant le jarret,
Sans dire mot, sans rien voir, rien entendre,
Elle attendait, en invoquant les saints,
Que l'ennemi se fût cassé les reins.
 Pour elle enfin le moment vint d'apprendre
Et de savoir. A peine elle sentit
La volupté... K.

Du moine noir il s'avisa de prendre
L'accoutrement : la belle à cet aspect
Sentit son cœur saisi d'un saint respect.
Elle obéit sans oser se défendre,
Innocemment et sans réflexion,
Comme fesant une bonne action.
Le muletier fit tant par ses menées
Qu'il accomplit ses hautes destinées.
Il la subjugue. A peine elle sentit
La volupté, dont la triste ignorance
De sa jeune ame abrutissait l'essence,
De tous côtés le charme se rompit.
Chaque cervelle aussitôt fut remise
En son état, non sans quelque méprise :
Car le roi Charle obtint le gros bon sens
Du vieux Bonneau, lequel eut en partage
Celui du moine; et chacun des galants
Troqua de même. On eut peu d'avantage
Dans ces marchés : la raison des humains,
Ce don de Dieu, n'est que fort peu de chose;
Il ne l'a pas versée à pleines mains,
Et tout mortel est content de sa dose.
Ce changement n'en produisit aucun
Chez les amants : chacun pour sa maîtresse
Garda son goût, conserva sa tendresse;
Car en amour que fait le sens commun ?
Pour Corisandre, elle obtint la science
Du bien, du mal, une honnête assurance,
De l'art, du goût, enfin mille agréments
Qu'elle ignorait dans sa triste innocence.
Un muletier lui fit tous ces présents.
Ainsi d'Adam la compagne imbécile,
Dans son jardin vivant sans volupté,
Dès que du diable elle eut un peu tâté,
Devint charmante, éclairée, et subtile,
Telle que sont les femmes de nos jours,
Sans appeler le diable à leur secours.

FIN DU CHANT QUATORZIÈME
DE L'ÉDITION DE 1756.

VARIANTES ET IMITATIONS.

CHANT QUATORZIÈME.

V. 11. Après ce vers on lit, dans quelques éditions, ceux-ci, qui se rapportent à l'épisode de *Corisandre:*

> Calmes les flots, fais naître sous tes pas
> Tous les plaisirs qui consolent la terre ;
> Tendre Vénus, c'est par un muletier
> Que tu formas l'esprit de Corisandre :
> Depuis ce jour, spirituelle et tendre,
> A tes autels prompte à sacrifier,
> Son cœur instruit ne se laissa plus prendre
> Que dans des nœuds dignes de la lier.
> Ainsi l'on voit un artisan grossier
> Tourner, polir, d'une main rude et noire,
> L'or, le rubis, et le jaspe, et l'ivoire,
> Que porte ensuite un galant chevalier.
> D'un air modeste et mêlé d'assurance,
> Noble, engageant, poli, respectueux,
> Elle reçoit le monarque de France.
> Un feu charmant anime ses beaux yeux ;
> Les graces sont dans sa démarche leste,
> Dans son maintien, dans son ris, dans son geste ;
> Puis ayant fait les honneurs du château
> Au possesseur du bon sens de Bonneau,
> Aux beaux Français dont la troupe aguerrie
> Unit l'audace à la galanterie,
> Sur les Anglais elle étendit ses soins,
> Selon leurs goûts, leurs mœurs, et leurs besoins.
> Un gros rostbeef que le beurre assaisonne,
> Des plum-puddings, des vins de la Garonne,
> Leur sont offerts ; et les mets plus exquis,
> Les ragoûts fins dont le jus pique et flatte,
> Et les perdrix à jambe d'écarlate,
> Sont pour le roi, les belles, les marquis.
> Elle fit plus : son heureuse entremise
> Sut ménager avec douce accortise
> Les deux partis ; obtint que chacun d'eux,
> Mettant à part sa folie héroïque,

Fit de chez elle un départ pacifique,
A droite, à gauche, et la Loire entre deux,
Sans nul reproche et sans forfanterie,
Selon les lois de la chevalerie.
Le preux Chandos, suivant les mêmes lois,
Sur son beau page a repris son empire;
Charle et Chandos sont rentrés dans leurs droits.
Agnès Sorel tout doucement soupire;
Son tendre cœur, près du plus grand des rois,
Du page heureux se souvient quelquefois,
Toujours docile au roi qui toujours l'aime.
Heureux ceux-là qu'on peut tromper de même!
Quand le château fut bien débarrassé
Du grand dégât qu'avaient fait de tels hôtes,
La belle alors n'eut rien de plus pressé
Que de songer à réparer ses fautes.
Elle appela les plus jeunes amants
Qui, l'ayant vue, avaient couru les champs.
Le dieu d'Amour voulut une vengeance;
Elle honora d'un choix plein de prudence
Un bachelier beau, bien fait, et dispos;
Mais revenons, lecteurs, à nos héros.
* Le roi des Francs avec sa garde bleue... R.

V. 43. Édition de 1756 :

* Des ennemis qui l'ont persécutée.
Tendre Vénus, c'est par un muletier
Que tu forças le cœur de Corisandre.
Depuis ce jour, douce, avisée, et tendre,
A tes autels prompte à sacrifier,
Elle sut plaire, et jouir, et se rendre
A tous les nœuds dignes de la lier.
Ainsi l'on voit un artisan grossier
Tourner, polir, d'une main rude et noire,
L'or, le rubis, et le jaspe, et l'ivoire
Dont se pavane un brillant chevalier.
Aux beaux Français, dont la troupe aguerrie
Unit l'audace à la galanterie,
Au possesseur du bon sens de Bonneau,
La belle fait les honneurs du château,
Et puis conclut un accord pacifique
Entre Charlot et Chandos le cynique.
* Elle obtint d'eux... K.

VARIANTES ET IMITATIONS.

V. 85. Elle descend, se détrousse, entre vite.

V. 96. Cette beauté fidèle à La Trimouille.

Dans un autre manuscrit, on lit :

> Cette beauté qu'adore son amant,
> * Cette beauté dévote à La Trimouille,
> Et derrière elle en sifflant s'agenouille.

V. 104. Édition de 1756 :

> * Son court jupon, retroussé par mégarde,
> Offrait aux yeux de Chandos qui regarde,
> A découvert, deux jambes que l'Amour
> Refit depuis pour porter Pompadour,
> Cette beauté que pour Louis Dieu garde,
> Et qu'au couvent il mettra quelque jour :
> Jambes d'ivoire...

Ces deux derniers vers sont des éditeurs. K.

V. 110. Chandos alors, suivant peu l'oraison.

V. 114. Manuscrit :

> * Sous le jupon qui couvre un blanc satin.
> Il la dirige, il découvre sans peine
> Ce bel autel où s'adressent ses vœux,
> Autel charmant, autel à la romaine,
> A deux envers, pour lui sacrés tous deux.
> * Je ne veux point... K.

V. 185. Édition de 1756 :

> * « De nos combats c'est la loi respectée.
> Venez ! je veux que ce héros vaincu
> Soit en un jour et captif et cocu.
> * Le juste ciel... K.

V. 245. Débarrassés de leurs fardeaux pesants.

V. 264 et 265. On lit dans toutes les éditions :

> Les deux héros fièrement se relèvent,
> Les yeux en feu, se regardent, s'observent.

Ces vers ne riment point ensemble. J'ai reporté dans le texte les deux premiers vers de la variante qui suit, et qu'avaient notée les éditeurs de Kehl d'après un manuscrit :

> Pareils aux flots que les autans soulèvent,

> Avec fureur nos guerriers se relèvent.
> Leurs coups pressés font jaillir en éclairs
> L'acier poli dont tous deux sont couverts.
> * Déjà le sang...

Un éditeur du poëme de *la Pucelle* s'est trompé en présentant comme défectueuse la rime des mots *soulèvent* et *relèvent;* car, par une bizarrerie inexplicable, les dérivés riment entre eux sans rimer avec le radical. R.

V. 347, 348. Manuscrit:

> Quand par Chandos, hélas! si maltraitée,
> Elle se vit abattue et ratée. K.

CHANT QUINZIÈME.

V. 14.   Furent écrits autrefois par un sage.

V. 29.   Exempts de fiel, libres de frénésie.

V. 53.   Que négligeait le fier duc de Bedfort.

V. 57.   * Le dieu sanglant qui donne la victoire
A ses héros, et les couvre de gloire;
Le dieu joufflu qui préside aux bons vins:
* Tout l'appareil...

V. 95.   En un moment la minière embrasée.

V. 99.   * Fureur, succès, gloire, amour, tout l'excite.
Depuis long-temps il brûlait en secret
Pour la moitié du président Louvet.
Ce digne Anglais, cet enfant de la guerre...

V. 148. Tomber l'épi des moissons jaunissantes.

V. 149. Mais cet assaut fièrement se maintient:
Plus il en tombe, et plus il en revient.

Voltaire a dit depuis, dans *le Pauvre diable*, vers 25-27:

> . . . . . . En vain Mars en fureur
> De la patrie a moissonné la fleur,
> Plus on en tue, et plus il s'en présente. R.

V. 153. Épouvantaient le fils de Jupiter.

V. 170. Manuscrit :

* Il fait de l'autre avancer ses soldats :
* Il s'établit sur ce dernier asile
Qui te restait, ô malheureuse ville !
* Charle en son fort... K.

V. 186. Manuscrit. Ce chant finissait ainsi :

* « Le sort cruel enchaîne ici mes mains.
Ma chère Agnès, hélas ! que devient-elle ?
Je perds encor mon Agnès, ma Pucelle ;
Mon confesseur eût pu me consoler,
Il m'est ravi ; le ciel, pour m'accabler,
M'ôte à-la-fois, dans cette horrible guerre,
Tous les plaisirs du ciel et de la terre ! »
C'était ainsi que Charles répondait
Par ses sanglots au canon qui grondait.
Le gros Bonneau, dans ce cruel martyre,
Près de son roi pleurait à faire rire ;
Et le bâtard, se sentant étonner,
Ne savait plus quel conseil lui donner. K.

V. 208. Édition de 1756 :

* Qui s'acharnaient sur le cou des hérons.
* L'Anglais surpris, croyant voir une armée,
* Descend soudain de la ville alarmée.
* Tous les bourgeois, devenus valeureux,
* Les voyant fuir, descendent après eux.
* Charles, plus loin, entouré de carnage,
* Jusqu'à leur camp se fait un beau passage.
* Les assiégeants, à leur tour assiégés,
* En tête, en queue, assaillis, égorgés,
* Tombent en foule au bord de leurs tranchées,
* D'armes, de morts, et de mourants jonchées ;
Et de leurs corps ils fesaient un rempart.
* Dans cette horrible et sanglante mêlée,
* Le roi disait à Dunois : « Cher bâtard,
* Dis-moi, de grace, où donc est-elle allée ? »
* — « Qui ? » dit Dunois. Le bon roi lui repart :
* « Ne sais-tu pas ce qu'elle est devenue ?... »
* — « Qui donc ? » — « Hélas ! elle était disparue
* Hier au soir, avant qu'un heureux sort

> *Nous eût conduits au château de Bedfort ;
> * Et daus la place on est entré sans elle. »
> * — « Nous là trouverons bien, » dit la Pucelle [1].
> * — « Ciel! dit le roi, qu'elle me soit fidèle!
> * Garde-la-moi. » Pendant ce beau discours
> * Il avançait et combattait toujours.
> 　　　* Oh! que ne puis-je...

Ces vers, qui, dans l'édition de 1756, fesaient partie du quinzième chant, ont été reportés par Voltaire dans le seizième. Voyez chant XVI, vers 256-265 et 348-360. R.

V. 219. Pied contre pied, aigrette contre aigrette,
　　　Main contre main, œil contre œil, corps à corps.

On trouve un semblable tableau dans Homère, *Iliade*, XIII, 130, 131. R.

V. 230. Dans l'édition encadrée de 1775 et les suivantes, le chant se termine ainsi :

> * De grands combats et des combats encor.
> 　　Détournez-vous de ces objets funestes,
> 　Ami lecteur, osez lever vos yeux
> 　Et votre esprit vers les plaines célestes ;
> 　Venez, montez aux demeures des dieux ;
> 　Contemplez-y la sagesse profonde
> 　Qui dans la paix fait le destin du monde :
> 　Un tel spectacle est plus digne de vous
> 　Que le barbare et sanglant étalage
> 　De ces combats qui se ressemblent tous ;
> 　Leur long récit doit ennuyer le sage. R.

V. 231. L'édition de 1762 se terminait par ces vers :

> * C'est là sans doute un sûr moyen de plaire ;
> Je ne l'ai point ; il convient de me taire. R.

V. 280. Un manuscrit porte :

> Tel que jamais n'en eut le quatorzième
> De nos Louis, aïeul d'un roi qu'on aime. K.

---

[1] Voyez, pour une observation sur ce vers, les variantes du seizième chant, page 392. R.

CHANT SEIZIÈME.

V. 142. Le roi Joas meurtri par Josabad.

Nos anciens poëtes donnaient, avec raison, au mot *meurtri* le sens de tué, massacré, assassiné.

On lit dans Rotrou (*Venceslas*, acte V, scène 1):

Pour un frère *meurtri* ma douleur a des larmes.

Avant lui, Ronsard avait dit:

. . . . Et pour te rendre infame
T'ont fait *meurtrir* tes enfants et ta femme.

Au temps de Racine, la signification de ce mot n'en fesait plus qu'un synonyme de blessé, contusionné, froissé; et l'auteur d'*Athalie* a, comme Voltaire, vainement essayé (acte V, scène 6) de lui rendre le sens déterminé par son étymologie.

Allez, sacrés vengeurs de vos princes *meurtris*. R.

V. 155. Les monts sautaient tout comme des béliers,
Et les béliers tout comme des collines.

Il y a, dans cette analyse de l'ode du bienheureux Austin, de fréquentes allusions critiques à certaines beautés littéraires des saintes Écritures, entre autres du psaume CXIII: « Mare vidit, et fugit (v. 3).... Montes exultaverunt ut arietes, « et colles sicut agni ovium (v. 4). » R.

V. 178. O Pierre! ô Pierre! ô toi sur qui Jésus
Daigna fonder son église immortelle...

Ces paroles de saint Denys rappellent à la mémoire, non peut-être sans intention de la part de Voltaire, celles que saint Matthieu (cap. XVI, v. 18) met dans la bouche de Jésus: « Tu es Petrus, et super hanc petram ædificabo ecclesiam meam. » R.

V. 234. Tel fut hué dans les murs de Paris
Un pédant sec à face de Thersite,
Vil délateur, insolent hypocrite.

Voltaire avait, dès 1761, tracé le portrait du même personnage dans des vers qui ont, tout naturellement, une grande ressemblance avec ceux du poëme de *la Pucelle*.

> Un petit singe, à face de Thersite,
> Au sourcil noir, à l'œil noir, au teint gris,
> Bel-esprit faux qui hait les bons esprits...
> PANTA-ODAÏ, *Étrennes à mademoiselle Clairon*, vers 106-108. R.

V. 357. « Nous la trouverons bien, » dit la Pucelle.

Ce n'est point par inadvertance, comme pourrait le soupçonner M. Louis Du Bois, mais après un mûr examen, que j'ai adopté ou plutôt conservé cette leçon, qui lui a fourni le prétexte d'une sortie contre ses prédécesseurs, et notamment contre le premier des éditeurs de l'édition Perronneau [1], « dont l'autorité, dit-il, ne m'a pas paru assez respectable pour être suivie. »

Je ne partage point l'avis de M. Louis Du Bois; et peut-être ai-je mis assez d'empressement à lui donner des éloges dans les rares occasions qu'il m'en a offertes, pour qu'il me soit permis de dire ici, au moins, qu'il est dans l'erreur. Toutes les éditions données du vivant de Voltaire, et un très grand nombre de manuscrits, portent le vers que j'ai reproduit. Le repos, il est vrai, s'y trouve renvoyé après la sixième syllabe; mais cette licence, qu'autorisent nos traités de versification, n'est pas sans exemple : Voltaire nous en fournirait plusieurs au besoin. Dans *Nanine*, qui ne passe pas pour le plus mal écrit de ses ouvrages, on trouve (acte II, scène 11):

> Mais vous extra—vaguez, mon très cher fils.

Je pourrais multiplier les citations, et prouver qu'on est fort excusable d'avoir attribué à Voltaire un vers qui, sans aucun doute, est de lui.

L'édition compacte de Desoër porte :

> « Nous la verrons bientôt, » dit la Pucelle.

M. Louis Du Bois a mis, d'après un manuscrit :

> « Pour la trouver, marchons, » dit la Pucelle.

---

[1] L'édition des OEuvres de Voltaire publiée par madame Perronneau a été commencée par M. Beuchot, et terminée par M. Louis Du Bois. R.

Il y a, dans un autre manuscrit que j'ai sous les yeux :

« Nous la saurons trouver, » dit la Pucelle.

Enfin, on lit dans l'édition de Genève, 1780, in-12, ce vers de douze syllabes :

« Nous la trouverons bien, » répondit la Pucelle.

Pour éviter toute discussion, Palissot a trouvé plus court de supprimer le vers. R.

V. 372. Toutes les éditions données du vivant de Voltaire, l'édition de Kehl, et quelques autres, portent :

Que sermonnait un bon bénédictin.

Palissot a remarqué, avec raison, que Bonifoux est désigné comme jacobin au XIIe chant (v. 162-163) :

Le confesseur du monarque gallique
Était un fils du bon saint Dominique;

et que le même homme ne pouvait appartenir à la fois à saint Dominique et à saint Benoît. Presque tous les éditeurs modernes ont adopté la correction proposée par Palissot. R.

CHANT DIX-SEPTIÈME.

V. 1. Le commencement de ce chant, qui était alors le quatorzième, et suivait la mort de Chandos, est différent dans un manuscrit trouvé parmi les papiers de l'auteur. Le voici :

*C'était le temps de la saison brillante,
*Quand le soleil, aux bornes de son cours,
*Prend sur les nuits pour ajouter aux jours,
*Et se plaisant, dans sa démarche lente,
*A contempler nos fortunés climats,
*Vers le tropique arrête encor ses pas.
*O grand saint Jean! c'était alors ta fête;
*Premier des Jean, orateur des déserts,
*Toi qui crias jadis à pleine tête:
*« Que du salut les chemins soient ouverts! »

Grand précurseur du vainqueur des enfers [1],
Toi qui plongeas l'Agneau de Dieu dans l'onde,
Et baptisas le baptiseur du monde.
Du roi des Francs le bénin confesseur
Voulut alors réparer le scandale
Qu'avait porté la luxure fatale
De Jean Chandos au logis du Seigneur.
Il rebénit la chapelle pollue,
Puis fit crier dans les lieux d'alentour,
Par cet ermite à la barbe touffue :
« Tout pénitent qui veut en ce saint jour,
De ses péchés détaillant le grimoire,
Se dérober au gentil purgatoire,
Peut s'adresser au père Bonifoux ;
Avec trois mots tous péchés sont absous. »
A ce tocsin de la vie éternelle,
Des lieux voisins une foule accourut :
Bourgeois, soldat, jeune, sempiternelle,
Anglais, Français, pour faire son salut,
Attrit, contrit, à genoux comparut,
De ses péchés contant la kyrielle.
La belle Agnès, qui toujours dans son cœur
Avait gardé la crainte du Seigneur,
Au tribunal ne fut pas la dernière.
Le révérend tenait sa cour plénière,
Les yeux baissés, un mouchoir à la main,
A droite, à gauche, absolvant son prochain.
O Dorothée! ô cœur dévot et tendre!
Dans le saint lieu tu vins aussi te rendre;
Et La Trimouille, un peu faible et traînant,
Y vint chercher sa part du sacrement.
Ce couple heureux eut le plaisir suprême
De détailler les doux péchés qu'il aime ;
Et Bonifoux était par piété
Le confident de leur fidélité.
Ces gens de bien, ayant dit leur histoire,
Se promenaient sur le bord de la Loire,
Signant leur face, et récitant encor
Quelques morceaux de leur *Confiteor*.

---

[1] Les dix vers qui précèdent celui-ci forment aujourd'hui le commencement du chant XIIIe. R.

VARIANTES ET IMITATIONS.

Le beau Monrose alors vint à paraître;
Il déplorait la mort de son cher maître.
De ce trépas le grand événement
Porte en son cœur un trouble pénitent :
Il entrevoit, dans sa douleur profonde,
Le grand néant des vanités du monde;
Et, de remords saintement tourmenté,
Pour un moment songe à l'éternité.
Il entre seul dans la demeure sainte;
Il se présente à ce bon Bonifoux,
Qui le reçoit dans sa petite enceinte,
Le pose en face entre ses deux genoux,
Et, lui pressant la tête et la poitrine,
Lui fait conter les péchés qu'il devine.
« Cher pénitent, pour ces petits péchés,
Et pour les cas en iceux épluchés,
Il vous convient avoir la discipline.
Çà, mettez-vous en état; que ma main
Légèrement pour votre bien remplisse
Sur votre peau ce bienheureux office. »
D'un cœur contrit, et d'un air enfantin,
Le doux Monrose offre à la main du père
Modestement ces globes de satin
Dont quelquefois abusa le malin.
Il les soumet au tourment salutaire
Qui va mêler la rose à leur blancheur.
Que devins-tu, mon prudent confesseur,
Lorsque tu vis sur ce charmant ivoire
Ces fleurs de lis, ces monuments de gloire,
Ce rare hommage au sceptre des Français,
Ainsi rendu par le cul d'un Anglais?
Charle avait pris ce signe inconcevable [1]
Pour un effet des malices du diable :
Toi, qui lis mieux dans le livre du ciel,
Tu découvris par quel ordre éternel
Les fleurs de lis allaient lever leur tête,
Que fit baisser cette longue tempête.
Extasié, saisi d'un saint transport,
Tu contemplais ces trois fleurs de lis d'or
En champ d'albâtre; et ta main suspendue

[1] Voyez chant XII, vers 383. R.

Comme ton ame en demeurait perclue;
Tu t'arrêtais, cou penché, pied tremblant,
Les bras en haut, l'œil fixe, étincelant.

 Comme il gardait cette belle attitude,
Paul Tirconel, soldat fier, esprit rude,
Vers la chapelle avançait sans dessein,
De Jean Chandos déplorant le destin.
Le cœur pétri du fiel de ses ancêtres,
Et détestant les Français et les prêtres,
Il vit de loin ce beau page étalé,
Et Bonifoux par derrière installé.
Il crut voir pis : sa cervelle gâtée
Croyait le mal beaucoup plus que le bien.
Cette posture et ce plaisant maintien
Sont un affront à son ame irritée.
« Quoi! disait-il, un Français jacobin
A de Chandos le plus bel héritage! »
Il prend son fer, il se livre à la rage.
Monrose fuit en tenant d'une main
Son haut-de-chausse, et le dominicain
Tout éperdu court en suivant le page.
Tirconel suit le grave personnage,
Qui lourdement se hâtait par la peur.
Le Poitevin voyant son confesseur
Que Tirconel semblait vouloir pourfendre,
Suit cet Anglais, et crie : « Ose m'attendre,
Maudit Breton : n'auras-tu donc du cœur
Qu'avec un moine? et ta rare valeur
Contre un guerrier craint-elle de paraître?
Je fus hier bien battu [1]; mais peut-être
Tu reverras en moi quelque vigueur,
Et tour-à-tour chacun trouve son maître. »
Ainsi parlait La Trimouille assez bas
A Tirconel, qui ne l'entendait pas.
La Dorothée, en voyant dans la plaine
Son cher amant qui courait hors d'haleine,
Se mit alors à galoper aussi.
La belle Agnès, qui la voit fuir ainsi,
Trotte après elle, et cependant ignore
Pourquoi l'on court, et de loin trotte encore :

---

[1] Voyez chant XIV, vers 165. R.

Tel un mouton, par son instinct porté,
Saute à son tour quand un autre a sauté.
Le fier Dunois était près du roi Charle,
Vers l'autre bord : en secret il lui parle
De l'appareil, des mesures, du temps
Dont il lui faut entrer dans Orléans.
Non loin du pont la redoutable Jeanne
Caracolait noblement sur son âne;
Elle aperçut dessus ces bords fleuris,
Vers la chapelle, à quelque quart de mille,
Les six coursiers se suivant à la file;
D'étonnement ses sens furent saisis.
Jeanne bientôt s'étonna davantage
Lorsque, voyant ces gens courir si bien,
En un moment elle ne vit plus rien.
Au coin d'un bois la main de la Nature
* Tend sous leurs pieds un tapis de verdure,
* Velours uni, semblable au pré fameux
* Où s'exerçait la rapide Atalante.
* Sur le duvet de cette herbe riante
Monrose vole, et de ses blonds cheveux
L'air soulevait la parure ondoyante.
Jeanne de l'œil le suit, et s'y complaît;
Mais tout-à-coup Monrose disparait.
Le confesseur au même endroit arrive.
Ciel! plus de prêtre et plus de Bonifoux.
Tirconel vient, toujours plein de courroux.
Jeanne portait une vue attentive
Sur cet Anglais; l'Anglais s'évanouit
A ses regards. La Trimouille le suit,
La Trimouille est éclipsé comme un autre.
Quel sentiment, quel trouble était le vôtre,
O Dorothée! Elle accourt; et soudain
Elle est perdue, et l'œil la cherche en vain.
Agnès se rend sur la place funeste,
La belle Agnès y fond avec le reste.
Tel dans Paris, près du Palais-Royal,
* A l'opéra, souvent joué si mal,
* Plus d'un héros à nos regards échappe,
* Et dans l'enfer descend par une trappe.
Jeanne effarée, et se frottant les yeux,
Priant Denys, et son âne, et les cieux,

Crut être alors dans le pays du diable,
Des enchanteurs, des larves, des sorciers,
Pays si cher à nos bons devanciers,
Que de Roland le chantre inimitable
Chanta depuis dans son délire heureux;
Que Torquato rendit encor fameux;
Que crut long-temps l'Église charitable;
Qu'ont supposé de graves parlements,
Et des docteurs, et même des savants.
Jeanne, piquant sa divine monture,
La lance en main, se rend sur la verdure
Où se passait cette étrange aventure.
Mais c'est en vain que d'un double éperon
Elle pressait le céleste grison.
Il s'arrêta vers la place fatale,
D'un cou rétif, et rebelle au bridon,
Se démenant d'une ardeur sans égale,
Ruant, tournant, et fuyant ce gazon.
Tout animal reçut de la nature
Certain instinct dont la conduite est sûre;
Et les humains n'ont que de la raison.
De saint Denys cet ingénieux âne
Sent le péril que ne voyait point Jeanne.
Il prend son vol, et, prompt comme un éclair,
Portant sa dame aux campagnes de l'air,
Franchit le bois qui bordait la prairie.
Du saint patron l'assistance chérie,
Qui conduisait le quadrupède oiseau,
Fixa sa course aux portes d'un château,
Tel que n'en eut jamais le quatorzième
De nos Louis, aïeul d'un roi qu'on aime.
Jeanne voyant le marbre, le rubis,
Le jaspe, et l'or de ce brillant pourpris :
« Ah! sainte Vierge, ah! Denys, cria-t-elle,
Le ciel le veut; la vengeance m'appelle;
C'est le château du paillard Conculix. »
Tandis qu'ainsi l'errante chevalière,
Branlant sa lance, et fesant sa prière,
De l'aventure attend l'heureuse fin,
Le roi des Francs suit toujours son chemin,
* Environné de sa troupe dorée...

Voyez la suite au chant XV, vers 38. Une partie de ces

VARIANTES ET IMITATIONS.

vers se trouve dans les variantes [1] du même chant, tirées des éditions imprimées.

Le chant suivant, qui alors était le quinzième, commençait ainsi dans le manuscrit : le préambule se trouve à présent au chant dix-septième, et la fin dans le chant vingtième.

* Oh! que ce monde est rempli d'enchanteurs!
* Je ne dirai rien des enchanteresses :
Je t'ai passé, bel âge des faiblesses,
Je t'ai passé, temps heureux des erreurs;
* Mais à tout âge on trouve des trompeurs,
De ces sorciers, tout puissants séducteurs,
* Vêtus de pourpre et rayonnants de gloire.
* Au haut des cieux ils vous mènent d'abord;
* Puis on vous plonge au sein de l'onde noire,
* Et vous buvez l'amertume et la mort.
* Gardez-vous tous, gens de bien que vous êtes.
* De vous frotter à de tels nécromants;
* Et s'il vous faut quelques enchantements,
* Aux plus grands rois préférez vos grisettes.
   Jeanne, pressant de son divin baudet
Le dos pointu sous ses fesses charnues,
Vers le château fondit du haut des nues,
Le cœur ému, le regard stupéfait,
Vers ce château dont le mur étalait
Des ornements dont l'œil s'émerveillait.
Jeanne, effarée, et ne sachant que croire,
Craignant encor les tours de Conculix,
Fit en secret à monsieur-saint Denys
Une oraison qu'on tient jaculatoire;
Elle priait seulement en esprit,
Ne disant mot. Saint Denys l'entendit.
Il fit soudain, du haut de l'empyrée,
Partir un trait d'influence sacrée,
Qui pénétra tout droit jusqu'au grison.
Lors, élevant la tête avec le ton,
L'âne entonna l'octave discordante
* De son gosier de cornet à bouquin.
* A cette octave, à ce bruit tout divin,

---

[1] Ce sont, ici, les éditeurs de Kehl qui parlent. J'ai reporté dans le texte (voyez page 239) les variantes auxquelles ils renvoient. R.

Blois, Orléans, Tours, et Saumur, et Nante,
Tout retentit; la nature tremblante
S'émut d'horreur, et Jeanne vit soudain
* Tomber les murs de ce palais magique,
* Cent tours d'acier et cent portes d'airain;
* Comme autrefois la horde mosaïque
Ayant sonné de sa trompe hébraïque,
De Jéricho le rempart disparut,
Le beau rempart, si jamais il en eut.
* Le temps n'est plus de semblable pratique;
Et pour briser les murs audacieux
Du Milanais ou du pays belgique,
Nous prétendons que le canon vaut mieux.

Dès qu'aux accents de la trompette asine,
Des murs épais la superbe ruine
S'éparpilla dans les champs d'alentour,
Le saint baudet et la grosse héroïne
D'un saut léger entrèrent dans la cour.
Les prisonniers près de Jeanne accoururent.
Ce La Trimouille et ce dur Tirconel
Accompagnaient Dorothée et Sorel :
En bons chrétiens tous les deux comparurent.
Dans l'esclavage ils s'étaient réunis :
Les malheureux volontiers sont amis.
De Charles sept le confesseur très sage
Venait derrière avec le jeune page.
Mais quelle foule, ô ciel! quel assemblage
De prisonniers de toute nation,
De tout état, âge, religion,
Que Conculix tenait en esclavage
Pour ses plaisirs et pour son double usage!
Auprès de Jeanne ils s'empressèrent tous :
Chacun voulait conter son aventure.
Jeanne cria : « Qu'on se mette à genoux! »
Chacun se mit en cette humble posture.
* Alors, alors ce superbe palais,
* Si brillant d'or, si noirci de forfaits,
* Devint un ample et sacré monastère.
* Le salon fut en chapelle changé;
* Le cabinet où ce maître enragé
* Avait dormi, dans le vice plongé,
* Transmué fut en un beau sanctuaire :

VARIANTES ET IMITATIONS.

* L'ordre de Dieu, qui préside aux destins,
* Ne changea point la salle des festins,
* Mais elle prit le nom de réfectoire.
Le Conculix pour jamais fut exclus
De ces repas réservés aux élus;
* On y bénit le manger et le boire.
Mais qui croirait que ce séjour si saint,
Malgré Denys, très fortement retint
L'impression des mœurs du premier maître?
C'est en ces lieux que devaient reparaître
Ces vains desirs et ces vœux effrontés,
Ces attentats dont frémit la nature,
Et que les Grecs ont hardiment chantés.
   * Muses, tremblez de l'étrange aventure
   * Qu'il faut apprendre à la race future.
* Et vous, lecteurs, en qui le ciel a mis
* Les sages goûts d'une tendresse pure,
Remerciez le bon monsieur Denys
* Qu'un grand péché n'ait pas été commis.

La suite se trouve au vingtième chant (vers 75). K.

CHANT DIX-HUITIÈME.

V. 6.   La Providence en tout temps éprouva
        Mon bon roi Charle avec mainte détresse...

Bertin, dans son *Voyage de Bourgogne*, n'a pas craint d'entrer en concurrence avec Voltaire. Voici en quels termes il rappelle les malheurs de l'amant d'Agnès:

    Vous le savez: en naissant rebuté,
    Ses chers parents ne l'ont jamais gâté;
    De tous ses droits dépouillé par sa mère,
    Seul fils, du trône écarté par son père,
    Par gens de loi contre les lois proscrit,
    Exil, affronts, besoins, tout il souffrit,
    L'absence même, en amour si cruelle.
    Beauté touchante, et douce autant que belle
    Ange envoyé pour charmer son malheur,
    Agnès enfin avait rempli son cœur.
    Il l'adorait, et fut trahi par elle. R.

V. 11.   Un avocat de Paris près Gonesse
         Conclut sa perte; un crieur l'ajourna.

M. Louis Du Bois fait remarquer que cette plaisanterie (*de Paris près Gonesse*) est imitée d'un vers de Villon, tiré de son épitaphe :

        Je suis François, dont ce me poise,
        Né de Paris emprès Pontoise; etc. R.

V. 21, 22. Première édition; on lisait entre ces deux vers :
        Son mauvais sort contre lui s'obstina.

V. 41.   Jeanne en courant s'approcha, vit paraître
        Des malheureux deux à deux enchaînés.

Palissot observe que « l'idée de ce chant appartient en entier à Michel de Cervantes. » Voyez *Don Quichotte*, part. I, chap. XXII. R.

V. 47.   « Marchons, bâtard! avançons! fesons voir. »

V. 67.   Qui dans Paris connus pour leur mérite.

V. 108. « Quel est ton nom, mon pauvre misérable,
        Et ton métier? et pour quelle action
        Le Châtelet, avec tant d'indulgence,
        T'envoyait-il sur les mers de Provence? »

V. 114. « Je suis de Nante, et mon nom est Frélon. »

Jeannot *l'hébété* a désigné avec plus d'exactitude le lieu de la naissance de Fréron :

        C'est notre ami Fréron, de Quimper-Corentin.
            Le Père Nicodème et Jeannot, v. 40. R.

V. 118. Un tendre soin des plus jolis enfants.

V. 139. Point ignorant, point brouillon, point menteur.

V. 148. Première édition :

        « Ce Vaccrac [1] est tout pétri de miel;
        Ah! l'honnête homme! indulgent, pacifique,
        Doux, charitable, et surtout véridique!
        Tous ces savants, dignes de mes lauriers,
        Grands écrivains, Cicérons des charniers,
        Sont comme moi victimes de l'envie.

[1] Caveyrac. R.

VARIANTES ET IMITATIONS. 403

> On nous accuse, et bien mal à propos,
> D'avoir commis quelques crimes de faux[a];
> Mais la vertu fut toujours poursuivie. » K.

V. 178. « . . . . Son ame pure et sainte
> Méprisait l'or; mais il était en crainte
> Qu'il ne tombât aux mains des indévots. »

Tartufe avait les mêmes principes de morale :

> . . . Si je me résous à recevoir du père
> Cette donation qu'il a voulu me faire,
> Ce n'est, à dire vrai, que parceque je crains
> Que tout ce bien ne tombe en de méchantes mains;
> Qu'il ne trouve des gens qui, l'ayant en partage,
> En fassent dans le monde un criminel usage,
> Et ne s'en servent pas, ainsi que j'ai dessein,
> Pour la gloire du ciel et le bien du prochain.
>
> *Tartufe*, IV, 1.   R.

V. 180. Première édition :

> *« Qu'il ne tombât aux mains des indévots.
> « Voici, grand roi, ce bénin sycophante,
> A tête longue, et de côté pendante;
> Du nombre trois parfois il se tourmente.
> A son air humble, au maintien qu'il a pris,
> Du bon Tartufe on le croirait le fils[b].
> Sur tous ses tours son petit pays glose,
> Du doigt index on le montre aux passants;
> On fait de lui des contes si plaisants!
> Je crois, pour moi, qu'il en est quelque chose.
> Mais, ô mon roi! votre bénignité
> Est au-dessus de la malignité.
> *Pour le dernier... »

Il est probablement ici question de Vernet le trinitaire. Voyez la satire intitulée *Éloge de l'hypocrisie* (1766); la *Lettre curieuse de Robert Covelle* (1766), etc. K.

V. 223. Première édition :

> *« C'est mon amant qu'on doit seul reconnaître.

---

[a] Nous entendons ici par crime de faux toutes les fausses citations que ces délateurs alléguaient incessamment. Peut-être aussi furent-ils condamnés comme faussaires. (1764).

[b] Il faut que ce soit quelque maître Gonin de ce temps-là, qui ait été très irrévérend envers le *Trisagion*. (1764).

L'arrêt est nul, et vous l'allez casser. »
* Jeanne, dont l'ame... K.

V. 331. * On le console; et chacun s'évertue
En vrai héros, peu troublé des revers,
A réparer les dommages soufferts.
Le seul remède en pareille disgrace
Sans doute était de regagner la place
Où le roi Charle avait ses magasins
Garnis de tout et fournis de bons vins.
Nos chevaliers à moitié s'équipèrent;
Très simplement les dames s'ajustèrent,
Et l'on partit mal en point, très pressé,
* Un pied tout nu, l'autre à demi chaussé.

CHANT DIX-NEUVIÈME.

V. 24. Il cheminait vers les murs de la ville,
* Vers ce château, son noble et sûr asile,
Où se gardaient les arsenaux de Mars.

CHANT VINGTIÈME.

V. 1. Édition de 1756 :

Que la vengeance est une passion
Funeste au monde, affreuse, impitoyable!
C'est un tourment, c'est une obsession;
Et c'est aussi le partage du diable.
* Le gros damné... K.

V. 41. Édition de 1756 :

* « J'y crois, pour moi, ton honneur attaché. »
Il ne faut pas beaucoup de rhétorique
Pour engager le tentateur antique
A travailler de son premier métier.
De tout méchef ce maudit ouvrier
Courut bien vite observer sur la terre
* En quel état... K.

VARIANTES ET IMITATIONS.

V. 60. Charles, Dunois, et la grosse amazone,
Lassés tous trois des travaux de Bellone,
Étaient enfin revenus dans leur fort.

V. 73. Remerciez le bon monsieur Denys.

V. 75. * Il vous souvient que je vous ai promis
De vous donner des mémoires fidèles
De ce baudet possesseur de deux ailes.
Mon cher lecteur me semble assez instruit
Que quand Dunois aux Alpes fut conduit,
Il y vola sur la noble monture
Tant célébrée en la sainte Écriture.
La nuit des temps cache encore aux humains
De l'âne ailé quels étaient les desseins,
Quand il avait sur ses ailes dorées
Porté Dunois aux lombardes contrées.
De ce héros cet âne était jaloux.
Plus d'une fois, en portant la Pucelle
Dessus sa croupe, il sentit l'étincelle
* De ce beau feu... R.

V. 100. Mais voyagez aux confins d'Arcadie.

V. 154. Manuscrit :

* On va bien loin sitôt qu'on se fourvoie.
° Négligemment la belle sur son lit,
Sans corselet, sans armes, s'étendit.
Ses vêtements, qui se jouaient en ondes,
Se relevaient sur ses deux cuisses rondes.
* Le tentateur... K.

V. 181. J'avais parlé deux fois à Balaam.

V. 186. Le juste ciel récompensa mon zèle.

V. 189. J'en eus autant ; le Seigneur ordonna...

V. 192. * Je jouis donc d'un éternel printemps
Dans le jardin de vos premiers parents
Avec Énoch, dont je fus la monture.
Là pour nous deux l'indulgente nature
Sans s'épuiser prodiguait ses présents.
De ce jardin le maître débonnaire... R.

V. 200. J'obéis mieux que votre premier homme.

V. 202. Dieu l'emporta sur mon tempérament.

V, 207. Édition de 1756 :

* « Plus de mille ans dans ce doux célibat.
Bientôt il plut au maître du tonnerre,
Au créateur du ciel et de la terre,
Pour racheter le genre humain captif,
De se faire homme, et, ce qui pis est, Juif.
Joseph Panther et la brune Marie,
Sans le savoir, firent cette œuvre pie.
A son époux la belle dit adieu,
Puis accoucha d'un bâtard qui fut Dieu.
Il fut d'abord suivi par la canaille,
Par des Matthieu, des Jacques, des enfants :
Car Dieu se cache aux sages comme aux grands ;
L'humble le suit, l'homme d'état s'en raille :
La cour d'Hérode et les gens du bel air
Narguent un Dieu bâtard et fait de chair [1],
De cette chair l'humanité sacrée
Est de Pilate assez peu révérée.
Mais quelques jours avant qu'il fût fessé,
Et qu'un long bois pour Jésus fût dressé [2],
Il devait faire en public son entrée.
C'était un point de sa religion
Que sur un âne il entrât dans Sion ;
Cet âne était prédit par Isaïe,
Ézéchiel, Baruch, et Jérémie :
C'était un cas important dans la loi ;
O Jeanne d'Arc! cet âne, c'était moi.
Un ordre vint, à l'archange terrible
Qui du jardin est le suisse inflexible,
De me laisser sortir de ce beau lieu.
Je pris ma course, et j'allai porter Dieu.
Notre présence imposait aux oracles :
A chaque pas nous fesions des miracles ;
Vérole, toux, fièvre, chancre, farcin,
Disparaissaient à notre aspect divin ;
Chacun criait : *Vive le roi de gloire !*

[1] VAR. Manuscrit :
    Se moquaient tous d'un dieu formé de chair.

[2] VAR. Manuscrit :
    Et qu'un long bois pour le dieu fût dressé.

VARIANTES ET IMITATIONS.

Vous connaissez le reste de l'histoire.
Le créateur, pendu publiquement [1],
Ressuscita bientôt secrètement.

« Je fus fidèle, et restai chez sa mère,
Très mal bâté, fesant très maigre chère.
Marie, au jour de son assomption,
Par testament me laissa pension ;
Et je vécus mille ans dans la maison,
Jusques au jour où cette maison sainte,
De la cité quittant l'indigne enceinte,
Alla par mer aux rivages heureux
Où de Lorette est le trésor fameux.
Là, du Seigneur je servis les pucelles ;
J'en fus aimé ; je fus plus vierge qu'elles.
*Enfin là-haut... » K.

V. 226. Édition de 1756 :

* « Il me choisit, près de lui m'appela ;
D'étrilles d'or mon maître m'étrilla ;
Du doux Jésus les bontés paternelles
Me firent don de deux brillantes ailes ;
Et dans le temps que les anges des airs
Fesaient voguer les maisons sur les mers,
* Je pris mon vol aux voûtes éternelles.
L'aigle de Jean et le bœuf de Matthieu
Me firent fête en cet auguste lieu ;
L'agneau sans tache avec moi brouta l'herbe :
Là, je bravai ce cheval si superbe
Qui doit porter, par arrêt du destin,
Tantôt Luther, tantôt le dur Calvin [2].

* « Je fus nourri de nectar, d'ambrosie :
* Mais, ô ma Jeanne ! une si belle vie
* N'approche pas du plaisir que je sens
* Au doux aspect de vos charmes puissants.
L'aigle, le bœuf, le cheval, l'agneau même,
* Ne valent pas... ». K.

---

[1] VAR. Manuscrit :

Le créateur, au supplice conduit,
Pendu de jour, ressuscita de nuit.

[2] VAR. Manuscrit :

Tantôt saint George, et tantôt saint Martin.

V. 237. L'aigle, le bœuf, et George, et Jésus même.

V. 247. Édition de 1756. On lit après ce vers :

Ainsi parlait l'âne avec élégance,
En appuyant sa flatteuse éloquence
D'un geste heureux, que n'ont point eu Baron,
Et Bourdaloue, et le doux Massillon.
Ce beau récit, cette histoire admirable,
Cet air naïf dont l'âne débitait,
Mais plus que tout ce geste inimitable,
Firent sur Jeanne un vif et prompt effet,
Que son Dunois n'avait point encor fait.
  Tandis qu'il parle avec tant d'impudence,
* Le grand Dunois, qui près de là couchait,
* Prêtait l'oreille, était tout stupéfait
* Des traits hardis d'une telle éloquence.
* Il voulut voir le héros qui parlait,
* Et quel rival l'amour lui suscitait.
* Il entre, il voit (ô prodige! ô merveille!)
* Le possédé porteur de longue oreille,
* Et ne crut pas encor ce qu'il voyait.
* De Débora la lance redoutable
* Était chez Jeanne auprès de son chevet.
Il la saisit ; la puissance du diable
* Ne tint jamais contre ce fer divin.
Le grand Dunois poursuit l'esprit malin ;
Belzébuth tremble, et, prompt à disparaître,
Emporte l'âne à travers la fenêtre.
Il le conduit par le chemin des airs
Dans ce château, fatal à l'innocence,
Où Conculix tenait en sa puissance
La belle Agnès et les héros divers,
Anglais, Français, qui, tombés dans le piège,
Sont prisonniers en ce lieu sacrilège.
Ce Conculix, depuis le jour cruel
Où le bâtard et la Pucelle altière,
L'ayant couvert d'un affront éternel,
De son palais ont forcé la barrière [1],
Se gardait bien de donner des soupés
Aux chevaliers dans ses lacs attrapés.

[1] Voyez chant IV. R.

Il les traitait avec rude manière,
Et les tenait dans le fond d'un caveau.
Son chancelier s'en vint, en long manteau,
Signifier à la troupe éplorée
De Conculix la volonté sacrée.
« Vous jeûnerez et vous boirez de l'eau,
Serez fessés une fois par semaine,
Jusqu'au moment où quelqu'une ou quelqu'un,
En remplissant un devoir peu commun,
Pourra sauver votre demi-douzaine.
Tâchez d'aimer; il faut qu'un de vous six
Du fond du cœur brûle pour Conculix.
Il veut qu'on l'aime: il en vaut bien la peine.
Si nul de vous ne peut y réussir,
Soyez fessés, car tel est son plaisir. »

Il s'en retourne; après cette sentence,
Les prisonniers restent en conférence.
Mais qui voudra se dévouer pour tous?
Agnès disait : « Pourrais-je en conscience
Du dieu d'amour sentir ici les coups?
Le don d'aimer ne dépend pas de nous;
Et je serai fidèle au roi de France. »
Parlant ainsi, ses regards affligés
Lorgnent Monrose, et de pleurs sont chargés.
Monrose dit : « Pour moi, j'aime une belle
Que pour des dieux je ne saurais quitter.
Cent Conculix ne sauraient me tenter,
Et je voudrais être fessé pour elle. »

« Je voudrais l'être aussi pour mon amant,
Dit Dorothée. Il n'est point de tourment
Que de l'amour le charme n'adoucisse:
Quand on est deux, est-il quelque supplice? »
Son La Trimouille, à ce discours charmant,
Tombe à ses pieds, et s'abandonne en proie
A des douleurs qu'allège un peu de joie.

Le confesseur, ayant toussé deux fois,
Leur dit : « Messieurs, j'étais jeune autrefois:
Ce temps n'est plus, et les rides de l'âge
Ont sillonné la peau de mon visage :
Que puis-je? hélas! je suis, par mon emploi,
Dominicain et confesseur du roi :
Je ne saurais vous tirer d'esclavage. »

Paul Tirconel, qu'anime un fier courage,
Se lève, et dit: « Eh bien! ce sera moi. »
A ces trois mots, dits avec assurance,
Les prisonniers reprirent l'espérance.
A Conculix, le lendemain matin,
Étant pourvu du sexe féminin [1],
Paul écrivit une lettre fort tendre,
Qu'au chancelier la geôlière alla rendre.
Paul y joignit un petit madrigal,
D'un goût tout neuf et fort original. K.

On lit dans un manuscrit :

Ainsi parlait cet âne avec prudence,
En appuyant sa nerveuse éloquence
D'un geste heureux que n'eut point Cicéron,
Et que n'a point tout feseur de sermon.
Son beau récit, cette histoire admirable,
Cet air naïf dont il la débitait,
Et, plus que tout, ce geste inimitable,
Firent sur Jeanne un prompt et sûr effet
Que Dunois nu n'avait pas encor fait.
Son cœur s'émut; tous ses sens se troublèrent.

La suite comme aux variantes du vingt et unième chant.

CHANT VINGT ET UNIÈME.

V. 1.   Mon cher lecteur sait par expérience
Que ce beau dieu qu'on nous peint dans l'enfance,
Et dont les jeux ne sont pas jeux d'enfants,
A deux carquois tout-à-fait différents :
L'un a des traits dont la douce piqûre
Se fait sentir sans danger, sans douleur,
Croît par le temps, pénètre au fond du cœur,

---

[1] VAR. Étant pourvu du sexe *masculin*.

Cette leçon, que fournit un manuscrit, a l'avantage de ne pas être en contradiction avec le vers 279 du chant IVe, où l'on voit que le fils d'Alix n'était femme que de nuit. R.

> Et nous y laisse une vive blessure.
> Les autres traits sont un feu dévorant
> Dont le coup part et brûle au même instant...

Cette idée des deux carquois de l'Amour, inspirée peut-être par un passage d'Ovide (*Metam.* lib. I, v. 468-474), a été exprimée aussi heureusement dans *Nanine,* acte I, scène 1.

> Je vous l'ai dit, l'Amour a deux carquois:
> L'un est rempli de ces traits tout de flamme,
> Dont la douceur porte la paix dans l'ame,
> Qui rend plus purs nos goûts, nos sentiments,
> Nos soins plus vifs, nos plaisirs plus touchants;
> L'autre n'est plein que de flèches cruelles
> Qui, répandant les soupçons, les querelles,
> Rebutent l'ame, y portent la tiédeur,
> Font succéder les dégoûts à l'ardeur.

Les vers d'Ovide, dans lesquels il n'est point question des deux carquois de l'Amour, mais seulement de la différence des traits dont il se sert, ont été ainsi imités par Voltaire (*Dictionnaire philosophique,* article FIGURE):

> Fatal Amour, tes traits sont différents;
> Les uns sont d'or, ils sont doux et perçants,
> Ils font qu'on aime; et d'autres au contraire
> Sont d'un vil plomb qui rend froid et sévère... R.

V. 19.
> * De ces desirs dont l'excès vous poursuit.
> Songez, lecteur, que ces fatales flammes
> Brûlent vos corps et hasardent vos ames.
> Vous avertir est mon premier devoir,
> Et le second est de faire savoir
> Comment Denys punit l'âne infidèle
> Par qui Satan fit rougir la Pucelle;
> Quel avantage en prit le beau Dunois.
> Il faut chanter leurs feux et leurs exploits.

V. 232. Manuscrit:

> * Lourdis alors fut rempli de science.
> Bientôt d'un sot il devint un fripon,
> Homme d'état, politique, espion,
> * Fin courtisan, plein d'astuce profonde,
> * Le moine enfin le plus moine du monde.
> * Ainsi l'on voit... K.

V. 254. Le confesseur en ce même moment.

V. 264. Le jacobin se souvenait encor.

V. 297. Frère Lourdis l'entendit finement.

V. 300. . . . . Et prenant par la main
Le moine blanc, le mène avant nuit close.

V. 462. Le dernier chant des premières éditions étant presque entièrement changé ou supprimé dans celles qui ont été imprimées sous les yeux de l'auteur, nous le donnons ici tel qu'il a paru dans les éditions en dix-huit et en vingt-quatre chants.

Je dois conter quelle terrible suite
De Conculix eut l'infame conduite,
Ce que devint l'effronté Tirconel,
Et quel secours étrange et salutaire
Sut procurer notre révérend père
A Dorothée, à la douce Sorel,
Et par quel art il les tira d'affaire.
Je dois chanter par quels feux, quels exploits,
L'âne ravit la Pucelle à Dunois,
Et comment Dieu punit l'âne infidèle
Par qui Satan pollua la Pucelle.
Mais, avant tout, le siége d'Orléans,
Où s'escrimaient tant de fiers combattants,
Est le grand point qui tous nous intéresse.
O dieu d'amour! ô puissance! ô faiblesse!
*Amour fatal! tu fus près de livrer
*Aux ennemis ce rempart de la France.
*Ce que l'Anglais n'osait plus espérer,
*Ce que Bedfort et son expérience,
*Ce que Talbot et sa rare vaillance
*Ne purent faire, Amour, tu l'entrepris.
Songez, lecteurs, que ces fatales flammes
Brûlent vos corps et hasardent vos ames.
*Tu fais nos maux, cher enfant, et tu ris!
En te jouant dans la triste contrée
Où cent héros combattaient pour deux rois,
Ta douce main blessa depuis deux mois
Le grand Talbot d'une flèche dorée,
Que tu tiras de ton premier carquois.
C'était avant ce siége mémorable,

Dans une trève, hélas! trop peu durable.
Il conféra, soupa paisiblement
Avec Louvet, ce grave président,
Lequel Louvet eut la gloire imprudente
De faire aussi souper la présidente.
Madame était un peu collet monté.
L'Amour se plut à dompter sa fierté.
Il hait l'air prude, et souvent l'humilie.
Il dérangea sa noble gravité
Par un des traits qui donnent la folie.
La présidente, en cette occasion,
Gagna Talbot, et perdit la raison.
 * Vous avez vu la fatale escalade,
* L'assaut sanglant, l'horrible canonnade,
* Tous ces combats, tous ces hardis efforts,
* Au haut des murs, en dedans, en dehors,
* Lorsque Talbot et ses fières cohortes
* Avaient brisé les remparts et les portes,
* Et que sur eux tombaient, du haut des toits
* Le fer, la flamme, et la mort à-la-fois.
* L'ardent Talbot avait, d'un pas agile,
* Sur des mourants pénétré dans la ville,
* Renversant tout, criant à haute voix,
* « Anglais! entrez; bas les armes, bourgeois!
* Il ressemblait au grand dieu de la guerre,
* Qui sous ses pas fait retentir la terre,
* Quand la Discorde, et Bellone, et le Sort,
* Arment son bras, ministre de la mort.
 * La présidente avait une ouverture
* Dans son logis, auprès d'une masure,
* Et par ce trou contemplait son amant,
* Ce casque d'or, ce panache ondoyant,
* Ce bras armé, ces vives étincelles
* Qui s'élançaient du rond de ses prunelles,
* Ce port altier, cet air d'un demi-dieu.
* La présidente en était tout en feu,
* Hors de ses sens, de honte dépouillée.
* Telle autrefois, d'une loge grillée,
Une beauté, dont l'Amour prit le cœur
* Lorgnait Baron, cet immortel acteur,
* D'un œil ardent dévorait sa figure,
* Son beau maintien, ses gestes, sa parure,

*Mêlait tout bas sa voix à ses accents,
*Et recevait l'amour par tous les sens.
　N'en pouvant plus, la belle présidente
Dans son accès, dit à sa confidente :
« Cours, ma Suzon, vole, va le trouver ;
Dis-lui, dis-lui qu'il vienne m'enlever.
Si tu ne peux lui parler, fais-lui dire
Qu'il ait pitié de mon tendre martyre,
Et que, s'il est un digne chevalier,
Je veux souper ce soir dans son quartier. »
　La confidente envoie un jeune page,
C'était son frère; il fait bien son message ;
Et, sans tarder, six estafiers hardis
Vont chez Louvet, et forcent le logis.
　On entre, on voit une femme masquée ¹,
Et mouchetée, et peinte, et requinquée,
Le front garni de cheveux vrais ou faux,
Montés en arc et tournés en anneaux.
On vous l'enlève, on la fait disparaître
Par des chemins dont Talbot est le maître.
　Ce beau Talbot, ayant dans ce grand jour
Tant répandu, tant essuyé d'alarmes,
Voulut le soir, dans les bras de l'Amour,
Se consoler du malheur de ses armes.
Tout vrai héros, ou vainqueur, ou battu,
Quand il le peut, soupe avec sa maîtresse ².
Sire Talbot, qui n'est point abattu,
Attend chez lui l'objet de sa tendresse.
　Tout était prêt pour un souper exquis;
De gros flacons à panse ciselée
Ont rafraîchi dans la glace pilée
Ce jus brillant, ces liquides rubis,
Que tient Citeaux dans ses caveaux bénis.
A l'autre bout de la superbe tente
Est un sopha d'une forme élégante,
Bas, large, mou, très proprement orné,

---

¹ Var. Manuscrit :

On entre, on voit une femme *musquée*.

² On rapporte qu'après la bataille de Mariendal, M. de Turenne passa la nuit dans un moulin. Il coucha avec la meunière. Son aide-de-camp en parut un peu étonné. « Mon ami, lui dit le maréchal, il faut bien se consoler. » K.

A deux chevets; à dossier contourné,
Où deux amis peuvent tenir à l'aise.
Sire Talbot vivait à la française.

Son premier soin fut de faire chercher
Le tendre objet qu'il avait su toucher.
Tout ce qu'il voit parle de son amante :
Il la demande; on vient; on lui présente
Un monstre gris en pompons enfantins,
Haut de trois pieds, en comptant ses patins.
D'un rouge vif ses paupières bordées
Sont d'un suc jaune en tout temps inondées:
Un large nez, au bout tors et crochu,
Semble couvrir un long menton fourchu.

Talbot crut voir la maîtresse du diable ;
Il jette un cri qui fait trembler la table.
C'était la sœur du gros monsieur Louvet,
Qu'en son logis la garde avait trouvée,
Et qui de gloire et de plaisir crevait,
Se pavanant de se voir enlevée.

La présidente, en proie à la douleur
D'avoir manqué son illustre entreprise;
Se désolait de la triste méprise:
Et jamais sœur n'a plus maudit sa sœur [1].
L'amour déjà troublait sa fantaisie;
Ce fut bien pis, lorsque la jalousie
Dans son cerveau porta de nouveaux traits;
Elle devint plus folle que jamais [2].

L'âne plus fou revint vers la Pucelle.
Jeanne s'émut, ses sens furent charmés;
Les yeux en feu: « Par saint Denys! dit-elle,
Est-il bien vrai, monsieur, que vous m'aimez? »

« Si je vous aime! en doutez-vous encore ?
Répondit l'âne. Oui, mon cœur vous adore.
Ciel! que je fus jaloux du cordelier !
Qu'avec plaisir je servis l'écuyer
Qui vous sauva de la fureur claustrale
Où s'emportait la bête monacale [3]!

---

[1] Var. Manuscrit :

　　Jamais Valois n'a plus maudit sa sœur.

[2] C'est ici que finissaient les éditions antérieures à celle de 1756. R.
[3] Voyez chant V, 209-241. R.

Mais que je suis plus jaloux mille fois
De ce bâtard, de ce brutal Dunois!
Ivre d'amour, et fou de jalousie,
Je transportai Dunois en Italie ¹.
Las! il revint; il vous offrit ses vœux;
Il est plus beau, mais non plus amoureux.
O noble Jeanne! ornement de ton âge,
Dont l'univers vante le pucelage,
Est-ce Dunois qui sera ton vainqueur?
Ce sera moi, j'en jure par mon cœur.
Ah! si le ciel, en m'ôtant les ânesses,
Te réserva mes plus pures caresses ²;
Si, toujours doux, toujours tendre et discret,
Jusqu'à ce jour j'ai gardé mon secret:
De mes desirs si Jeannette est flattée;
Si, pénétré du plus ardent amour,
Je te préfère au céleste séjour,
Et si mon dos tant de fois t'a portée,
Tu pourras bien me porter à ton tour. »
Jeanne reçut cet aveu téméraire
Avec surprise autant qu'avec colère;
Et cependant son grand cœur en secret
Était flatté de l'étonnant effet
*Que produisait sa beauté singulière
*Sur les sens lourds d'une ame si grossière.

*Vers son amant elle avance la main
*Sans y songer, puis la tire soudain.
*Elle rougit, s'effraie, et se condamne,
*Puis se rassure, et puis lui dit: « Bel âne,
*Vous conservez un chimérique espoir:
*Respectez plus ma gloire et mon devoir;
*Trop de distance est entre nos espèces;
*Non, je ne puis approuver vos tendresses.
*Gardez-vous bien de me pousser à bout. »

*L'âne reprit: « L'amour égale tout.
*Songez au cygne à qui Léda fit fête,
*Sans cesser d'être une personne honnête.
*Connaissez-vous la fille de Minos?

---

¹ Voyez chant VI, 32-64. R.
² Var. Manuscrit:
    Te réserva pour mes pures caresses.

* Un taureau l'aime : elle fuit des héros,
* Et va coucher avec son quadrupède.
* Sachez qu'un aigle enleva Ganymède,
* Et que Philyre avait favorisé
* Le dieu des mers en cheval déguisé. »
  * Il poursuivait son discours; et le diable,
* Premier auteur des écrits de la fable,
* Lui fournissait ces exemples frappants,
* Et mettait l'âne au rang de nos savants.
Jeanne écoutait; que ne peut l'éloquence!
Toujours l'oreille est le chemin du cœur.
L'étonnement est suivi du silence.
Jeanne, ébranlée, admire, rêve, pense.
Aimer un âne, et lui donner sa fleur!
Souffrirait-elle un pareil déshonneur,
Après avoir sauvé son innocence
Des muletiers et des héros de France;
Après avoir, par la grace d'en-haut,
Dans le combat mis Chandos en défaut[1]?
Mais ce bel âne est un amant céleste;
Il n'est héros si brillant et si leste;
Nul n'est plus tendre, et nul n'a plus d'esprit;
Il eut l'honneur de porter Jésus-Christ;
Il est venu des plaines éternelles;
D'un séraphin il a l'air et les ailes :
Il n'est point là de bestialité,
C'est bien plutôt de la divinité.
Tous ces pensers formaient une tempête
Au cœur de Jeanne, et confondaient sa tête.
Ainsi l'on voit sur les profondes mers
Deux fiers tyrans des ondes et des airs,
L'un accourant des cavernes australes,
L'autre sifflant des plaines boréales
Contre un vaisseau cinglant sur l'océan
Vers Sumatra, Bengale, ou Ceïlan;
Tantôt la nef aux cieux semble portée,
Près des rochers tantôt elle est jetée,
Tantôt l'abime est prêt à l'engloutir,
Et des enfers elle parait sortir.
  Notre amazone est ainsi tourmentée.

---

[1] Voyez chant XIII, 408-419. R.

L'âne est pressant, et la belle agitée
Ne put tenir, dans son émotion,
Le gouvernail que l'on nomme raison.
D'un tendre feu ses yeux étincelèrent,
Son cœur s'émut, tous ses sens se troublèrent ;
Sur son visage un instant de pâleur
Fut remplacé d'une vive rougeur.
Du harangueur le redoutable geste
Était surtout l'écueil le plus funeste.
Elle n'est plus maîtresse de ses sens ;
Ses yeux mouillés deviennent languissants ;
Dessus son lit sa tête s'est penchée ;
De ses beaux yeux la honte s'est cachée ;
Ses yeux pourtant regardaient par en bas :
Elle étalait ses robustes appas ;
De son cul brun les voûtes s'élevèrent,
Et ses genoux sous elle se plièrent.
Tels on a vu Thibouville et Villars [1],

---

[1] Dans une lettre adressée au marquis de Thibouville le 21 mai 1755, Voltaire se plaint amèrement des interpolations nombreuses qui défiguraient son poëme encore manuscrit : « Ma pauvre *Pucelle*, dit-il, devient une p..... infame, à qui on fait dire des grossièretés insupportables. On y mêle encore de la satire ; on glisse, pour la commodité de la rime, des vers scandaleux contre les personnes à qui je suis le plus attaché. » Bien que le nom de Thibouville ne se trouve point amené ici pour la commodité de la rime, il ne paraît pas douteux que Voltaire n'eût l'intention de désigner ce passage. Malgré son désaveu *obligé*, j'ai peine à croire que ces vers ne soient pas de lui.

Henri de Lambert, chevalier d'Herbigny, puis marquis de Thibouville, était du nombre de ces *philosophes parfaits* que Gilbert nous a dépeints

En petite Gomorrhe érigeant leur palais.

Il n'en crut pas moins devoir prendre femme, et même, chose plus singulière, une maîtresse. Ce prodige fut opéré par les charmes de la demoiselle Mélanie, très jeune actrice, qui débuta à la Comédie-Française le 15 octobre 1746, dans le rôle d'Agnès de *l'École des Femmes*. Les plaisants, qui avaient quelque peine à croire à une conversion sincère de la part du marquis, répandirent, à cette occasion, l'épigramme suivante :

Agnès, débutant dans le monde,
Prétendait avoir des amants ;
Mais d'avoir la panse un peu ronde
Lui déplaisait, à quatorze ans.
« Ah! ménagez du moins ma taille,
Disait-elle à certain marquis. —

Imitateurs du premier des Césars,
Tout enflammés du feu qui les possède,
Tête baissée attendre un Nicomède [1],
Et seconder, par de fréquents écarts,
Les vaillants coups de leurs laquais picards.
   L'enfant malin qui tient sous son empire
Le genre humain, les ânes, et les dieux,
Son arc en main, planait au haut des cieux,
Et voyait Jeanne avec un doux sourire,
Serrant la fesse et tortillant le cu,
Brûler des feux dont son amant pétille,
Hâter l'instant de cesser d'être fille,
Et, du satin de son croupion charnu,
De son baudet presser l'*inguen* à cru.
   Déjà trois fois la défunte Pucelle
Avait senti, dans son brûlant manoir,
Jaillir les eaux du céleste arrosoir;
Et quatre fois la terrible alumelle
Jusques au vif ayant percé la belle,
Jeanne avait vu (car bien sentir c'est voir),
Du chaud brasier qui couve au-dedans d'elle,
Naître et mourir mainte et mainte étincelle;
Quand tout-à-coup on entend une voix:
« Jeanne, accourez, signalez vos exploits;
Levez-vous donc, Dunois est sous les armes;
On va combattre, et déjà nos gendarmes
Avec le roi commencent à sortir: »

    Le propos, dit-il, est exquis !
    Suis-je né parmi la canaille !
    Sur moi vous pouvez faire fond :
    Vous connaîtrez, jeune merveille,
    Que jamais enfants ne se font
    Ni par le c.. ni par l'oreille. »

Le marquis de Thibouville est auteur de quelques romans et de plusieurs pièces de théâtre peu estimés. Né à Paris le 4 décembre 1714, il est mort en cette ville le 12 juin 1784.

Le duc de Villars, fils du maréchal, fut en butte aux mêmes soupçons que Thibouville, et avec non moins de raison. « Il était, disent les *Mémoires de Bachaumont* (5 mai 1770), taxé d'un vice qu'il avait mis à la mode à la cour, et qui lui avait valu une renommée très étendue, comme on peut le voir dans *la Pucelle*. » R.

[1] Voyez page 205, note *a*. R.

Habillez-vous; est-il temps de dormir? »
C'était la belle et jeune Dorothée,
De bonté d'ame envers Jeanne portée,
Qui, la croyant dans les bras du sommeil,
Venait la voir et hâter son réveil.
Ainsi parlant à la belle pâmée,
Elle entr'ouvrit la porte mal fermée.
Dieux! quel spectacle! elle fit par trois fois,
Tout en tremblant, le signe de la croix.
*Jadis Vénus fut bien moins confondue,
*Lorsqu'en des rets, formés de fil d'airain,
A tous les dieux ce cocu de Vulcain
Sous le dieu Mars la fit voir toute nue.
Jeanne, ayant vu que Dorothée est là,
Témoin de tout, immobile resta,
Puis dans son lit se remit, s'ajusta,
Puis en ces mots d'un ton ferme parla :
« Vous avez vu, ma fille, un grand mystère,
Suite d'un vœu que j'ai fait pour le roi:
Si l'apparence est un peu contre moi,
J'en suis fâchée, et vous saurez vous taire.
De l'amitié je sais remplir les droits;
En cas pareil comptez sur mon silence;
Cachez surtout cette affaire à Dunois,
Vous risqueriez le salut de la France. »
Après ces mots elle sauta du lit [1],
Son corselet et son haubert vêtit,
Quand Dorothée, encor toute surprise,
Ainsi lui parle avec toute franchise:
« En vérité, madame, mon esprit
Ne connaît rien à pareille aventure.
Je vous tiendrai le secret, je vous jure;
Car de l'amour j'éprouvai la blessure,
J'en suis atteinte, et mon malheur m'apprit
A pardonner des faiblesses aimables.
Oui, tous les goûts pour moi sont respectables.

---

[1] Au lieu de ces vers de l'édition en vingt-quatre chants, on trouve ceux-ci dans celle de 1756 :

> Après ces mots elle sauta du lit,
> D'eau de lavande amplement se servit,
> Prit sa culotte et changea de chemise,
> Son corselet... K.

Mais j'avouerai que je ne conçois pas,
Lorsque l'on peut serrer entre ses bras
Le beau Dunois, comment on peut descendre
Aux vils devoirs qu'un âne peut vous rendre;
Comment on peut soutenir l'appareil
De l'attitude aptée à cas pareil;
Comment on n'est d'avance consternée,
Épouvantée, abimée, étonnée
De la douleur qu'on ne peut qu'endurer
Pour donner place à la grosseur outrée,
Longueur, roideur, force démesurée
De l'instrument qui doit vous déchirer,
Pour de droit fil en plein vous perforer!
Comment enfin peut-on, sans résistance,
Sans nul dégoût, en bonne conscience,
S'aimer si peu, si peu se respecter,
Que d'assouvir un desir si profane,
De préférer au beau Dunois un âne,
Et d'espérer quelque plaisir goûter?
Vous en goûtiez pourtant, la belle dame;
Car je l'ai lu dans vos yeux pleins de flamme.
Certes en moi la nature pâtit;
Je me connais: je serais alarmée
D'un tel galant. » Jeanne alors repartit
En soupirant: « Ah! s'il t'avait aimée! »

Le trait qui termine ce chant est un mot connu. On a laissé en blanc quelques vers, par respect pour les dames [1]. Ces vers ne se trouvent dans aucun des manuscrits que nous avons consultés, et ils portent d'ailleurs avec eux la marque évidente de leur supposition.

On voit, en lisant ce dernier chant, que l'ouvrage n'est pas terminé; et il est aisé de sentir par quelle raison l'auteur prit un nouveau plan, et changea le dénoûment. Suivant le pre-

---

[1] J'ai suivi l'exemple de M. Louis Du Bois, qui n'a pas imité la pruderie des éditeurs de Kehl, pruderie assez mal placée, et dont on peut dire, je crois, « Non erat hic locus. » Les vers qu'ils ont omis sont, en grande partie au moins, de Voltaire, et ont été cités dans un trop grand nombre d'ouvrages pour qu'il soit permis de ne les point comprendre dans les variantes du poëme de *la Pucelle*. R.

mier plan, il paraît que le poëme ne devait avoir que quinze chants: tous les manuscrits antérieurs aux premières éditions n'en ont pas davantage. C'est d'après une de ces copies que les La Beaumelle et les Maubert publièrent, en 1755, leur édition de ce poëme arrangé à leur manière. Ces éditeurs et leurs successeurs, ennemis apparemment du nombre impair, et s'imaginant que les chants d'un poëme épique devaient être essentiellement en nombre rond, ont divisé *la Pucelle* tantôt en dix-huit, tantôt en vingt-quatre chants, sans autre peine que d'en couper plus ou moins en deux; car leurs éditions d'ailleurs ne contiennent, aux falsifications près, rien de plus que les manuscrits.

Ce fut sans doute pour arrêter toutes ces éditions subreptices que M. de Voltaire se détermina, en 1762, à publier son véritable ouvrage, et en donna la première édition in-8° en vingt chants, dont six n'étaient pas connus, savoir : les huit, neuf, seize, dix-sept, dix-neuf, et vingtième; le chant de *Corisandre* en était supprimé : dans la suite, il y ajouta encore le dix-huitième chant, qui avait paru séparément en 1764[1]. De sorte que le nombre en est demeuré fixé à vingt et un.

Nous n'avons remarqué que de légères différences entre les premiers manuscrits. Dans quelques uns le quinzième et dernier chant commence ainsi :

> Tout bon Français, dans le fond de son cœur,
> Doit savourer un plaisir bien flatteur,
> Alors qu'il voit dans les champs de l'honneur,
> La lance au poing, son respectable maître,
> Suivi des siens, en héros reparaître,
> Avec l'objet qui seul fait son bonheur,
> Et la Pucelle, et son doux confesseur,
> Et son Bonneau plus nécessaire encore.
> Vers Orléans conduit par sa valeur,
> Il va défendre un peuple qui l'implore,
> Et l'arracher au joug de son vainqueur.
> Le fier Chandos, malgré tout son courage,

---

[1] Voyez la note 1 de la page 278. R.

VARIANTES ET IMITATIONS.

N'ayant pu vaincre au grand jeu des deux dos
Cette Pucelle et si belle et si sage,
Se consolait avec son jeune page.
La nuit versait ses humides pavots;
L'Anglais confus poursuivait son voyage
Devers son camp; et le roi fortuné,
Par un sentier, du chemin détourné,
Près d'Orléans rejoignit son armée
Au point du jour, au pied d'un petit fort
* Que négligeait le bon duc de Bedfort.
* Ce fort touchait à la ville investie...

La suite comme au quinzième chant de notre édition, jusqu'à ce vers :

* Va retrouver tout ce qu'il a perdu.

On lit ensuite :

Le beau Dunois, après tant d'aventures,
Se retrouvant auprès de Jeanne d'Arc,
Avait reçu du dieu qui porte un arc
De nouveaux traits et de vives blessures;
Depuis ce jour qu'ils s'étaient vus tout nus,
Ce dieu malin, qui jamais ne s'habille,
Lui suggérait, pour cette auguste fille,
De grands desirs aux héros très connus.
Mais ce Dunois, si fier et si sensible,
Si beau, si frais, si poli, si loyal,
Ne savait pas qu'il avait un rival,
Et le rival de tous le plus terrible.
Mon cher lecteur me semble assez instruit
Que quand Dunois aux Alpes fut conduit,
Il y vola sur la noble monture
Tant célébrée en la sainte Écriture.
La nuit des temps cache encore aux humains
De l'âne ailé quels étaient les desseins,
Quand il avait sur ses ailes dorées
Porté Dunois aux lombardes contrées.
De ce héros cet âne était jaloux.
Plus d'une fois, en portant la Pucelle,
Au fond du cœur...

Voyez les variantes du chant XX, vers 75. R.

La suite comme au vingtième chant, jusqu'à ce vers:

> * L'abbé Trithême, esprit sage et discret.

Après celui-ci :

> * Que son Dunois n'avait pas encor fait,

on lit:

> Son cœur s'émut, tous ses sens se troublèrent;
> Sur son visage un instant de pâleur
> Fut remplacé d'une vive rougeur;
> D'un tendre feu ses yeux étincelèrent.
> Elle flatta son amant de la main,
> Mais en tremblant, puis la tira soudain.
> Elle soupire, elle craint, se condamne,
> Puis se rassure, et puis lui dit : « Bel âne,
> De vos récits mes esprits sont charmés;
> Mais dois-je croire, hélas ! que vous m'aimez ? »
> — « Si je vous aime! en doutez-vous encore?...

La suite comme aux variantes du vingt et unième chant, sauf que les vers grossiers ne se trouvent pas dans les manuscrits.

Il est évident que ces vers intercalés sont de la façon des premiers éditeurs, ainsi qu'un assez grand nombre d'autres vers indiqués dans les variantes des autres chants. Le premier but de ces éditeurs était, comme on l'a dit [1], de gagner quelque argent, et le second de nuire à M. de Voltaire, et de lui susciter de nouveaux ennemis; car non seulement ils ont souillé son poëme de leurs ordures, mais ils y ont outragé plusieurs de ses amis, et des personnes puissantes auxquelles il était attaché. Ce sont les mêmes motifs qui avaient déjà porté La Beaumelle à falsifier le *Siècle de Louis XIV*.

Le dernier chant de l'édition de 1756 est suivi de cet épilogue :

> C'est par ces vers, enfants de mon loisir,
> Que j'égayais les soucis du vieil âge :
> O don du ciel ! tendre amour ! doux desir !
> On est encore heureux par votre image;
> L'illusion est le premier plaisir.

---

[1] Voyez l'*Avertissement* des éditeurs de Kehl, page 2. R.

J'allais enfin, libre en mon ermitage,
Chantant les feux de Jeanne et de Dunois,
Me consoler de la jalouse rage,
Des faux mépris, des cruautés des rois,
Des traits du sot, des sottises du sage.
Mais quel démon me vole cet ouvrage?
Brisons ma lyre; elle échappe à mes doigts.
Ne t'attends pas à de nouveaux exploits,
Lecteur! ma Jeanne aura son pucelage,
Jusqu'à ce que les vierges du Seigneur,
Malgré leurs vœux, sachent garder le leur.

Ces vers semblent tirés de quelque manuscrit où le poëme n'était pas achevé, et où Jeanne ne cédait ni à Dunois ni à son autre amant. Les éditeurs capucins ou diacres du saint Évangile les ont imprimés à la suite de leur dernier chant, qu'on vient de lire, et avec lequel cet épilogue formerait une contradiction grossière; nouvelle preuve de l'honnêteté de ces savants éditeurs et de leur bonne intention. K.

FIN DES VARIANTES ET IMITATIONS.

TABLE

DES MATIÈRES CONTENUES DANS CE VOLUME.

PRÉFACE du nouvel Éditeur. Page 1

AVERTISSEMENT des Éditeurs de l'édition de Kehl. 1

PRÉFACE de don Apuleius Risorius, bénédictin. 7

CHANT PREMIER. — Argument. Amours honnêtes de Charles VII et d'Agnès Sorel. Siége d'Orléans par les Anglais. Apparition de saint Denys, etc. 15

CHANT SECOND. — Argument. Jeanne, armée par saint Denys, va trouver Charles VII à Tours; ce qu'elle fit en chemin, et comment elle eut son brevet de pucelle. 31

CHANT TROISIÈME. — Argument. Description du palais de la Sottise. Combat vers Orléans. Agnès se revêt de l'armure de Jeanne pour aller trouver son amant : elle est prise par les Anglais, et sa pudeur souffre beaucoup. 50

CHANT QUATRIÈME. — Argument. Jeanne et Dunois combattent les Anglais. Ce qui leur arrive dans le château d'Hermaphrodix. 68

CHANT CINQUIÈME. — Argument. Le cordelier Grisbourdon, qui avait voulu violer Jeanne, est en enfer très justement. Il raconte son aventure aux diables. 91

CHANT SIXIÈME. — Argument. Aventure d'Agnès et de Monrose. Temple de la Renommée. Aventure tragique de Dorothée. 103

CHANT SEPTIÈME. — Argument. Comment Dunois sauva Dorothée, condamnée à la mort par l'inquisition. 120

CHANT HUITIÈME. — Argument. Comment le charmant La Trimouille rencontra un Anglais à Notre-Dame de Lorette, et ce qui s'ensuivit avec sa Dorothée. 134

CHANT NEUVIÈME. — Argument. Comment La Trimouille et sire Arondel retrouvèrent leurs maîtresses en Provence, et du cas étrange advenu dans la Sainte-Baume. 150

CHANT DIXIÈME. — Argument. Agnès Sorel poursuivie par l'aumônier de Jean Chandos. Regrets de son amant, etc. Ce qui advint à la belle Agnès dans un couvent. Page 162

CHANT ONZIÈME. — Argument. Les Anglais violent le couvent : combat de saint George, patron d'Angleterre, contre saint Denys, patron de la France. 177

CHANT DOUZIÈME. — Argument. Monrose tue l'aumônier. Charles retrouve Agnès, qui se consolait avec Monrose dans le château de Cutendre. 192

CHANT TREIZIÈME. — Argument. Sortie du château de Cutendre. Combat de la Pucelle et de Jean Chandos : étrange loi du combat à laquelle la Pucelle est soumise. Vision du père Bonifoux. Miracle qui sauve l'honneur de Jeanne. 207

CHANT QUATORZIÈME. — Argument. Comment Jean Chandos veut abuser de la dévote Dorothée. Combat de La Trimouille et de Chandos. Ce fier Chandos est vaincu par Dunois. 224

CHANT QUINZIÈME. — Argument. Grand repas à l'hôtel-de-ville d'Orléans, suivi d'un assaut général. Charles attaque les Anglais. Ce qui arrive à la belle Agnès et à ses compagnons de voyage. 237

CHANT SEIZIÈME. — Argument. Comment saint Pierre apaisa saint George et saint Denys, et comment il promit un beau prix à celui des deux qui lui apporterait la meilleure ode. Mort de la belle Rosamore. 248

CHANT DIX-SEPTIÈME. — Argument. Comment Charles VII, Agnès, Jeanne, Dunois, La Trimouille, etc., devinrent tous fous ; et comment ils revinrent en leur bon sens par les exorcismes du R. P. Bonifoux, confesseur ordinaire du roi. 264

CHANT DIX-HUITIÈME. — Argument. Disgrace de Charles et de sa troupe dorée. 278

CHANT DIX-NEUVIÈME. — Argument. Mort du brave et tendre La Trimouille et de la charmante Dorothée. Le dur Tirconel se fait chartreux. 293

CHANT VINGTIÈME. — Argument. Comment Jeanne tombe dans une étrange tentation ; tendre témérité de son âne ; belle résistance de la Pucelle. 305

CHANT VINGT ET UNIÈME. — Pudeur de Jeanne démontrée. Malice du diable. Rendez-vous donné par la présidente Louvet au grand Talbot. Services rendus par frère Lourdis. Belle conduite de la discrète Agnès. Repentir de l'âne. Exploits de la Pucelle. Triomphe du grand roi Charles VII. 318

VARIANTES ET IMITATIONS. — Chant premier. Page 335
  Chant deuxième.   338
      troisième.   341
      quatrième.   344
      cinquième.   348
      sixième.   353
      septième.   356
      huitième.   357
      dixième.   ibid.
      onzième.   360
      douzième.   363
      treizième.   365
        Corisandre.   374
      quatorzième.   385
      quinzième.   388
      seizième.   391
      dix-septième.   393
      dix-huitième.   401
      dix-neuvième.   404
      vingtième.   ibid.
      vingt et unième.   410

FIN DE LA TABLE.

www.ingramcontent.com/pod-product-compliance
Lightning Source LLC
Chambersburg PA
CBHW060931230426
43665CB00015B/1904